CHILD WELFARE

아동복지론

정명희 김상옥 김현경 나선후 문혜린 백종욱 이영희 이장희 공저

양 성 원

머리말

한 나라의 수준을 확인하려면 사회적 약자, 특히 아동과 청소년을 어떻게 대하는지 보라는 말이 있다. 아동에 대한 관점의 변화를 살펴보면, 고대사회에서는 아동 존재에 대한 인식 자체가 없었지만 근대사회에서는 아동을 성인과 다른 독자적인 세계를 가지고 있는 존재로 인식하였고, 현대사회에 이르러서는 아동을 인간존엄성과 무한한 가능성을 지닌 인격체로 보기 시작하였다. 이처럼 아동에 대한 인식은 지속적으로 개선되어 왔다고 할 수 있다.

최근까지 우리나라 아동들의 삶도 큰 변화를 경험하고 있다. 즉, 과거에는 아동을 권리의 주체보다는 보호대상으로 보는 경향이 강했으며, 아동보호에 대한 주된 책임의 주체는 가정이었고, 사회와 국가의 책임은 취약 아동에 대한 응급구호와 요보호아동 등에 국한되었다. 그러나 2000년대 이후의 아동복지에서는 아동권리의 개념이 강조되면서 아동복지의 책임주체도 가족에서 사회 및 국가로 확대되는 방향으로 발전해 왔다.

특히 21세기에 이르러서는 거의 모든 나라에서 아동의 권리보장을 위한 입법이 이루어지고 있는데, 즉 아동에 대해 폭력과 공포, 학대나 방임으로부터 보호받을 권리, 자신의 의견을 주장하고 결정할 수 있는 권리, 혹은 자신이 원하는 각종 활동에 참여할 수 있는 권리 등이 강조되고 있다. 그러나 다른 한편으로는 아동들이 많은 위험요인에 노출되어 있는 것도 사실이다. 즉, 소득 양극화에 따른 빈곤가정의 증가, 이혼율의 증가에 따른 가족해체, 그로 인한 아동학대와 방임 및 유기의 문제, 그리고 자녀동반 자살 등은 아동들의 신체 · 인지 · 사회 · 정서적 발달에 부정적 영향을 미치는 결과를 초래하고 있다. 그 근저에는 우리사회가 아직도 아동을 하나의 독립된 인격체로 대하기보다는 양육과 훈육의 대상으로 보고, 성인의 축소판 내지는 부모의 소유물로 보는 사회·관습적인 경향이 존재하고 있다는 것을 말해 준다.

어느 사회에서나 아동이 미래를 이끌어 갈 중요한 인적자원이라는 것을 인식하고 있다면 무엇보다 아동의 안전과 행복을 최우선으로 여기는 가치 체계가 정착되어야 할 것이다. 그러기 위해서는 아동권리를 존중해 주고, 안전한 환경에서 자랄 권리를 보장하는 사회를 만드는 데 주력해야 할 것이다. 다시 말해, 아동이 건강하게 성장하기 위해서는 아동에 대한 기본적인 이해를 바탕으로 아동의 권리와 기본권을 인정하고, 아동의 복지에 대한 실천적 태도가 무엇보다도 중요하다고 할 수 있다.

따라서 본 책은 한국사회복지교육협의회(2020)의 『사회복지학 교과목 지침서』를 바탕으로 아동의 복지를 실천하기 위해 필요한 정보와 기술을 수집하는 데서 시작되었다. 구체적으로 아동의 복지를 이해하기 위해 총 15장으로 구성하였다.

1장 아동과 아동복지의 기초에서는 아동의 개념과 아동복지의 개념을 소개하였고, 2장 아동의 욕구와 환경의 영향에서는 아동발달의 이론적 접근, 생애주기별 이론 및 생태체계 이론을 기술하였으며, 3장 아동의 권리에서는 아동권리의 이해 및 아동권리의 발달과정에 대해 소개하였고, 4장 아동복지의 역사에서는 한국의 아동복지 발달과정 및 외국의 아동복지 발달과정에 대해 기술하였다. 5장 아동복지의 관점과 분류에서는 아동복지의 출현, 아동복지의 관점 및 아동복지의 분류에 대해 소개하였고, 6장 아동복지의 실천방법과 기술에서는 아동복지의 실천과정, 아동복지실천의 기술 및 드림스타트에 대해 기술하였고, 7장 아동정책과 전달체계에서는 아동복지법, 아동복지 관련 법 및 아동복지정책에 대해 소개하였고, 8장 아동건강과 안전에서는 아동건강, 아동안전 및 실종아동에 대해 기술하였다. 9장 아동보육에서는 영유아 보육서비스 및 방과후 아동보호에 대해 소개하였으며, 10장 위기, 다양성과 지역사회보호에서는 빈곤가족아동, 한부모가족아동, 조손가족아동, 다문화가족아동 및 북한이탈주민가족에 대해 기술하였고, 11장 아동학대와 아동보호에서는 아동학대의 개념, 아동학대 발생 현황 및 신고, 우리나라의 아동보호체계에 대해 소개하였고, 12장 가정보호에서는 가정위탁 및 입양에 대해 기술하였고, 13장 시설보호에서는 시설보호사업, 아동양육시설과 아동공동생활가정 및 미혼모시설보호사업에 대해 소개하였으며, 14장 소년사법과 아동복지에서는 소년범죄, 보호처분, 보호관찰, 교정시설, 소년보호처분 및 소년강력범에 대한 대응방안에 대해 기술하였으며, 15장 아동복지의 과제와 전망에서는 아동복지의 과제 및 아동복지의 발전 방향에 대해 제시하였다.

아동은 하나의 인격체로서 정당한 권리를 보장받고, 성장에 필요한 여러 가지 요소들을 지원하는 복지를 통해 건강하게 성장할 수 있으며, 그 결과 우리나라의 미래도 밝아질 수 있을 것으로 생각한다. 따라서 본 책을 통해 아동의 복지에 대한 올바른 태도를 형성하는 데 작은 밑거름이 되기를 희망해 본다.

마지막으로 본 책의 출판을 맡아 주신 양성원의 강철원 사장님을 비롯해 모든 관계자 여러분들께 진심으로 감사를 드립니다.

2024년 2월

저자 일동

차 례

Chapter

01

아동과 아동복지의 기초

배울 내용

1. 아동의 개념
2. 아동복지의 개념

학습목표

1. 아동의 정의, 발달원리, 특성 및 발달과업을 설명할 수 있다.
2. 아동복지의 정의, 대상, 기본이념, 조건 및 원칙을 설명할 수 있다.

Chapter 01

아동과 아동복지의 기초

1. 아동의 개념

1) 아동의 정의

아동복지에 대한 개념에 대해 살펴보기 전에, 먼저 아동에 대한 개념을 살펴볼 필요가 있다. 아동의 개념은 국가에 따라 다르게 규정되어 있으며, 한 국가 내에서도 관련된 법체계와 학자들마다 다르게 정의하고 있어 명확하게 정의하는 것은 어려운 일이다.

아동에 대한 개념은 생애주기적인 관점이나 인간발달의 관점, 또는 사회·문화적 관점에서 정의할 수 있지만 가장 보편적인 방법은 연령에 의해 아동을 정의하는 관점이다. 이러한 연령에 의한 관점도 국가 간에 차이가 있고, 법령에 따라서 다소 차이가 있지만, 연령에 의한 관점이 보편적으로 사용되는 이유는 연령이 내포하고 있는 생물학적 특성과 사회·문화적 배경, 인간발달의 정도를 가장 단순하면서도 명확하게 설명할 수 있기 때문이다(민진홍, 2011).

이와 같이 아동에 대한 명확한 정의는 학자들 혹은 관점에 따라 다르게 정의를 내리고 있지만 일반적으로 아동의 개념은 크게 발달적 관점과 법적 관점으로 구분하여 살펴볼 수 있다. 구체적으로 발달적 관점이란 각 연령에서 보이는 보편적인 특성과 욕구를 중심으로 나누는 것으로 발달단계에 따라 태내기, 영아기, 유아기, 아동기, 청년기,

성년기, 중년기, 노년기로 나눌 수 있으며, 여기서 아동기는 영아기와 유아기 이후로 6세에서 12세에 해당한다고 볼 수 있다. 그리고 법적 관점[1]이란 한 사회에서 가지는 사회적 책임과 의무, 그리고 제도적 지원을 중심으로 바라보는 것으로 관련된 법에 따라 아동의 시기를 다르게 규정하고 있다(최순옥 외, 2011).

우리나라의 법률에서 규정하는 아동의 정의를 살펴보면, 먼저 「아동복지법」이나 「국민기초생활보장법」에서는 18세 미만인 자로, 「초 · 중등교육법」에서는 6세 이상 12세까지의 초등학교 취학연령을 아동이라고 규정하고 있다. 또한 유아보육학사전에서는 신생아에서부터 초등학교를 마칠 때까지의 어린이를 아동으로 정의하고 있으며, 국어사전에서는 신체적 · 지적으로 미성숙한 단계에 있는 사람으로 대략 3세에서 12세 아이로 정의하고 있다. 그리고 유엔아동권리 협약 제1부, 제1조를 살펴보면 당사국의 국내법에서 성인을 18세 미만보다 어린 나이의 사람으로 정하지 않는 한 18세 미만의 모든 사람을 아동이라고 정의하고 있다.

2) 아동의 발달원리

아동의 발달원리는 **그림 1-1**과 같이 기초성의 원리, 적기성의 원리, 누적성의 원리 및 불가역성의 원리에 의해 이루어진다(김이영 외, 2023).

---

1) 「아동복지법」에서는 아동을 18세 미만의 자로 규정하고 있으며, 「민법」에서는 미성년을 19세 미만으로, 「영유아보육법」에서는 6세 미만의 미취학 연령의 영유아를 대상으로 하고 있다. 「교육기본법」에서는 의무 교육을 초등학교 및 중학교 과정으로 규정하고 있기 때문에 이를 기준으로 할때 아동은 15세 미만인 자가 된다. 「소년법」에서는 소년을 "20세 미만의 자"로서 비교적 폭넓게 규정하고 있는데, 이는 처벌보다는 교정과 선도를 통한 사회복귀에 주력하고 있다는 것으로 이해될 수 있다. 「근로자기준법」에서는 연소자를 "18세 미만의 자"로 규정하고 있어 연소자에 대해 취업 업종을 제한함으로써 아동을 노동으로부터 보호하려고 하는 의지가 담겨져 있다. 그리고 「실종아동 보호 및 지원법」에서는 만 14세 미만의 아동을, 「아이돌봄지원법」에서는 만 12세 이하의 아동을 적용대상으로 하고 있다. 아동 관련 법이나 연령기준으로 구분한 각 법령에는 대상 아동에 대한 호칭이 서로 다르고, 지원 대상자의 중복현상이 발생하기도 하여 정책과 서비스가 효율적으로 실현되지 못하고 있다. 즉, 「아동복지법」상 아동의 연령은 18세 미만의 자로 되어 있지만 각 법률의 취지에 따라 6세, 12세 미만, 13세 미만, 14세 미만의 아동으로 분류하고 있다. 특히 일반아동을 대상으로 할 경우 중복되거나 사각지대가 발생하는 경우가 있기 때문에 이러한 문제는 지속적으로 논의의 여지를 남겨 두고 있다(김이영 외, 2019).

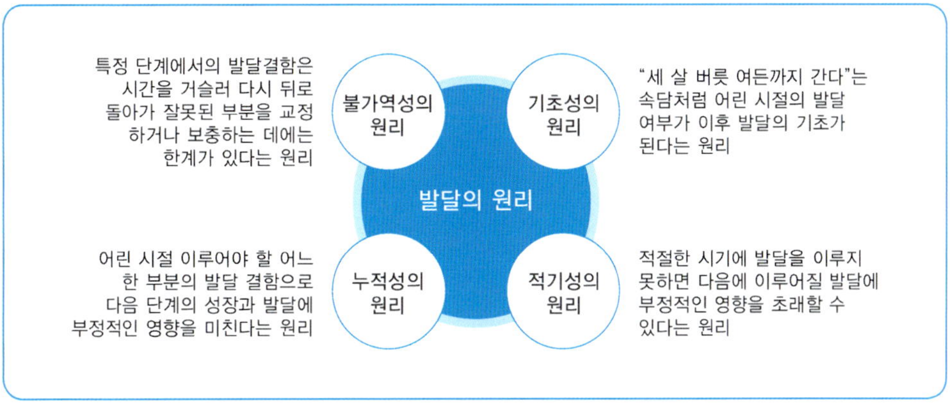

그림 1-1. 발달의 원리

(1) 기초성의 원리

기초성이란 인간발달의 과업이 초기에 이루어지는데, 이때 발달이 제대로 이루어지지 못하면 이후 발달에 영향을 주게 된다는 것을 의미한다. 즉, 어릴 때일수록 그때의 경험 유무가 그 이후 발달을 위한 초석의 의미를 가진다는 원리이다. 미국의 교육학자 블룸(Bloom)은 인간의 지능발달의 경우 50%의 발달이 만 4세경에, 나머지 30%의 발달이 만 4세와 8세 사이에 이루어진다고 하여 지능발달의 기초가 유아기에 이루어진다고 추정하였다.

(2) 적기성의 원리

인간의 발달과업에는 발달하기에 가장 적절한 시기가 있어서 그 시기에 그 발달과업이 이루어지지 못하면 다음 발달에 지장을 초래하게 된다는 원리이다. 적기성이란 그때가 그 과업, 그 학습, 그 경험을 성취할 수 있는 가장 적기적인 기회이며, 이 기회를 놓친다면 다른 때엔 그리 적시적인 효과가 없다는 것을 의미한다. 프로이트(Freud)와 에릭슨(Erikson) 등 정신분석학자들의 이론은 기본적인 양심체계나 도덕성은 주로 3세 전후에 걸쳐서 이루어지는 것이며, 이때 잘못되어 왜곡된 도덕적 성격을 후일에 교정하고자 하면 불가능하지 않을 수는 있으나 대단히 힘이 드는 일이라고 주장하고 있다.

(3) 누적성의 원리

누적성이란 아동이 환경결함으로 그의 성장과 발달에 한번 결손이 생기면 그 결손이 다음 단계의 성장발달에도 영향을 준다는 원리이다. 즉, 앞 단계에서 잘못되면 다음 단계에서는 그것이 원인이 되어 더 잘못되고, 잘못이 누적되어 또 다음 단계에는 더욱 잘못된다는 기제이다. 반대로 잘된 것이 원인이 되어 다음 단계에서 더 잘되는 것도 누적성의 원리이다. 누적성의 원리는 에릭슨의 발달단계로 설명할 수 있는데, 그는 발달을 8단계로 설명하면서 첫 번째 단계에서 발달과업을 성공적으로 성취하지 못하면 실패가 누적되어 두 번째 단계와 그 다음 단계들에서도 성공하기 어렵다고 하였다.

(4) 불가역성의 원리

불가역성은 말 그대로 특정 단계에서의 발달이 제대로 이루어지지 못했을 경우에, 시간을 거슬러 다시 뒤로 돌아가 잘못된 부분을 교정하거나 보충하는 데에는 한계가 있다는 원리이다. 예를 들어, 0~6세 동안 영양의 불충분으로 체격이 빈약해졌을 경우 그 후에 7~17세 동안 잘 먹어도 체중은 보충하기 쉽지만 신장은 보충하기 어렵다고 주장하고 있다.

3) 아동의 특성

발달적 측면에서 볼 때, 아동은 분명 성인과 다른 특성을 지니고 있다. 따라서 아동을 이해하기 위해서는 아동이 지닌 특성을 이해하는 것이 필요하며, 이러한 특성들이 바로 아동에 관한 정의라고 할 수 있다. 아동은 그림 1-2와 같이 의존, 성숙, 민감성, 욕구, 적응의 특성을 지닌 존재이다(김이영 외, 2023; 김이영 외, 2019; 장인협, 오정수, 1993).

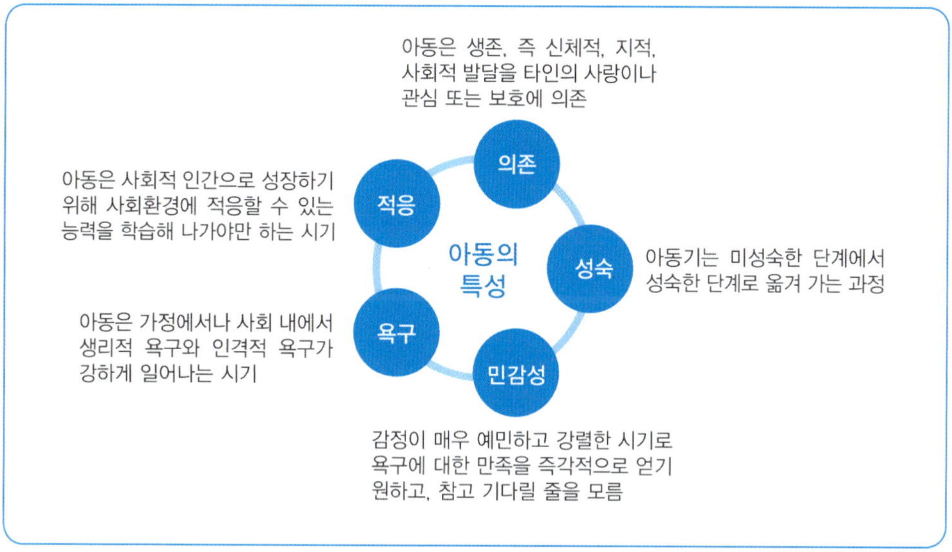

그림 1-2. 아동의 특성

(1) 의존

의존은 아동기의 가장 중요한 특징 중의 하나이다. 아동은 생존, 즉 신체적, 지적, 사회적 발달을 타인의 사랑이나 관심 또는 보호에 의존하게 된다. 아동들은 부모가 있을 경우가 바람직하겠지만, 자립할 수 있을 때까지는 누군가에게 의존해야만 건전하게 성장, 발달할 수 있다. 아동은 안전하고 사랑을 받고 있으며, 또는 누군가에게 소속되고 의존하고 있다는 감정을 지니고 싶어 한다. 부모를 상실하였거나 부모가 있어도 사랑이나 보호를 받을 수 없을 경우, 그의 정체감이나 생존감에 대해 위협을 느끼게 된다. 아동의 욕구는 그들 부모와의 관계라는 맥락을 떠나서는 이해되거나 충족될 수 없다.

(2) 성숙

미성숙한 단계에서 성숙한 단계로 옮겨 가는 과정이 바로 아동기이다. 이때 아동은 자신의 개인적 수준에 따라 각 성장단계에 적절한 자기만의 생활상황에 대처해 나가면서 필요한 이해력, 기능 또는 능력 등을 발전시켜 나가게 된다. 따라서 아동은 격려와 지도를 필요로 하며 자기 수준에 알맞은 지식, 기술, 행동방식 및 가치 등에 관한 학습의 기회를 필요로 한다. 아동발달의 다음 단계에 대한 활력과 확신을 갖고 나아갈 수 있게 하려면, 우선 각 아동의 성숙단계에 놓여 있는 핵심적인 문제들이 이해되어야 한다. 신체적 혹은 정서적 생활에서 아동의 심한 장애는 보다 어린 시기의 발달수준으로 후퇴시키기 쉽다.

(3) 민감성

아동기는 감정이 매우 예민하고 강렬한 시기이다. 아동은 그의 욕구나 원망에 대한 만족을 즉각적으로 얻기를 원하며, 참고 기다릴 줄을 모른다. 아동들의 욕구충족에 대한 계속적인 실패는 불안과 불신 또는 자신의 세계관을 왜곡시키는 적개심 등을 조성하여 결국은 냉담함과 퇴행에까지 이르게 한다. 이러한 아동의 민감성은 아동이 접하는 사람, 즉 부모, 형제, 또래, 교사는 물론 아동이 보고, 만지고, 듣는 모든 사물을 통해 긍정적인 발달이 이루어지게 하는 아동기의 중요한 특성이다. 민감성에 관한 적절한 자극과 충족은 아동의 정서 및 지적 발달을 촉진시킬 뿐 아니라, 다음 단계로의 발달을 순조롭게 한다.

(4) 욕구

아동기에 속하는 아이에게 가장 필요한 것은 식욕, 갈증, 호흡, 수면, 휴식, 배설, 고통회피 등과 같은 인간본능의 생리적 욕구의 충족이다. 그러나 이러한 생물로서의 생리적 욕구가 충족된다 하더라도 아동이 건전하게 성장, 발달하지는 못한다. 왜냐하면 아동은 동시에 인격적 욕구(personality needs)라 할 수 있는 정신적, 심리적, 인간적 욕구가 만족되어야 하기 때문이다. 즉, 모든 아동은 가정에서나 사회 내에서 인간다운 애정을 얻고 싶어 하며, 이웃 아동들의 틈에 끼고 싶어 하고, 인정받고 싶어 하며, 새로운 경험 등을 얻고 싶어 하는 인격적 욕구가 강하게 일어나는 시기에 놓여 있는 것이다. 아동복지는 바로 이러한 아동의 욕구에 관심을 가지고, 이러한 욕구를 적절히 충족시키는 다양한 방법을 모색한다.

(5) 적응

아동기에 있는 아이는 자기의 힘만으로는 환경에 잘 적응할 수 없다. 인간은 출생과 동시에 사회집단 안에 속하게 된다. 그 사회집단의 시초는 가정이며, 점차 유희 집단, 이웃, 학교, 직업 집단이라는 사회로 뻗어 나가 사회적 인간으로서 성장해 가는 것이다. 따라서 아동들이 생존하기 위해서는 항상 이러한 여러 집단의 성인들의 단계적인 보호와 양육을 절대적으로 필요로 한다. 미개한 사회에 있어서는 환경에 대한 적응이 용이하였지만, 오늘날과 같이 복잡하고, 분화되며, 개발된 사회문화적 환경에 적응하기 위해서는 타인의 도움이 필요하다. 따라서 부모나 사회의 많은 교육과 지도가 필요하게 되는 것이다.

4) 아동의 발달과업

아동은 성장단계에 따라서 이루어야 할 발달과업과 원칙이 있다. 각 단계별 발달과업을 유아기, 아동기, 청년기의 과업으로 나누어 보면 표 1-1과 같다.

표 1-1. 아동의 발달과업

구분	내용
유아기 발달과업	• 보행을 배운다. • 고체음식을 먹는다. • 말을 배운다. • 배설통제를 배운다. • 성별을 구별하고 이에 따른 성에 관한 예의를 배운다. • 생리적인 안정을 유지할 줄 안다. • 사회적 · 자연적 현실에 관한 단순개념이 형성된다. • 부모 · 형제 · 자매 · 타인의 정서관계를 맺는다. • 선 · 악을 판단할 수 있으며 양심이 발달된다.
아동기 발달과업	• 일상적인 활동에 필요한 신체적 기능을 배운다. • 성장하는 자기 자신에 대한 건전한 태도를 형성한다. • 같은 연령의 친구와 사귀는 법을 배운다. • 읽기, 쓰기, 셈하기의 기본기술을 배운다. • 일상생활에 필요한 개념을 발달시킨다. • 양심, 도덕, 가치척도가 발달한다. • 적절한 성역할을 배운다. • 사회집단 제도에 대한 태도가 발달된다.
청년기 발달과업	• 자기 체격을 인정하고 자기의 성역할을 인식한다. • 남녀 동년배의 친구와 새로운 관계를 갖는다. • 부모 또는 다른 성인으로부터의 정서적 독립을 이룬다. • 경제적 독립의 필요성을 절실히 느낀다. • 직업 선정을 하고 그에 맞는 준비를 한다. • 시민생활에 필요한 지식과 태도를 키운다. • 사회적으로 책임 있는 행동을 원하고 이를 실천한다. • 결혼과 가정생활의 준비를 한다. • 행동의 지침으로서 적절한 과학적 세계관에 맞추어 가치체계를 형성시킨다.

2. 아동복지의 개념

1) 아동복지의 정의

아동복지(child welfare)는 아동(child)과 복지(welfare)의 합성어이며, 복지(welfare)라는 단어는 well(잘, 훌륭히, 충분히)이라는 부사와 fare(살아가다, 지내다)라는 동사의 합성어로 '편안히 잘 지내는 것'을 의미한다. 따라서 아동복지란 아동을 대상으로 한 주관적인 행복한 삶의 상태뿐 아니라 그러한 상태로 향한 실천적인 행동까지도 포함하는 적극적이고 능동적인 개념으로써 가족이 정상적인 아동보호와 사회화 기능을 수행할 수 없을 때 국가와 그 사회제도가 후원하고 승인하고 직접 실천하는 구체적이고 명백한 정책과 서비스의 체계를 말한다.

이러한 아동복지 개념의 핵심은 아동양육의 책임을 수행하는 데 장애가 있는 가족의 기능을 대리하고 보충하는 데 있다. 즉, 아동복지서비스의 기능이 작동되고 있을 경우 보호가 필요한 아동이 그의 본래 환경에서 계속 보호를 받게 되는 것이고, 가능하다면 최선을 다하여 그의 가정으로 복원하도록 돕는 것이다. 또한 그렇게 할 수 있도록 그가 성장하여 온 지역사회의 능력을 함양하는 것이다. 이처럼 아동복지라는 용어는 가족제도의 기능을 보호하는 잔여적 의미의 개념, 하나의 독립된 사회제도로서의 개념, 활동분야 서비스로서의 개념들을 각각 내포하고 있음을 알 수 있다.

넓은 의미의 아동복지란 모든 아동들의 행복 및 사회적응을 위해 심리적, 생물적 잠재력을 개발시켜 주기 위한 각종의 방법이며, 좁은 의미의 아동복지는 특수한 문제를 가진 아동과 그 가정을 대상으로 전문적인 기관에서 행하는 특수한 서비스를 말한다.

우리나라 사회복지사전에서는 아동복지를 일반적으로 특수한 장애를 가진 아동은 물론 모든 아동들이 가족 및 사회의 일원으로서 육체적으로나 정신적으로 건전하게 성장 · 발달할 수 있도록 지역사회나 사회복지서비스 분야에 있는 공공기관이나 민간 단체들이 협력하여 아동복지에 필요한 사업을 계획하며 실행에 옮기는 조직적인 활동을 의미한다고 보았으며(한국사회복지협의회, 1995), 「아동복지법」 제3조 2항에서는 아동복지란 아동이 행복한 삶을 누릴 수 있는 기본적인 여건을 조성하고 조화롭게 성장 · 발달할 수 있도록 하기 위한 경제적 · 사회적 · 정서적 지원을 말한다고 하였다.

지금까지의 논의를 종합해 보면, 아동복지는 특별한 문제나 욕구가 있는 아동을 포함한 모든 아동들이 가족 및 사회의 일원으로서 건강하고 건전하게 성장할 수 있도록 개인 · 민간 · 지역사회와 국가가 상호 협력하여 아동의 권리를 실질적으로 보장하는 제반의 활동으로 정의할 수 있다(조용남, 2015).

2) 아동복지의 대상

아동복지의 대상은 요보호아동은 물론 모든 일반아동들까지 포함한다는 것이 기본정신이다. 그러나 여기에서 유의할 점은 일반아동의 복지를 강조함으로써 요보호아동의 복지를 무시하거나, 이와 반대로 요보호아동의 복지를 강조함으로써 일반아동의 복지를 소홀히 해서는 안된다는 점이다. 아동복지의 기본정신은 일반아동과 함께 요보호아동의 복지를 동시에 포함한다.

아동복지는 기본적으로 전체 아동을 그 대상으로 한다. 그러나 아동복지의 발달과정에서 나타나는 것과 같이 어느 국가에서나 초기에는 고아 · 기아가 대상이 되었으며, 다음으로 빈곤가정의 아동, 신체상의 장애아동 순으로 발달하여 오늘날에는 특수한 장애를 가진 아동은 물론 모든 아동을 그 대상으로 하고 있다. 『사회사업백과사전』에서의 아동복지는 전체 아동들(well-being)에 관심을 가진다. 그러나 아동복지는 특히 최상의 아동발달을 가로막는 그 가족이나 지역사회의 조건에서 자라는 아동들에게 초점을 둔다.

3) 아동복지의 기본이념

아동복지의 이념은 오랫동안 아동보호의 역사적 과정을 거쳐 20세기에 들어와서 비로소 정립되었다고 할 수 있다. 구체적으로 20세기 최초의 것으로 볼 수 있는 1922년의 독일 「아동법」은 제1조에 "독일인 아동은 신체적, 정신적 및 사회적 양육을 받을 권리를 가진다"라고 하여 아동의 인권 또는 아동의 복지권사상을 강조하였다.

1909년 미국의 루즈벨트 대통령에 의하여 소집된 제1차 백악관 회의에서 아동보호에 관한 정립을 제창하였는데, 그 후 1924년 국제연합이 발표한 아동의 권리헌장(제네바 헌장) 및 1959년 국제연합이 제네바 선언에 대치하는 '아동권리선언' 등이 아동복지 이념에 대한 세계적 경향이 되었다.

우리나라 「헌법」 제9조에는 "모든 국민은 인간으로서의 존엄과 인권을 확인하고 이를 보장할 의무를 가진다"고 했고, 「헌법」 32조 1항에는 "모든 국민은 인간다운 생활을 할 권리를 가진다"라고 명시되어 있다. 따라서 아동들도 당연히 권리를 갖게 되는 것이다.

그리고 우리나라 「아동복지법」 제1조에 "이 법은 아동이 건전하게 출생하여 행복하고 건강하게 육성되도록 그 복지를 보장함을 목적으로 한다"했으며 제2조에는 "① 아동은 자신 또는 부모의 성별, 연령, 종교, 사회적 신분, 재산, 장애유무, 출생지역, 인종 등에 따른 어떠한 종류의 차별도 받지 아니하고 자라나야 한다. ② 아동은 완전하고 조화로운 인격발달을 위하여 안정된 가정환경에서 행복하게 자라나야 한다. ③ 아동에 관한 모든 활동에 있어서 아동의 이익이 최우선적으로 고려되어야 한다"고 명시하고 있어 아동복지의 이념을 명확히 표명해 주고 있다. 그리고 제3조에는 "① 모든 국민은 아동을 보호양육하고 사회생활에 적응되도록 육성할 책임을 진다. ② 국가와 지방자치단체는 보호자와 더불어 아동을 건전하게 육성할 책임을 진다"라고 명시되어 있다.

또한 대한민국 어린이 헌장은 1923년 5월 1일 제정된 어린이날 정신을 바탕으로 하여 모든 어린이가 차별 없이 인간으로서 존엄성을 지니고 겨레의 앞날을 이어 나갈 새 사람으로서의 존엄성을 지니고 겨레의 앞날을 이어 나갈 새 사람으로 존중되며 바르고 아름답게, 씩씩하게 자라도록 함을 지표로 삼고 있다. 그 본문에는 어린이들을 가정, 보건, 교육, 문화, 오락, 민주시민으로서의 육성, 과학의 탐구, 위험으로부터의 우선보호, 장애아들의 재활, 학대와 노동착취에서의 탈피 및 세계인으로서의 육성 등으로 바람직한 어린이상을 정립하고 있어 아동복지의 이념구조가 명시되어 있다.

이러한 아동복지의 이념에 따라 아동복지는 3가지 관점에서 그 필요성을 논할 수 있는데, 구체적인 내용은 표 1-2와 같다(김이영 외, 2023; 주수길 외, 2020).

표 1-2. 아동복지의 필요성

구분	내용
기본적 생활의 보장	아동 개인의 입장에서 볼 때, 한 인간으로서 기본적 생활에 대한 보장이 되어야 한다. 즉, 부모나 그 가족이 당면한 신체적 · 정서적 · 사회적 어려움이 양육기능의 수행을 어렵게 하는 경우, 이러한 부모나 가족을 도와 아동이 기본적 생활을 유지하여 건전하게 성장 · 발달할 수 있도록 하는 사회의 노력은 아동복지의 1차적 의미라고 할 수 있다. 한 인간으로 태어나 제 몫을 다하는 사회적 인간으로 성장, 성숙하기 위해서는 타인의 도움이 일정한 기간 동안 절대적으로 필요하다. 구체적으로 영아기(0~2세) 동안에는 가장 기본적인 음식섭취와 배설물의 통제도 혼자 힘으로 하기 어려울 뿐만 아니라 언어에 의한 의사소통도 거의 불가능하다. 유아기(2~7세)에는 기초적인 생활이 어느 정도 가능하지만 아직도 혼자서 지낼 수 없고 외부의 위험에서 벗어날 수 있는 힘도 없고 노동능력도 없어서 인간발달의 어느 단계보다도 가장 의존적인 시기라 할 수 있다. 예전의 이 시기에는 부모와 그 가족에 의해서 기본적 생활이 보장되었으나 현대산업사회에 와서는 여러 가지 사회구조나 가치관의 변화로 부모나 가족이 어린이의 양육을 전적으로 책임지기가 힘들게 되었다. 부모나 그 가족이 당면한 신체적, 정서적, 사회적인 어려움으로 인해 양육의 기능을 다하지 못할 경우 이러한 부모나 가족을 도와 어린이가 기본적 생활을 유지하여 건전하게 성장 · 발달할 수 있도록 하는 사회의 노력은 아동복지의 1차적인 중요한 의미이다.
국가의 인력보호와 육성	사회적 관점에서 국가발전을 위한 인력의 보호와 육성이라는 측면이다. 아동은 한 국가뿐 아니라 세계의 미래에 기여할 수 있는 존재이므로, 아동의 복지증진을 위한 각종 교육 · 문화 · 복지 · 의료는 가치가 있는 것이다. 즉, 어린이는 지(知), 덕(德), 체(體)를 겸비한 인간으로 성장하여 한 사회와 국가 및 세계의 장래를 책임질 수 있기 때문에 각 나라에서는 아동애호사상을 고취시킬 뿐 아니라 아동의 복지증진을 위해 각종 교육, 문화, 의료시설을 설치하고 이들의 건전 · 육성을 도모하고 있다.
사회문제의 발생예방	복지란 인간의 욕구를 충족시키거나 사회문제를 해결하기 위한 각종의 서비스를 말한다. 이러한 관점에서 아동복지란 아동들이 가지고 있는 욕구를 충족시켜 사회문제를 미연에 방지하거나 해결하기 위한 각종의 활동으로 볼 수 있다. 아동은 성인과 마찬가지로 기본적인

구분	내용
	생리적 욕구와 2차적인 문화적 욕구를 가지고 있다. 그러나 아동은 스스로 생리적, 문화적 욕구를 충족할 수 있는 능력이 없으므로 부모나 친지 및 사회에서 욕구를 충족시켜 주어야 한다. 만약 욕구가 적절히 충족되지 않을 경우 건강하고 밝게 자라날 수 없을 뿐 아니라 심하게 욕구가 충족되지 못하면 각종 질병에 걸리게 되고 청소년으로 자라났을 때 비행과 가출행위도 하기 쉽다. 따라서 아동복지는 아동이 자라나 야기시킬 사회문제의 발생을 미연에 방지하기 위해서 필요하며 그 중요성을 가지는 것이다.

4) 아동복지의 조건

아동복지의 조건은 그림 1-3과 같이 안정된 가정생활, 경제적 안정, 보건 및 의료 보호, 교육, 노동으로부터의 보호, 오락, 특수 보호 및 종교와 도덕으로 구분될 수 있는데, 이를 구체적으로 살펴보면 다음과 같다(문선화 외, 2006; 주수길 외, 2020).

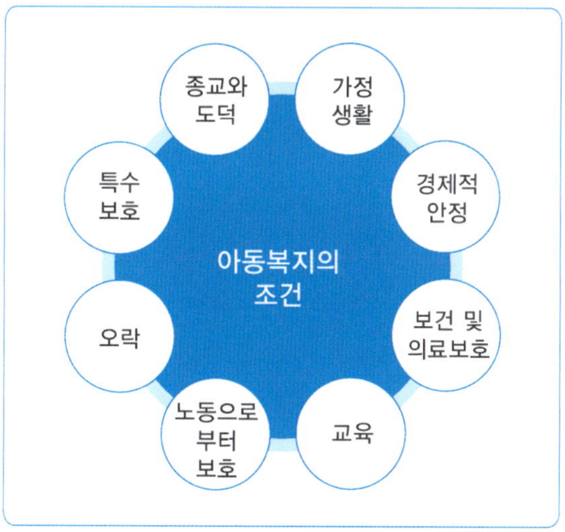

그림 1-3. 아동복지의 조건

(1) 안정된 가정생활

모든 아동에게 가정 이상으로 좋은 곳은 없다는 전제하에, 가정이 없는 아동인 경우에는 가정과 비슷한 환경에서 자랄 수 있는 복지서비스가 이루어져야 할 것이다. 그러나 이상적이며 최적인 가족의 형태나 성격, 그 기능은 그 시대의 사조 및 사회체제에 따라 많이 변화되고 있다.

(2) 경제적 안정

아동의 건전한 육성은 가정생활의 경제적 안정 여부에 좌우된다고 해도 과언은 아닐 것이다. 그리고 아동에게 안정감을 주기 위해서는 그 가정에서 필요한 최저한도의 물질적 욕구가 충족되어야 한다. 아동에게는 의 · 식 · 주의 문제가 심신의 발달에서 가장 기본적인 필수 요소이며, 가정의 빈곤에서 오는 가출, 비행, 윤락, 범죄 등의 영향은 오늘날 큰 사회문제로 대두되고 있다. 이러한 문제를 예방하기 위해서 고용기회의 확대 및 최저생활의 보장, 공공 부조제도 등을 활용하고 있으며 이를 통해 아동의 가정에 경제적 혜택과 안정이 보장되도록 해야 할 것이다.

(3) 보건 및 의료 보호

모든 아동의 건전한 성장과 발달을 위해서는 이들에 대한 보건이나 의료문제가 국가나 사회의 가장 중요한 관심사가 될 수밖에 없다. 국제적으로 1948년 유엔총회에서 채택된 세계인권선언 제25조는 "모성과 아동은 특별한 배려와 자원을 요구할 수 있다"고 규정하고 있으며, 우리나라 「아동복지법」 제1조에서도 "아동이 건강하게 출생하여 행복하고 안전하게 자랄 수 있도록 아동의 복지를 보장함을 목적으로 한다"라고 규정함으로써 아동의 건강 보호를 강조하고 있다. 사실상 보건 및 의료 보호는 경제적 측면의 연장선이라고도 할 수 있다. 그리고 아동복지의 기반은 아동의 보건에 달려 있으며, 또한 아동의 건강은 모체(어머니)의 심신건강에도 비례한다고 볼 수 있다.

(4) 교육

모든 아동에게 그 개인의 욕구에 따라 적절한 교육의 기회와 함께 질 높은 프로그램과 서비스가 주어져야 한다. 「헌법」 제27조에 "모든 국민은 능력에 따라 균등하게 교육을 받을 권리를 가진다"고 규정되어 있고, 무엇보다도 교육은 국가구성원인 인적 자원의 개발과 직결되어 있으므로 교육에 더 많은 투자가 필요하다. 의무교육이 중등교육으로까지 연장된 것은 이와 맥락을 같이 한다.

(5) 노동으로부터 보호

모든 아동은 연소노동 및 유해노동으로부터 보호되어야 한다. 산업혁명 이후 기계의 발명으로 힘과 숙련된 기술을 가진 노동력보다는 단순한 직업에 적당한 사람(아동, 부녀자)들이 필요해졌고, 연소자의 임금은 성인보다 낮으므로 생산비가 절감되며, 성인보다 복종적이며, 이윤 추구에 대한 경쟁심이 약한 점 등을 이유로 연소자의 노동이 행해졌다. 이에 「근로기준법」을 통해 15세 미만의 자는 근로자로 사용하지 못하며, 임신 중이거나 산후 1년이 지나지 아니한 여성과 18세 미만인 자는 도덕상 · 보건상 유해 · 위험한 사업에 사용하지 못하고, 15~18세 미만인 자의 근로시간은 1일 7시간, 일주일 40시간을 초과하지 못한다고 하여 노동으로부터 아동 보호를 명시해 두고 있다.

(6) 오락

모든 아동에게는 마음껏 놀고 성장에 도움이 될 수 있는 지적 · 신체적 관심을 추구할 기회와 자기만족과 자신감을 줄 수 있는 여러 집단활동을 통한 다양한 오락의 기회가 주어져야 한다. 아동의 놀이는 아동에게 가정 이외의 집단을 활용할 수 있는 기회를 제공함으로써 새로운 성장단계로의 진입을 가능하게 하며, 아동은 놀이를 통해 사회화의 과정을 습득하며 대인관계의 기술을 습득하게 된다. 또한 놀이는 자기의 욕구나 감정발산을 촉진시키며 신체적으로나 정신적으로 건전하게 성장할 수 있는 촉진제가 된다.

(7) 특수 보호

일반아동이 아닌 특수한 문제나 욕구를 지닌 아동에게는 그에 맞는 복지서비스가 주어져야 한다. 예를 들어, 비합법적 결혼에 의해 태어난(원하지 않는 임신에 의해 출산된) 아동, 사망 · 별거 · 이혼 등 해체된 가족의 아동, 법적 보호자가 없는 아동, 취업모의 아동, 신체 · 정신 · 성격장애 아동, 학대 · 방임에 노출된 아동, 학교중퇴 중의 아동, 이주가족의 아동, 소수집단에 속한 아동, 복합적 문제가 있는 아동 등을 들 수 있으며, 이들에 대해서는 문제사안과 아동의 욕구에 부합하는 전문적 서비스가 제공되어야 한다.

(8) 종교와 도덕

헤젤 프레드릭슨(Hazel Fredericksen)은 아동복지의 기본 전제에서 "종교적 사상이나 개념은 아동 각자의 배경이나 아동의 욕구에 따라 교육되어야 한다. 이러한 종교적 이상이나 개념은 아동에게 개인의 내재적 가치나 동포로서의 인간의 가치를 인식하게 해 준다. 즉, 각 아동은 인생철학의 발전과 더불어 도덕적 가치를 존중하여야 한다"고 말하여 아동에게 자유로운 종교적 생활을 부여하도록 권장하고 있다.

그리고 아동권리에 관한 국제협약 제14조에는 "아동의 사상 · 양심 및 종교에 대한 권리를 존중하여야 한다"고 규정하고 있으며, 제27조에는 모든 아동이 신체적 · 지적 · 정신적 · 도덕적 · 사회적 발달에 적합한 생활 수준을 누릴 권리를 강조하고 있다. 그러나 현대사회로 올수록 가정의 기능은 약화되어 가고 있고 인간의 정서적 불안정은 더욱 심화되고 있다. 현재의 정서적 결여는 인간으로 하여금 무언가에 의존하게 만든다. 그래서 더욱 종교적 믿음이 필요하게 된다. 또한 아동은 기본적 도덕 교육을 가정에서 받지 못하고 있다. 이러한 도덕 교육의 부재로 인해 무엇이 옳고 그른가를 분별

하는 판단력이 부족하며, 사회생활의 부적응과 비행 · 범죄율이 높아지고 있다.

따라서 가정을 기반으로 국가적 차원에서 우리나라의 기본적 사상과 윤리를 교육시킴으로써 아동이 참된 인간으로 성장할 수 있는 분위기를 조성해 주어야 할 것이다.

5) 아동복지의 원칙

아동은 인간의 생활주기에서 가장 특별한 보호와 지도를 요하는 시기이므로 인간의 행복추구권, 인간의 평등 및 기회균등보장, 그리고 복지실현의 사회적 책임성 등이 더욱 강조되고 있다. 아동복지대책을 실천하는 데 기초가 되는 원칙을 살펴보면 그림 1-4와 같다(김이영 외, 2023).

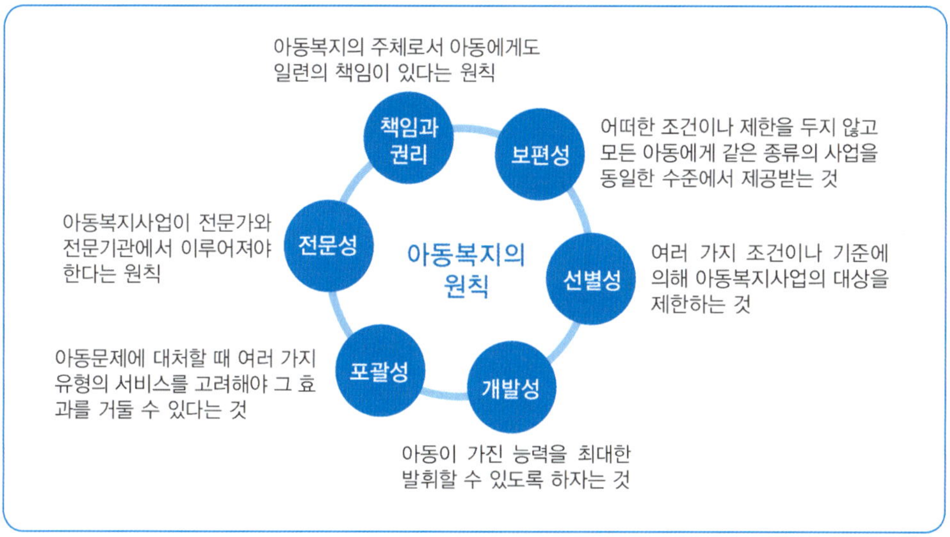

그림 1-4. 아동복지의 원칙

(1) 책임과 권리의 원칙

아동복지의 주체로서 아동에게도 일련의 책임이 있다는 원칙이다. 이것은 권리의 주체임을 주로 내세웠던 종래의 입장에서 진일보한 것인데, 아동관의 변화에 큰 영향을 받았다. 즉, 아동은 단순히 성인의 보호를 필요로 하는 의존적이고, 수동적인 존재가 아니라 독립된 개체로서 자신의 삶을 능동적으로 받아들이고 행동해야 한다는 것을 의미한다. 예를 들어, 우리나라 「청소년기본법」(1991)에서는 청소년은 자신의 개발과 건전한 가치관의 확립에 힘쓰고, 가정, 사회, 국가의 구성원으로서의 책임을 다하도록 힘써야 한다고 명시하고 있다.

① 부모의 권리와 책임의 원칙

오늘날 아동복지에 대한 책임이 사회나 국가로 많이 이양되기는 하였지만, 자녀양육에 대한 1차적 책임은 부모에게 있다. 또한 이 책임은 사회주의 성향의 사회보다도 자본주의 성향의 사회에서 더 높은 비중으로 부여되어 있다. 세계 아동의 권리선언(1959)에서도 "아동은 가능한 한 양친의 보호와 책임 아래서 자라날 권리가 있다"고 선언한 바 있다.

이러한 부모의 양육책임 범위는 매우 광범위하다. 궁극적으로는 이상적인 아동발달을 목표로 하는 일련의 내용이 포함되겠지만, 적어도 기본적인 사회생활을 유지할 수 있는 범위 내에서의 양육책임이 포함된다. 예를 들어, 우리나라의 아동복지 관계법에서 부모와 가정의 책임을 규정하고 있다. 즉, 「아동복지법」(제5조 제1항)에서는 모든 보호자는 아동을 건전하게 육성할 책임을 진다고 명시하고 있으며, 「영유아보육법」(제4조 제2항)에서 국가와 지방자치단체는 보호자와 더불어 영유아를 건전하게 보호할 책임을 진다고 명시하고 있다. 그리고 「청소년기본법」 제1장 총칙에서 가정은 청소년의 개성과 자질을 바탕으로 자기 발전을 실현하고, 가정뿐 아니라 국가와 사회의 구성원으로서 책임을 다하는 후계 상대로 성장할 수 있도록 노력해야 된다고 명시하고 있는 데서 알 수 있다.

② 사회 및 국가 권리와 책임의 원칙

모이니한(Moynihan, 1986)이 '한 사회의 미래는 그 사회가 아동을 어떻게 보호하고, 교육하느냐에 의해서 예측할 수 있다'고 한 말은 아동복지에 대한 사회와 국가책임의 중요성을 단적으로 나타내는 것이다. 아동복지사업의 전개에서 사회와 국가의 책임은 아동과 가정이 처한 상황에 따라 달라진다. 원칙적으로는 부모역할의 지지, 보충하는 입장에 서며, 책임의 정도도 최저한도의 생활보장을 기본선으로 하고, 궁극적으로는 이상적인 생활을 목표로 삼는다. 예를 들어, 우리나라의 「아동복지법」에서는 모든 국민은 아동을 보호·양육하고 사회생활에 적응하도록 육성할 책임을 지며, 또한 국가와 지방자치단체는 보호자와 더불어 아동을 건전하게 육성할 책임을 지고, 지방자치단체는 영유아를 건전하게 보호할 책임을 진다고 명시하고 있으며, 그리고 「청소년육성법」에서는 모든 국민은 청소년의 사고와 행동양식의 특성을 인식하고, 사랑과 대화로서 청소년을 이해하고 지도해야 하며, 청소년의 탈선을 방임하거나 포기해서는 안 되며, 모든 국민은 청소년을 대상으로 하거나 청소년이 쉽게 접근할 수 있는 장소에서 그들의 정신적, 신체적 건강에 해를 끼치는 행위를 해서는 안될 뿐만 아니라, 청소년에게 유해한 환경을 정화하여야 한다고 명시하고 있다. 그리고 국가는 청소년이 올바른 국가관과 건전한 가치관을 가지고, 나라와 겨레의 앞날을 이어갈 훌륭한 국민이 되도록 청소년의 육성에 대한 책임을 진다고 명시하고 있는 데서 알 수 있다.

(2) 보편성의 원칙

보편성의 원칙이란 어떠한 조건이나 제한을 두지 않고 모든 아동에게 같은 종류의 사업을 동일한 수준에서 제공받는 것을 의미한다. 그러므로 이 원칙은 평등의 이념과 함께 건강하고 건전한 육성을 통해 아동문제 및 사회문제를 예방하려고 하는 가정이 전제되어 있다.

이 원칙은 아동복지 접근방법 중에서 특히 정책적 접근의 궁극적인 목표라고 할 수 있을 만큼 의미 있는 원칙이다. 즉, 아동양육을 위한 최저소득의 보장, 기본적 의료조치, 최소한도의 사회생활을 영위할 수 있도록 하기 위한 생활훈련과 기초교육 등이 이 원칙하에서 실시되기 때문이다. 따라서 이 원칙은 국가재정의 부담이라는 문제와 깊은 관련이 있으므로 비교적 경제수준이 높고, 사회보장제도가 발달한 선진국에서 많이 활용되고 있다. 그렇지만 복지국가를 지향하고자 하는 모든 나라에서는 이 원칙의 실제적 적용을 목표로 하고 있다. 구체적인 실례로서 영국의 아동수당제도를 들 수 있다.

(3) 선별성의 원칙

선별성의 원칙은 선정성의 원칙이라고도 하는데, 이 원칙은 여러 가지 조건이나 기준에 의해 아동복지사업의 대상을 제한하는 것을 말한다. 대부분의 경우 부모의 양육능력의 정도가 기준이 된다. 즉, 부모가 양육책임을 다하기 어렵거나 또는 거의 불가능한 경우로서, 이른바 요보호아동이 그 대상이 된다. 역사적으로 볼 때 아동복지의 대상은 주로 요보호아동이었다. 지금도 많은 나라에서 요보호아동을 우선적인 정책대상으로 간주하고 있으며, 점차적으로 일반아동으로 확대하여 실시하고 있다. 이러한 양상은 우리나라에서도 비슷하다. 그 이유는 국가재정의 부족에도 원인이 있지만, 적어도 자유주의 성향의 나라에서는 아동복지에 대한 책임을 부모에 더 많이 둘 뿐만 아니라, 책임수준을 고려하기 때문이다. 선정성의 원칙이 적용된 예로서 특수교육대상자에 대한 무상교육, 저소득층의 맞벌이부부의 자녀를 위한 무료 탁아를 들 수 있다.

(4) 개발성의 원칙

아동이 가진 능력을 최대한 발휘할 수 있도록 하자는 것으로, 모든 아동이 이 원칙의 적용을 받는다. 그렇지만 특히 아동발달상의 편차가 심한 장애아동과 우수아동, 결손된 양육환경에서 자라는 고아나 빈곤가정 아동이 주 대상이 된다. 따라서 이 원칙에는 아동의 사회적 자립과 함께 사회적 기여라는 관점이 내포되어 있다. 빈곤가정의 아동인 경우에는 실조된 환경이 학업성취를 저해하고, 이로 인해 직업적 성공이 어려워져 빈곤의 악순환을 되풀이할 가능성이 크기 때문이다. 더구나 개인의 능력을 중시하며, 업적 지향적인 현대사회에서 개발의 원칙은 실제적인 의미가 크다. 따라서 장애아동을 대상으로 한 직업재활과 빈곤가정의 아동을 대상으로 한 직업훈련이 우리나라에서도 매우 강조되고 있다.

(5) 포괄성의 원칙

아동문제에 대처할 때 여러 가지 유형의 서비스를 고려해야 그 효과를 거둘 수 있다는 것이다. 그것은 아동발달이 서로 유기적인 관련을 가지고 전개되므로 한 영역의 발달손상은 다른 영역에 파급되며 아동의 문제는 여러 가지 요소가 결합된 복합적인 양상을 보이기 때문이다. 이 원칙은 아동을 전인으로 파악하고 있음이 전제되며, 대표적인 예로서 심신장애아동을 대상으로 한 복지대책을 들 수 있다. 즉, 장애아동의 사회적 자립을 위해서 의료재활, 교육재활, 심리재활 및 직업재활이 종합적으로 제공되는 것을 의미한다. 그러므로 관련 분야 간의 상호 유기적인 이해와 협조는 아동복지의 증진에 기여한다고 볼 수 있다.

(6) 전문성의 원칙

전문성의 원칙이란 아동복지사업이 전문가와 전문기관에서 이루어져야 한다는 원칙이다. 왜냐하면 아동의 문제는 복잡하고 다양하므로, 전문적인 지식과 기술이 필요하기 때문이다. 이 원칙은 전문적 접근에서 중요하게 고려되는 원칙으로서 예전보다 더욱 세분화되고 있다. 예를 들어, 종래의 개별이나 집단 사회사업가에서 의료, 학교, 교정, 산업 등을 전문적으로 다루는 사회사업가가 등장하게 되었다. 이러한 경향은 종래의 동정심에 호소하는 실제적인 자선에서, 아동복지를 기술과학의 입장에서 파악하게 해 준다. 나아가 아동복지의 수준을 향상시키는 데 기여하는 동인이 되고 있다. 최근에는 정책적 접근에서도 강도 있게 고려되고 있는데, 아동복지정책의 결정과정에 전문가가 참여하는 것이 그것이다.

Chapter

02

아동의 욕구와 환경의 영향

배울 내용

1. 아동발달의 이론적 접근
2. 생애주기별 이론
3. 생태체계 이론

학습목표

1. 성숙주의 이론, 정신역동 이론, 행동주의 이론 및 인지이론의 발달관점과 함의점을 이해한다.
2. 생애주기별 접근과 각 단계의 발달과업을 설명할 수 있다.
3. 생태체계 이론을 통해 환경의 중요성을 파악한다.

Chapter 02

아동의 욕구와 환경의 영향

1. 아동발달의 이론적 접근

인간을 이해하고자 하는 노력은 긴 역사를 지니고 있다. 그러나 한 아이의 성장과 발달을 체계적으로 살펴보고자 한 노력은 19세기에 들어와서 시작되었다고 할 수 있다. 그 이후 이루어진 많은 연구와 학문적 업적들을 통해 태아기부터 인간발달을 보다 정확하게 알 수 있게 되었다. 먼저 여러 학파들에 의해 주장되어 온 발달이론인 성숙주의 이론, 프로이트의 정신분석 이론, 행동주의 이론 및 인지발달 이론들이 가지는 발달의 관점에 대해 살펴보면 다음과 같다(강순희 외, 2022; 이기원 외, 2023).

1) 성숙주의 이론

게젤

성숙주의 이론은 다윈(Darwin)의 진화론적 사고를 토대로 발달된 이론이다. 이 이론은 인간의 성장과 발달은 태어날 때 생물학적 특성에 의해서 이미 순서가 정해져 있으며, 그 정해진 순서에 따라 발달이 이루어진다고 주장한다. 따라서 성숙주의 이론은 영아가 자신의 성장과 발달 속도에 맞추어 발달할 수 있도록 영아 중심의 양육

환경을 제공해야 한다는 점을 강조한다(우수경 외, 2013).

성숙주의 이론의 대표적 학자인 게젤(Gesell, 1880~1961)은 인간의 모든 발달은 사전에 유전적 요소에 의해 이미 기본적 방향이 결정되어 있으며, 이와 같이 이미 결정되어 있는 성장 모형(growth matrix)에 따라 발달이 이루어지는 것으로 보았다. 즉, 인간의 발달에 유전적 요인을 강조하고 있으며, 인간을 둘러싸고 있는 환경적 요인은 성장 모형을 지지하거나 수정할 정도에 불과하고 인간발달에 결정적 역할은 하지 못한다고 주장한다.

게젤은 발달과정의 방향을 결정짓는 내적인 힘의 기제를 성숙(maturation)이라고 명명하였으며, 유아의 성장과 발달 속도는 개인차가 존재하지만 동일한 순서에 따라 발달하게 된다고 주장하였다. 따라서 게젤은 영유아의 성장에 있어서 패턴화 과정(patterning process)을 중요하게 생각하였고 이 과정에 따라 행위가 체계화된다고 주장하였다. 게젤은 연령별 발달 특성을 표 2-1과 같이 구분하고 있다.

표 2-1. 연령별 발달 특성

시기	특징
4주	• 앉고 서고 기거나 걷을 수 없다. • 엎드릴 때 머리를 약간 쳐들 수 있다.
28주	• 드러누워서 잡을 수 있으며 이 손에서 저 손으로 움직일 수 있다. • 길 수 있다. • 혼자 설 수 있으며 도움을 받아 설 수 있다. • 블록을 쌓을 수 있다. • 작은 물체를 집을 수 있다.
2년 6개월	• 한 발로 설 수 있다. • 블록 열 개로 탑을 쌓을 수 있다. • 손가락으로 크레파스를 집을 수 있다.
3년 6개월	• 발끝으로 두 번 또는 그 이상 걸을 수 있다. • 한 발로 껑충 뛸 수 있다. • 발을 교대하여 계단을 내려올 수 있다. • 무딘 가위를 사용하며 크레용으로 정확한 특징을 그릴 수 있다.

시기	특징
6년	• 발끝으로 다섯 걸음 이상 갈 수 있다. • 81.3cm 뛸 수 있다. • 이름을 쓸 수 있다. • 열 가지 이상의 물체를 정확히 셀 수 있다.

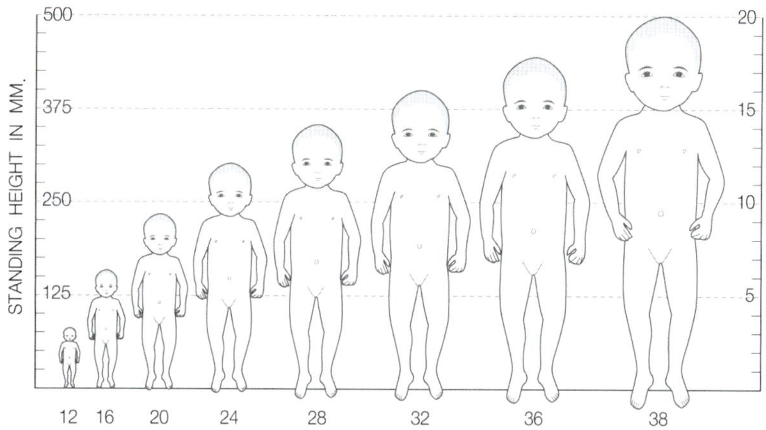

게젤은 다섯 가지의 패턴원리인 발달방향과 순서의 원리, 상호적 교류의 원리, 기능적 비대칭의 원리, 개별적 성숙의 원리 그리고 자기 규제의 원리에 의해서 인간의 행위가 어떻게 발달하는지를 제시하였다.

첫째, 발달방향과 순서의 원리이다. 이 원리는 인간의 행동발달은 신체적 측면의 신경학적 또는 생리해부학적 성숙에 평행하다는 것이다. 이러한 과정에서 발달의 방향은 성숙에 의해서 정해진 순서로 진행되며 발달 순서도 바뀌지 않는 것으로 본다.

둘째, 상호적 교류의 원리이다. 이 원리는 인간 신체의 대칭되는 두 부분인 좌뇌와 우뇌, 두 눈, 두 손 그리고 두 다리 등은 점차적으로 한 부분씩 발달하고 난 뒤 함께 통합되어 균형을 이루면서 발달한다는 것이다.

셋째, 기능적 비대칭의 원리이다. 이 원리는 인간의 행동은 정면이 아닌 약간 비스듬한 자세를 취할 때 가장 효과적으로 기능한다는 것이다. 따라서 개인에 따라 한쪽

뇌, 한쪽 눈, 한쪽 손 그리고 한 발이 우세한 것도 이러한 원리에 기인한 것으로 보았다.

넷째, 개별적 성숙의 원리이다. 이 원리는 인간이 성장하고 발달하는 속도는 각각의 인간이 지니고 있는 내적인 유전기제에 의하여 개인차가 존재한다는 것이다. 다시 말해, 인간의 행동은 인간을 둘러싸고 있는 외적인 환경적 요인과는 별개라는 의미이다.

다섯째, 자기 규제의 원리이다. 이 원리는 인간은 자신의 능력 이상으로 새로운 것에 대하여 시도하지 않도록 자신의 행동을 통제한다는 것이다. 특히 이러한 것이 토대가 되어 영유아는 자신의 수유와 수면 패턴을 조절하기도 한다.

2) 프로이트의 정신분석 이론

프로이트

프로이트에 의해 시작된 정신분석 이론은 발표될 당시부터 현재에 이르기까지 정신의학이나 심리학에서뿐 아니라 다양한 인문, 사회과학 분야에 큰 영향력을 행사해 왔고 많은 논쟁을 일으켜 왔다. 프로이트는 인간의 자유를 인정하지 않았다. 따라서 인간의 모든 행동, 사고, 감정은 신체적 긴장상태에 의해 유발되는 무의식적인 성적 본능과 공격적 본능에 의하여 결정되는 것으로 보았으며, 인간을 이런 힘의 지배를 받는 수동적 존재로 보았다. 또한 인간의 성격구조가 초기 아동기, 특히 만 5~6세 이전에 어떤 경험을 했느냐에 따라 결정된다는 정신결정론적 관점을 주장하고 있어 현재와 미래보다는 과거를 중요시한다.

(1) 성격의 구조

정신분석 이론에서는 성격구조가 세 가지 체계로 나누어져 있다고 본다. 즉, 원초아(id), 자아(ego), 초자아(superego)이다. 원초아(id)는 생물학적 구성요소이며, 자아(ego)는 심리적 구성요소로 현실 지향적이고 합리적인 체계를 지닌다. 그리고 초자아(superego)

는 자아로부터 발달하는 사회적 구성요소이다. 이들은 서로 상이한 역할과 기능을 가지며 때로는 협조하고 때로는 갈등을 경험하기도 한다. 이러한 성격의 세 부분은 각기 다른 독특한 기능과 속성을 지니고 있지만, 이들이 상호작용하여 전체의 성격체계를 구성하고 각각의 하위체계는 개인의 행동에 각기 다른 영향을 미치는 것으로 보았다.

① 원초아

원초아(id)는 가장 원시적 체계로서 정신에너지의 초기 저장고 역할을 하며, 나중에 원초아로부터 자아와 초자아가 분화되어 나온다. 원초아는 본능적인 욕구인 성적 욕구와 공격적 욕구를 관장하며, 신체과정들과 직접 접촉하며, 그 사람의 신체구조에서 유전되고 고정된 모든 것을 위한 창고 역할을 담당한다. 원초아는 긴장으로 인한 힘의 증대를 견뎌 내지 못하여, 외적 자극의 결과나 내적 흥분으로 유기체의 긴장수준이 올라가면 긴장을 즉각 발산하여 안정된 낮은 에너지 수준으로 돌아가고자 시도한다. 이러한 긴장해소의 원리를 쾌락원리라고 한다. 쾌락원리는 논리적이지도 조작적이지도 성숙하지도 않고 맹목적이며, 강력하고 단 하나만의 원리에 의해 움직인다. 원초아와 관련된 정신에너지는 무의식적인 것으로 사람들이 잘 의식하지 못한다. 또한 무의식적인 충동은 전 생애 동안 나타나지만 발달이 진행됨에 따라 원초아와 관련된 에너지는 점차 줄어든다고 할 수 있다.

② 자아

자아(ego)는 성격의 조직적, 합리적, 현실지향적인 체계이다. 자아는 현실에 비추어 적절한 환경조건이 마련될 때까지 원초아의 욕구충족과 긴장을 보류하며, 현실적으로 합당한 방법으로 만족을 얻을 수 있는 방법을 모색하고 계획한다. 그러므로 자아는 현실원리에 따라 작용한다. 현실원리의 목적은 욕구충족을 위해서 적합한 대상이 발견될 때까지 긴장해소를 보류하는 데 있다. 이때 자아는 지각, 학습, 기억, 현실검증 등을 포함하는 이차적 과정을 사용한다. 자아는 환경을 현실적으로 평가하는 것 외에도 다른 중요한 기능을 한다. 원초아와 초자아 사이를 중재하는 정신과정의 조직자로

작용하여, 전체 체계 내에서 욕구 충족이 이루어지도록 에너지 지출의 균형을 맞추고, 나중을 위해 여분의 에너지를 저장해 두는 역할을 담당하게 된다.

③ 초자아

초자아(superego)는 자아로부터 발달하는데, 이것은 사회의 전통적 가치와 이상으로 구성되어 있으며, 현실적인 것보다는 이상적인 것, 현실이나 쾌락을 추구하기보다는 완전성을 추구하는 속성을 지니고 있다. 주로 초자아는 부모와의 경험을 나누는 동안 부모와의 갈등해결 과정에서 발달하며 부모가 주는 보상과 처벌에 의해 점차 발달되어 간다. 초자아는 자아이상과 양심이라는 두 개의 하위체계로 구성된다. 처벌되는 것은 초자아의 두 하위체계 중 하나인 양심과 결합되는 경향이 있다. 양심은 잘못된 행위에 대해서 처벌을 받거나 비난을 받는 경험에서 생기는 죄책감과 결부된 것으로 그 목적을 이행하며, 자아이상에 긍지와 가치감을 줌으로써 개인을 보상한다. 따라서 초자아는 인간행동의 도덕적 규제를 맡는 곳이라고 할 수 있다.

프로이트는 건강한 사람의 성격은 이 세 가지의 성격구성요소가 균형을 유지하고 있는 상태라고 가정하였다. 왜냐하면 건강하게 적응하려면 원초아의 충동에 대해 초자아가 이를 제지하려는 힘을 발휘하는 가운데 자아가 현실적인 조건을 고려하여 이들을 모두 만족시킬 수 있어야 하기 때문이다. 그러나 이러한 과정은 필연적으로 세 요소 간의 갈등상황을 만들게 되는데, 어느 한 요소의 충동이 너무 강하게 되면 자아가 그 충동에 대해 위협을 느끼게 되며 불안을 경험한다고 보았다.

(2) 의식수준

프로이트는 그림 2-1과 같이 성격의 구조를 원초아, 자아, 초자아로 보았으며, 의식수준을 의식, 전의식, 무의식으로 구분하였다.

① 무의식

무의식은 인간행동을 개념화하는 데 가장 중요한 요소 중 하나로서, 개인의 의식수준 혹은 사고 가능한 수준이 아닌 무의식 수준의 정신에너지가 행동에 영향을 미친다고 보았다. 욕구나 본능이 깊게 자리 잡고 있는 영역으로, 인식할 수 없고, 직접적으로 확인할 수도 없는 것이 무의식이다. 무의식은 억압된 생각이나 정서로 이루어진다. 무의식의 내용은 충족되기를 기다리는 소원으로 한정되어 있다. 무의식은 인간의 정신세계에 감추어져 있어서 우리가 지각하지 못하는 기억과 경험으로 이루어진 부분으로 프로이트가 가장 중요하게 생각한 정신세계이다. 즉, 무의식은 의식의 존재 아래에 있는 정신세계로서 본능, 충동 등이 잠재되어 있는 곳이다.

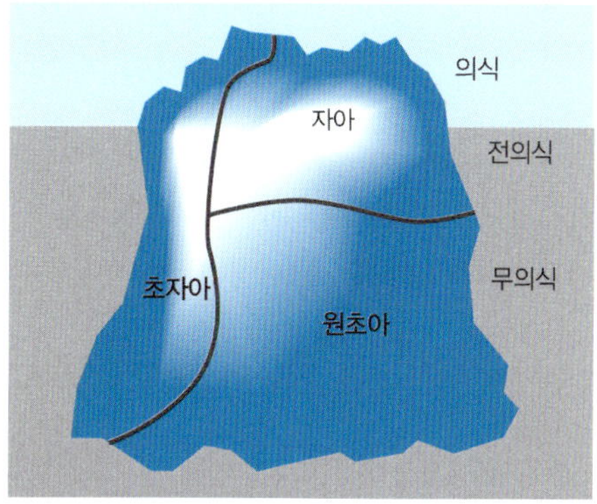

그림 2-1. 성격의 구조와 의식수준

② 전의식

전의식이라는 정신과정은 즉시 인식되지는 않지만, 조금만 노력하면 접근할 수 있는 영역이다. 즉, 전의식은 의식과 무의식의 중간 부분으로서 조금만 주의를 기울이면 의식으로 나타나는 부분이며 한편으로는 조금만 주의를 기울이지 않으면 의식에서 사라지는 부분이다. 소원이나 욕구를 통제하며 외부의 현실적 요구, 도덕기준, 가치관에 맞추어서 불쾌한 것을 피하고 본능적 욕구의 방출을 지연시킨다.

③ 의식

의식은 한 개인이 어느 순간에 인식하고 있는 감각, 지각, 경험 등 모든 것을 의미한다. 즉, 의식은 자기 자신이 주의를 기울이는 순간에 알 수 있거나 느낄 수 있는 정신작용으로 우리가 어떤 순간에 알거나 느낄 수 있는 모든 감각과 경험을 말한다. 하지만 개인이 인식할 수 있는 것은 빙산의 일각에 불과하다고 프로이트는 주장하였다. 개인은 감각기관, 주의력을 통해서만 외부세계를 의식할 수 있다.

(3) 성격의 발달

프로이트에 의하면 개인은 생후 첫 5~6년 동안에 자신의 성격형성에 결정적인 영향을 주는 연속적인 5단계를 거치게 된다고 가정한다. 특히 각 단계에서 경험하게 되는 성적 또는 육체적 쾌락이 지나치게 충족되거나 좌절되는 경우, 이 경험은 개인의 성격발달에 매우 중요한 영향을 미친다고 보고 있다. 각 단계에서 개인은 갈등과 왜곡을 경험할 수 있으며, 만약 이를 원만하게 해결하지 못하면 특정 단계에 많은 부분이 정지되는 고착화(fixation) 현상이 나타난다. 개인이 최적의 정신건강을 유지하기 위해서는 각 단계의 위기를 원만하게 해결해야 한다.

① 구강기(0~1세)

입 주위에 흥분이 모아지는 시기로 영아는 수유, 손가락 빨기 등으로 충족되며, 성인은 껌 씹기, 섭식, 흡연, 키스 등으로 얻어진다. 이 시기에 영아는 자신의 생존을 위해서 전적으로 다른 사람에게 의존한다. 영아는 젖을 빨면서 어머니와의 상호작용을 경험하지만, 어머니의 존재를 자신과 분리된 존재로 보지 못한다. 영아의 주된 성감대는 입과 구강이며, 만족의 중요한 근원은 먹는 것이다. 모든 경험은 먹기와 관련된 활동에 의해 중재된다고 가정한다. 구강기에 겪는 대부분의 경험은 언어로 표현되지 못하기 때문에 무의식 속으로 영구히 남기 쉽다. 먹는 것 이외에도 빨기, 핥기, 물기 등의 구강 활동을 통해서도 쾌감을 얻는다. 구강기에 기본적이고 근본적인 욕구를 만족시키는 사람은 대부분 어머니이지만, 자신에게 만족과 쾌감을 주는 대상에게 애착을 가지게 된다. 만약 구강기에 빠는 행동을 충분히 경험하지 못하면 욕구 불만을 가져오거나, 젖을 너무 오래 먹는 경우에도 고착 현상을 초래하게 된다.

② 항문기(2~3세)

항문기는 성감대가 항문영역으로 옮겨지는 시기이며, 항문 주변의 점막의 자극에 대한 민감성이 높아지는 시기이다. 이때 아이는 배설물을 보유하거나 배설하는 데서 쾌감을 얻는다. 즉, 아동의 신경계의 발달로 자신의 능력으로 괄약근을 조절할 수 있기 때문에 자신이 원하는 대로 배변이나 배뇨를 할 수 있게 되며, 배설 행동과 관련된 행동을 중심으로 성격이 형성된다. 프로이트의 이론에서 항문기는 아동이 처음으로 사회의 기대에 순응하도록 요구되는 단계이다. 이때에는 언어적인 능력도 어느 정도 있어 타인과의 의사소통이 이루어져서 대소변훈련이 이루어진다. 유아의 본능적인 충동은 처음으로 외부로부터의 통제를 받게 되는데, 이 단계에서는 유아가 경험한 것을 언어로 표현할 수 있기 때문에 의식에 남게 된다. 만약 부모가 너무 엄격하고 억압적으로 대소변훈련을 시킨다면 성인이 된 후에도 고착 현상이 나타난다. 항문기의 고착 성격에는 청결성, 강박감, 수전노 등과 같은 것이 있다.

③ 남근기(4~6세)

성감대가 성기로 옮겨 가는 시기로 아동의 성격발달에 중요한 심리적 변화가 일어나는 시기이다. 아동은 성적 관심이 더욱 강해지며, 모든 관심이 성기에 집중되어 있다. 자신의 성기를 자세히 관찰하며 자위행위를 하기도 하고 부모에게 출생과 성에 관련된 질문을 하기도 한다.

프로이트의 정신분석 이론에 따르면, 아동은 이성의 부모에 대해서 무의식적인 성적 소망을 가진다고 한다. 남아에게는 오이디푸스 콤플렉스, 여아에게는 엘렉트라 콤플렉스가 나타난다. 즉, 동성의 부모를 적대시하고 이성의 부모에 대해서는 근친상간적 성적 욕구가 생긴다. 전자는 남자아이가 어머니에 대하여 강한 애정을 느끼고 아버지에 대하여 적대감을 가지는 것을 말한다. 여기에서 남자아이는 아버지가 자신의 생각을 알아차리고 자신의 성기를 없앨 것이라는 거세불안(castration anxiety)을 경험하게 된다. 그래서 남자아이는 거세불안을 해소하기 위해 어머니에 대한 애정을 포기하고 아버지에게 가졌던 적대감도 포기하여 자기 자신과 아버지를 동일시하면서 아버지의 가치와 기준을 받아들인다. 후자는 여자아이가 아버지에 대하여 애정을 느끼고 어머니에 대하여 적대감을 가지는 것을 말한다. 여기에서 여자아이는 자신에게 남근이 없다는 것을 알게 되면서 실망을 느끼게 되고 남근을 부러워하고 갖고 싶어 하는 남근선망(penis envy)을 경험하게 된다. 그래서 여자아이는 남근선망을 해소하기 위하여 자기 자신과 어머니를 동일시하면서 어머니의 가치와 기준을 받아들인다. 이러한 부모에 대한 동일시 과정에서 초자아가 형성된다. 이 시기의 중요한 역할은 초자아가 형성되는 것이며, 적절한 성역할 정체감이 확립되는 데 있다. 이 단계에 고착하게 되면 적극적인 남근기적 성격은 과시적이고 거만하고 공격적인 것이 특징인데, 소극적인 남근기적 성격은 오만하면서도 지나치게 겸손한 성격으로 나타나게 된다.

④ 잠복기(7~12세)

남근기와 관련된 문제가 성공적으로 해결되었든 성공적이지 못하였든 간에 그 성적 욕구가 철저히 억압되며, 성적 욕망이 투자되었던 정신에너지는 다른 행동으로 대체되거나 변화된다. 즉, 성적 욕구는 완전히 사라지는 것은 아니며 그 강도가 약화되는 것이다. 이 시기에는 부모에 대한 애정을 발달시키고, 이성의 또래와는 이타적인 관계를 형성하고 동성의 또래와 강한 사회적 유대를 확립하게 된다. 이러한 동성과의 놀이 등을 통한 상호작용에서 아동은 삶에 필요한 여러 가지 사회적인 기술을 습득하게 된다. 비록 아동이 여러 가지 활동에 참여하고 학습하지만 심리성적인 입장에서 볼 때 이 단계는 다음 단계를 준비하는 과정이며, 갈등의 상황에서 잠시 휴식을 취하는 기간이라고 할 수 있다.

⑤ 생식기(13세 이후)

사춘기가 시작되면서 무의식에 억압되었던 성적 특성이 의식세계로 이동하면서 정신에너지의 재분배가 이루어진다. 사춘기에는 생식기관이 발달하고 2차 성징이 나타난다. 사춘기 초기에는 부모로부터 자유로워지는 것을 개인의 주요 과제로 보았다. 남아의 경우 아버지와의 경쟁심을 버리고 아버지의 지배로부터 자유로워져야 한다. 여아도 마찬가지이다. 생식기에는 새롭게 나타난 성적 에너지가 동성 친구에게로 향했다가 점차 이성 관계, 결혼, 가족형성, 직업에 대한 관심으로 바뀐다. 잠복기 이전에는 자기 애착적인 경향을 보이며, 사춘기 이후에는 이성 애착적인 경향을 보여 타인인 이성으로부터 성적 욕구를 만족시키려고 한다. 또한 이 시기에 자아와 초자아가 부적절하게 발달할 경우 이상행동이나 비행을 야기시킨다.

3) 행동주의 이론

행동주의 이론(behavioral theory)에서는 인간행동의 대부분은 학습되거나 학습에 의해 수정된다는 기본 전제에 근거를 두고 있기 때문에 학습이론이라고 불리기도 한다. 학습이론에는 크게 고전적 조건형성, 조작적 조건형성, 사회학습 이론이라는 세 가지 접근방법으로 분류된다.

(1) 고전적 조건형성

파블로프(Pavlov, 1849~1936)는 소화과정을 연구하던 러시아의 생리학자였다. 그는 자신의 연구소에서 식사를 하러 갈 때 개가 자신의 발걸음 소리를 듣고서 타액을 분비한다는 것을 발견하였다. 이런 현상을 밝히고자 그가 한 실험의 예가 그림 2-2에 제시되어 있다.

파블로프

그림 2-2. 고전적 조건형성의 실험

파블로프의 고전적 조건형성에 대한 구체적인 실험절차는 그림 2-3에 제시되어 있다. 그림 2-3에서 보는 것과 같이 무조건자극(unconditioned stimulus: UCS)이란 유기체로 하여금 학습 없이도 어떤 특정한 형식으로 반응하도록 하는 자극을 말하는 것으로, 이 경우 특정의 학습 없이 개로 하여금 타액을 분비하도록 하는 먹이가 무조건자극에 해당된다.

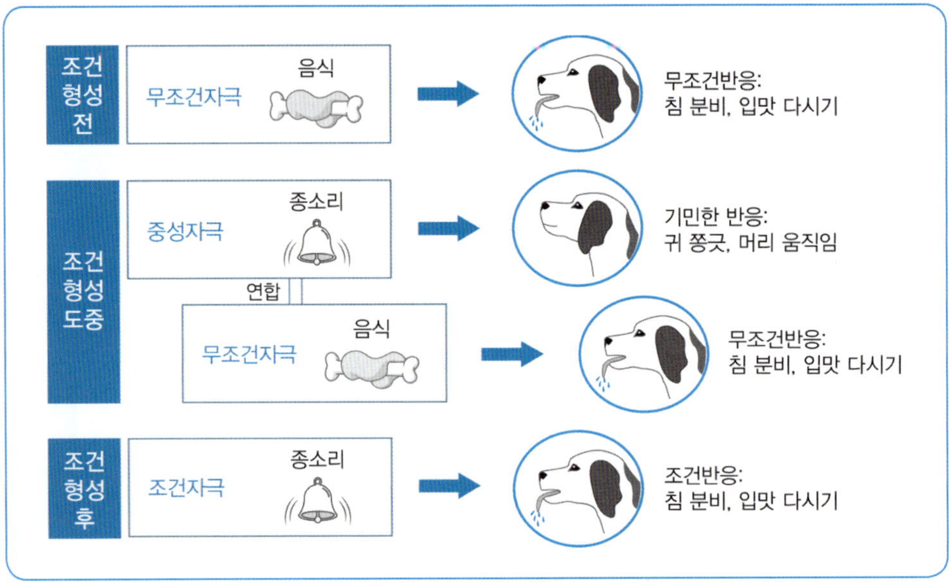

그림 2-3. 고전적 조건형성의 절차

출처: Berk, L. E.(1999). *Infats and children: Prental through middle childhood*(3rd ed.). MA: Allyn & Bacon.

무조건반응(unconditioned response: UCR)이란 무조건자극이 일어날 때 언제나 유기체에서 일어나는 반응으로 타액이 여기에 해당된다. 조건자극(conditioned stimulus: CS)이란 원래는 중성적인 자극인데 무조건자극과 짝 지어짐으로써 결국은 그것만을 제시했을 때도 유기체에서 바라는 반응을 생성시키게 되는 자극으로, 파블로프의 실험에서 보면 개는 처음에 들려주는 종소리에는 타액을 분비하지 않지만 절차가 계속적으로 반복됨으로써 종소리에 대하여 타액을 분비하게 된다. 이때 종소리는 중성자극에서 조건자극으로 성질이 바뀌게 된다. 조건반응(conditioned response: CR)이란 유기체가 조건자극이 제시될 때 타액을 생성하는 것을 학습하게 된 반응으로 조건자극인 종소리를 듣고 분비한 타액이 여기에 해당된다.

고전적 조건형성을 한마디로 표현하면 중립자극인 종소리가 무조건자극인 먹이와 결합하여 반복해서 제공했을 때 중립자극인 종소리가 조건자극이 되어 조건반응(타액)을 유발하는 것이라고 할 수 있다.

우리가 일상생활에서 경험하는 고전적 조건형성의 예는 수없이 많다. 어린 아동이 보여 주는 고전적 조건형성의 한 예는 개에게 물려 놀란 경험이 있는 아동이 강아지만 보아도 공포반응을 보이는 경우이다. 이러한 조건형성의 과정은 왓슨(Watson)의 앨버트 실험을 통해서 알 수 있다〈그림 2-4〉. 즉, 9개월 된 앨버트가 흰쥐에 공포반응을 보이도록 왓슨은 흰쥐와 큰 소리를 짝 지어 제시하였다. 처음에 흰쥐를 두려워하지 않던 앨버트가 흰쥐와 큰 소리가 몇 번 짝 지어 제시된 후에 흰쥐에 대한 공포반응을 보였다. 심지어 흰쥐뿐만 아니라 토끼나 개, 털코트에까지 공포반응을 보였는데, 이것이 바로 고전적 조건형성에 나타나는 자극일반화 현상이다.

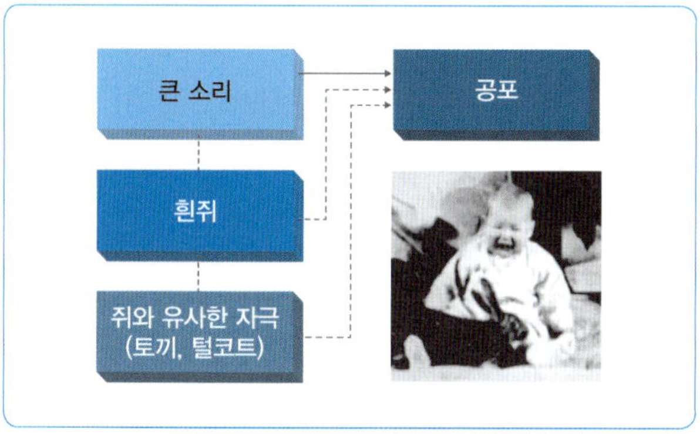

그림 2-4. 앨버트의 공포반응 조건형성

(2) 조작적 조건형성

손다이크

스키너

우리는 놀이공원에 갔을 때 돌고래가 조련사의 신호에 따라 공중으로 뛰어오르는 등의 묘기를 부리는 것을 종종 보게 된다. 그렇다면 그런 동물들은 어떤 원리에 의해서 학습을 하는 것일까? 돌고래가 묘기를 부리는 것은 조련사가 원하는 행동을 했을 경우 먹이를 보상받게 되고, 원하는 행동을 하지 않는 경우는 먹이를 보상받지 못하거나 처벌을 받기 때문이다. 이처럼 강화나 처벌을 사용함으로써 어떤 행동의 가능성을 증가시키거나 감소시키는 학습의 유형을 도구적 조건형성(instrumental conditioning) 혹은 조작적 조건형성(operant conditioning)이라고 한다. 다시 말해, 행동 뒤에 따르는 결과에 의해 행동이 강화되거나 약화되는 것, 즉 행동과 결과 사이의 관련성을 학습하는 것이다. 도구적이란 행동이 어떤 결과를 야기시킬 것인지를 결정하는 하나의 도구(또는 수단)가 됨을 의미한다.

인간의 행동에 있어서도 어떤 행동을 유발하도록 하는 방법 중의 하나는 그 행동을 보상해 주는 것이다. 부모는 아이가 심부름을 하면 칭찬을 해 주거나 용돈을 주고, 학교에서도 성적이 좋은 학생에게 장학금을 주며, 회사에서도 영업실적이 좋은 사람에게 보너스를 지급하거나 승진할 기회를 주기도 한다.

그러나 인간이 수행하는 대부분의 행동이 보상과 연계되어 있음에도 불구하고 행동을 변화시키려는 시도는 쉽지가 않다. 예를 들어, 대학생이 공부를 열심히 하면 장학금을 받고 더 나아가 좋은 직장을 구할 수 있는 기회가 많아진다는 사실을 알고 있지만, 열심히 공부하는 것은 쉬운 것이 아니다. 또한 담배를 피우면 병에 걸릴 확률이 높아지고, 술을 마시면 알코올 중독에 걸린 확률이 높다는 것을 알면서도 금연, 금주가 쉽지 않다. 이처럼 보상의 효과가 명확한 듯 하면서도 생각처럼 그렇게 간단하지는 않다고 할 수 있다.

① 손다이크의 도구적 조건형성

손다이크(Thorndike, 1874~1949)는 동물의 사고능력에 관한 객관적인 실험증거를 얻고자 병아리, 고양이를 대상으로 동물실험을 하였는데, 손다이크가 실시한 유명한 실험은 고양이를 대상으로 한 문제해결실험이다〈그림 2-5〉.

그림 2-5. 손다이크의 문제상자

이 실험에서는 고양이를 문제상자(puzzle box) 안에 넣고 고양이가 볼 수는 있지만 발이 닿지 않지 않는 곳에 먹이를 두었다. 문제상자의 문을 여는 방법은 발판을 누르거나 고리를 당기면 된다. 처음 배가 고픈 상태에서 문제상자에 들어간 고양이는 틈새를 비집고 나가려고 하거나 틈으로 발을 내밀거나 상자를 발톱으로 긁거나 물어뜯었다. 그러던 중 우연히 고리를 당기거나 혹은 발판을 눌러서 탈출하게 되면 고양이는 갑갑하고 통제된 환경으로부터 자유와 먹이를 보상받게 된다. 먹이를 보상받은 다음, 다시 문제상자 안으로 집어넣으면 또 다시 문이 열리는 것과는 무관한 행동을 하게 되지만 이런 시행이 반복됨에 따라 무관한 동작은 줄어들게 되고 마침내 문제상자에 넣자마자 고양이는 곧바로 발판을 누르거나 고리를 당겨서 밖으로 나오게 된다. 여기서 고양이가 발판을 누르는 것은 외적 자극의 영향이라기보다는 수의적이고, 능동적인 행동으로 이러한 반응을 도구적 조건형성이라고 한다.

손다이크는 고양이가 발판을 누르거나 고리를 당기는 것을 학습한 것은 추리(reasoning)에 의해 문제를 해결하는 것이 아니라 이런저런 시도를 해 보던 중에 우연히 올바른 행동을 하게 된 것이며, 올바른 행동 이후 보상을 받으면 올바른 행동과 보상 사이의 연합은 곧바로 형성되는 것이 아니라 시행을 거듭하면서 올바른 행동은 보다 쉽게 일어나게 되며 쓸모없는 행동은 줄어들게 된다고 본다. 이처럼 동물학습은 추상적인 지적학습의 결과가 아닌 수많은 시행착오를 거듭하면서 이루어진다고 볼 수 있는데, 손다이크는 이를 시행착오학습(trial and error)이라고 정의하였다.

손다이크의 실험에서 발판을 누르거나 고리를 당기고 밖으로 나온 고양이에게 연필과 같은 것으로 보상을 준다면 발판을 누르거나 고리를 당기는 행동을 학습할 것인가? 그렇지 않을 것이다. 그의 실험에서 고양이가 올바른 행동을 하면 갑갑하고 통제된 환경에서 자유와 먹이라는 보상을 받게 되고, 부적절한 반응을 보이면 보상을 받지 못한다. 즉, 보상은 자극과 반응의 결합을 강화시키는데 이러한 현상을 효과의 법칙(law of effect)이라고 불렀다. 효과의 법칙은 피학습자가 원하는 것을 보상해 주었을 때 가장 학습이 잘 일어난다는 것을 의미한다.

② 스키너의 조작적 조건형성

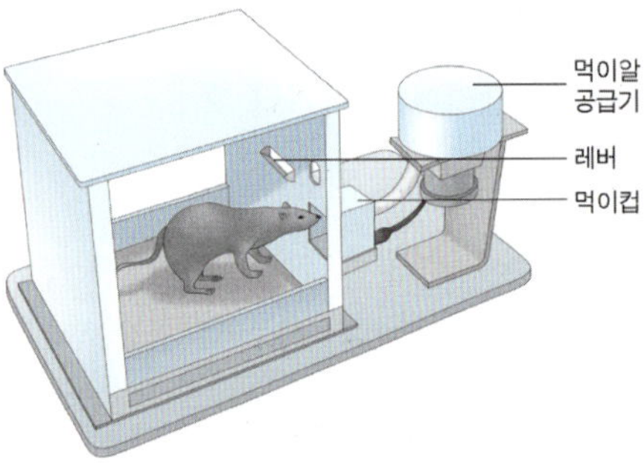

그림 2-6. 스키너 상자

스키너(Skinner)는 손다이크에 의해 도구적 조건형성이 확립된 이후 스키너 상자(Skinner box)라는 장치를 제작하여 학습과 행동에 관한 지식의 폭을 크게 넓혔다〈그림 2-6〉.

스키너 상자는 레버를 누르거나 불빛이 나는 단추를 누를 수 있도록 장치가 되어 있다. 상자 안에 배고픈 쥐를 넣었을 경우 쥐가 우연히 레버를 누르면 먹이가 나온다. 이렇게 시행을 반복하고 나면 쥐는 레버를 누르면 먹이(강화물)가 나온다는 것을 학습한다(먹이는 레버 누르는 행동을 강화한다).

스키너 상자 속의 쥐 또한 손다이크의 고양이처럼 처음에는 여러 행동을 보이지만 훈련이 진행됨에 따라 레버를 누르는 반응이 빨라지게 된다. 스키너는 레버와 같은 반응을 조작(operant)반응이라고 불렀는데, 그 이유는 쥐들이 환경을 변화시키기 위해 환경에 조작을 가했기 때문이다. 또한 그는 적절한 조작행동을 습득하는 절차를 조작적 조건형성(operant conditioning)이라고 불렀다. 스키너는 반응률을 증가시키는 먹이를 보상(reward)이나 만족스러운 결과로 부르지 않고 반응을 강화시킨다는 의미로 강화물(reinforcer)이라고 불렀으며, 행동을 강화시키는 절차를 강화(reinforcement)라고 불렀다.

강화란 특정한 자극이나 반응 뒤에 어떤 바람직하거나 좋은 것이 제공되는 것을 말한다. 강화 절차에는 정적 강화(positive reinforcement)와 부적 강화(negative reinforcement)가 있고 처벌은 혐오적인 자극제시와 반응대가(response cost)가 있는데, 정적 강화는 먹이와 같이 보통 동물이 좋아하는 것으로 반응 뒤에 이것이 주어지면 반응의 빈도가 증가되는 것이다. 예를 들어, 동물들은 음식이나 물(정적 강화물)을 얻기 위하여 레버를 누르고, 문을 여는 것을 학습하는 것으로, 이 과정에서 음식이나 물은 동물들이 생득적으로 좋아하는 성질을 갖고 있다. 이에 비해 부적 강화는 전기쇼크나 고통같이 동물이 피하려고 하는 자극이 반응 뒤에 제거되거나 감소됨으로써 반응빈도를 증가시키는 절차이다. 즉, 어떤 것이 감소되거나 종결될 때 진행 중인 행동이 재현될 가능성이 증가하는 것으로 전기충격이나 시끄러운 소리(부적 강화물)를 회피하기 위하여 도망가는 것을 학습하는 것이다. 예를 들어, 아동들은 칭찬(정적 강화물)을 받기 위하여 피아노 연습을 하거나, 싫증 나는 숙제를 하지 않기(부적 강화물) 위하여 피아노 연습을 할 수 있다. 동물의 경우 음식이나 물(정적 강화물)을 얻기 위해서 지렛대를 누르고 문을 여는 것을 학습할 뿐만 아니라 전기충격이나 시끄러운 소리로부터 도망(부적 강화물)가기 위하여 행동하는 것을 학습할 수도 있다. 정적 강화물과 부적 강화물은 모두 새로운 행동의 학습을 가져오고 현존하는 행동의 빈도를 높이는 역할을 한다.

(3) 사회학습 이론

사회학습 이론은 반두라(Bandura)가 처음 주장한 것으로 관찰학습, 대리학습, 모방학습이라고도 한다. 사회적 학습은 본인이 직접 경험하지 않아도 다른 사람의 행동을 관찰함으로써 하는 학습을 말한다. 즉, 많은 학습이 조건형성에 의해서도 이루어지지만 다른 사람에게 일어나고 있는 것을 보거나 그에 대한 이야기만 듣고도 충분히 학습이 일어날 수 있다는 것이다. 반두라의 실험을 예는 그림 2-7과 같다.

반두라

그림 2-7. 반두라의 실험 예

그는 아이들을 세 집단으로 구분하여 각 집단별로 실험의 모델이 보보(Bobo) 인형에게 공격적인 행동과 언행을 한 뒤 각기 다른 보상과 처벌을 받는 장면을 TV를 통해 보도록 하였다. 먼저 한 집단에게는 모델이 공격적인 행동을 하고 난 뒤 강화를 받는 장면을, 또 한 집단에게는 공격적인 행동을 하고 난 뒤 처벌을 받는 장면을, 한 집단에게는 공격적인 행동을 하고 난 뒤 처벌 혹은 강화 모두를 받지 않은 장면을 보도록 하였다. 그 결과 보상을 받은 모델을 본 아이들은 그렇지 않은 아이들보다 공격적인 행동이 증가한다는 사실이 드러났다.

사회학습 이론은 간접적 학습 또는 관찰학습을 강조한다. 그리고 사회학습이 이루어지는 위해서는 주의집중과정, 보존과정, 운동재생과정 그리고 동기과정의 절차가 필요하다고 주장한다. 첫째, 주의집중과정(attentional process)이다. 이것은 모델의 행동을 주의 깊게 집중하여 관찰하는 과정이다. 이 과정에서 모델의 두드러진 특징이나 뚜렷한 단서를 주시해야만 관찰에 의해서 여러 가지를 획득할 수 있다. 이와 같이 주의집중과정은 모델의 행동에 주의를 기울여서 보고 어느 것을 선택하여 습득할 것인지를 결정하는 것이다.

둘째, 보존과정(retention process)이다. 모델의 행동을 주의 깊게 관찰하여 그것을 기억하여 장기간 보존하는 과정이다. 이 과정에서 모델의 행동을 보고 즉각적으로 반응을 보이는 것이 아니다. 이 과정은 나중에 모델의 두드러진 특징이나 뚜렷한 단서에 대하여 기억한 것을 어떤 방법으로 유용하게 이용할 수 있다. 여기에서 모델의 행동을 장기간 기억하기 위해서 모델의 행동을 어떤 상징적인 형태로 부호화해야 하는 것이 필요하다.

셋째, 운동재생과정(motor reproduction process)이다. 모델을 모방하기 위하여 모델의 상징적 표상을 연습하는 과정이다. 이 과정에서 모델의 상징적 표상을 잘 기억하여 그 행동을 계속적으로 연습하는 것이 필요하다. 한편 모델의 행동을 주의 깊게 관찰하여 연습한다고 하더라도 모델이 한 행동을 올바르게 수행하지 못할 수도 있음을 인지해야 한다.

넷째, 동기과정(motivational process)이다. 모델의 행동을 모방한 것이 가치 있는 것인지를 결정하는 과정이다. 이 과정에서 동기가 주어지지 않는다면 모델의 행동을 모방하려 하지 않을 것이다. 모델의 행동을 모방하여 강화가 주어지면 행동을 수행할 가능성이 높아진다. 만약 모델의 행동이 긍정적인 보상을 받는 강화로 이어진다면 모델의 행동에 대하여 좀 더 집중하여 기억하였다가 나중에 그 행동을 수행하는 데 강력한 촉진제가 될 것이다.

4) 인지이론

인지(cognition)란 인간의 정신적 사고과정을 의미하는 광범위한 개념으로, 사고력, 기억, 추론, 문제해결, 창조적 사고 등을 포함하는 인간의 모든 정신활동을 의미한다. 인지적 발달에는 피아제(Piaget)의 인지발달 이론과 비고츠키(Vygotsky)의 사회문화 이론(sociocultural theory)이 대표적이다.

피아제

(1) 피아제의 인지발달 이론

피아제는 자신의 세 자녀가 성장하는 과정을 지켜보면서 아동의 사고 및 추론 등의 인지능력이 단계를 거치면서 발달한다는 이론을 발전시켰고, 오늘날까지도 인지발달을 설명하는 대표적인 이론으로 자리 잡고 있다.

① 피아제 이론의 주요개념

피아제의 인지발달 이론에서는 도식(schema), 적응(adaptation), 동화(assimilation), 조절(accommodation) 그리고 평형(equilibration) 등이 중요한 개념이다. 피아제 이론의 기본 개념인 도식은 우리가 가지고 있는 사물이나 사건에 대한 전체적인 윤곽을 말한다. 즉, 도식은 지식의 기본단위로서 유기체가 외부의 사건을 인지하기 위해 사용하는 이해의 틀에 해당한다. 적응은 환경과의 직접적인 상호작용을 통해 도식이 변화하는 과정이며, 동화와 조절이라는 두 가지 수단을 통해 이루어진다. 동화는 새로운 환경자극을 접할 때 기존의 도식을 사용해 새로운 자극을 이해하는 것을 말하며, 조절은 자신이 가지고 있는 도식으로 새로운 사물을 이해할 수 없을 때, 기존의 도식을 변경하는 것을 말한다. 마지막으로 평형은 동화와 조절의 균형을 의미한다.

② 피아제의 인지발달 단계

피아제(1954)에 의하면 인지발달은 질적으로 다른 네 단계가 있으며, 이 단계들은 정해진 순서대로 진행되며, 단계가 높아질수록 복잡성이 증가하는 것으로 보았다〈표 2-2〉.

표 2-2. 피아제의 인지발달 단계

발달단계	연령	특징
감각운동기	0~2세	아기가 태어나면서 시작되며 모든 지각의 방식은 감각과 행동을 통해서 일어난다. 처음에는 신체나 감각적인 관계 그리고 환경적인 대상에 대한 의식이 없다가 나중에는 대상과 자기를 의식하게 되고 물체를 잡거나 목표물을 향해 움직이거나 소리와 행동을 모방할 수 있게 된다. 또한 이 단계의 마지막 부분에 가면 대상영속성(object permanence)이란 개념을 갖게 된다. 즉, 대상은 그가 직접 경험하고 있지 않을 때도 계속 존재한다는 것을 이해하게 된다.

발달단계	연령	특징
전조작기	2~7세	조작단계로 넘어가기 위한 과도기이다. 감각적 행동을 통해 세계에 대해 인식을 하는 단계에서 개념적 · 상징적인 조작이 가능한 단계의 사이에 위치한다. 이 단계의 유아는 사물의 이름을 알게 되고, 단일 차원에서 사물들을 구분할 수 있으며, 감각-동작 능력도 정교하게 발달한다. 이 기간에는 새로운 상징의 능력들이 많이 나타나는데 이 시기에 가장 중요하게 여겨지는 특징들은 언어발달 · 자기중심성 · 중심화 · 불가역성(不可逆性) 등이다. 이 단계의 또 다른 특징은 자기중심성(ego-centrism), 즉 다른 사람의 역할과 견해를 고려할 줄 모른다는 것이다. 그리고 어떤 수 · 길이 · 물질 · 면적 · 부피 등을 그 차례나 형태를 바꾸어 여러 가지 다른 방법으로 제시한다 하더라도 그것들은 계속 남아있고, 변하지 않음을 아는 능력인 보존성(conservation)이 발달하지 못한다.
구체적조작기	7~11세	이 단계의 아동은 논리적 추리력을 갖는다. 그러나 논리적인 사고력이 발달하지만, 그 사고과정 역시 아동이 관찰한 실제 사실에만 한정되어 있고, 미래의 가능성에 대한 추상적인 사고의 조직화된 방법으로만 가능한 것들은 사고할 수 없다.
형식적조작기	11~15세	이 단계의 아동은 가장 발달한 인지적인 조작단계에 들어선다. 구체적이고 실제적인 상황을 넘어서는 문제를 다룰 수 있게 된다. 추상적인 사물들에 대해서 논리적으로 생각할 수 있고, 추상적인 언어를 통한 교육이 비로소 가능해지는 단계이다.

가. 감각운동기

피아제의 인지발달 첫 단계는 감각운동기(sensorimotor stage)로 생후 2세까지이다. 이 시기에 영아는 출생 시부터 가지고 태어난 기술인 빨기와 잡기 등의 기능을 통해 자신의 신체적 활동을 통합하는 능력을 발달시켜 나간다. 이 시기의 영아는 자신이 직접 보고, 듣고, 느끼고, 행동하는 것에 의존하며, 감각기관을 통해 받아들인 정보가 인지발달의 중요한 내용이 된다. 감각운동기 동안에 이루어지는 중요한 인지발달로서 대상영속성(object permanence) 개념을 들 수 있는데, 이는 모든 사물은 자신과는 별개의 실체로서 직접 보거나 만질 수 없는 경우에도 여전히 존재함을 아는 것이다. 이 개념은 생후 7, 8개월경부터 발달하기 시작한다.

나. 전조작기

인지발달의 두 번째 단계는 전조작기(peroperational stage)로 2~7세까지이다. 이 단계에서는 논리적인 조작이 불가능하기 때문에 전조작기라 부른다. 조작(operation)이란 과거에 일어났던 사건들을 내면화시켜 서로 관련지을 수 있는, 즉 논리적인 관계를 지을 수 있는 능력을 말하는데, 이 시기에는 아직 체계적이고 논리적인 사고를 할 수 있는 능력이 발달되지 않는다. 이 시기 사고의 특성은 상징놀이, 자기중심적 사고, 물활론, 직관적 사고를 하는 것이다. 특히 이 시기의 유아는 주변의 모든 현상을 자기중심적으로 생각하여, 타인도 자신과 같이 느끼고, 사고하고, 행동한다고 생각하고, 타인의 관점을 이해하지 못한다. 또한 이 시기에는 보존개념(conservation)이 획득되지 않는데, 보존개념이란 사물의 외형이 변한다고 할지라도 그것의 길이, 양, 무게 등의 속성은 변하지 않는다는 것이다. 예를 들어, 같은 양의 물을 보여 주고, 폭이 좁고 긴 컵과 폭이 넓고 짧은 컵에 각각 부었을 때, 높이가 긴 컵의 물이 더 많다고 생각한다. 그 이유는 이 시기의 유아는 지각적 특성에 의해 판단하는 직관적 사고를 하기 때문이다.

다. 구체적 조작기

인지발달의 세 번째 단계는 구체적 조작기(concrete operational stage)로 7~11세까지이다. 이 시기의 아동은 논리적인 사고가 시작되고, 추리능력도 보다 복잡하며, 융통성을 갖게 된다. 또한 전조작기의 자기중심적 사고에서 벗어나 타인의 입장을 이해할 수 있는 조망수용(perspective taking)능력을 습득하게 된다. 이 시기의 아동은 대상물이 가지고 있는 공통적인 속성에 따라 물체를 분류할 수 있는 유목화의 개념을 습득하고, 사물을 영역별로 차례대로 배열할 수 있는 서열화의 개념을 획득하는데, 특히 서열화의 개념은 수들 간의 관계를 이해하는 데 결정적인 역할을 하므로 산수를 배우는 데 필수적이다(정옥분, 2002). 구체적 조작기에서 사고의 특성은 보존개념, 조망수용능력, 유목화, 서열화 개념 등을 습득할 수 있다.

라. 형식적 조작기

인지발달의 마지막 단계는 형식적 조작기(formal operational stage)로 11~15세까지이다. 이 시기가 되면, 논리적 사고뿐만 아니라 죽음, 자유, 종교 등과 같은 추상적 개념들에 대해서도 사고할 수 있다. 이러한 능력으로 세상에 대한 일반적인 법칙을 형성할 수 있고, 가능한 일들에 대한 검증이 가능해진다. 형식적 조작기의 특징은 시간을 초월하여 문제를 다루고, 문제해결을 위해 계획을 세우고, 체계적인 해결을 해 나가는 과학적 사고가 가능하며, 추상적인 개념도 이해가 가능하다. 또한 이 시기의 청소년들은 이상적인 사고를 하는 것이 특징인데, 이로 인해 자신이 생각한 결과와 현실이 일치하지 않는 경우가 많고, 현실을 자기의 이상과 부합하도록 변화시키려는 노력을 하게 된다.

(2) 비고츠키의 사회문화적 이론

아동발달에 대한 연구자들은 발달과 문화적으로 특정한 실제와의 관계에 대한 연구를 진행하였는데, 러시아 심리학자인 비고츠키(1896~1934)는 이러한 흐름에 큰 기여를 한 인물 중의 하나이다. 비고츠키의 관점은 사회문화 이론(sociocultural theory)이라고도 부른다. 그 이유는 가치, 신념, 관습, 사회집단의 기술을 아우르는 문화가 어떤 경로로 다음 세대로 전달되는지에 초점을 맞추고 있기 때문이다. 비고츠키는 아동은 양육자, 형제, 가족구성원, 이웃, 교사, 또래 등의 많은 사람들과 상호작용하는데, 이 상호작용은 인지발달에 영향을 미친다고 주장한다. 그리고 문화와 더불어 중요한 상호작용의 필수요인이며 인지발달의 절대적인 변수로 언어를 강조하였다.

비고츠키

① 아동의 혼잣말(Egocentric speech)

비고츠키는 피아제와 달리 언어와 사고의 발달 간의 관계, 특히 인지발달에서 혼잣말하기(egocentric speech: 자기중심적 말)의 역할이 중요하다고 주장하였다. 혼잣말하기란 아동들이 자신에게 소리 내어 말하는 것으로 아동들의 사고와 행동을 유도하는 아동들의 자기대화(self-talk)라고도 할 수 있다. 특히 비고츠키는 아동들이 어려운 과제에 직면한 경우에 더욱 빈번하게 발생한다고 하였다. 예를 들어, 종이나 연필이 부족한 것처럼 곤란에 직면하는 경우 아동의 혼잣말이 거의 두 배로 증가된 것을 볼 수 있다.

사고와 언어는 서로 독립적으로 발달하지만, 2세경에는 사고와 언어가 서로 영향을 미친다. 아동들이 말을 하면서 자신의 사고를 표현하고, 말을 이용하여 사고하기 시작한다. 아이들의 사적 언어인 혼잣말하기는 5세에서 7세 사이에 절정에 이르며, 9세경에는 일반적으로 사라진다고 한다. 이렇듯 아동들의 사적 언어는 사고와 언어가 융합될 때 사라지는 것이 아니라 점차적으로 들리지 않는 소리로 속삭임과 조용한 입술 움직임으로 변하여 정신적으로 자신에게 이야기하는 자기대화와 궁극적으로 내적 말(Inner speech)로 바뀌게 된다고 주장하였다.

② 근접발달영역(Zone of Proximal Development: ZPD)

근접발달영역은 아동이 독립적으로 수행함으로써 도달할 수 있는 문제해결 수준인 실제적 발달 수준과 성인이나 유능한 또래로부터 도움을 받아서 문제를 해결할 수 있는 수준인 잠재적 발달 수준 사이의 영역을 말한다. 예를 들어, 수학 문제가 열 개 있는데 아동이 스스로 힘으로 일곱 개를 해결할 수 있는 경우 성인인 교사 혹은 보다 높은 지적 수준을 지닌 또래가 옆에서 조언을 해 주거나 힌트를 줌으로써 열 개를 좀 더 효율적으로 수행할 수 있게 된다는 것이다.

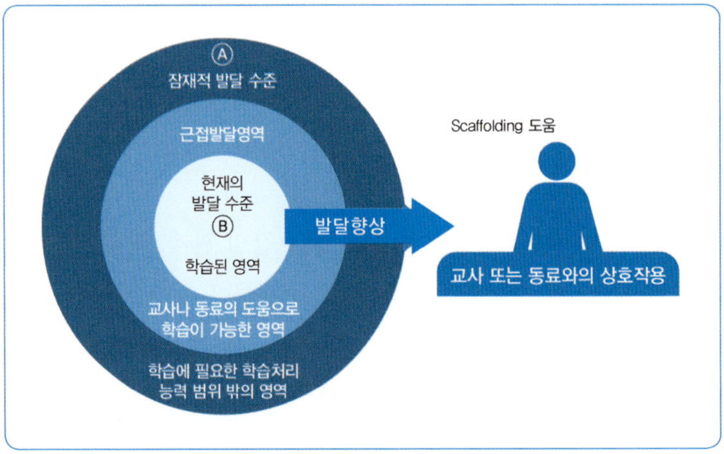

그림 2-8. 근접발달영역과 비계설정

③ 비계

비계(Scaffolding)는 근접발달영역과 매우 밀접한 연관이 있는 개념으로써 건축학에서 사용한 용어이다. 원래 건축 용어에서 비계는 건물을 지을 때 발판으로 사용하다가 건물이 완성되면 제거해 버리는 물건이다. 비고츠키에 의하면 비계는 아동이 스스로의 힘으로 문제를 해결할 수 있도록 성인인 교사 혹은 보다 높은 지적 수준을 지닌 또래가 도움을 제공하는 것을 말한다. 그에 의하면, 아동의 인지발달은 자기 자신이 속한 문화에서 보다 유능한 구성원과의 상호작용을 통하여 이루어진다고 보았다. 보다 유능한 구성원들은 아동의 인지발달을 위해 비계를 설정하여 아동이 성장할 수 있도록 도와준다. 또한 아동을 가르치는 동안 아동의 현재 수준에 알맞도록 가르침의 양을 조절한다. 아동이 학습하는 내용이 새로운 것이라면 직접적인 지시를 하고 아동이 따라오게 되면 직접적인 지시를 하는 대신에 약간의 힌트를 주게 된다.

2. 생애주기별 이론

생애주기(Life-Cycle)란 시간의 흐름에 따라 개인의 삶의 변화를 단계별로 구분하는 발달심리학에 근간을 두고 있는 이론이다. 발달심리학은 인간의 일생을 통해 일어나는 성장과 변화, 그리고 안정을 연구하는 학문으로, 과거 영유아와 아동·청소년의 변화에 초점을 두었지만, 최근에는 태아, 신생아, 성인, 노인을 포함한 전 생애에 걸친 변화로 관심이 확대되었다. 생애주기별 이론은 인간의 생애를 발달단계에 따라 나누어 각 단계에 달성해야 하는 목표를 발달과업(developmental tasks)이라고 정의한다. 발달단계에 따라서 연령을 규정짓는 시기는 학자들마다 조금씩 다르지만 일반적으로는 이론적 관점에 따라 구분된다. 현대에는 고령사회에 진입하면서 각 단계별로 시기를 규정짓는 연령이 점차적으로 높아지고 있는 추세이다.

프로이트는 성격발달에 따라 생애단계를 5단계(구강기, 항문기, 남근기, 잠재기, 성기기)로 분류한 정신분석 이론에 입각한 생애주기를 구분하였고, 해빙허스트(Havinghurst)는 생애주기별 발달단계를 6단계(유아기, 아동기, 청년기, 성인기, 중년기, 노년기)로 나누어 구분하였다. 그리고 에릭슨은 생애주기단계를 8단계로 나누어 구분하였으며, 인간의 전 생애는 출생부터 사망까지 신체적, 심리적으로 이루어지는 사회적 관계에 의해서 성격발달이 이루어진다는 심리사회적 발달이론을 정식분석학적 관점에서 제시하였다. 심리사회적 발달이론에 근거한 에릭슨의 생애주기별 이론은 생애주기별 교육프로그램을 개발하거나, 정부와 지자체의 생애주기 복지정책에 활용하는 등 학제 간 학문(복지, 교육학, 의학, 생물학, 인류학, 사회학, 심리학, 역사학) 혹은 실용적인 과학으로 활용되고 있다(이예진, 2019).

1) 에릭슨의 심리사회적 발달단계

에릭슨의 주장에 따르면, 성장과 변화는 일생을 통해 계속되기 때문에 전 생애를 포함한 발달이 매우 중요하다. 그가 제시한 심리사회적 발달단계는 표 2-3과 같다.

표 2-3. 에릭슨의 심리사회적 발달단계

심리사회적 위기	연령	주요 사회적 관계	주요 특징	바람직한 결과
신뢰 대 불신	0~1세	어머니(양육자)	양육자의 일관되고 적절한 돌봄과 사랑은 기본적인 신뢰감을 형성한다. 거부적이고 부적절한 돌봄은 불신을 야기한다.	신뢰, 희망
자율성 대 수치 및 의심	2세	부모	자기 능력으로 기능을 발휘하도록 허용하고 격려할 때 자율성이 발달한다. 과잉보호나 도움의 결핍은 환경을 통제하는 능력에 의해 의심을 갖게 하여 수치심이 형성된다.	의지
주도성 대 죄의식	3~5세	가족	탐색할 수 있는 자유를 허용하고 질문에 충실히 답해 줄 때 주도성이 발달한다. 활동을 제한하고 간섭하고 질문을 귀찮게 여기면 죄의식이 형성된다.	목적, 의도

심리사회적 위기	연령	주요 사회적 관계	주요 특징	바람직한 결과
근면성 대 열등감	6~11세	이웃, 학교	성취할 기회를 부여하고, 성취한 것을 인정, 격려하면 근면성이 발달한다. 성취할 기회를 갖지 못하거나 결과에 비난을 받고 귀찮은 존재로 취급하면 열등감이 형성된다.	기술, 유능감
정체성 대 역할혼미	청소년기	또래집단, 리더십 모델	자신의 존재, 가치에 대한 인식이 정체감을 발달시킨다. 신체적 불안감, 성역할과 직업선택의 불안정은 역할혼미를 초래한다.	성실, 충성
친밀성 대 고립	성인전기	친구, 연인, 회사동료	타인과 친밀한 인간관계를 유지하는 능력을 발달시킨다. 친밀한 관계형성에 실패하면 고립감을 느끼게 된다.	사랑
생산성 대 침체	성인중기	노동의 분화와 가사의 분담	다음 세대의 지도과정에 참여하고 생산적 활동을 통해 타인과 사회를 위해 노력할 때 생산성이 발달한다. 이러한 활동에 참여하지 못하면 침체감에 빠진다.	배려
통합성 대 절망	노년기	인류	자신의 인생이 만족스러웠다고 회상하고, 자신을 수용하고, 인생에 대한 관조를 할 수 있을 때 통합성이 형성된다. 반대로 인생을 후회하고 죽음을 두려워할 때 절망감에 빠진다.	지혜

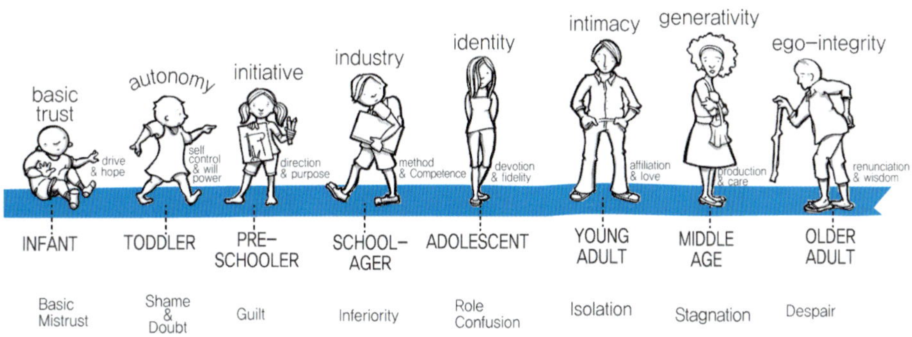

에릭슨의 이론에 따르면, 인간은 총 여덟 번의 심리사회적 발달단계를 거쳐 발달하는데, 각 단계마다 개인과 사회적 환경에서 이루어지는 위기나 갈등으로 정의된다. 이러한 위기들을 만족스럽게 해결해야 건강하게 다음 단계로 발달이 이루어진다고 주장하였다.

(1) 제1단계: 신뢰감 대 불신감(0~1세)

프로이트의 발달단계에서 구강기에 해당되는 시기로, 이 단계에서 신뢰감이 제대로 자리를 잡지 못하면 그 틈새로 불신감이 밀려든다. 어머니의 돌봄이 일관성과 신뢰성, 예측성을 갖출 때 유아의 내면 깊은 곳에서 신뢰감이 싹트게 된다. 반면 어머니의 보호나 양육이 일관성이 없어서 예측할 수 없고 믿을 수 없게 되면 불신감이 나타나게 된다. 이 시기의 영아는 구강에서 쾌락을 추구한다. 그러므로 영아는 무엇이든 빨거나 물면서 만족감을 느끼지만, 기본적 신뢰감은 구강적 만족의 양보다는 어머니와의 관계의 질이 더 큰 영향을 미친다. 어머니가 영아의 구강적 욕구를 잘 살펴서 적절한 때, 적절한 방법으로 보살필 때 신뢰감이 형성된다. 이렇게 형성된 신뢰감은 타인과의 유대감이나 애착 형성의 토대가 되고, 이후의 발달단계를 원만히 넘을 수 있게 하는 디딤돌이 된다.

(2) 제2단계: 자율성 대 수치심 · 의심(2~3세)

프로이트 발달단계에서 두 번째인 항문기에 속하는 시기로, 이 단계에서 유아는 변의 보유와 배설에서 쾌감을 얻는다. 보유 또는 배설이라는 기본 양식은 다른 상황에서도 일반적으로 나타나게 된다. 예를 들어, 다른 사람에게 다정하게 안기다가도 갑자기 뿌리치거나 물건에 집착하다가도 팽개치기도 한다. 이 시기에 유아는 제 힘으로 서고 걷고 손을 사용할 수 있게 되면서 스스로 외부세계를 탐색하려고 하고, “내가”, “내 것”이라는 말을 자주 사용하게 되는데, 이것이 바로 자율성에 대한 욕구이다. 하지만 유아의 자율성과 부모의 통제 사이에는 팽팽한 긴장이 형성되기도 한다.

(3) 제3단계: 주도성 대 죄책감(4~5세)

이 단계는 프로이트의 이론에서는 남근기에 해당되기 때문에 오이디푸스 콤플렉스의 극복을 통해 초자아를 형성하는 시기지만, 에릭슨은 성적 측면보다는 사회적 측면에 초점을 두고 있다는 점에서 차이가 있다. 언어능력과 운동능력이 현저하게 발달하면서 유아는 또래들과 사회적 놀이에 참여하고, 그런 경험을 통해 유아는 자신에게 목적이 있음을 깨닫는다. 즉, 무엇을 할 때 미리 계획을 세우고 목표를 설정하며, 이를 달성하려고 노력하게 되는데, 이런 과정에서 주도성이 발달하게 된다.

(4) 제4단계: 근면성 대 열등감(6~11세)

학령기에 해당하는 이 시기의 주요 발달과제는 아동이 자기가 해야 할 일을 성실하게 해내는 것이며, 이런 과정에서 근면성이 발달하게 된다. 여기서 해야 할 일이란 주로 학교 숙제나 공부이다. 부모는 아이가 숙제나 예·복습 등 해야 할 일을 빠뜨리지 않고 마친 다음에 놀이나 게임 등, 하고 싶은 것을 하도록 지도해야 한다. 아동이 자신이 해야 할 숙제나 과제를 제대로 할 능력이 없음을 인식할 때, 열등감이 생기게 된다.

(5) 제5단계: 자아정체성 대 역할 혼란(청소년기)

청소년기에 해당되는 이 시기(12~20세)의 핵심적인 발달과제는 자아정체성(ego identity)을 형성하는 일이다. 자아정체성이란 자신이 누구이며 자신의 삶에서 진정으로 가치 있고 중요한 것은 무엇인지에 대해 스스로 규정하는 신념체계를 말한다. 청소년기에 형성되는 자아정체성은 그 이후 진로와 직업을 선택하고 배우자를 만나 가정을 이루는 등, 자신의 생애 전체를 이끌어 나가는 과정에서 매우 중요한 역할을 하는 핵심 요소가 된다. 그러나 여러 측면에서 아직 미성숙한 청소년이 자기 자신과 자신의 삶을 제대로 바라보는 일은 쉬운 일이 아니기 때문에 그들은 자기 자신을 찾아 나선 길고 험한 여정에서 혼란과 시행착오로 인해 절망하고 방황하기도 하는데, 에릭슨은 이를 심리적 유예(psychological moratorium)라고 명명하였다.

(6) 제6단계: 친밀감 대 고립감(성인초기)

이전 단계인 청소년기에서 자아정체성 확립이라는 험난한 관문을 무사히 통과하면, 성인기에 이른다. 인생이라는 강물로 치면, 거친 상류를 지나 이제 어느 정도 속도와 방향이 일정해지는 중류에 해당되는 시기라 할 수 있다. 취업과 결혼이라는 통과의례가 기다리고 있는 이 시기(20~35세)에서는, 학교와 가정의 울타리를 떠나 성숙되고 책임감 있는 성인으로서, 사회인으로서, 직장인으로서 자신의 역할을 제대로 수행하고, 배우자나 동료, 주변 사람들과 친밀한 관계를 형성할 수 있느냐가 중요한 관건이 된다.

(7) 제7단계: 생산성 대 침체감(성인중기)

이전 단계의 통과의례가 취업과 결혼이라면 이 단계(35~60세)의 통과의례는 자녀 양육과 직장 생활이라고 할 수 있다. 가정에서는 다음 세대를 제대로 양육하고 직장에서는 신진에 이은 중견으로서 자신의 역할과 소임을 다함으로써 사회에 기여하는 것, 이것이 바로 에릭슨이 말한 생산성(generativity)이다. 생산성은 한마디로 말해, 자기의 존재 가치를 확립하고자 하는 성격적 특성이다. 그러므로 이것이 결핍되면 성격은 침체되고 인생은 황폐해진다.

(8) 제8단계: 자아통합감 대 절망감(노년기)

생애주기에서 노년기에 해당하는 이 시기는 인생의 마지막 단계이다. 신체기능은 물론 대부분의 정신기능까지 급격하게 쇠퇴하고 모든 것을 잃어 가는 이 시기에 이르면, 누구든 앞으로 나아가는 대신 지난 날을 돌아보게 된다. 그래서 지나온 삶을 의미 있게 여기고 만족감을 느끼면 자신의 삶이 완성되었다는 느낌을 갖게 되는데, 이것을 에릭슨은 자아통합감(ego integrity)이라고 불렀다. 반면 삶을 회고하였을 때 후회와 아쉬움만이 가득하면 헤어나기 힘든 무의미와 허무의 나락으로 하염없이 빠져들게 되는데 이것이 바로 절망(despair)이다.

2) 생애 발달단계에 따른 개인생활주기

발달심리학자들은 개인이 환경과 사회에 적응하기 위해 각 발달단계에서 반드시 성취해야 할 일을 일컬어 발달과업이라고 규정하였다. 해빙허스트는 개인이 지금 살고 있는 연령대의 발달과업을 잘 성취하면 다음 단계의 과업을 원만히 수행할 수 있는 기초를 마련하게 되지만, 그렇지 못하면 이후 단계에서 과업 수행에 곤란을 겪게 된다고 하였다. 생애주기별 개인이 출생에서 사망까지 거치는 일정한 발달단계를 나누는 개인생활주기 구분은 표 2-4와 같다.

표 2-4. 생애 발달단계에 따른 개인생활주기의 구분

구분	내용
영아기	생후 24개월까지로, 자기 몸을 스스로 움직이고 이동할 수 있게 되는 시기이다. 일생을 통해 신체와 운동 발달에서 가장 급속한 발달을 보이며, 의사소통 수단이 되는 언어를 습득하기 시작하여 기본적인 상호작용을 할 수 있게 된다.
유아기	만 3~5세까지로, 대근육 운동능력이 발달되어 움직임이 많아진다. 유아기는 언어를 습득하고 발전시키는 시기로, 인지 지능이 급속하게 발달한다. 자기주장이 강해지고, 주변 환경에 대한 탐색을 하며 기본생활습관과 사회규칙을 습득하기 시작한다.
아동기	만 6~11세까지로, 초등학교에 다니는 시기이다. 양육자 외의 다른 사람들과 어울리면서 사회성이 발달하기 시작하고, 운동기술이 발달하며, 논리적 사고가 가능해진다.
청소년기	만 12~19세까지로 급속한 신체적 변화에 따라 정서, 자아, 대인관계, 이성에 대한 태도와 행동에 변화를 갖는 발달단계이다. 성장 급등과 2차 성징이 나타나고 추상적 · 가설적 사고를 통해 지적 과업을 성취한다. 또한 또래들과 어울리면서 부모로부터 독립하려는 마음이 생겨난다.
성년기	만 20~39세까지로, 신체적 · 심리적으로 성숙되며 일생 중 가장 활력이 넘치고 활동적인 시기이다. 직업인, 배우자, 부모로서의 새롭고 중요한 역할을 담당하게 된다.
중년기	만 40~59세에 이르는 시기로, 감각 능력의 감소로 지각 능력이 약화되고 기억력도 감소하며 여성의 폐경기와 남성의 갱년기 같은 중년의 위기가 나타나기도 한다.
노년기	만 60세 이후부터 사망할 때까지 말한다. 신체능력과 감각 · 지각능력이 쇠퇴하며 의존성이 증가한다. 이러한 변화에 융통성 있게 대처하면서 건강에 주의를 기울여야 한다.

레빈슨(Levinson, 1978)은 이러한 개인생활주기를 계절에 비유하여 인생을 봄, 여름, 겨울, 가을에 해당하는 아동 · 청소년기, 성년기, 중년기, 노년기의 4단계로 구분하고

있다. 아동·청소년기(0~17세)는 탄생부터 청년후기까지의 인생 형성기이며, 성년기(17~40세)는 신체적으로 가장 활발하며 인생의 중요한 선택을 하는 시기이지만, 가장 스트레스를 많이 경험하는 시기이기도 하다. 중년기(40~60세)는 사회적 책임과 지위가 커져 가지만 이전 시기에 비해 생물학적 능력이 감퇴되며, 노년기(60세 이후)부터는 노화가 급진적으로 진행되며 인생의 마지막 단계이다.

3. 생태체계 이론

브론펜브레너

생태체계 이론은 체계적인 틀을 기반으로 해서 생태학적인 시각으로 접근하는 것을 의미하며 인간이 어떻게 환경과 상호작용하는지 포괄적 관점을 제공해 주고 있어 사회서비스 제공 및 사회복지실천에 이론적 근거를 뒷받침해 주고 있다. 생태체계의 개념은 일반체계 이론(eco-system)에 생태학적 관점을 결합한 것으로 브론펜브레너(Bronfenbernner, 1994)가 인간발달을 설명할 때, 체계론적 관점을 확대하여 새로운 접근으로 생태체계 이론(ecological systems theory)의 용어를 사용하였다. 생태체계 이론(ecosystems perspective)은 생태학(ecology)[1]과 일반체계 이론(general system theory)이 결합된 것이다.

브론펜브레너(1979)는 인간의 발달과정을 분석할 때 체계론적 관점을 강조하여 '생태적 체계(Ecological systems)' 용어를 사용하였다. 또한 성장하는 유기체와 그 유기체가 실제 거주하고 변화 및 성장하는 환경 간에 일어나는 조절과정에 초점을 맞추는 광범

1) 생태학은 동물과 무기적·유기적 환경에 일어나는 자연의 경제(economy of nature)에 대한 지식으로서, 자연에서 함께 살아가는 식물과 동물의 상호의존에 관한 학문이다(Kilsdonk, 1983). 홉스(Hobbs, 1975)는 생태학 개념을 인간과 인간 생활환경의 관계에 관한 연구로 정의하였다. 저메인(Germain, 1973)은 개인체계와 환경이 상호작용하는 과정에서 적응을 성취해 가는 방법을 연구하는 학문이라고 정의하였다.

위한 접근법인 '인간발달 생태학 이론(The Ecology of Human Development)'을 제안하였다. 그는 인간발달 생태학을 스스로 성장하는 인간과 그 인간이 살아가는 인접 환경 간 평생에 걸친 점진적 상호작용과정을 과학적 연구로 정의한다. 인간을 독립적인 유기체로 인식하기보다는 주변 환경과의 상호작용을 통해 변화하는 결과물로 보았다. 즉, 인간을 환경과 상호작용을 통해 발달하는 유기체로 보았다.

브론펜브레너(1979)가 연구한 생태학적 환경은 상호의존적인 동시에 체계와 체계에 담긴 일련의 겹 구조 형태를 하고 있다. 생태학적 환경은 스스로 성장 및 발달하고 있는 개인에게 직접적인 영향을 미치는 인접 환경뿐 아니라 더 광범위한 환경까지 포함한다. 이러한 환경을 미시체계(microsystem), 중간체계(mesosystem), 외체계(exosystem), 거시체계(macrosystem) 및 시간체계(chronosystem)로 구분하였다(강순희 외, 2022; 김규수, 정운석, 2001; 이광혁, 2019; 이기원 외, 2023; 이선영, 2004; Bronfenbernner, 1994).

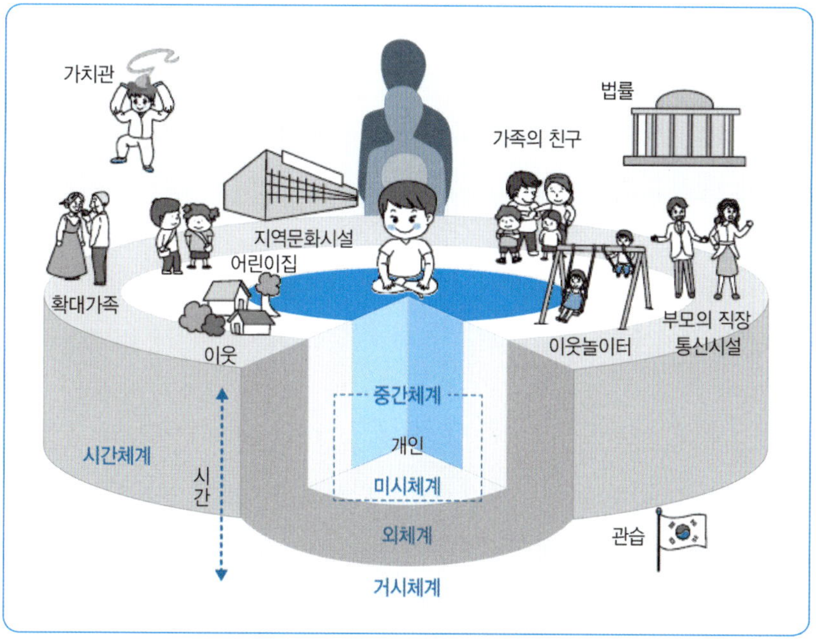

그림 2-9. 브론펜브레너의 생태학적 환경모형

출처: Berk, L. E.(2000). *Child development*(5th ed.). Boston, MA: Allyn & Bacon.

1) 미시체계

미시체계(microsystem)는 인간 개인의 특성과 개인에게 직접적인 영향을 주는 체계로써 생태학적 환경의 가장 안쪽에 위치하는 체계로 친밀한 사회환경 안에서 겪게 되는 상황과 직접 접촉하는 물리적 환경 안에서 겪게 되는 상황을 말한다. 구체적으로 가정, 아동집단, 청소년집단, 노인집단, 이웃, 교회 등과 같이 일대일로 만나서 직접 친숙한 대인관계를 형성하는 물리적 · 사회적 환경이며 발달하는 개인이 독특한 물리적, 물질적인 특성을 가진 환경 내에서 경험하는 활동, 역할 및 대인관계의 유형이다. 여기서 환경이란 가정, 복지시설, 공원 등과 같이 사람들이 쉽게 대면하여(face to face) 상호작용에 참여할 수 있는 장소이며, 상호작용하는 사람은 상대방에게 환경 일부분을 구성해 주고 있다고 본다.

미시체계는 개인의 특성과 관련이 있다. 개인의 특성으로는 성별, 연령, 종교, 경제력 및 고용상태, 혼인상태, 정신건강 등으로서 개인 자신의 물적, 심리적, 사회적 특성을 포함한다. 또한 가족, 친구, 친척, 이웃, 종교 생활 집단이 이 체계에 포함된다. 이들은 개인의 삶에 관련되어 있는 특성들을 소유하는데, 비슷한 집단의 사회경제적 지위, 교육수준, 정치적 신념 등이다.

2) 중간체계

중간체계(meosystem)는 개인의 삶에 존재하는 미시체계들이 다양하게 겹쳐서 상호작용하는 미시체계 간 관계망이다. 중간체계는 미시체계 각각에 존재하는 발달 촉진적, 저해적 특징과 과정의 상호작용이 만들어 내는 상승효과에 초점을 맞춘다. 예를 들어, 가족 관계, 형제 관계, 이웃 친구와의 관계, 교회 관계 같은 사회적 관계들이 밀접하면 할수록 개인의 삶의 질이 향상되는 것이다.

중간체계는 발달하는 개인이 적극적으로 참여하는 둘 이상의 환경 간의 상호관계로 이루어진다. 예를 들어, 아동의 경우 가정, 이웃 동료, 학교, 친구집단 사이의 관계들이며, 성인의 경우는 직장, 사회생활 사이의 관계이다. 그러므로 중간체계는 발달하는 개인이 새로운 환경으로 이동 및 적응할 때마다 형성되거나 확대된다.

3) 외체계

외체계(exosytem)란 하나 이상의 환경으로 구성되어 있으며, 발달해 가는 개인이 그 환경들 속에 적극적으로 포함되지는 않지만, 그 환경 내에서 발생하는 사건들에 영향을 주거나 영향을 받는 환경이라고 정의된다. 즉, 외체계는 성장하는 유기체가 적극적인 참여자로 관여하고 있지는 않지만, 개인이 속해 있는 가장 근접한 환경을 둘러싸고 있는 환경으로서, 이 환경에서 일어나는 일에 영향을 주거나 영향을 받는 사건이 발생하는 환경을 의미한다. 외체계 결정 중, 어떤 것은 사회적 환경을 의미하는 것으로 개인에게 영향을 준다. 그러나 그 영향력은 일차적으로 비개인적이고, 간접적이며, 일방적이다.

4) 거시체계

거시체계(macrosystem)는 개인이 속한 사회나 하위문화의 이념 및 제도의 유형으로 사회문화적 규범과 같은 커다란 체계를 말하며 개인에게 직·간접적인 영향을 준다. 거시체계는 규범, 규칙, 역사, 가치 등을 이야기할 수 있고, 법률적, 교육적, 종교적, 문화적 가치와 공공정책의 핵심을 구성한다. 개인과 직접적인 관련은 약하지만 가장 근본적이고 중대한 변화를 초래할 수 있으며 거시체계가 가지는 시대정신이나 풍토는 유기체의 신념과 구체적인 행동에 영향을 미친다.

5) 시간체계

시간체계(chronosystem)는 전 생애에 걸쳐 일어난 변화와 사회 · 역사적인 환경을 의미한다. 즉, 가족제도의 변화, 결혼관의 변화, 직업관의 변화 등을 의미한다.

생태학적 관점은 환경의 다양한 요소들과 지속적으로 교류하는 인간의 적응적이고 진화적인 특성을 잘 설명해 주고 있다. 인간은 그러한 환경과 상호작용하면서 환경을 변화시키기도 하고 때로는 그 환경에 의해 변화가 되기도 한다. 따라서 생태학 이론은 사회복지실천에 있어서 문제를 사정하거나 해결하는 데 있어서 중요한 단서를 제공해 주고 있다. 생태체계 이론은 인간과 환경 사이의 상호보완성을 설명하는 데 관심을 두고 있으며, 환경과 인간을 하나의 총체로 간주한다. 생태체계 이론을 사회복지실천에 적용함으로써, 첫째 클라이언트의 정신적 생활과 환경적 조건을 개선하는 목적의 서비스의 통합이 가능하게 되었다. 둘째, 생태체계 이론은 인간과 환경의 상호 적합성, 상호 교류, 그리고 이러한 교류에 영향을 미치는 힘에 대한 폭넓고 포괄적인 실천 지식을 제공하고 있다.

생태체계 이론은 클라이언트가 사회복지사와의 상호작용, 긍정적 생활경험을 통해 성장할 수 있다고 본다. 또한 클라이언트가 속한 환경 내의 타인과 상호작용하는 방식을 방해하는 생활상의 문제에 관심을 가지게 하였다. 생태체계 이론은 개인, 가족, 지역사회 등의 체계에 어려움을 유발하는 상황을 보다 적응적 상황으로 재구조화한다. 따라서 이 이론은 사회복지 영역의 모든 문제에 포괄적으로 적용될 수 있다. 또한 생태체계 이론은 단 하나의 개입기법을 가지는 모델이 아니라 통합적인 접근을 가능하게 한다. 이러한 생태체계 이론은 환경과 개인 간의 상호작용 유형에 초점을 두고 있으며, 환경 내 인간의 욕구 충족을 가능하게 하는 개인의 능력 강화와 환경적 개선이 문제해결의 초점이라고 본다(강세현 외, 2020).

Chapter

03

아동의 권리

배울 내용

1. 아동권리의 이해
2. 아동권리의 발달과정

학습목표

1. 아동권리의 개념 및 중요성을 설명할 수 있다.
2. 아동권리 사상의 발전과정과 우리나라 아동권리의 발전과정을 숙지한다.

Chapter 03

아동의 권리

1. 아동권리의 이해

1) 아동권리의 개념

인간으로 태어나면서부터 누구나 가지게 되는 권리가 천부의 권리이다. 이는 로크(John Locke)를 중심으로 한 근대 민주주의 사상인 인간의 존엄성에서 비롯된다. 즉, 인간의 존엄성은 모든 인권의 출발점이며, 인간이 생존과 기본적 자유에 있어서 중심적 주체가 된다는 것을 의미한다. 이러한 권리는 국가나 법에 의하여 부여되거나 보장받는 것이 아니고 생득적이고 절대적인 권리이다. 각국의 「헌법」을 포함하여 각종 문헌에 나타난 모든 권리가 인간의 존엄성을 실현하기 위해 마련된 것이라는 측면에서 인권은 모든 권리의 기초이자 출발점이다.

아동의 권리도 인간이면 누구나 가지게 되는 권리로서 수혜자가 아닌 권리의 주체인 아동이 가지는 권리를 말한다. 아동은 성인과 마찬가지로 「헌법」에 명시된 기본적인 생존을 위한 모든 권리와 행복한 삶과 자아실현을 추구할 수 있는 기본권을 가지고 있으며, 성인이 누리는 권리와 똑같이 초국가성, 절대성, 불가침성, 불가양도성 등과 같은 항구적인 특징을 갖는다. 이런 아동의 권리는 성인의 권리와 많은 공통성을 가지고 있으면서도 성인이 되어 가는 과정 중인 신체적 · 정신적으로 발달단계에 있는 특성 때문에 갖는 차이가 있다. 따라서 아동권리의 개념은 아동이 인간으로서 가지는 일반적인 권리와 아동의 특수성으로 인한 권리의 개념을 모두 포함하는 것이다.

이처럼 아동은 신체적 · 정신적 성장과정에 있는 특성이 전제되어 있으나 결코 불완전한 존재가 아니며, 성인과 동등한 권리를 누려야 한다. 즉, 아동 스스로 선택하고 삶에 요구되는 일체의 것을 자율적으로 판단하여 영위하는 권리뿐만 아니라, 그러한 삶을 계획할 권리 등을 총칭하는 권리의 주체자인 것이다.

2) 아동권리의 중요성

아동은 법률상 미성년자로 친권에 종속되어 있으며, 발달단계 측면에서 볼 때, 신체적 · 정신적으로 성장과정에 있는 미성숙 상태이기 때문에 타인의 도움을 필요로 하고, 자신을 스스로 보호하기 어려우며, 경제적으로도 의존 상태에 있다. 또한 아동보다 많은 힘을 가지고 있는 성인에 의해 구타, 유괴, 성폭행 등 아동을 해치거나 건전한 성장발달에 악영향을 주는 상황이나 집단으로부터 특별히 보호를 받아야 하는 취약성도 가지고 있다. 따라서 아동이 건전한 성인으로 성장하기 위해서는 좋은 환경에서 보호를 받고, 적절한 교육을 제공할 수 있는 가정과 기관이 필요한 것이다. 그럼에도 불구하고 성인과 다른 아동의 특성이 가정과 기관에서 잘못 이해되어 아동을 종속적인 대상으로 인식하거나, 성인들의 힘에 의하여 아동의 권리가 제대로 존중받지 못하는 경우를 신문, 뉴스 등의 미디어 매체를 통해 자주 볼 수 있는 것이 현실이다(류수정, 2012).

전통적으로 우리사회는 유교사상의 영향을 받아 부모에 대한 효도, 어른이나 연장자에 대한 공경이 문화 · 관습적인 덕목으로 중요시되어 아동에 대한 부모나 보호자의 훈육권이 강조된 데 비해, 아동은 보호 대상으로만 취급되었고 아동을 권리의 주체로서 인식하는 사고는 매우 취약하였다. 더불어 가족의 기능 변화, 구조의 축소와 분화도 일어나고 있으며, 별거, 이혼율의 급속한 증가 등으로 인한 가족해체현상도 늘어나고 있어 수동적인 아동의 지위도 보장받기 어려운 실정이고, 이러한 변화는 아동의 생활을 보다 복잡하고 불안정하게 만들고 있으며, 아동의 권리가 위협받고 있는 양상도 복잡하며 심각해지고 있다. 그러나 아동에 관한 이러한 사안들은 정책의 우선순위에서 벗어나, 성인위주의 사회에서 아동은 계속해서 위험에 노출되어 있고 아동의 지위는 여전히 사회적 약자에 위치해 있다(이재연 외, 2009).

아동권리 보장의 모습은 성인들이 아동권리 보장의 의미를 어떻게 인식하고 실천하느냐에 따라 달라진다고 해도 과언이 아니다. 아동권리 보장의 의미를 3가지로 구분해 보면, 아동에 대한 부모의 결정권에 대한 의미, 아동을 위한 사회적인 보호를 의미하는 경우, 아동 자신에게 더 많은 결정권을 인정해 주는 의미로 이해하는 경우이다(류수정, 2012).

표 3-1. 아동권리 보장의 의미

구분	내용
아동에 대한 부모의 결정권	아동을 위한 부모의 결정권이 보장된다는 의미로 이해하는 것은 아동이 독립적인 인격체가 아닌 부모에게 속해 있는 존재로 인식한다는 뜻이다. 아동은 자신을 위해 정확한 판단과 결정을 할 수 없으며, 부모의 도움과 보호가 반드시 필요하다고 인식하는 것이다.
아동을 위한 사회적인 보호	아동의 권리가 아동을 위한 사회적인 보호를 의미하는 것으로 이해하는 경우이다. 이는 사회가 얼마나 아동을 위해 노력하고 있는가의 정도로 이해하는 것으로, 아동의 인권은 주체적인 인권이라기보다는 보호받을 권리라고 이해할 수 있다. 그러나 권리는 적극적인 것이고 주체적인 것으로 소극적이거나 부모나 타인에 의한 권리주장은 인권의 의미를 제한시키거나 왜곡시킬 수 있다.
아동의 결정권 인정	아동 자신에게 더 많은 결정권을 인정해 주는 의미로 이해하는 경우이다. 이것은 아동 스스로 자신의 문제를 결정할 수 있게 한다는 것은 아동을 하나의 주체적인 인간으로 인정한다는 것이며, 아동도 자신의 삶을 위해 바람직한 결정을 내릴 수 있는 능력과 자신의 삶을 책임질 수 있는 권리가 있다는 사실을 인정하는 것이다.

이처럼 아동의 권리보장을 위한 여러 가지 의미가 있지만, 아동의 권리가 성인과 동등한 권리로 보장되기 위해서는 부모나 사회의 보호를 필요로 하는 대상으로 인식하기보다는 적극적인 권리의 주체로 인식하는 것이 중요하다. 그러나 아동의 권리 주

체성에 대하여 많은 논란이 존재한다. 권리라는 것이 인간의 자치와 자율을 바탕으로 이루어지는 것인데, 자율적 인간으로 인정되지 못하는 아동은 권리의 주체가 될 수 없다는 주장이다. 아동의 권리를 부정하는 또 다른 주장은 권리란 의무를 수반하는 개념인데, 아동은 성인과 같은 주체로 인정하기 어렵다는 관점이다. 인권은 의무를 수반하는 영역도 있으나 자연법적인 관점에서 권리는 조건적으로 주어지는 것이 아니며, 권리주체성은 권리능력을 의미하는 것이 아니다. 아동의 인권을 부정하는 이러한 주장은 범실증주의의 틀에서 발생하는 법적인 권리에 치우친 오류가 있다. 아동에게 권리능력이 부족하거나 자율성이 부족하여도 인권은 모든 인간에게 동등하게 적용되어야 하는 것이다.

그러므로 아동도 출생과 더불어 발생하는 자연법적 인권을 가진 자율적인 존재이다. 아동은 성인과 같은 권리를 가지고 있지만 스스로 생존을 보장할 수 없는 특별한 존재이기 때문에 보호권과 양육권이 추가될 뿐이다. 아동의 권리를 온전하게 보장하기 위해서는 소극적인 권리뿐만 아니라 참여를 통한 실질적인 권리까지도 보장하는 적극적인 권리를 인정하여야 한다. 특히 아동의 보호를 가능하게 하는 자원과 정보들이 효율적으로 아동의 필요와 욕구에 맞게 반영되도록 하기 위해서는 직접적인 참여가 필수적이다.

이처럼 보호를 받아야 하는 취약성을 가지는 아동들의 권리가 존중되기 위해서는 성인들의 노력이 필수적이다. 특히 전통적 유교사상으로 아동의 권리를 침해하기 쉬운 우리나라는 아동권리가 제대로 존중되도록 보호하면서도 아동의 필요와 욕구에 맞게 자원과 정보를 제공할 수 있는 아동권리의 중요성을 인식하고 실천하는 부모나 성인들의 역할이 더욱 강조된다.

2. 아동권리의 발달과정

1) 아동권리 사상의 발전

아동권리는 인권의 역사에서 비교적 최근에 주목받기 시작하였는데, 그 이유는 아동권리 발전은 사회가 아동을 보는 관점에 따라 달랐기 때문이다. 과거 아동은 '작은 성인(miniature adult)', '주조될 수 있는 존재(moulded being)' 등으로 여겨졌다. 즉, 과거 아동은 소극적이며 성인의 통제나 보호가 필요한 대상으로 여겼다(황옥경 외, 2017). 아동을 독자적 존재로 인정하지 않는 초기 아동관으로 인해 아동의 권리는 사회적으로 존중되기 어려웠다(김정래, 2002). 이후 18세기 계몽사상을 계기로 아동을 독자적 존재로 인정하는 관점이 생겨났으며, 20세기부터 점차 아동기의 독자성을 이해하고 아동의 권리를 보장하기 위한 움직임이 생겼다(하승수, 2012).

아동을 보는 관점은 아동권리 사상의 발전과 관련되어 있는데, 아동권리에 대한 논의의 쟁점은 양육 관점과 자기결정 관점의 두 가지 관점으로 나눌 수 있다(Walker et al., 1999). 첫째, 양육 관점에서는 아동 주변의 사회적 문제해결에 초점을 둔다. 이 관점에서 아동은 자신을 둘러싼 다양한 문제에 대해 바람직한 결정을 할 수 없으며 성인의 보호를 받아야만 하는 대상이다. 둘째, 자기결정 관점에서는 아동의 권리를 보호하는 것에 초점을 둔다. 이 관점에서 아동은 자신과 관련된 다양한 문제에 의사를 표현할 수 있는 능력을 갖춘 존재로 인식한다. 따라서 자기결정 관점에서는 아동이 스스로 결정할 수 있는 기회를 제공하는 것을 강조한다. 아동권리 실현을 위해서는 양육 관점과 자기결정 관점의 균형이 필요하다.

(1) 제네바 아동권리선언

아동권리 발달의 시작은 1924년 국제연맹총회에서 채택된 제네바 아동권리선언(The

Geneva Declaration on the Rights of the Child)으로 볼 수 있다. 아동복리회 창설자인 에글렌타인 젭(Eglantyne Jebb)은 제1차 세계대전으로 당시 아동들이 고통받는 참혹한 상황을 목격한 후, 본격적으로 아동권리와 구호 활동을 했다. 제네바 아동권리선언은 1922년 아동권리선언문을 기반으로 작성되었으며 아동의 권리를 최초로 명문화했다는 의의를 가진다. 제네바 아동권리선언은 전문 및 본문 5개 조항으로 구성되어 있으며, 5개 조항은 아동의 발달 보장, 보호가 필요한 아동의 보호, 아동의 우선 구제, 착취로부터의 보호, 아동 육성의 목표로 이루어졌다. 제네바 아동권리선언의 전문 및 본문 5개 조항은 표 3-2와 같다.

표 3-2. 제네바 아동권리선언(1924년)

〈전문〉 모든 나라의 남성과 여성은 인류가 아동에 대하여 최선의 것을 주어야 할 의무를 진다는 것을 인정하고 인종 · 국적 또는 신념에 관한 어떠한 사유에 관계없이 모든 아동에게 다음과 같은 사항을 보장할 것을 선언하고 또한 자신의 의무로서 수락한다.

제1조. 아동에게는 정상적인 발달을 위하여 필요한 물질적, 정신적 수단이 제공되어야 한다.
제2조. 굶주린 아동에게는 먹을 것을, 병든 아동에게는 치료를, 발달이 늦은 아동에게는 도움을, 비행 아동에게는 교정(교화)의 기회를, 고아와 부랑아에게는 주거와 원조를 제공하여야 한다.
제3조. 아동은 위험에 처했을 때 가장 먼저 구제되어야 한다.
제4조. 아동은 생계를 유지할 수 있는 상황을 보장받아야 하며, 모든 형태의 착취로부터 보호되어야 한다.
제5조. 아동은 자신의 재능을 인류에게 이바지해야 한다는 인식하에서 양육되어야 한다.

제2차 세계대전 이후 인권에 대한 관심이 높아지면서 1945년 유엔이 창설되었다. 유엔은 기존 제네바 아동권리선언(1924년)에 어떠한 조건에서도 차별받지 않을 권리와 가정 안에서 보호받아야 할 권리의 2개 조항을 추가하여 제네바 아동권리선언(1948년)을 공표하였다. 제네바 아동권리선언은 최초로 아동권리를 명문화함으로써 이후 아동권리 관련 선언, 협약 등의 기초가 되었다. 그러나 아동에게 음식을 제공하거나 가장 먼저 구제되어야 하는 보호의 내용만을 제시했다는 점에서 아동을 권리 실현의 주체자가 아닌 보호의 대상으로 보는 한계를 가지고 있다(인권법교재발간위원회, 2006).

(2) 유엔 아동권리선언

1945년 유엔이 창설되면서부터 권리에 대한 관심이 확대되고 점차 권리를 공식적으로 존중하려는 노력이 시작되었다(국가인권위원회, 2006). 그 결과 1948년에 세계인권선언(The Universal Declaration of Human Rights)이 채택되었다. 세계인권선언은 인권에 관한 기본적인 문서로서 국제적인 조직에 의해 인권 존중의 가치를 인정하는 문서가 채택되었다는 점에서 의의가 있다. 세계인권선언은 명시된 내용을 지키지 않는 각국 정부에 대한 윤리적인 제재를 가하는 기준이 되었으며 법적 구속력은 없었다(나종일, 2012).

세계인권선언은 인류 최초의 국제적인 인권 합의문으로 인권의 용어 채택과 인권 보편성을 강조했다는 점에서 의의를 갖는다. 구체적으로 첫째, 세계인권선언은 '인권'이라는 단어를 공식적으로 채택했으며 각국의 「헌법」이 보장하는 기본권과 구분되며 권리를 전면으로 제시한 문서다(국가인권위원회, 2018). 둘째, 세계인권선언은 인권의 보편성을 알렸다(배화옥 외, 2015). 세계인권선언에 언급된 'universal(세계)', 'everyone(모든 사람)', 'all human beings(모든 인간)' 등의 용어를 통해 모든 사람의 인권 보장을 천명했음을 알 수 있다. 세계인권선언은 아동, 장애인, 여성 등 대상에 따라 내용을 구분하지 않았지만 아동권리에 관한 내용을 살펴볼 수 있다.

표 3-3. 세계인권선언 중 아동권리 관련 조항

제16조(결혼 · 가정의 권리)

3. 가정은 사회의 자연적이고 기초적인 단위이며, 사회와 국가의 보호를 받을 권리가 있다.

제25조(적절한 생활수준을 누릴 권리)

2. 어머니와 아동은 특별한 보호와 지원을 받을 권리를 가진다. 모든 아동은 적서에 관계없이 동일한 사회적 보호를 누린다.

제26조(교육을 받을 권리)

1. 모든 사람은 교육을 받을 권리를 가진다. 교육은 최소한 초등 및 기초단계에서는 무상이어야 한다. 초등교육은 의무적이어야 한다. 기술 및 직업교육은 일반적으로 접근이 가능해야 하며 고등교육은 모든 사람에게 실력에 근거하여 동등하게 접근 가능해야 한다.
3. 부모는 자녀에게 제공되는 교육의 종류를 선택할 우선권을 가진다.

제16조 제3항은 아동의 권리 보장을 위해 가정이 사회와 국가의 보호를 받을 권리, 제25조 제2항은 사람으로서 적절한 생활수준을 누릴 수 있는 권리를 규정한다. 제26조 제1항은 모든 사람이 교육받을 권리를 가지며 초등교육이 의무적이어야 함을 명시하며, 제3항은 부모가 자녀에게 제공되는 교육의 종류를 우선적으로 선택할 권리를 규정한다. 아동권리 실현을 위한 국가의 의무를 규정한 세계인권선언은 이후 아동권리선언 제정의 기초가 되었다(황옥경 외, 2017).

1959년 유엔은 제네바 아동권리선언을 바탕으로 아동권리선언을 공표하였다. 아동권리선언은 아동의 권리를 보장하는 국제적 승인으로서 아동이 누려야 하는 권리와 자유를 보장하는 내용이 명시되어 있다. 또한 아동권리선언은 아동의 다양한 특성을 고려하고 아동의 권리만을 대상으로 한 선언일 뿐 아니라 아동을 보호의 대상만이 아닌 권리의 주체로 보기 시작한 점에서 의의가 있다(박한비, 2014). 그러나 제네바 아동권리선언과 마찬가지로 법적 구속력을 갖지 못하고 선언적 내용에 그치는 한계점을 갖는다.

표 3-4. 유엔 아동권리선언

제1조. 아동은 인종, 피부색, 성별, 언어, 종교, 정치적 견해, 국가적 또는 사회적 출신, 재산 등에 따라 차별을 받지 않을 권리를 가진다.

제2조. 아동은 법률에 의해 자유와 존엄성을 보장받으며, 건강하고 정상적으로 발달할 수 있도록 특별한 보호를 받을 권리를 가진다. 이를 위해 법률을 제정함에 있어 아동의 최선의 이익을 우선적으로 고려해야 한다.

제3조. 아동은 출생 시부터 이름과 국적을 부여받을 권리를 가진다.

제4조. 아동은 사회보장의 혜택을 받을 권리를 가진다.

제5조. 신체적, 정신적, 사회적으로 장애가 있는 아동은 자신의 특수한 상태에 따라 요구되는 특별한 치료와 교육 및 보호를 제공받을 권리를 가진다.

제6조. 전인적 발달을 위해 아동은 사랑과 이해를 필요로 하므로 가급적 아동은 가정에서 부모에 의해 양육되어야 하며, 사회는 가정이 없는 아동에 대해 특별한 보호를 제공할 의무를 가진다.

제7조. 아동은 적어도 초등학교까지는 의무교육을 받을 권리를 가지며, 아동의 교육과 지도는 아동에게 최상의 이익이 되도록 이루어져야 한다. 또한 아동에게는 교육뿐 아니라 놀이와 여가도 제공되어야 하며, 사회는 이러한 권리를 증진시키기 위해 노력해야 한다.

제8조. 아동은 모든 상황에서 최우선적으로 보호와 혜택을 받아야 한다.

제9조. 아동은 모든 형태의 방임, 학대, 착취로부터 보호받아야 하며, 적절한 연령에 도달하기 전까지는

유해한 활동과 직업에 고용되어서는 안 된다.
제10조. 아동은 인종적, 종교적, 기타 형태의 차별적 관행으로부터 보호되어야 하며, 자신의 재능을 이웃에게 이바지할 수 있도록 양육되어야 한다.

(3) 유엔 아동권리협약

1989년 11월 20일 유엔 총회에서 유엔 아동권리협약(UN Convention on the Rights of the Child: CRC)은 만장일치로 채택되었다. 여러 인권조약 중 가장 많은 수의 협약국이 서명[1])했을 뿐 아니라 가장 빨리 채택된 것이 유엔 아동권리협약인 점은 전 세계적으로 아동권리에 관한 관심이 높았음을 보여 준다. 이전 아동권리 관련 선언은 아동의 권리를 보호의 개념으로 봤다면 이 협약은 아동권리를 개인이 가지는 권리로 본다는 특징을 갖는다. 즉, 유엔 아동권리협약은 아동을 성인과 같이 권리 주체자로서 인식하는 시각을 반영한 협약이다(우병창, 2011). 뿐만 아니라 아동권리가 단순히 선언에 그치지 않고 법적 구속력을 가진다는 점에서 각국은 협약에 명시된 아동의 권리를 보장할 의무와 협약 이행 상황을 유엔 아동권리위원회에 보고해야 하는 의무를 갖게 된다.

유엔 아동권리협약은 전문 및 3부로 구성된 54개 조항으로 구성되었으며 전문에는 아동을 위한 배려 및 보호를 명시하며 제1부(제1조~제41조)에는 아동의 권리와 유엔 아동권리협약의 원칙, 아동 보호의무 규정 등을 명시한다. 제2부(제42조~제45조)에는 유엔 아동권리위원회의 설립과 권한, 협약 당사국의 보고체계 등을 명시하며 제3부(제46조~제54조)에는 유엔 아동권리협약의 서명, 비준, 가입, 개정, 유보, 폐기 등을 명시한다.

① 유엔 아동권리협약의 일반원칙과 기본적 권리

유엔 아동권리협약의 일반원칙(general principles)은 네 가지로 구분되며 이 원칙은 협약의 이행 정도를 판단할 수 있는 척도가 될 수 있다(박한비, 2014; 이노홍, 2013; 정진경, 2010).

1) 유엔 아동권리협약 채택 30주년이 되는 2019년 기준, 196개국이 협약을 비준하였는데, 우리나라는 1991년 12월 20일에 협약 당사국이 되었다.

표 3-5. 유엔 아동권리협약 일반원칙

비차별 원칙 (제2조)	유엔 아동권리협약에 제시된 조항은 모든 아동에게 차별 없이 보장되어야 함을 의미한다. 구체적으로 모든 아동은 성별, 연령, 종교, 인종, 사회적 출신 등에 관련 없이 차별받지 않도록 한다. 협약 당사국은 아동이 차별받지 않고 제시된 권리를 누릴 수 있도록 관련 대책을 마련해야 한다.
아동 최선의 이익 원칙 (제3조)	아동과 관련된 모든 사안에 있어 아동 최선의 이익이 고려되어야 함을 의미한다. 유엔 아동권리위원회는 이 원칙을 위해 아동이 자신과 관련된 사안에 대해 스스로 결정하거나 의사를 표현하는 등 시민적 자유권을 보장해야 함을 규정하였다. 아동 이익이 부모의 이익이나 공익이나 국가의 행정적 편의와 충돌할 때도 아동의 이익이 최선으로 고려되어야 한다.
생명 · 생존과 발달 보장 원칙 (제6조)	아동은 생명, 생존과 발달의 권리를 가지며 이 권리에는 신체 · 정서 · 사회 · 문화적 발달이 모두 포함된다. 아동의 건강한 발달을 위해 기본 교육, 보건서비스 등 다양한 지원과 보호를 받아야 한다.
참여 및 견해존중 원칙 (제12조)	아동이 가정, 학교, 사회, 법적 절차 등 자신과 관련된 다양한 사안에 의사를 표현하고 이 의사는 존중받아야 함을 의미한다. 아동의 의사 표현은 나이와 성숙도에 따라 적절한 비중이 주어져야 하며 성인의 기준에 따라 아동의 참여와 견해가 제한되지 않는 것을 의미한다.

유엔 아동권리협약에 제시된 기본적 권리는 생존권, 보호권, 발달권, 참여권으로 구분하여 살펴볼 수 있다(김인숙 외, 2011). 유엔 아동권리협약의 기본적 권리는 일반원칙과 함께 아동권리 존중의 핵심적 요소로 볼 수 있다.

표 3-6. 유엔 아동권리협약 기본적 권리

권리	내용	관련 조항
생존권	아동이 기본적인 삶을 누릴 수 있는 권리로서 안전하게 주거할 권리, 충분한 영양을 섭취하고 기본적인 보건서비스를 받을 권리 등이 포함된다.	제6, 7, 8, 19, 20, 21, 23, 24, 26, 27, 30, 32, 33, 34, 35, 38, 39조
보호권	아동이 모든 차별, 폭력, 학대, 고문 등으로부터 보호받을 권리로서 약물과 성폭력, 부당한 형사적 처벌, 과도한 노동 등 아동에게 유해한 것으로부터 보호받을 권리 등이 포함된다.	제7, 10, 11, 16, 19, 20, 21, 22, 23, 25, 30, 32, 33, 34, 35, 36, 37, 39, 40조
발달권	아동이 가진 잠재 능력을 최대한 발휘할 수 있도록 하는 권리로서 여가를 즐길 권리, 문화생활에 참여할 권리, 교육받을 권리, 정보를 얻을 권리 등이 포함된다.	제6, 7, 10, 11, 12, 13, 14, 15, 17, 24, 28, 29, 31조
참여권	아동이 자신과 관련된 다양한 사안에 대해 의사를 표현할 수 있는 권리로서 표현의 자유, 사상 · 양심 · 종교의 자유, 사생활을 보호받을 권리, 유익한 정보를 얻을 권리 등이 포함된다.	제12, 13, 15, 16, 17, 18조

② 유엔 아동권리협약 당사국의 의무

유엔 아동권리협약에는 아동권리를 보장하기 위한 당사국의 역할이 제시되어 있다. 협약 가입국은 협약에 제시된 권리를 이행하기 위해 가능한 모든 방법을 동원해야 하며 구체적으로 정책 방향, 제도, 행정 체제, 권리 교육, 모니터링 체제 등이 규정되어 있다(김효진, 2009). 유엔 아동권리협약 당사국은 협약 비준 후 2년 이내, 이후에는 5년마다 아동권리 보장 이행 결과에 대한 국가보고서를 유엔 아동권리위원회에 제출하여야 하며, 10명의 전문가로 구성된 유엔 아동권리위원회는 제출한 보고서를 심의하고 당사국에 대한 제안과 권고를 할 수 있다.

우리나라는 유엔 아동권리협약 가입 후 1994년(제1차), 2000년(제2차), 2009년(제3, 4차), 2017년(제5, 6차)에 이행보고서를 제출하였는데, 구체적으로 아동권리 관련 법을 제·개정하며 유엔 아동권리협약 이행을 위해 노력해 왔다. 예를 들어, 혼인 가능 연령을 남자 만 18세, 여자 만 16세에서 남녀 모두 만 18세 이상으로 조정하였다. 우리나라는 협약 비준 당시 3개 조항을 유보했었으며 유엔 아동권리위원회의 심의결과 권고사항을 반영하여 유보철회를 위한 노력을 꾸준히 진행해 오고 있다.

2) 우리나라 아동권리의 발전

소파 방정환

우리나라에서 아동존중 사상을 기반으로 한 어린이 운동은 소파 방정환[2)]에 의해 시작되었으며〈표 3-7〉, 어린이 운동의 시작은 우리나라가 아동권리 및 아동의 잠재 능력에 주목하는 출발점이 되었다. 우리나라에서는 소년운동협회가 제네바

2) 어린이날을 만들고 어린이의 복지 향상을 위해 활동한 작가이다. 어려서 계모 밑에서 자랐으며, 1917년 천도교 교주 손병희의 딸과 결혼하면서 손병희의 영향을 받아 인생의 전환기를 맞았다. 1920년 일본 도요대학에서 아동문학과 아동심리학을 공부했으며, 이듬해 천도교소년회를 조직하고 소년운동을 전개하였다. 그는 5월 1일을 '어린이날'로 선포하고, 세계명작동화집 〈사랑의 선물〉과 순수아동잡지 〈어린이〉를 창간하였다. '어린이'라는 명칭을 만드는 일에서부터 동화창작과 번역, 구연, 강연 등 어린이를 위한 다양한 활동을 전개했지만 과로와 고혈압으로 인해 33세의 나이에 생을 마감하였다.

아동권리선언 채택(1924년) 한 해 전인 1923년에 '아동권리공약 3장'을 선포했다. 아동권리공약 3장은 총 3개 조항이지만 더 많은 조항으로 구성된 제네바 아동권리선언보다 더욱 체계적인 선언으로 평가된다. '아동권리공약 3장'은 우리나라 최초 아동권리선언으로서 아동의 인격적 예우, 노동금지 등의 내용이 제시되어 있다.

표 3-7. 소파 방정환의 어린이 선언문

어른들에게	어린 동무들에게
• 어린이를 내려다 보지 마시고 치어다 보아 주시오. • 어린이를 가까이 하시어 자주 이야기하여 주시오. • 어린이에게 경어를 쓰되 늘 보드랍게 하여 주시오. • 이발이나 목욕, 의복 같은 것을 충분히 하게 하여 주시오. • 산보와 원족 같은 것을 가끔가끔 시켜 주시오. • 어린이를 책망하실 때는 쉽게 성만 내지 마시고 자세하게 타일러 주시오. • 어린이들이 서로 모여 즐겁게 놀 만한 놀이터와 기계 같은 것을 지어 주시오. • 대우주의 뇌신경 말초는 늙은이에게 있지 아니하고 젊은이에게도 있지 아니하고 오직 어린이에게만 있는 것을 늘 생각해 주시오.	• 돋는 해와 지는 해를 반드시 보기로 합시다. • 어른들에게는 물론이고 당신들끼리도 서로 존대하기로 합시다. • 뒷간이나 담벽에 글씨를 쓰거나 그림 같은 것을 그리지 말기로 합시다. • 꽃이나 풀을 꺾지 말고 동물을 사랑하기로 합시다. • 전차나 기차에서는 어른들에게 자리를 사양하기로 합시다. • 입을 꼭 다물고 몸을 바르게 가지기로 합시다.

표 3-8. 아동권리공약 3장

- 어린이를 재래의 윤리적 압박으로부터 해방하여 그들에 대한 완전한 인격적 예우를 허하라.
- 어린이를 재래의 경제적 압박으로부터 해방하여 만 14세 이하의 그들에 대한 무상 또는 유상의 노동을 폐하라.
- 아동에게 그들이 고요히 배우고 즐거이 놀 만한 각양의 가정 또는 사회적 시설을 행하라.

1957년에는 아동복지에 필요한 기본적 요건을 조문화한 어린이헌장이 공포되었다. 전문과 9개 조항으로 구성된 어린이헌장은 제네바 아동권리선언, 아동권리공약 3장 등을 토대로 제정되었다. 어린이헌장은 법률적 효력이 없고 아동을 권리 주체가 아닌 보호의 대상으로만 바라보는 한계가 있다. 1957년 어린이헌장의 내용은 표 3-9와 같다.

표 3-9. 1957년 어린이헌장의 내용

전문: 어린이는 나라와 겨레의 앞날을 이어 나갈 새 사람이므로 그들의 몸과 마음을 귀히 여겨 옳고 아름답고 씩씩하게 자라도록 힘써야 한다.
1. 어린이는 인간으로서 존중하여야 하며 사회의 한 사람으로서 올바르게 키워야 한다. 2. 어린이는 튼튼하게 낳아 가정과 사회에서 참된 애정으로 교육하여야 한다. 3. 어린이에게는 마음껏 놀고 공부할 수 있는 시설과 환경을 마련해 주어야 한다. 4. 어린이는 공부나 일이 몸과 마음에 짐이 되지 않아야 한다. 5. 어린이는 위험한 때에 맨 먼저 구출하여야 한다. 6. 어린이는 어떠한 경우에라도 악용의 대상이 되어서는 아니 된다. 7. 굶주린 어린이는 먹여야 한다. 병든 어린이는 치료해 주어야 하고 신체와 정신에 결함이 있는 어린이는 도와주어야 한다. 불량아는 교화하여야 하고 고아와 부랑아는 구호하여야 한다. 8. 어린이는 자연과 예술을 사랑하고 과학을 탐구하며 도의를 존중하도록 이끌어야 한다. 9. 어린이는 좋은 국민으로서 인류의 자유와 평화와 문화 발전에 공헌할 수 있도록 키워야 한다.

1988년 어린이헌장은 전면 개정되었으며, 이후 보건복지부는 2016년 5월 2일에 어린이주간 및 아동권리헌장 제정을 널리 알렸다. 아동권리헌장은 아동이 겪는 위기에 초점을 맞추었으며 이전 어린이헌장과 달리 사생활 보호, 표현의 자유, 의사표현 등의 내용을 포함한 아동 참여권을 중점적으로 다루었다. 2016년 아동권리헌장의 내용은 표 3-10과 같다(보건복지부, 2016).

표 3-10. 2016년 아동권리헌장 내용

모든 아동은 독립된 인격체로 존중받고 차별받지 않아야 한다. 또한 생명을 존중받고, 보호받으며, 발달하고 참여할 수 있는 고유한 권리가 있다. 부모와 사회, 국가와 지방자치단체는 아동의 이익을 최우선적으로 고려해야 하며, 다음과 같은 아동의 권리를 확인하고 실현할 책임이 있다.
1. 아동은 생명을 존중받아야 하며 부모와 가족의 보살핌을 받을 권리가 있다. 2. 아동은 모든 형태의 학대와 방임, 폭력과 착취로부터 보호받을 권리가 있다. 3. 아동은 출신, 성별, 언어, 인종, 종교, 사회·경제적 배경, 학력, 연령, 장애 등의 이유로 차별받지 않을 권리가 있다. 4. 아동은 개인적인 생활이 부당하게 공개되지 않고 보호받을 권리가 있다. 5. 아동은 신체적·정신적·사회적으로 건강하게 성장하고 발달하는 데 필요한 기본적인 영양, 주거, 의료 등을 지원받을 권리가 있다. 6. 아동은 자신이 살아가는 데 필요한 지식과 정보를 알 권리가 있다.

7. 아동은 자유롭게 상상하고 도전하며 창의적으로 활동하고 자신의 능력과 소질에 따라 교육받을 권리가 있다.
8. 아동은 휴식과 여가를 누리며 다양한 놀이와 오락, 문화 · 예술 활동에 자유롭고 즐겁게 참여할 권리가 있다.
9. 아동은 자신의 생각이나 느낌을 자유롭게 표현할 수 있으며, 자신에게 영향을 주는 결정에 대해 의견을 말하고 이를 존중받을 권리가 있다.

그동안 우리나라는 지속적으로 끊임없이 아동권리를 증진하기 위해 다양한 노력을 기울여 왔다. 2014년에는 아동권리 사안을 전담하는 아동청소년인권팀을 신설했고, 2016년에는 아동권리위원회를 신설하여 아동권리의 적극적인 실현에 힘써 오고 있다. 아동권리 증진을 지원하기 위한 정부의 주요 사업을 살펴보면 표 3-11과 같다.

표 3-11. 아동권리 증진을 지원하기 위한 정부의 주요 사업

사업	목적	주요 내용
국제적 기준에 부합하는 유엔 아동권리협약 이행 추진	유엔아동권리협약 및 위원회 권고사항 이행을 통해 국제 수준의 아동정책 기반 마련	• 유엔 아동권리협약 및 유엔 아동권리위원회의 권고사항에 대한 이행체계 마련 및 각 부처 이행 점검, 국가보고서 작성 및 제출, 위원회 심의 등
아동행사 개최	아동이 독립된 인격 주체로서 인정받는 사회적 분위기를 조성하고, 아동과 관련 사회 문제에 대해 스스로 생각하고 고민하는 역량 있는 민주시민으로 육성	• 어린이날 및 어린이주간 행사: 어린이주간 선포식, 어린이날 유공자 표창, 아동권리 축제 등 • 대한민국 아동총회: 지역대회 · 본 대회 추진계획 수립 · 홍보, 지역별 참여아동 선정, 지역별 대회와 본 대회 개최, 보건복지부 어린이 홈페이지 활동 등
아동권리포럼 개최	아동과 관련된 다양한 분야의 전문가 및 실무자가 참여하는 포럼을 개최, 아동권리 · 인권 이슈 논의를 통해 권리 증진을 위한 장기 발전 방향 및 제도개선 사항 도출	• 아동권리에 기반한 아동복지정책 방향을 마련하기 위하여 아동권리 · 정책 포럼 개최하고 국제아동권리 동향 모니터링 및 정보공유 등 실시

그리고 유니세프는 유니세프아동친화도시를 제의하여 지방자치단체와의 파트너십을 통해 지방자치단체 행정체계 내에서 유엔 아동권리협약이 실현될 수 있도록 노력

하고 있다. 유니세프아동친화도시는 모든 아동이 차별받지 않고 공평한 삶의 출발선을 보장받을 수 있는 도시로서 아동권리를 실현하는 환경을 가진 지방자치단체를 의미한다. 유니세프아동친화도시에 사는 아동은 권리 주체로서 존중받고, 각 지방자치단체의 의사결정과정에 적극적으로 참여할 수 있는 기회를 보장받는다. 우리나라의 경우 총 64개의 지방자치단체가 유니세프아동친화도시로 인증받았다(2021. 12. 17. 기준). 유니세프아동친화도시 비전과 5대 목표는 표 3-1과 같다(유니세프아동친화도시 추진 지방정부협의회, 2021).

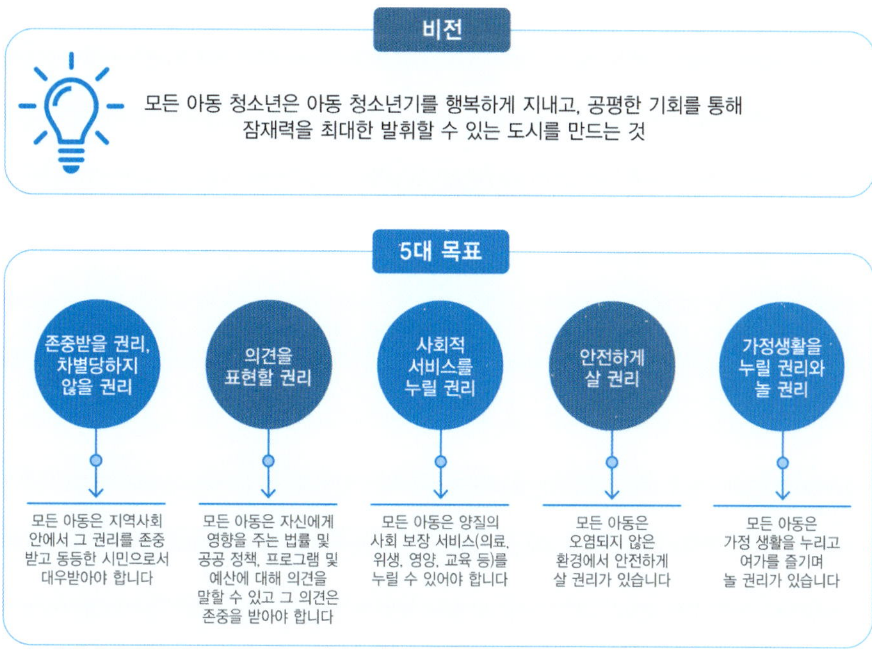

그림 3-1. 유니세프아동친화도시 비전과 5대 목표

출처: 유니세프아동친화도시 추진 지방정부협의회(2021). 유니세프아동친화도시 추진 사례집.

Chapter

04

아동복지의 역사

배울 내용

1. 한국의 아동복지 발달과정
2. 외국의 아동복지 발달과정

학습목표

1. 한국의 아동복지 발달과정을 익히고 나아가야 할 방향을 모색해 본다.
2. 외국의 아동복지 발달과정을 이해하고 적용방안을 모색해 본다.

Chapter 04

아동복지의 역사

역사적으로 자녀의 양육은 부모의 책임으로 인식되어 왔지만 부모가 자녀를 책임질 수 없는 특수한 상황이거나 불가피하게 아동의 양육이 문제가 되는 경우 사회가 대신해서 아동을 맡아서 기르고자 하는 사회보호가 아동복지의 시작이라고 할 수 있다. 그리고 산업화 · 도시화 등으로 인한 사회제도의 변화는 부모의 아동양육에 사회가 개입되어야 할 필요성을 증가시켰으며, 사회보호의 범위가 확대되는 계기가 되었다.

그리고 아동에 대해 보다 많은 관심과 주의를 기울이게 된 것은 최근인 20세기 전후부터라고 할 수 있는데, 이는 산업혁명이 본격화되고 이의 여파로 모든 제도가 급격히 변하게 되었으며, 더불어 아동의 양육도 과거의 모습을 유지할 수 없게 되었기 때문이다. 아동에게 영향을 준 변화의 모습을 몇 가지로 정리하면 **표 4-1**과 같다.

표 4-1. 아동에게 변화를 준 영향 요인

구분	내용
사회의 경제적, 정치적 상황의 변화이다.	산업혁명으로 경제적 수준이 향상되어 요보호아동을 사회가 돌볼 여력을 가지게 된 것이다. 더욱이 정치의 민주화로 정치지도자가 되기 위해서는 비생산층 인구의 이익에도 관심을 가지지 않을 수 없었다. 또한 아동문제를 감소시킴으로써 사회적 안정을 이루기 위한 정치적 고려가 작용하였다.
사회제도의 전문화이다.	역사상 장기간 대부분의 사람들은 농촌에서 살면서 함께 성장하고 서로 친근하게 알고 지냈다. 즉, 확대가족, 이웃, 종교기관, 직업집단은 그들의 영역 내에서 아동문제가 발생하였을 때 상호원조를 통해서 자체적으로 해결하였다. 그런 사회에는 많은 고아는 있었지만 고아원은 없었다. 그러나 산업화, 도시화되면서 그러한 아동보호의 기능

구분	내용
	은 소멸되었고 그것을 대신할 새로운 제도의 도입이 필요하게 된 것이다. 아동의 사회적 보호는 전적으로 담당할 별도의 제도가 필요하며 따라서 현대적 의미의 아동복지서비스의 출현이 필요하게 되었다.
과학의 발달과 아동기의 발견이다.	과학적인 지식과 기술의 발전으로 근로자의 생산성이 향상되었으며, 아동발달에 관한 과학적인 관심과 연구결과로 아동기의 중요성을 강조하게 되었다.
아동 수의 변화이다.	보건위생, 영양, 환경 등 아동이 성장할 수 있는 조건이 향상됨으로써 아동의 수명이 연장되고 가족계획의 보급으로 적은 수의 아동이 출생하여 생존의 기회가 많아졌다. 그로 인해 아동의 가치는 높아졌고 아동에게 보다 더 관심과 애정을 기울이게 되었다.
아동의 지위 변화이다.	아동은 부모에게 예속된 존재이고 한 인간으로서의 법적 지위가 인정되지 않았었다. 부권은 그의 자녀인 아동에게 거의 절대적이었다. 그러나 아동의 권리를 점차적으로 받아들이면서 부모의 권위는 그에 상응하는 책임을 인식하는 방향으로 변화하였다.

1. 한국의 아동복지 발달과정

1) 전통사회의 아동복지시대

전통사회에서의 아동에 대한 관심은 대를 잇기 위한 하나의 수단이라고 해도 과언이 아니었다. 동양적인 애호사상을 갖는 우리나라는 가족제도를 중심으로 제사상속은 조상숭배로 이어지고 이를 단종시키지 않는 것이 부모에 대한 의무라고 여겨져 왔다. 자손이 없을 때에는 양자를 삼아서라도 가계를 잇는 엄격한 가계주의를 취해 왔다. 전통적인 사회에서의 아동복지 문제는 고아였는데, 이들은 자연재해로 인한 흉년이 되면, 구걸하며 부랑아가 되었고 생존까지 위협을 받게 되었다.

한국 고대 국가들이 시행한 고아문제에 대해 살펴보면, 첫째, 친족부양의 책임을 강조하여 가급적 요보호아동에 대한 보호의 책임이 대가족제도 내에서 이루어지도록 강조한 것이었다. 둘째, 민가수양을 허용하여 민간차원에서 고아들에 대한 구제가 이루어지도록 한 것을 들 수 있다.

고아는 홀아비, 과부, 독거노인과 더불어 네 부류의 곤궁한 백성으로서 국가 구제정책의 대상이었다. 삼국시대에 도입된 유교의 영향으로 중국 고대의 구제법인 '주례'의 해당 조항들이 적용되었다.

(1) 신라

삼국사기에 의하면 신라 제2대 남선왕 15년(18년)에 백성들이 기근으로 인한 굶주림을 당할 때 국고를 열어 이들을 구휼했다는 기록이 있고, 신라 제3대 유리왕(28년)에 환과고독노병(늙고 아내가 없는 사람, 늙고 남편이 없는 사람, 어리고 부모가 없는 아이, 늙고 자식이 없는 사람) 등을 조사하여 무료로 급식과 양육을 왕명으로 시행하였다.

(2) 고려

고려시대의 사회제도는 신분차별이 있는 계급사회였기 때문에 고아를 자기 가정의 노비로 삼는 경우도 있었고, 고아를 민가에서 수양을 빙자하여 인신매매, 유괴, 약탈 등을 일삼게 되는 폐단도 나타나게 되었다. 그러나 사원과 민가에서 병란과 흉년 등으로 인하여 떠돌아다니고 구걸하는 아동, 버려진 아동, 빈민가의 아동 등을 수용·양육하여 승려 또는 사역승으로 양성하는 일이 성행하게 되었다.

제6대 성종 13년에는 왕명에 의해 돌보아 줄 친족이 없고 나이 어린 고아는 10세까지는 관에서 수용하되, 10세가 지나면 본인의 희망에 따라 거주토록 하였는데, 이것이 우리나라에 있어서 고아를 대상으로 한 수용보호 사업의 시초라고 볼 수 있다. 이와 같이 수용보호는 일반적으로 어느 시대나 사회에서 우선적으로 실시되어졌던 아동보호의 한 형태라고 할 수 있다.

(3) 조선

제18대 현종 2년에 한성각부의 유기아에 대한 관부의 허가제에 의한 민가수양이 실시되고 이들에 대해서는 의과도 관급하였다. 제22대 정조 7년에 자휼전칙(字恤典則)이라는 법령을 제정하고 유기 및 부랑걸식아동 보호법을 공포하였다. 이 법령의 내용을 보면 서울과 지방에서 흉년이 들어 기근이 심한 해에 유기를 당하여 보호될 곳이 없는 불쌍한 아동, 특히 의 · 식 · 주를 스스로 해결할 수 없는 능력이 없는 아동, 사방을 떠돌아다니는 부랑아들을 관가에 유양(留養) 또는 민가에 수양(收養)토록 허가하는 법을 실시하였다.

(4) 조선 말과 일제시대

근대적 육아사업으로는 조선 말 고종 25년에 프랑스 신부 브랑(Blanc)에 의한 명동 천주교 고아원의 개설이 그 처음이고, 이어 고종 32년 인천 천주교회 부속 고아원이 설립되었다. 개신교의 경우는 경성고아원이 효시가 되었다. 1854년에는 파리외방전교회가 설립한 조선영해회(La Sanite Enfance)가 고아원을 설립하였는데, 이 영해회는 1888년 종로에 수녀원을 마련하면서 그 부속건물로 고아원을 설립하여 145명의 고아를 양육하는 형태로 발전하였다.

1886년 미국의 북장로교의 언더우드는 고아들을 모아 「예수학당」, 「구세학당」으로 불리는 학당을 시작하였는데, 이것이 경신학교의 시작이다. 1910년 조선총독부에서는 경성고아원을 접수하여 재생원(再生院)으로 개칭하였다. 그리고 1921년 7월 총독부에 사회과가 신설되면서 국내 육아원의 수가 늘어나고 1934년에는 보육원이 96개소로 늘어나게 되었다.

2) 절대적 빈곤의 아동복지시대(해방 후~1960년)

(1) 시대적 배경

해방(解放)과 6.25로 인한 건국 초기의 우리나라는 사회 · 정치적 격동 속에서 모든 국민이 빈곤 속에서 생활하던 시기였다. 따라서 1950년대의 아동복지정책은 아동의 생존을 위한 의 · 식 · 주의 기본적인 욕구를 충족시켜 주는 물질적 자원의 분배에 치중하였으며, 가족을 잃은 요보호아동들을 대상으로 최소한의 가정생활을 영위할 수 있도록 시설수용을 제공하는 복지정책이 주를 이루었다. 그러나 이 시기는 정부차원의 복지가 없는 대신 민간차원, 즉 외국 민간단체의 지원과 사업을 통한 복지가 가장 활발한 시기였다.

또한 구미의 자선구제사업이 들어와 초보적 수준의 사회사업이 형성되기 시작한 것은 조선 말엽부터이다. 구미의 사회사업은 현금이나 현물 등의 형태로 지원되면서 해방 후 구호사업의 중요한 부분을 차지하게 되었는데, 주로 종교단체 중심의 이들 외국 원조단체들은 이 시기 복지사업에서 없어서는 안되는 재원 및 서비스 제공원이었다.

이 시기에 아동복지정책의 대부분을 이루었던 시설수용은 1946년에 미국에 의해 제정된 후생국보 3호를 시작으로 이재민, 피난민, 고아 등에 관한 응급처리와 임시구호가 본격화되었으며, 1950년의 후생시설설치구호령을 통하여 아동복지시설의 최소기준이 제정되었다. 이로 인해 1945년에는 전국 42개의 고아원에 수용된 아동의 수가 1,819명인 반면 1955년에는 484개소에 50,417명, 1961년에는 615개소에 63,355명, 1967년에는 589개소에 70,944명, 1969년에는 570개소에 64,849명이 수용되어 당시의 아동복지정책이 수용시설을 통한 아동의 기본적 생존을 보호하는 데에 초점을 맞추었음을 알 수 있다.

(2) 아동복지의 문제

한국사회는 '복지와 권리의 부재(without welfare and rights)'라는 사회적 특성을 지니고 있었다. 특히 이 시기에 있어 아동에 대한 권리라고는 부모의 책임, 그리고 국가의 구호에 관한 책임이 아동복지의 전부였다.

1946년 「아동노동법규」와 1947년 「미성년자 노동보호법」 그리고 1957년의 「대한민국 어린이 헌장」 등은 아동의 권리에 관한 국가의 관심과 그에 관한 개입을 의미하는 노력이라고 할 수 있다. 즉, 아동을 과중한 노동으로부터 보호하는 것과 이에 관한 아동의 권리를 규정하는 법을 제정한 것 그리고 선언의 의미가 강하나 아동의 건전한 성장과 발달을 위한 성인 또는 사회의 관심과 책임을 강조한 어린이 헌장을 선포한 것은 단순 구호수준의 이 시기 아동복지의 특성 속에서 아동권리에 대한 국가의 개입을 규정하고 있다는 의미를 지닌다.

(3) 국가의 개입

이미 발생한 요보호아동을 위한 사후개입을 통한 구제의 성격이 이 시기 아동복지의 특성으로 국가의 아동복지 사업은 예방과 치료 또는 삶의 질의 향상이라는 복지의 광의적 개념보다는 구제차원의 사후개입의 성격이 강하였으며, 아동복지에 관한 국가 역할에 관해서 국가는 최소한의 개입을 원칙으로 하고 있었다.

복지에 관한 국가의 개입은 요보호아동이 발생한 이후에 그리고 구제의 성격으로 이루어지며, 근본적으로 아동복지의 책임은 가족이 지는 것이며 국가의 역할은 그런 의미에서 소극적이며 회의적이다. 그 이유는 국가가 해결해야 할 사안은 비단 복지에만 국한된 것이 아니므로 국가는 외국 민간단체의 원조나 국내에서 이루어지고 있는 민간차원의 시설사업이나 입양사업 등을 장려하고 관리할 뿐 더 이상의 국가역할에 대해서는 회의적이었기 때문이다.

그리고 이 시기는 아동에 대한 복지나 권리 또한 부재한 시기로 미군정하에서 「아동노동법규」와 「미성년자 노동보호법」이 제정되기는 하였으나 선언적 의미가 강했을 뿐 실제 노동하는 어린이의 권리를 보장해 주지는 못했다.

또한 1957년 제정 · 공포된 '어린이 헌장' 역시 아동의 중요성을 일깨우는 일종의 아동애호사상의 보급이라는 차원에서는 의미가 있을지 모르나 이러한 선언을 통해 이 시기 아동의 현실이 좀 더 나아졌다고는 할 수 없다. 아동의 보호에 관한 전통적인 부모책임의 가치관이 유지되는 이 시기의 아동복지는 권리의 개념이 형성되기 이전인 국가의 최소한의 개입으로 복지가 이루어졌다. 이러한 복지사업 속에 내재한 아동복지의 성격은 요보호아동 중심의 잔여적 복지이며, 국가가 체계적인 제도화를 통한 복지사업을 전개하기 전 단계인 아동구호형 복지가 이루어지던 시기라고 할 수 있다.

3) 보편적 아동복지시대(1961~1980년)

(1) 시대적 배경

사회복지의 측면에서 볼 때 이 시기는 근대적 성격의 사회복지가 시작된 시기로 각종 복지 관련법들이 제정되면서 사회복지의 기본구조를 형성하기 시작하였다. 구체적으로 1961년 「생활보호법」, 「아동복리법」, 「고아입양특례법」, 1963년 「사회보장에 관한 법률」, 「아동복지법 시행규칙」, 「보호시설에 있는 고아의 후견직무에 관한 법률 시행령」, 「산업재해보상보험법」, 1967년 「고아입양특례법 시행령」, 1970년 「사회복지사업법」, 1976년 「입양특례법」 등 법의 무더기 제정을 통해 사회복지의 기초를 성립하게 된 것이다. 그러나 이러한 법률의 무더기 제정의 배경에는 당시 군사쿠데타로 집권한 정부의 정당성과 정통성을 공고히 하고자 하는 당시 정권의 의도가 담겨져 있어 복지 자체가 목적이기보다는 정권의 유지를 위한 수단이었던 것이다.

(2) 아동복지의 문제

1958년 아동복리법안은 4.19혁명으로 보건사회부에 반려된 후 5.16군사정부 당시의 '군사최고회의'에 다시 제안되어 1961년 12월 30일 법률 제912호로 「아동복리법」이 역사상 처음으로 제정되었다.

「아동복리법」은 아동이 그 보호자로부터 유실, 유기 또는 이탈되었을 경우, 아동의 건전한 출생을 기할 수 없는 경우 또는 기타의 경우에 아동이 건전하고 행복하게 육성되도록 그 복리를 보장함을 목적으로 한다고 규정하고 있으며, 18세 미만의 요보호아동과 출산 전후 3월 이내의 요보호임산부를 법의 적용대상으로 하고 있다. 이 시기 요보호아동 보호의 핵심은 상당 기간 동안 여전히 시설 수용보호였는데, 요보호아동을 무차별 시설에 수용보호하는 것이 아니라, 아동의 개별적인 요구에 따라 다양하고 적절한 보호를 행한다는 취지로 아동상담소 외에 10여 종에 달하는 아동복지시설을 설치하고, 시설보다는 가정에서 보호받게 한다는 취지로 입양과 위탁보호, 탁아서비스를 권장하였다.

그리고 이 시기 아동복지는 요보호아동 대상의 시설보호 중심이었으며, 시설보호에 대한 대안으로 입양과 위탁 또는 탁아시설의 증가를 권장하는 탈시설정책이 시작되는 시기이기도 하다. 탈시설정책으로 인해 1960년대 후반부터는 시설의 수나 시설수용 아동의 수가 실제로 점차 감소하였다. 정부는 보호시설에 있는 「고아의 후견직무에 관한 법률」(1961), 「아동복리시설 설치기준령」(1963), 「재단법인 설치허가 기준령」(1963) 등을 제정하고 아동복리시설의 인가갱신제도를 도입하는 등 시설설치에 관한 규제 감독을 강화하는 한편, 육아시설, 영아시설의 신설을 원칙적으로 금하고 타 목적 사업에서 육아시설 또는 영아시설로 목적을 변경하는 것도 금하였다. 이 시기 아동복지가 이전과 다른 점이라면 바로 정부가 요보호아동의 보호에 있어 다양한 사업을 시도하게 되었다는 것, 즉 입양이나 위탁사업을 통해 아동보호의 질을 높이기 위해 적극적으로 아동의 대리양육을 권장하는 프로그램을 실시하게 된 것이다. 이 시기의 아동복지 대상과 특성을 알아보면 **표 4-3**과 같다.

표 4-2. 아동복지 대상과 특성

사업의 예	대상의 예	특성
시설보호사업(원외 감사로 인한 정부지원 확대)	요보호아동 (전쟁고아 및 불우아동)	잔여적
아동지원사업(불우아동 결연사업: 77년부터 시작, 성장고아 직장주기 사업)	요보호아동	잔여적
취탁 및 입양(62년부터 위탁보호, 76년부터 국내입양 적극추진)	요보호아동	잔여적
아동상담사업	요보호아동	잔여적
아동애호사상구현(어린이날 행사)	모든 아동(가족)	제도적
탁아사업	빈곤가족의 자녀	잔여적

표 4-2에서 알 수 있듯이 이 시기는 절대적 빈곤의 아동복지시대에 비해 아동복지사업이 좀 더 다양해지기는 하였지만 그 대상은 요보호아동 중심으로 별다른 차이를 보이지 않고 있었다. 즉, 1961년 「아동복리법」의 제정이 아동복지의 이전까지의 사업을 제도화시킨다는 점에서 의미가 있었지만 그 대상은 요보호 중심으로 규정·실시되고 있음을 알 수 있다.

(3) 국가의 개입

이 시기의 아동복지사업은 주로 사후적 성격이 강한 사업들이었다. 즉, 아동복지는 요보호아동이 발생한 이후 국가의 개입에 의해 해결되는 것으로 보호와 대리적 의미의 서비스가 주를 이루었다. 또한 이 시기의 아동복지서비스 역시 자유방임주의 형태와 마찬가지로 아동문제에 대한 최소한의 개입을 선호하지만 때에 따라서는 정부의 강력한 정책을 통한 요보호아동의 감소에 기여하고자 하였는데, 그 대표적인 예가 정부주도의 입양사업이었다.

그리고 정부는 「아동복리법」의 제정과 더불어 각종 아동 관련 법령을 제정·공포하고 이의 실행을 위해 정부주요시책으로 위탁이나 입양, 불우아동결연사업 및 시설연장아동 직장주기캠페인 등을 적극 추진하는 등 국가역할을 강화시키는 사업들을 추진하였다. 그러나 그 역할의 범위는 여전히 요보호아동 중심의 잔여적 성격을 지닌 것으로 최소정부에서 나타나는 최소한의 개입을 전제로 한 사업들이다.

특히 1970년대는 1962년부터 시작된 경제개발 5개년 계획의 성공적 추진으로 인하여 산업구조의 개편, 수출의 급격한 시장 등 전례 없는 경제성장을 이룩함으로써 국민생활이 괄목할 만한 수준으로 향상되었고 6.25동란 이후의 아동보호에 있어 상당한 기여를 해 온 외국 민간원조단체의 원조도 이러한 국민소득의 증대에 따라 소멸되기 시작하였다.

1973년의 「모자보건법」은 임산부와 영유아의 정신적 · 신체적 건강을 위해 의료혜택이라는 비물질적 사회자원을 배분시켜 주는 아동복지로 볼 수 있으며, 1977년의 「특수교육법」은 장애아동에게 교육기회를 제공함으로써 이들의 기본적인 권리를 보장해 주는 것으로 볼 수 있다. 또한 1985년의 「보호관찰법」은 소년범죄자의 사회재활의 기회를 제공하기 위한 법규이며, 1989년의 「모자복지법」은 모자가정이 건강하고 문화적인 생활을 영위하는 데에 목적을 두었다.

이와 같이 1970년대 후반부터 나타난 아동의 기본권에 대한 새로운 시각과 다양한 형태의 요보호아동을 위해서 정부는 1981년도에 「아동복지법」을 제정하고 이들 아동의 비물질적 · 심리적 욕구도 충족시켜 주는 복지정책을 시행하기 시작하였다. 「아동복지법」은 1961년에 제정된 「아동복리법」을 개정한 것으로 이 법은 요보호아동뿐만 아니라 모든 아동의 복지를 보장하는 것을 목적으로 하여 모든 아동의 건전한 출생, 성장, 육성을 위해 국가, 사회, 부모가 책임이 있음을 규정하였다. 즉, 모든 아동은 생존을 위한 물질적 욕구의 충족뿐만 아니라, 건전한 성장과 육성을 위한 사회자원을 공평하게 배분받아야 할 권리가 있음을 명시하고 있다. 예를 들어, 「아동복지법」 제8조는 문제아동과 요보호아동의 지도를 위해 아동상담소를 설치하도록 하여 요보호아동의 심리 · 정서적 문제를 해결하기 위한 상담서비스가 아동복지의 한 부분이 됨을 명시한 조항이라고 할 수 있다.

1970년대 경제성장과 더불어 산업현장에 종사하는 여성노동자의 증가로 인해 아동양육의 문제가 대두하게 되었고, 이를 해결하기 위한 대안으로 정부는 탁아사업을 추진하게 되었고, 때를 같이 하여 외국 민간원조단체의 지원이 감소하면서 그 재정부담이 정부에게로 양도되어 아동복지시설이 확대되었다. 이 시기의 아동복지서비스는 절대적 빈곤의 아동복지시대에 비해 종류는 다양해졌으나, 서비스의 성격은 요보호아동 중심의 잔여적 복지사업으로 아동상담사업이나 탁아사업은 제도적 의미의 복지사업으로 확대되지 못하고 있었다. 따라서 서비스의 성격은 주로 1차(보호)적 서비스이며 대리적 서비스이었다. 단, 아동상담사업과 탁아사업은 변화와 치료, 예방과 강화의 의미를 강조하기 시작하였다. 아동상담의 경우 불우아동의 상담 및 조치를 통해 아동의 문제는 물론 가족에 개입하여 단순한 구호 차원이 아닌 적절한 보호의 조치가 전문가를 통해 이루어지도록 하고 있었다.

또한 보편적 아동복지시기인 1961년에 「아동복지법」이 제정되었다. 그러나 동란 후 유증으로 발생한 고아관리를 주목적으로 한 법률이어서 1981년 보건사회부는 이를 전체 아동의 복지증진을 위한 법으로 전면 개정하였다.

개정된 「아동복지법」은 「헌법」 제9조에 명시된 바, 모든 국민은 인간으로서 존엄성과 가치를 지니며 국가는 개인이 가진 불가침의 기본적 인권을 확인하고 이를 보장할 의무를 진다고 하는 정신과 동법 제32조에 규정된 모든 국민은 인간다운 생활을 할 권리를 가지며 국가는 사회보장, 사회복지의 증진에 노력할 의무를 진다는 이념을 잘 반영해 주고 있다.

이와 같이 개정된 「아동복지법」은 종전에 요보호아동을 중심으로 하던 정책과 병행하여 일반아동을 포함함으로써 일반아동들의 건전한 육성과 복지의 적극적인 추진을 기본정신으로 담게 되었다.

보편적 아동복지 시기의 아동보호문제 원인은 당시 상황, 즉 경제성장 우선주의로 인한 복지에의 무관심과 맞물려 부모의 부적절한 보호로 인한 요보호아동 발생이라는 부모 개인의 결함 및 실패에 두고 있었다. 따라서 아동보호의 원인은 부모 개인의 심리적 결함이나 역할의 실패라는 개인적 차원에서의 해석을 통해 때로는 자유방임주의적이며 때로는 국가부권주의적인 특징을 보이게 되었다.

4) 세계기준에 의한 아동복지시대(1981년~현재)

(1) 시대적 배경

1980년 5월 광주 민주화 항쟁을 무력으로 진압한 군사쿠데타로 인해 새로운 사회에 대한 국민의 열망과는 반대로 군부에 의한 장기간의 통치가 지속되었고 1986년 아시안 게임과 1988년 올림픽을 통해 국가적 자긍심을 자극하면서 정권의 정통성 수립에 열을 올리게 되었다. 그러나 경제성장에 따른 절대적 빈곤의 감소는 상대적 박탈감에 의한 복지욕구를 유발하게 되었으며, 노동조합의 조직화를 통한 정부에의 강력한 요구행위, 경제개발위주의 정책의 한계 노출, 정권의 비민주화를 통한 비판세력의 증가, 부정부패 등으로 인해 정부에 대한 불신이 커져 갔다.

이 시기의 정권 정당성 확보를 위한 수단으로 사회복지 관련법들의 제정과 개정이 활발하게 이루어졌다. 예를 들어, 1981년 「아동복지법」 제정, 1982년 「유아교육진흥법」 제정 및 「생활보호법」 개정, 1987년 「청소년육성법」, 「남 · 녀고용평등법」 제정, 1989년 「장애인복지법」 전문개정, 1994년 「영유아보육법」 개정, 「아동복지법 시행령」 개정 등 다양한 종류의 복지 관련법률의 제 · 개정 작업을 거치면서 정부차원의 사회복지 실천을 표면화하고 있다.

1990년대는 우리나라가 경제선진국으로 도입을 갖춘 시기일 뿐만 아니라 아동복지의 측면에서는 1990년 국제연합에서 천명한 아동의 기본적인 권리를 충족시켜 주기 위한 '아동의 권리협약'에 가입함으로써 우리나라 아동복지의 내용과 기준이 범세계적인 규약을 충족시켜 주기 위한 준비를 갖추게 되었다. 또한 이 시기는 아동복지의 영역과 내용이 다양화, 세분화된 시기이기도 하다. 이 시기 아동복지의 특징을 알아보면 **표 4-3**과 같다.

표 4-3. 세계기준에 의한 아동복지시대의 특징

- 아동복지는 1981년 정권교체와 함께 「아동복지법」이 제정되면서 1961년 이후 요보호아동 중심의 복지를 내세운 「아동복리법」의 전면폐지를 경험하게 되었다. 이 법의 의미는 이제부터 모든 아동의 복지를 위해 국가와 가족이 공동 책임진다는 전제하에 국가가 해야 할 사업 및 역할을 규정하였다.
- 아동복지의 발전은 정부차원의 공공복지보다는 민간차원의 노력이 훨씬 더 활발하게 진행되는데, 학계를 중심으로 한 전문 아동복지서비스의 개발 및 적용은 비록 그 대상이 되는 아동의 수에 있어 제한적이기는 하지만 상당한 발전을 이룩하고 있으며, 한국 아동의 현실에 맞는 복지 프로그램의 개발에 관심을 갖고 이를 위해 연구와 적용을 계속하고 있다.
- 이 시기 아동복지사업은 여전히 잔여적 수준의 복지였으나 이전의 시기와 차이점이라면 요보호아동 중심의 보호사업이 그 종류와 서비스의 질에 있어서 발전을 이루게 되었다는 것이다.
- 이 시기의 아동복지사업 중 정부의 중점사업으로 주목할 만한 발전을 보인 대표적인 사업은 보육사업이다.
- 1970년대 이후 영국을 중심으로 시작된 복지국가의 위기는 한국의 복지에도 영향을 주게 되었다.

이 시기는 그 어느 시기보다도 경제적인 풍요로움과 정치적 안정기에 접어들면서 누적되어 온 복지에 관한 일반인들의 욕구와 그에 관한 표현이 증대하게 되고 이에 대처해야 하는 국가의 기본적인 역할에 대한 기대가 커진 시기이다.

(2) 아동복지의 문제

1980년 이후 선성장후분배의 경제우선주의가 주춤하면서 한국의 복지정책과 의식은 사회적 추세와 더불어 변화를 갖게 되는데, 그중 첫 번째는 바로 「아동복지법」의 전문개정으로 인한 복지대상의 보편주의화이다.

아동복지사업지침(1995)에서 규정하고 있는 아동복지는 “사회의 특별한 보호가 필요한 요보호아동을 포함한 모든 아동들이 가족 및 사회의 일원으로서 육체적 · 정신적으로 건강하게 성장, 발달할 수 있도록 보호 · 지원하여 그들의 건전육성을 도모함”이다.

이는 아동복지의 대상인 모든 아동에게 국가가 구체적인 서비스의 혜택을 주어야 함을 의미하는데, 실제 사업마다 실시되고 있는 복지의 성격이 다르다는 점이 발견된다. 예를 들어, 소년소녀가장 보호제도는 국가가 아동에게 적극적으로 개입하는 국가부권주의도, 부모를 지원하는 가족중심주의도, 아동의 권리를 보호하는 아동권리와 해

방주의도 아닌 최소한의 생계보장을 해 주는 일반인을 위한 생활보호와 동일한 의미만을 지니고 있을 뿐이다.

그러나 보육사업의 경우 정부는 1980년 이후 지속적인 관심을 기울여 오다 1990년 이후부터는 저소득층 맞벌이 부부만이 아닌 일반가정의 부모의 요구에 부응한 보편적인 의미의 보육사업을 추진하게 되었다. 1996년 1,787억 원이라는 막대한 운영지원을 비롯한 민간보육시설의 확충을 위한 국민연금기금으로의 융자사업실시는 현재까지 지속되어 온 아동복지사업 중 보편적인 성격이 강하면서 국가의 지원이 큰 사업이라고 할 수 있다.

1980년대에는 법의 대상인 특정한 인간보다는 인간 또는 아동을 둘러싼 사회적 환경이 문제가 되는 시대이다. 이러한 아동의 문제상황에 직면하여 정부에서는 지금까지의 요보호아동에 초점을 둔 정책을 발전시켜 국가 운명을 짊어질 다음 세대의 건강한 「국민형성과 육성」이란 차원에서 1981년 3월 26일 정부 제안으로 당시 「국가보위입법회의」 제25차 본회의에 상정하고, 1981년 3월 31일 수정 정의하여 1981년 4월 13일 법률 제3438호로 「아동복리법」은 「아동복지법」으로 법명이 개정되었다. 이 시기 아동복지의 주요 사업에서 규정하는 대상과 특성을 살펴보면 표 4-4와 같다.

표 4-4. 아동복지 주요 사업에서 규정하는 대상과 특성

사업의 예	대상의 예	특성
아동애호사상 구현 및 건전 육성(어린이날 행사, 아동전용시설 설치)	모든 아동	제도적
불우아동의 발생 예방(아동상담지도, 불우가정거택구호)	요보호아동 (빈민아동)	잔여적
요보호아동의 보호 · 선도(가정보호 – 소년소녀 가장 세대보호, 국내 · 외 입양, 가정위탁, 시설보호	요보호아동	잔여적
아동지원사업(결연사업, 자립생활관, 아동복지 자립지원센터)	요보호아동	잔여적
보육	모든 아동	제도적

표 4-4에서 알 수 있듯이 모든 아동들을 대상으로 하는 「아동복지법」 규정은 사업의 구체화에 있어서는 요보호아동 중심사업이 주를 이루면서 대상규정에 있어서 보편성과는 달리 내용상으로는 요보호아동 중심의 잔여적 아동복지가 1981년부터 현재까지 지속되고 있다.

(3) 국가의 개입

이 시기 아동복지는 다른 시기에 비해 국가의 역할에 관한 강조가 두드러지며 국가의 개입에 관한 긍정적이며 낙관적인 견해를 지니고 있음을 알 수 있다. 우선 「아동복지법」에서 규정한 "모든 아동"에 대한 복지의 책임을 국가는 보호자와 분담하면서(제3조) 이러한 부모에 대한 지원도 국가의 책임으로 보고 보육사업을 전개하거나 또는 아동권리의 확보를 위해 국제적인 노력을 하게 된다. 따라서 비록 그 복지의 내용이 요보호아동 중심의 복지사업이 주를 이루고 있다 하더라도, 기본적인 국가의 아동복지관은 아동이 속한 가족을 보호하고 아동을 보호한다는 취지하에 국가의 역할에 대한 강한 믿음과 신뢰가 내포되어 있다.

국가의 역할이 강조되고 있는 부분은 재원의 규모를 통해서 파악할 수 있는데 이 시기 국가예산에서 사회복지 예산이 차지하는 비율과 아동복지 예산이 차지하는 비율을 보면 정부예산에서 보건사회부 예산이 차지하는 비율은 1981년 2.35%에서 1996년 1.10%에 이르기까지 대략 2~4% 수준을 유지하고 있었다.

(4) 2000년대: 포괄적 복지의 시대

최근의 현대사회는 아동복지의 기본권을 보장하는 것뿐만 아니라 우리 사회를 이끌어 갈 미래의 인적자원을 개발하는 포괄적인 복지의 시대로 확대되어 가고 있는 것이 그 특징이다. 다시 말해, 이제는 소수의 요보호아동에 대한 제한적인 사회적 개입으로부터 전체 아동에 대한 포괄적 사회적 개입을 지향하는 방향으로 발전해 가고 있으며 더불어 아동복지서비스의 전문화를 강조하기 때문에 아동에 대한 이해와 전문적인 개입방법에 대한 지식의 습득과 훈련이 필요한 시기이다. 실천적인 측면에서도 아동복지는 시설보호 중심에서 재가보호로, 가정보호 중심에서 지역사회보호 중심으로 변화를 추구하고 있다.

2. 외국의 아동복지 발달과정

1) 영국

산업화 이전 영국에서 아동은 고유한 발달단계를 거쳐 성장하며 인격을 지닌 존재로 여겨지지 않았다. 엄격한 계급이 존재하는 영국 사회에서 아동은 장원 제도를 이어가기 위한 노동력과 군사력을 충원하는 관점으로 여겨졌다. 소수 상류계급의 아동을 제외한 대부분 아동은 미성숙한 어른으로 여겨질 뿐이었다. 이후 산업혁명을 시작으로 봉건사회가 무너지고 급격한 사회의 변화가 나타나며 빈곤, 실업, 아동, 노인 관련 문제가 발생하게 되었다. 다양한 사회문제 발생을 계기로 아동 관련 문제는 국가와 사회의 책임이라는 인식이 생겨나기 시작했으며, 또한 18세기 후반 아동에 관한 연구가 전개되면서 아동이 성인과 다른 능력을 갖고 있으며 발달단계 또한 성인과 구분되는 고유한 존재라는 인식이 생겨나기 시작하였다.

1601년 영국 엘리자베스 여왕에 의한 「구빈법」 제정은 영국 아동복지제도의 출발점이 되었다. 「구빈법」은 배고픈 자에게 음식, 목마른 자에게 마실 것, 헐벗은 자에게 입을 것 나누어 주기 등 부랑자의 문제를 국가가 해결하기 위한 내용을 담고 있을 뿐 아니라 빈곤 아동이나 고아와 같은 보호가 필요한 아동에 대한 규정을 명시했다. 즉, 「구빈법」은 국가가 아동보호에 대한 책임을 인식한 법으로서 이전과 달리 아동의 권위를 높일 수 있는 계기가 되었다. 특히 「구빈법」은 보호가 필요한 아동에 대한 구제뿐 아니라 아동의 자립 능력을 길러 주기 위한 목적도 있었으나 노동력 착취의 문제점이 야기되었다(장인협, 오정수, 2001).

산업화로 인해 가정의 자녀 양육 기능이 약화되면서 아동이 충분한 보호를 받지 못하고 방임되기도 했다. 아동의 도덕적 악화, 지식 결여 등을 방지하기 위해 설립된 일요학교[1]는 영국 공교육의 시작점이 되었다. 이후 공장을 운영하던 오웬(R. Owen)은 공장 노동자의 자녀들을 교육하기 위해 탁아와 교육의 기능을 함께 가지는 유아학교와 성격형성신학원을 설립하고 「공장법」 제정 운동을 이어 갔다. 1833년 「공장법」이 제정되고 1847년 개정되어 9세 미만 아동의 노동을 금지하고 18세 미만 아동은 하루 최대 10시간까지로 노동 시간을 제한했다.

1906년에는 「학교아동급식법」, 1907년 「학교아동보건법」이 제정되어 가정에서 아동건강이 유지될 수 있도록 하고 학교아동의 보건을 지원했다. 1945년 「가족수당법」을 제정하여 부모의 사회·경제적 지위에 관계없이 한 가정에 두 명 이상의 자녀가 있을 경우 16세 미만의 아동에게 수당을 지급했다. 제2차 세계대전 이후 보호 대상 아동을 친부모에게 다시 보내도록 할 것, 수용시설보다 탈시설화할 것, 입양을 통해 가정을 제공할 수 있도록 할 것 등을 제시한 커티스 위원회 보고서가 1946년에 채택되었다. 커티스 위원회 보고서는 1948년 제정된 「아동법」의 기반이 되었다. 「아동법」의 제정을 계기로 영국 아동복지의 제도적 기틀이 마련되었다. 「아동법」 제정을 통해 지역사회가 요보호아동을 보호해야 한다는 인식이 생겨나기 시작했으며 아동의 보호뿐 아니라 예방의 중요성이 강조되기 시작했다. 1974년에는 「아동수당법」을 제정하여 모든 아동으로 수당 지급 대상을 확대했다.

1991년에 제정된 「아동법」은 요보호아동에 대한 지원, 가정에 대한 지원, 이혼가정의 아동 보호 등의 내용을 담고 있다. 1997년에는 영국 정부는 미국의 헤드스타트(Head Start)의 영향을 받아 슈어스타트(Sure Start) 정책을 실시했다. 영국 정부는 슈어스타트 정책을 통해 빈곤·소외 계층 아동에게 교육 서비스를 제공하고 이들의 부모가

1) 아동들은 평일에 공장에서 일하고 일요일에 학교에서 공부했다. 교회의 입장에서는 종교교육을 자연스럽게 할 수 있는 방법이었으며 실제 종교개혁자나 목사 등에 의해 설치되었다.

일자리를 갖도록 하여 아동의 '확실한 출발'을 보장하기 위해 노력했다. 이어 1998년부터 만 4세 아동의 무상교육을 실시했으며 2005년에는 만 3세까지 범위를 넓혔다.

2000년 9세 아동 빅토리아 클림비가 학대로 사망하자 영국 정부는 2년간 약 270명의 증언을 바탕으로 한 클림비 보고서를 작성했다. 2003년 재무부 장관이 108개의 정책제언을 담은 '모든 아동은 중요하다(Every Child Matters)'라는 녹서를 제출했으며 2004년 영국의회는 기존 「아동법」을 전부 개정(Child Act 2004)했다. 「아동법2004」에는 아동권리를 모니터링하는 기구가 필요하다는 유엔 아동권리위원회의 권고를 이행하기 위해 아동커미셔너 임명의 내용이 담겨 있다. 아동커미셔너는 아동권리를 보호하고 옹호 활동을 적극적으로 수행하게 된다. 이후 영국은 「아동수당법(Child Benefit Act 2005)」, 「아동청소년법(Children and Young Persons Act 2008)」 등을 제정했으며 지방정부의 행정체계인 아동국을 사회서비스국으로 신설하여 사회복지 서비스 행정체계를 통합했다.

2) 미국

미국의 초기 아동복지사업은 종교단체에 의해 시작되었다. 18세기에 고아원을 설립하고 비행아동 보호, 종교교육 등을 실시했으나 1850년대부터 시설보호보다 가정에서의 보호가 아동의 발달에 도움이 된다는 점을 인식하고 가정보호의 방법을 모색하기 시작했다. 1853년 창설된 뉴욕아동구호협회는 빈곤가정의 아동을 보호하기 위해 가정위탁사업을 실시했다. 이 사업을 통해 뉴욕의 요보호아동을 주로 중서부 지역 농촌가정으로 위탁했으나 아동에게 적합한 양육 환경을 모색하지 못했다는 비판을 받기도 했다. 초기 가정위탁사업은 요보호아동을 보호하고 스스로 살아갈 수 있는 자립 능력을 기르기보다 위탁가정의 필요에 따라 보호가 결정되는 경우가 많았기 때문이다. 그럼에도 불구하고 가정위탁사업은 아동을 보호하는 방법이 시설보호에서 가정보호로 전환되는 계기가 되었다.

1895년 「아동노동법」이 제정되어 14세 이하 아동의 노동과 야간노동을 금지하고 노동시간을 제한하여 학교에서 교육받도록 했다. 1909년 제1차 백악관 회의를 계기로 아동문제에 대한 관심이 확대되었으며 아동문제에 대한 정부의 책임이 강조되었다. 루스벨트 대통령은 제1차 백악관 회의를 통해 아동복지에 대한 부모와 가정의 중요성을 강조하며 세 가지 원칙을 제시했다.

첫째, 가난하다는 이유로 아동이 가정에서 이탈되어서는 안 된다.
둘째, 가정을 떠나야 하는 충분한 이유가 있을 경우에는 최소 가정과 비슷한 위탁가정이 바람직하다.
셋째, 필요에 의해 시설보호를 해야 할 경우에는 소숙사(소규모 시설) 제도가 바람직하다.

제1차 백악관 회의는 아동복지와 아동권리 실현을 위한 복지정책을 수립하는 출발점이 되었다. 이후 아동문제를 전담하는 아동국(Children's Bureau)이 설립되어 다양한 아동문제를 연구하기 시작했다. 1911년 미주리 주에서부터 빈곤아동 구제를 위한 모성연금제가 시행되었으며 1919년에는 39개의 주까지 파급되었다. 모성연금제는 한부모 또는 아동의 보호자가 없거나 빈곤가정의 아동을 대상으로 이들이 가정에서 지내도록 양육비를 지원하는 것이다. 모성연금제는 이후 1935년 「사회보장법」 제정을 계기로 공적 부조의 형태로 이어졌다.

1935년 「사회보장법」 제정은 미국의 아동복지가 국가적인 체계를 마련하는 계기가 되었다. 「사회보장법」에 따라 빈곤가정의 여성과 자녀를 위한 국가 차원의 지원이 이루어졌으며 AFDC(Aid to Families with Dependent Children, 부양아동가족부조)에도 반영되었다. 1964년 존슨 대통령은 도시의 빈민 아동의 건강 및 영양수준, 학습수준, 사회성 등을 개선하기 위한 헤드스타트(Head Start) 프로그램과 푸드 스탬프(Food Stamp) 프로그램을 시행했다. 이 프로그램 시행을 통해 아동의 학업성취도를 높이고 아동문제 발생의 빈도를 감소하는 효과를 얻을 수 있었다.

이후 1970년대 석유파동으로 인한 경기 침체 및 1980년대 레이건 집권, 1990년 공화당의 의회 장악 등을 계기로 미국의 복지사업은 위축되었다. 1990년대부터 복지 개혁에 대한 논의가 심화되면서 1996년 「복지개혁법(PRWORA)」이 제정되었다(정익중, 2004).

AFDC는 폐지되고 모자가정에 대한 지원에서 시간 제한을 두어 어머니의 취업을 의무화하는 TANF(Temporary Assistance for Needy Families, 빈곤가족을 위한 일시부조)가 마련되었다. 즉, 1996년 이후 미국 아동복지는 직업을 갖게 함으로써 빈곤에서 벗어나도록 하는 생산적 복지로 탈바꿈했다. 또한 각자 가족 구성원이 아닌 가족 전체를 대상으로 하는 아동복지의 중요성에 대한 인식이 높아짐에 따라 관련 서비스를 지원하고 있다.

Chapter

05

아동복지의 관점과 분류

배울 내용

1. 아동복지의 출현
2. 아동복지의 관점
3. 아동복지의 분류

학습목표

1. 아동복지의 출현 요인들을 설명할 수 있다.
2. 아동복지의 관점들을 이해하고 각 관점의 특징들을 설명할 수 있다.
3. 아동복지의 분류에 따른 아동복지서비스를 구분할 수 있다.

Chapter 05

아동복지의 관점과 분류

1. 아동복지의 출현

아동의 문제는 인간의 역사와 더불어 시작되어 오늘에 이르고 있다. 한 생명이 세상에 태어나 하나의 성숙된 인간이 되기까지는 상당한 시간이 소요되며, 그 성장과정에서도 뜻하지 않은 많은 어려운 문제에 직면하게 된다. 예를 들어, 빈곤, 질병, 불의의 재해, 심신장애, 가정결손, 열악한 주거환경, 노동의 착취 등으로 인하여 아동의 복지는 장애를 받게 된다. 사회의 발전과정에서 이와 같은 각종 아동문제가 발생함에 따라, 이에 대처하기 위하여 초기에는 자선적, 구호적 차원의 보호가 제공되었다. 오늘날에는 인도주의 이념이나 사상이 발전되고 아동에 대한 과학적 지식의 발달 및 정치적, 사회·경제적 변화와 발전 등으로 인하여 아동문제에 대처하는 전문적인 프로그램과 서비스를 담당하는 아동복지 전문직의 출현에까지 이르게 되었다. 오늘날의 아동복지서비스의 출현은 다음과 같은 제 요인에 의해 설명될 수 있다(김이영 외, 2023; 김이영 외, 2019; 장인협 오정수, 2003).

1) 인도주의 이념과 사상의 발전

역사적으로 아동문제 해결의 한 가지 방안으로 시도되었던 것은 가능한 그 문제의 원천을 해결하고자 하는 것이었다. 즉, 대표적인 것으로 전근대적인 방법의 피임이나 유기, 유산을 들 수 있다. 이러한 방법들은 각기 상이한 사회에서 오랫동안 다양하게 사용해 왔음을 찾아볼 수 있다. 원시적 피임방법은 기계적이었고, 사회적으로 용인되었다.

고대사회에서는 일차적 피임이나 이차적 유산이 실패했을 경우에 아동문제의 원초적인 해소방법으로 유아살해를 시도하였는데, 이 방법은 사회적으로 용납되었고 때에 따라서는 강제성을 가지기도 하였다. 이러한 유아살해는 직접적인 방법 대신에 간접적인 방법의 유기가 지배적이었다. 유기의 방법을 살펴보면, 어린이를 돌볼 수 없는 부모가 그 아동을 양육할 수 있는 집 앞에 갖다 놓기도 하였다. 우리나라의 관습에도 이러한 형태로서 개구멍받이가 있었다. 부모의 결손, 사생아 출생, 기형불구아 및 쌍둥이의 출생 등은 받아들이기가 어려웠기 때문에 방임이나 유기의 대상이 되기도 하였다. 그러나 오늘날은 이상의 여러 형태의 피임, 유산, 유기가 사회사상이나 이념의 발전과 변화로 인하여 점차 감소되고 있다. 그 대표적인 이데올로기로서 인도주의와 기독교 사상을 들 수 있고, 이들의 등장으로 인하여 기존의 아동문제 해결방법의 부당함을 명확히 하여 아동생명의 경시는 곧 범죄임이 주장된 것이다. 따라서 아동복지는 이러한 인도주의 사상에 기초하여 발전된 사회제도의 하나이다.

2) 경제와 정치적 변화 및 발전

경제적 상황이 좋지 못하면 아동에 대한 보호를 실현하기가 어렵다. 산업혁명은 모든 사회구성원들의 생산능력을 증대시켰고, 따라서 많은 수의 요보호아동들을 보호할 수 있는 경제적 부양능력을 증대시켰다. 그 결과, 사회적으로 신체장애아동, 정신질환

아동, 부모의 보호를 받지 못하는 요보호아동을 사회적으로 지원하고 보호할 수 있게 되었다.

그리고 정치적 요인으로는 아동의 복지문제를 다루기 위해 지역사회가 후원하는 시설의 필요성을 증대시켰다는 점이다. 아동복지는 아동의 욕구를 충족시킴으로써 사회의 불안이나 불균형의 위협을 감소시킬 수 있는 것이다. 아동복지사업을 대비하지 못할 때에는 비행아동의 증가뿐만 아니라 신체적 · 정신적 장애아의 발생을 증대시킴으로써 사회불안을 초래하게 된다. 오늘날은 투표권 등 정치적 권한이 빈곤계층의 부모를 포함하여 모든 국민에게 부여되어 있기 때문에, 정치적으로 이러한 요구를 잘 인식해야 한다. 이와 같이 아동복지는 정치적 불안의 위협에서 벗어나기 위해서도 전개되어질 필요가 있게 되었다.

3) 아동기의 발견

인간의 평균수명이 40세를 넘을 수 없었던 시대에는 독립된 아동기가 존재하지 않았다. 당시에는 어려서부터 성인의 역할과 책임을 수행하지 않으면 안되었으므로 아동들은 6~7세에 이미 생계에 가담해야만 했다. 물론 생물학적 차이 때문에 아동이 성인과 다르다는 것은 분명하지만, 아동기는 빨리 지나가 버리는 짧은 기간으로 간주되었던 것이다. 따라서 아동이나 아동기에 대한 관심은 적었으며, 아동기는 성인기의 일부로만 여겼던 것이다.

아동에 대한 관심이 생산적인 경제발전과 상호관계가 있는 것과 같이, 현대 교육의 발전과 아동의 이념 간에도 관계가 있다. 중요하고 의미심장한 시기로서 아동에 대한 견해는 공식적이며, 보다 고도화된 교육체계의 필요성을 증대시키고 있다. 이러한 점이 아동기의 특성에 대한 생각을 강화하고 있다. 따라서 오늘날은 인생주기에 있어 아동기는 다른 주기와는 다른 특성을 지닌 시기라는 인식이 널리 받아들여지게 되었고, 아동복지는 아동기에 대한 올바른 인식의 변화에 따라 발전하게 되었다.

4) 사회제도의 전문적 분화

아동복지의 발전을 초래한 다른 요인은 사회제도의 전문적 분화이다. 고대의 농경사회에서는 조그마한 마을에서 수 세대 동안 함께 생활하면서 친숙한 이웃으로 지내 왔다. 먼 친척까지 포함하는 확대가족은 물론이고, 친척이 아니더라도 부모가 자기 역할과 의무를 다하지 못하여 유기하는 경우의 아동들에 대해서도 보호와 양육을 해 주는 미덕을 가지고 있었다. 중세사회에 이르러 아동을 위하여 권리와 의무를 따르는 공식적 상호부조체계가 마련되어, 부모 중 어느 일방이나 쌍방이 자녀양육의 의무를 감당하지 못하는 경우에는 그 자녀를 보호할 책임도 가졌다. 따라서 처음에는 친척, 이웃 등 1차적 집단에서 점차적으로 상조회, 교회, 직업조직, 친선단체, 공공단체, 전문적 기관 등으로 제도적인 측면에서 분화되어 오늘에 이르고 있다. 이와 같이 가족의 기능이나 아동의 분야에 대한 중요성의 인식이 증대되고 있으며, 사회제도적인 차원에서 전문지식과 기술을 활용할 수 있는 아동복지시설과 기관의 활동이 필요하게 되었다.

5) 가정과 아동의 지위변화

가족은 그 구성원들의 기본적 욕구를 충족시키는 사회적 단위이며, 아동의 지위는 가족의 지위와 밀접하게 관련되어 있다. 역사를 거슬러 올라가 볼 때, 가족의 중요성은 인정받지 못하였으며, 오히려 다른 사회조직, 즉 교회, 학교, 직업집단, 동료집단, 정치조직과 국가 등이 우위를 차지하고 있었으므로 상대적으로 가족의 지위는 약화될 수밖에 없었고, 또한 아동의 지위도 경시당하는 상황이었다. 그러나 가정이 인간생활에 있어서 특히 아동들에게 가장 중요한 안식처로 인식되기 시작하면서, 다른 체계들이 가족에 연계되는 경향으로 전환되고 있다. 핵가족화는 이러한 경향을 가속화시키고 있다. 이와 같이 가족체계 내에서 중요한 지위를 차지하고 있는 아동에 대한 인식의 증대로 그들이 직면하고 있는 제반문제에 대비하기 위하여 아동복지의 학문이나 서비스가 발전하게 되었다.

6) 아동의 법적 지위 향상

17세기의 아동에 관한 한 문헌에 의하면, "어린이는 진정한 의미에서 동물도 아니고 진정한 인간도 아니다"라고 하여 그 지위의 비천함을 보여 주고 있다. 초기 서구사회에서 법체계에 있어서 아동의 권리는 거의 인정을 받지 못하였다.

우리나라에 있어서도 아동에 대한 구타나 학대는 누구의 제재도 받지 않았으며, "내 자식 내가 때리는데 남이 상관할 바 아니다"라는 말을 종종 들을 수 있다. 선진국의 경우, 오늘날은 아동의 인권이 법적으로 보장되어 부모의 강압적 통제는 허용되지 않으며, 극단적인 경우 부모의 자녀양육에 대한 권한이 박탈되기도 한다. 이러한 아동의 법적 지위는 선진국에 국한되어서는 안된다는 관점에서 1954년 11월 유엔총회에서 아동의 권리선언을 선포하기에 이르렀다. 그 결과, 각국에서 「헌법」이나 「아동복지법」 및 아동과 관련된 제 법률에서 아동의 복지권이 규정되었다. 우리나라 「아동복지법」에서도 모든 아동이 건전하게 출생하여 행복하게 육성되도록 그 복지를 보장해야 한다고 규정하고 있다. 이러한 경향이 오늘날 아동복지에 대한 필요성의 인식과 서비스의 발전에 있어 중요한 계기가 되었다.

2. 아동복지의 관점

아동복지에 대한 최근의 흐름은 선별적이고 요보호아동 중심에서 모든 아동을 대상으로 하는 보편주의적 복지로 전환되어 가고 있으며, 역사적으로 볼 때, 아동은 여러 가지 시각에서 조망되어 왔고, 아동복지 역시 다양한 학문과 관련되어 아동의 성장과 발달에 크고 작은 영향을 미치고 있다. 아동복지에 대한 관점을 철학적, 권리적, 법제적 측면으로 구분하여 살펴보면 다음과 같다(김애림, 2019; 김진숙, 2017; 백혜리, 2005; 이봉주,

신원영, 2017; 이소희, 2019; 이양희, 2009; 이태영 외, 2014; 최윤영, 2013; 황소영, 2017; 황옥경, 2016).

1) 철학적 관점

어린이(Child), 아동기(Childhood), 어린이다움(Childlikeness)은 사회역사적으로 구성되고 변화하는 개념이며, 무비판적으로 수용되는 개념들이다. 현대사회에서는 아동들은 어른들의 삶의 세계로부터 분리하고 더욱 강력하게 유아기적 의존성의 굴레에 묶어두려는 아동관이 널리 펴져 있다.

중세사회에는 아동에 대한 개념이 없었으며, 18세기에 이르러서야 어린이 시기에 대한 현대적 관점이 제시되었다. 성인 중심의 사회 속 아동은 성인의 가르침을 받고 복종해야 하는 미숙한 존재로, 부정적 이미지를 지니며, 관심을 받지도 못했다. 아동에 대한 부정적 인식은 코메니우스(Comenius)에 의해 변화가 시작되었다. 코메니우스의 『대교수학』은 루소(Rousseau)의 아동중심사상, 페스탈로치(Pestalozzi)와 프뢰벨(Fröbel)의 아동발달에 따른 교육에 영향을 미쳤고 몬테소리(Montessori)와 듀이(Dewey) 등의 견해에도 공헌을 하였다.

코메니우스

루소

몬테소리

루소는 어린이를 본래의 모습으로 보지 않고 어른의 축소물이나 미성숙한 어른으로 보는 견해에 대해 새로운 시각을 제시하였다. 그는 아동이란 성인과는 전적으로 구분된 독특한 사고방식을 지니고 있으며, 아동은 학습과정에서 능동적이며, 생득적인 성장 기제를 가지고 있다고 주장하였다. 특히 루소의 아동관은 그의 저서 『에밀』에 잘 나타나는데, 그는 "만물은 창조주의 손에서 나올 때는 모든 것이 선하였다"라고 하면서 아동의 본성은 선하다고 주장하였다. 또한 이러한 선함의 상태는 어린이가 자유로운 존재임을 의미한다고 하였다. 따라서 루소는 교사나 어른의 성급한 판단이 오히려 아동의 자연적인 성장을 방해할 수 있음을 지적하면서 아동 초기에 대한 교육은 관찰과 경험에 의한 순전히 소극적인 것이어야 한다고 주장하였다. 이에 루소는 기존의 아동관에서 탈피하여 인간다운 삶을 살 기회를 제공하고, 개인적인 자유와 권리를 보장해야 함을 강조하였다.

페스탈로치

프뢰벨

듀이

페스탈로치도 루소의 아동중심 사상을 이어받아 교육은 가장 자연스러운 상태인 아동의 본성에 따라서 이루어져야 한다고 주장하였다. 그는 아동은 근본적으로 선하다고 보는 루소의 사상에 동의하면서도 선도 아니고 악도 아닌 중간적 존재로 간주하면서 아동을 항상 어머니와의 관계 속에서 이해하고, 잠재력을 지닌 존재로서 이해해야 한다고 하였다. 즉, 아동을 둘러싼 성인이 아동의 잠재 능력을 찾아내어 개발시켜 주는 환경을 조성해 주는 것이 중요하다는 것이다.

듀이는 아동기의 중요성과 질적 차이를 분명하게 인지하고 그 시기에 고유한 교육적 필요를 밝히는 데 깊은 관심을 가졌다. 일상 통념이나 전통적 관점에서 어린이는 아직 덜 자라서 부족한 상태라는 부정적 의미에서 미성숙한 존재로 간주된다. 이와 달리 미성숙(immaturity)을 성장할 가능성이라는 적극적 의미를 강조하고 미성숙한 어린이들에 두드러진 일상적으로 폄하하는 특성을 오히려 성장의 조건으로 재개념화한다. 더 나아가 어린이를 일종의 결핍의 상태로 규정하는 것을 비판하면서 아동을 '하나의 성장 단계를 특징짓는 고유한 힘'을 지닌 존재로 새롭게 볼 것을 주장하였다. 이러한 주장을 통해 듀이는 아동중심의 교육적 가치를 대표하는 교육사상가가 되었다.

듀이는 아동기 특성을 결핍으로 부정적으로 인식하지 않는 근대 아동중심 사상과 맥을 같이 하면서도, 아동기의 고유성을 그 자체로 절대시하지 않는 점에서 근대사상과 차별화된다. 이런 '아동중심' 교육의 구체적인 내용은 표 5-1과 같다(김애림, 2019; 이태영 외, 2014).

표 5-1. 아동중심 교육

- 어린이를 개체적 존재로서가 아니라 주위세계와 연결된 존재이며 사회적 관계능력이 있는 존재라고 생각한다. 이는 백지상태에서 벗어나 개별 어린이의 자유를 추구하는 근대적 맥락과 구별된다.
- 듀이는 교육적 성장을 이해하여 아동과 교감하는 교사의 적극적 상호작용 구성을 중요시한다. 이는 아동의 내재적 발달의 힘이 완전성과 자유로운 활동을 위한 교사의 역할을 소극적으로 규정하는 근대적 관점과 구별된다.
- 아동기의 개념을 유연하게 새로운 이해 형성에 개방적으로 다양한 사회문화적 맥락 속에서 재구성되는 것으로 여긴다. 또한 아동다움이 특정 시기에 고착된 것이 아니고 어른다움과 함께 상호 발달관계를 이루기에 함께 발전시켜야 할 인간적 가치라고 주장한다. 반면 어린이라는 우리말은 소파에 의해 만들어졌다. 이는 원래 '어리석다', '나이가 적다'를 뜻하는 '어리다'에서 비롯되었다. 우리말 '어림'은 어리석고 무지몽매함, 지혜의 결핍과 성장지체를 뜻하기에 본래 긍정적 의미를 담고 있지는 않다. 그러나 20세기 초에 특별한 의미를 발견하고 새로운 이름으로 부르게 되면서 변화된 관계의 가능성을 알리는 계기가 되었다.

역사적으로 우리나라는 오랫동안 유교사상이 지배한 사회였다. 유교사회의 생활원리 및 아동교육의 근간을 이룬 것은 삼강오륜 중 효 사상이었다. 즉, 어린이는 독자적인 인격체가 아니라 불완전하고 미숙한 존재로서 당연히 어른의 보호와 지도를 받아야 하는 대상으로 취급되었다. 그 후 지속적 발전을 이루며, 1961년 「아동복리법」 제정, 1981년 「아동복지법」 전면개정, 1991년 유엔아동권리협약에 가입, 2000년 「아동복지법」 전면개정, 2015년 아동 권리의 종합적 실현을 위한 '제1차 아동정책기본계획안'을 마련하는 등 변화 및 발전을 도모해 왔다. 또한 그 과정에서 아동의 이익이 최우선적으로 고려되어야 함을 강조해 왔다.

아동을 어떻게 바라보는가를 의미하는 아동관을 중심으로 아동에 대한 이해를 살펴본 결과, 18세기에 이르러서야 아동을 현대적 의미로 바라보기 시작하였으며, 성인의 축소판으로 여기던 시각에서 변화가 일어났음을 알 수 있다. 또한 우리나라는 유교사상의 영향으로 독자적 인격체가 아닌 미숙한 존재로 간주하다 소파에 의한 의식전환이 일어나면서 발전하기 시작했다. 이러한 관점은 아동의 전인발달을 위해서는 아동을 중심으로 하는 교육, 이들을 둘러싼 제도와 환경에 대한 제고가 필요함을 의미한다.

2) 권리적 관점

아동권리에 관하여 루소는 『사회계약론』에서 "아동은 인간으로서, 그리고 자유인으로서 태어난다. 그들의 자유는 그들의 것이며, 다른 어떤 사람도 그것을 멋대로 처분할 권리를 갖지 않는다"고 하여 아동을 단순한 보호의 대상이 아닌, '주체적 인격체'로 존중할 것을 역설했다.

유엔(UN) 총회에서 결의된 아동권리협약은 생존권, 보호권, 발달권, 참여권의 네 가지 아동권리를 제시하였다. 우리나라는 1991년 유엔아동권리협약에 가입한 후 유엔아동권리위원회에 아동권리 이행수준을 보고한 후 검토받고 있다. 이러한 과정에서 우리사회는 앞서 제시한 아동의 생존, 보호, 발달, 참여 등의 권리를 보장하기 위한 다양한 정책과 제도를 개선하여 왔다. 이는 아동 스스로 의지만으로 자신의 상황을 개선하기에는 사실상 많은 제약이 있기 때문이며, 규정된 권리 조항의 체계 구축을 위한 실제적인 노력들이 국가 차원에서 행해져야 함을 권고하는 것이다. 이러한 의미에서 아동권리협약의 이행은 긍정적이고 역동적인 아동 삶의 핵심기제로 작용한다.

김용화(2011)는 아동이 대표적인 사회적 약자로서, 그 특성상 미성숙하고 열등한 존재가 아니라 아동이 갖는 특징으로 일정 기간 동안 절대적인 의존과 보호가 필요하다라고 주장함과 동시에 권리의 주체인 아동은 단순한 돌봄의 대상이 아니라 인간으로서의 존엄과 가치가 보장되고 실현될 수 있도록 지원받아야 하는 대상이라고 하였다.

우드헤드(Woodhead, 2009)는 아동의 권리 경험은 아동이 성인기를 잘 영위하기 위해 존재하는 준비 및 예비시기를 의미하는 것이 아니라, 그 이상을 내포하는 시기임을 강조하였다. 따라서 아동기는 그 자체로서 중요하며 언제, 어디서든 권리를 존중받을 수 있어야 한다고 강조하였다. 특히 아동발달은 아동기에만 한정되지 않고 성인기까지 장기적인 영향을 미치기 때문이다.

조홍식(1999)은 아동권리의 초점이 생존권과 같은 기본적 권리에서 건강한 발달을 지향하는 포괄적 권리로 확대 발전되고 있음을 주장하였다. 더 나아가 최근 들어 아동에 관한 연구는 아동을 보호 대상으로만 규정하지 않고 사회적 주체라는 관점이 우세하게 되었다(김진숙, 2017).

기본권으로서의 교육권은 '모든 인간의 인간적 성장발달을 위해 필요한 교육에 관한 「헌법」상의 포괄적인 기본적 인권으로 정의된다. 즉, 교육 기본권은 무엇보다 아동의 성장발달을 위한 권리인 것이다. 또한 이러한 교육권을 어떻게 구체화해야 하는지를 밝힌 것이 중요한데 우선 교육권이 복지권의 실현수단이라는 점, 교육권이 복지권의 본질임을 밝히고 있다. 이러한 교육권은 우리나라의 현행 「헌법」과 아동권리선언 등에 규정된 교육받을 권리를 인간적인 성장을 보장하기 위한 교육 기본권으로서 파악된다. 그렇다면 '자유의지를 갖고, 판단능력을 가진 존엄한 인격체'로서의 아동은 구체적으로 누구를 말하며, 어느 범위까지를 아동으로 보아야 하는지, 권리주체로서의 아동이 누구인지를 살펴볼 필요가 있다.

1989년 유엔에서 공포된 아동권리협약을 중심으로 한 여러 분류에서 공통적인 것들을 토대로, **표 5-2**와 같이 세분화할 수 있다(이양희, 2009).

표 5-2. 아동의 기본권

구분	내용
생존권 및 발달권	아동의 생명은 조건과 관계없이 존중되어야 한다는 것이다. 또한 신체적 · 정신적으로 성장 및 발달할 권리를 아동이 지니고 있다는 것이다. 이는 「헌법」에 의해 보장되는 기본권 중 '인간으로서의 존엄권' 또는 '행복추구권' 등으로 설명할 수 있다.
시민권과 자유권	아동이 자유롭게 자신의 의견을 제시하고 자기 미래를 결정할 권리를 지닌 것을 말한다. 즉, 아동과 관련된 사항을 결정함에 있어서 아동의 행복을 최우선적으로 하고 아동의 의견이 존중되어 결정되어야 한다는 것이다.
복지권	복지권이란 아동의 타고난 능력과 상태에 상관없이 자신의 복지를 보장받아야 함을 말한다. 더욱이 요보호아동은 사회적 책임을 다할 필요가 있다.
교육권 및 문화향유권	아동의 잠재 능력 개발을 위한 교육을 받을 권리와 문화적 향유를 위해 이를 보장받을 권리가 있다는 것이다. 교육권 및 문화향유권은 의무교육, 무상교육, 무상보육 등과 연관이 깊다.

이상의 논의를 통해 권리의 주체로서의 아동은 자율권을 갖는 동시에 보호받고 양육을 받아야 하는 권리도 동시에 지닌다. 그러므로 아동은 부모, 가정, 사회로부터 보호받고 존중받아야 한다. 또한 아동에 대한 보호와 존중이 단지 부모와 가정이라는 개인 책임을 넘어서 국가, 사회와 같은 공적 영역에서 보다 적극적으로 행해져야 한다.

3) 법제적 관점

아동복지에 대한 관심을 역사적으로 살펴보면, 근대적 의미의 아동복지는 식민지 시대에 시작되어서 해방과 한국전쟁을 통해 수많은 요보호아동의 보호 문제를 위한 임시방편적 대안으로서 실행되어 오다 1961년 전쟁고아를 비롯한 요보호아동을 구제하기 위하여 「아동복리법」이 제정되었다. 이 법은 아동에 대한 국가책임을 명시하였다는 점에서 의의를 지니지만 아동에 대한 책임의 주체가 기본적으로 가족과 가정에 있음을 강조하였다. 이는 아동복지의 대상이 도움을 필요로 하는 요보호아동으로 한정 짓는 잔여적 성격을 지님과 동시에, 구호적 성격을 지니고 있어서 사회복지 욕구에 한정적인 한계를 지니고 있다.

이후 사회·경제적 발전에 따른 다양한 사회문제의 등장과 가족 해체현상 등의 심화로 일반아동을 포함한 전체 아동의 복지에 대한 사회적 요구가 증가함에 따라 1981년 「아동복지법」으로 전면개정하게 되었다. 이러한 전면적 개정은 아동복지의 대상을 모든 아동으로 확대하여서 아동복지의 모든 대상들에 대한 낙인 없이 사회복지를 제공하는 보편주의를 지향하였으며, 시설보호, 입양, 영유아보육, 가정위탁 등으로 아동복지서비스의 형태가 확대되었고, 전문성을 제고하였다. 그러나 산업화와 다양한 사회적 위기가 대두됨과 동시에 1989년 '아동권리에 관한 국제협약'이 유엔총회에서 채택이 되어서 우리나라도 서명 비준하여 「아동복지법」의 변화가 필요하게 되었다. 이에 2000년 1월 「아동복지법」을 전면개정하기에 이른다.

2000년 「아동복지법」은 아동학대에 대한 정의와 금지유형을 명확히 규정하여서 아동학대에 대한 신고를 의무화하는 등의 특징을 보인다. 또한 시설 위주의 아동복지에서 보호를 필요로 하는 모든 아동을 위한 시설의 다양한 종류를 제시하고, 사회복지공무원으로 아동복지지도원의 신분을 변경하고 직무와 자격에 관한 규정을 마련하였다. 그러나 수요자의 욕구파악에는 미진하여서 여러 정책과 시설을 열거하는 수준으로 아동들에 대한 구체적인 서비스와 프로그램에 대한 제시가 부족하였다. 그 후 아동권리에 대한 인식 향상, 아동정책을 총괄하는 기관의 필요성으로 인하여 2011년 전부 개정되며 학대피해아동 발생 예방, 사후관리 등을 위한 수요자 중심이 서비스로 확대 강화되었다.

아동복지는 아동이 건강하게 출생하여 행복하고 안전하게 자랄 수 있도록 아동의 복지를 보장하는 것을 목적으로 하며 「아동복지법」은 이러한 목적을 실현하기 위한 규정이다. 즉, 아동복지의 개념을 입법적으로 정리하여 아동이 행복한 삶을 누릴 수 있는 기본적인 여건을 조성하고 조화롭게 성장·발달할 수 있도록 지원하기 위한 경제적·사회적·정서적인 지원을 하는 것으로 규정하였다. 또한 아동에 대한 차별을 금지하고, 아동이 법적 권리를 지닌 주체라는 점을 명시하고 아동을 주체로 인식한다는 점에서 발전하였다고 할 수 있다.

아동 고유의 권리로서 성장 · 발달권은 「헌법」상의 기본권이다. 그 주요 근거 조항은 「헌법」 제10조에서 인간으로서 존엄과 가치 행복추구권을 규정하고 있으며, 국가의 청소년복지 향상을 위한 정책실시 의무를 규정하고 있는 제34조 제4항도 포함된다. 아동의 성장 · 발달권은 이들이 다양한 유해환경, 위험으로부터 보호받아야 함과 동시에 적극적으로 보호를 요청할 수 있는 권리이다. 궁극적으로 「헌법」상 인격적으로 성장해 나갈 수 있는 권리를 내용으로 하는 포괄적 성격을 가진 권리라고 이해할 수 있다. 그러나 아동에 관한 연령 기준이 각 법마다 상이하여 한계점을 지닌다. 예로, 18세 미만의 자로 「아동복지법」은 규정하는 데 반해, 9세 이상 24세 이하의 자로 「청소년기본법」은 청소년의 연령을 규정하고 있다. 또한 6세 미만으로 「영유아보육법」은 아동을 규정하여 「아동복지법」상의 아동개념과 중복된다. 따라서 혼선을 방지하기 위해서는 「아동복지법」 체계에 대한 기준의 정립이 요구된다고 할 수 있다.

표 5-3. 아동의 연령 기준에 관한 법률 규정

법률명	관련규정	호칭	연령	관련내용
민법	제4조	미성년자	19세 미만	법률행위의 독자성 부인
아동복지법	제3조	아동	18세 미만인 사람	보호대상
아동빈곤예방 및 지원 등에 관한 법률	제3조	아동	18세 미만인 사람	보호대상
영유아보육법	제2조	영유아	6세 미만의 취학 전 아동	취학 전의 아동보육
입양특례법	제2조	아동	18세 미만인 사람	적용대상
장애아동복지지원법	제2조	장애아동	장애아동: 18세 미만의 사람 중 장애인복지법 제32조에 따라 등록한 장애인	보호대상
청소년기본법	제32조	청소년	9세 이상 24세 이하인 자	9세 이상 24세 이하인 자
청소년복지지원법	제2조	청소년	9세 이상 24세 이하의 자	청소년의 권리, 청소년육성정책

법률명	관련규정	호칭	연령	관련내용
청소년활동진흥법	제2조	청소년	9세 이상 24세 이하의 자	청소년활동진흥
아동청소년의 성보호에 관한 법률	제2조	아동 · 청소년	19세 미만의 자	성매매 금지 등
청소년보호법	제8조	청소년	19세 미만인 사람	청소년유해매체물 및 청소년유해업소 관련
건강가정기본법	제24조	영유아 아동 청소년	별도 기준 없음	국민의 생애주기
공연법	제2조	연소자	18세 미만의 사람	공연물의 등급분류
공직선거법	제16조	선거권자	19세 이상의 국민	선거권 보유 연령
국민기초생활보장법	시행령 제7조	근로 능력 없는 수급자	18세 미만	근로 능력 없는 수급자
근로기준법	제67조	미성년자	18세 미만인 자	근로계약의 당사자
도로교통법	제11조, 제12조	어린이	18세 미만인 사람	어린이 등에 대한 보호, 어린이보호구역의 지정
모자보건법	제2조	영유아, 신생아	• 영유아: 출생 후 6년 미만인 사람 • 신생아: 출생 후 28일 이내의 영유아	보호대상
소년법	제2조	소년	19세 미만인 자	형사처분에 있어 특별조치의 대상
식품위생법	제44조	청소년	19세 미만인 사람	청소년출입 고용금지업소 등
영화 및 비디오물의 진흥에 관한 법률	제2조	청소년	18세 미만의 자	영화 및 비디오물의 등급분류
한부모복지법	제2조	아동 · 청소년	• 청소년한부모: 24세 이하의 모 또는 부 • 아동: 18세 미만의 자	보호대상
형법	제9조	형사미성년자	14세 되지 아니한 자	형사미성년자

출처: 김애림(2019). Q방법론을 활용한 아동복지의 인식유형에 관한 연구. 숙명여자대학교 대학원 박사학위논문.

표 5-3에서 보는 것과 같이, 현행법은 아동으로 구분될 수 있는 연령 기준이 통일이 되지 않고 있다. 이는 다양한 문제를 야기할 수 있는데 아동을 비롯한 용어들의 범위가 각 법률의 방향에 따라 제 각기 정해져 대상자의 중복 또는 누락 등 혼란을 불러일으킬 뿐 아니라 정책 시행이나 서비스 제공에 있어서 혼란이 야기될 수밖에 없다. 따라서 아동의 권리를 보다 효율적이고 체계적으로 보장하기 위해서는 개별법에서 명칭과 기준을 제각기 규정하고 있는 문제가 해결되어야 한다. 이는 현행법에서 사용하고 있는 다양한 용어들을 '아동'으로 통일하여 사용하도록 하는 것이 이상적이겠으나 이를 위해서는 각 부처 등 다양한 노력과 협의가 요구된다.

「아동복지법」이 아동복지를 위한 기본법으로서 지위를 확고히 하면서 아동 관련 법률의 혼선을 막기 위해서는 「아동복지법」의 규정으로 연령 기준을 확고히 해야 할 필요가 있다. 이러한 아동의 연령 기준의 정리를 통해 아동에 대한 국가의 보호 의무를 명확히 하고 사각지대에 놓이는 아동이 없도록 하며, 중복되는 서비스 제공으로 인한 혼선을 방지할 수 있다.

그동안 아동복지에 관련되어 제기해 왔던 현행 「헌법」 및 아동 관련법에 나타나고 있는 일반적인 한계가 지적되었는데, 이를 구체적으로 살펴보면 다음과 같다. 첫째, 아동에 대한 용어와 연령의 불일치의 문제이다. 개별 입법인 「아동복지법」(아동: 18세 미만), 「민법」(미성년자: 20세 미만), 「근로기준법」(취업금지아동: 15세 미만), 「소년법」(소년: 20세 미만), 「형법」(형사미성년자: 14세 미만의 아동), 「청소년보호법」(청소년: 19세 미만), 「청소년기본법」(청소년: 9세 이상 24세 이하) 등에서 아동에 대한 용어와 연령의 불일치가 나타난다. 이러한 불일치는 해석과 적용의 오해를 유발하며 결국 정책의 실행의 효율성과 효과성을 저해한다. 김수진(2008)은 아동에 대한 호칭과 범위가 일관성이 없는 법률적 기반으로 인해 아동정책이 실제 수립 시행될 때 기본방향이 제대로 설정하지 못하게 되는 원인이라고 지적하였다.

둘째, 아동을 권리의 주체로 인정하지 않고 가족과 국가의 구성원으로서 수동적인 보호와 양육의 대상으로 취급한다는 것이다. 현행 「헌법」의 아동 관련 규정은 사회적 기본권 목록 안에 일반적인 권리보장에 부분적으로 병렬적으로 부가되어 있다. 우리나라의 대표적인 아동 관련법이라고 볼 수 있는 「아동복지법」에서도 18세 미만의 자를 「아동복지법」의 대상(제2조 제1호)으로 규정하면서 보호대상인 아동을 '보호를 필요로 하는 아동'이라 하여 보호자가 없거나 보호자로부터 이탈된 아동, 또는 보호자가 아동을 학대하는 경우 등 그 보호자가 아동을 양육하기에 부적당하거나 양육할 능력이 없는 경우의 아동으로 정의(제2조 2호)하고 있어 최소한의 복지 상태를 권하는 선별적이고 잔여적인 시각에 여전히 머물러 있다. 즉, 우리나라 모든 아동의 잠재적 역량을 발달시키는 데 필요한 서비스를 제공받을 만한 법적 기반이 취약하다.

3. 아동복지의 분류

아동복지서비스는 그 분류의 기준에 따라 다음의 몇 가지로 나누어 볼 수 있다. 첫째, 서비스가 전달되는 장소를 기준으로 분류하면 가정 내 서비스와 가정 외 서비스로 양분할 수 있다. 둘째, 가족의 욕구에 따라 가정서비스와 가정 밖의 서비스로 분류할 수 있다. 셋째, 서비스가 갖고 있는 기능을 중심으로 분류하면 지지적 서비스, 보충적 서비스, 대리적 서비스로 분류할 수 있다. 넷째, 가정이 아동을 위한 일차적인 서비스의 중심임을 강조하여 아동의 기본적인 생리적 · 심리적 · 사회적 욕구가 충족되지 못하거나 부모-자녀 간의 관계에서 역할수행에 장애가 있는 경우의 아동복지서비스가 수행하는 방어선(line of defence)의 위치에 따라 제1차 방어선, 제2차 방어선, 제3차 방어선으로 서비스를 분류하기도 한다(김이영 외, 2023; 김이영 외, 2019; 장인협, 오정수, 2000).

1) 서비스 제공 장소에 의한 분류

서비스 제공 장소에 따른 이 개념은 아동복지서비스의 분류에서 가장 전통적이고 일반적인 방법으로 보편적으로 사용되고 있다. 아동복지서비스의 분류의 기준에 따라 가정 내 서비스와 가정 외 서비스에 대해 구체적으로 살펴보면 다음과 같다.

(1) 가정 내 서비스

가정 내 서비스(in-home service)는 아동이 부모를 비롯한 가족구성원과 함께 생활하면서 필요한 양육과 서비스를 제공받는 것이다. 가정 내 서비스는 아동의 양육에서 가장 핵심적인 위치와 중요성을 지니고 있다는 점에서 아동복지서비스에서 강조되고 있다. 우리나라의 「아동복지법」 제3조(기본이념)에서 언급하고 있는 것과 같이, 아동의 완전하고 조화로운 인격발달을 위하여 안정된 가정환경에서 행복하게 자라나야 한다는 아동복지의 기본이념과 아동복지를 실현함에 있어 강조되는 가정중심의 보호원칙에 비추어 볼 때, 가정 내 양육과 서비스의 중요성은 아무리 강조해도 지나치지 않는다.

(2) 가정 외 서비스

가정 외 서비스(out-of-home service)는 아동이 자신이 거주하는 가정과 가정 밖의 서비스 제공을 통해 보호나 서비스를 받는 경우, 그리고 자신의 출생가정을 떠나서 일시적으로 또는 장기적으로 보호시설이나 다른 위탁가정 등에 거주하면서 양육이나 서비스를 제공받는 경우를 모두 포함한다. 아동의 보호에 있어 안정된 가정생활과 가정중심의 보호원칙의 중요성에도 불구하고, 가정이 해체되거나 아동의 특별한 욕구를 충족시키기 위하여 불가피하게 가정을 떠나 보호를 받아야 하는 경우가 발생한다. 이러한 경우 가정 외 서비스를 부정적인 관점에서 보기보다는 적극적인 선택(positive choice)으로서 아동의 복지를 위한 최선의 대안으로 제공하여야 한다.

2) 가족의 욕구수준에 따른 분류

가족의 욕구수준에 따라 아동복지서비스는 그림 5-1과 같이 분류된다. 이 분류체계는 미국의 아동보호기금이란 단체에 의하여 개발되었다(Children's Defence Fund, 1993). 그림 5-1은 가족 욕구수준에 따른 서비스의 피라미드 형태의 연속성을 보여 주는데,

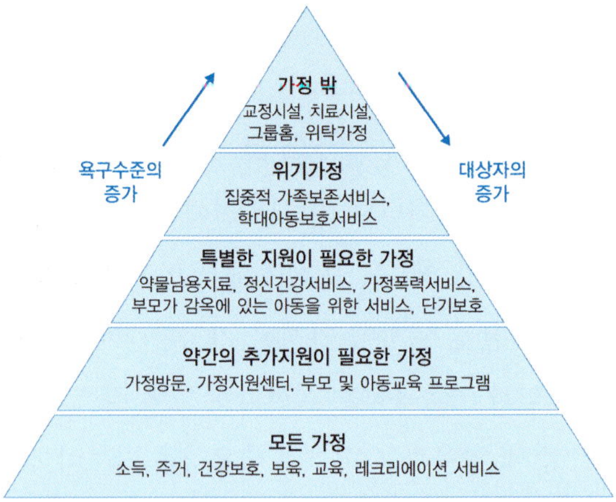

구분	내용
모든 가정을 위한 서비스	피라미드의 가장 아래에 위치한 모든 가정을 위한 서비스는 모든 가정의 아동을 위한 보편적인 서비스이며, 적절한 소득, 주거, 건강보호, 보육, 교육, 레크리에이션 서비스가 포함된다.
약간의 추가지원이 필요한 가정을 위한 서비스	약간의 추가지원 서비스에는 가정방문프로그램, 가정지원센터의 서비스, 부모 및 아동교육 프로그램을 포함한다.
특별한 지원이 필요한 가정을 위한 서비스	특별한 지원이 필요한 가정을 위한 서비스에는 약물남용치료서비스, 정신건강서비스, 단기보호서비스, 가정폭력서비스, 부모가 감옥에 있는 아동을 위한 서비스 등이 포함된다.
위기가정을 위한 서비스	위기가정서비스는 욕구수준이 상당히 높은 단계로서 집중적 가족보존서비스, 학대아동보호서비스 등이 포함된다.
가정 밖의 서비스	아동이 자신의 가정에서 보호받지 못하는 상황이 되면, 아동은 자신의 가정을 떠나 외부의 가정이나 시설에서 보호를 받는다. 가정을 떠난 외부 서비스에는 비행아동을 위한 교정시설, 치료시설, 그룹 홈, 위탁가정 등이 포함된다.

그림 5-1. 가족의 욕구수준에 따른 아동복지서비스

출처: 김이영 외(2019). 아동권리와 복지. 양성원.

피라미드의 맨 아래로 갈수록 욕구수준은 낮지만 대상자가 많아지고, 피라미드의 위로 올라갈수록 욕구수준은 높지만 대상자는 적어진다는 특성을 지닌다.

3) 서비스의 기능에 의한 분류

이 분류는 카두신(Kadushin, 1974)이 제시한 것으로 아동양육을 위한 가정의 역할에 대하여 아동복지서비스가 어떤 기능을 지니는가에 따라 지지적 서비스, 보충적 서비스, 대리적 서비스로 구분한다(김이영 외, 2019).

(1) 지지적 서비스

지지적 서비스(supportive service)는 부모와 아동의 관계에서 일어나는 문제를 해결할 수 있도록 부모나 가족의 기능을 지원하고 능력을 강화시켜 주는 서비스이다. 지지적 서비스는 다른 서비스와는 달리 아동들이 자신의 가정에 머물러 생활하면서 받을 수 있는 서비스이다. 이러한 서비스를 제공함에 있어서 서비스의 기능은 부모나 동의 역할을 대신해 주는 것이 아니라 가족구조나 구성원의 역할을 침해하지 않고, 다만 외부에서 가족 내부의 역할과 기능이 제대로 수행될 수 있도록 지원해 주는 역할을 한다. 지지적 서비스의 목표는 가족구성원의 사회적 기능을 향상시킴으로써 가족의 붕괴 위험을 감소시키는 것이다.

지지적 서비스가 필요한 상황은 일반적으로 아동의 양부모가 함께 생활하고, 부모의 역할을 효과적으로 수행할 의사와 능력이 있지만 부모-자녀 간의 갈등이나 부부 갈등의 결과 부모-자녀관계에 어려움이 있는 경우이다. 지지적 서비스를 제공하는 과정에서 부모-자녀관계의 역기능이 있더라도 서비스는 가족의 구조를 손상시키지 않거나 가족구성원의 역할과 기능을 대신하지 않는다. 서비스는 가족구조의 외부에서 머무르면서 도움을 제공하게 된다. 이러한 지지적 서비스를 제공하는 주요 기관에는 가족서비스기관과 아동상담기관이 있으며, 가족구성원에 대한 개별지도와 집단서비스, 가족치료 등의 접근방법이 활용된다.

(2) 보충적 서비스

지지적 서비스는 가족서비스를 제공하는 사회복지기관이나 아동상담소 등에서 아동문제에 대하여 부모들이 자신의 역할을 잘 수행할 수 있도록 그들을 강화시킴으로써 아동복지를 실행하는 것이라고 할 수 있다. 따라서 이들 서비스는 일반적으로 가정 외부에서 이루어진다. 반면에 보충적 서비스(supplementary service)는 아동이 가정 내에서 생활하게 지원하면서, 부모들이 가진 역할의 일부를 대신 수행하는 서비스이다. 아동양육을 위한 부모의 역할이 일시적으로 충족되지 못할 때 이러한 보충적 서비스가 필요하게 된다. 부모의 일차적인 역할은 아동을 양육하고 건강하게 보호하는 일이다. 이러한 역할은 현금소득을 필요로 하며 부모는 경제적인 활동을 통하여 소득을 마련하여야 한다. 그러나 부모의 사망, 질병, 장애, 실업 등의 예기치 않은 상황으로 가족의 역할을 대신해 줄 사회적 장치가 필요하게 된다. 보충적 서비스는 이와 같이 가족의 적절한 역할수행에 어려움을 경험하는 경우에 아동의 욕구를 충족시키는 사회적 장치로서 의미가 있다.

보충적 서비스에는 빈곤가정을 지원하는 소득보장(income maintenance)으로서 현금급여 또는 아동수당, 일하는 어머니를 도와주는 보육서비스(day care), 부모가 질병이나 부재중일 때 아동의 집안일을 도와주는 가정봉사원(homemaker) 서비스 등이 포함된다.

(3) 대리적 서비스

대리적 서비스(substitute service)란 부모가 아닌 제3자가 부모역할의 전부를 대신하는 경우이다. 이러한 급격한 양육역할의 변화는 아동의 출생가정이 기능을 상실하여 아동에게 필요한 최소한의 양육활동과 보호를 제공할 수 없게 된 경우가 발생하기 때문이다. 따라서 아동은 자신의 가정을 완전히 떠나서 다른 가족이나 양육자, 생활시설 등에 의하여 일시적으로 혹은 영구적으로 보호를 받게 된다. 여기에는 가정위탁, 입양, 집단보호 등의 서비스가 포함된다.

4) 방어선의 위치에 의한 분류

방어선의 개념은 카두신의 저서 『아동복지서비스』(1974)에서도 부분적으로 제시된 바 있으며, 카두신은 지지적 서비스를 1차 방어선, 보충적 서비스를 2차 방어선, 대리적 서비스를 3차 방어선의 개념으로 인식하였다. 한편 주커만(Zuckerman)은 그의 저서 『아동복지』(1983)에서 다음과 같은 방어선의 개념에 의해 아동복지서비스를 체계적으로 분류하였다(Zuckerman, 1983). 주커만은 지지적 서비스와 보충적 서비스의 대부분을 1차 방어선(The First Line of Defence)으로 보았으며, 대리적 서비스 중 가정 형태의 서비스를 제공하는 가정위탁과 입양을 2차 방어선(The Second Line of Defence), 집단보호 서비스를 3차 방어선(The Third Line of Defence)으로 구분하였다.

(1) 제1차 방어선으로서 가정 내 서비스

가정은 아동에게 일차적인 방어선으로서의 기능을 수행한다. 그러나 가정이 아동의 기본적인 욕구를 충족하지 못할 위험에 처하거나 부모-자녀의 역할관계에 장애가 있을 경우, 가정의 사회적 기능을 회복, 유지, 강화함으로써 제1차 방어선으로서의 역할을 수행해야 한다. 가정에서 생활하는 아동과 가족을 위한 서비스로는 지역사회의 기관에서 제공하는 아동상담이나 가족복지서비스 등이 대표적이다.

(2) 제2차 방어선으로서 대리가정 서비스

가정이 정상적인 기능을 충분히 수행하지 못하면 아동에게 원가정의 역할을 대신할 수 있는 다른 보호의 장이 요구된다. 이러한 경우 가능한 가정과 유사한 자연스러운 보호의 장으로서 대리가정을 마련해 주는 것이 가장 바람직하다. 이러한 주장은 최소침해대안(the least detrimental alternative)의 원칙이라고 불린다. 이 원칙은 가정의 기능수행에 장애가 있을 경우, 아동에게 가장 적절한 형태의 보호와 서비스가 무엇인가를 결정하는 기준으로 널리 수용되고 있다. 이 원칙이 제시하는 서비스의 목표는 아동의 삶과 가정에 대하여 제한적인 요소를 최소한도로 줄이는 것이다. 따라서 구조화된 생활시설에 비하여 덜 구속적이고, 가정생활의 환경에 근접하며, 지역사회에 자유롭게 접근할 수 있는 보호의 장으로서 대리가정이 제안되는 것이다. 대리가정 서비스의 대표적인 형태로는 가정위탁과 입양서비스를 들 수 있다.

(3) 제3차 방어선으로서 집단보호(생활시설) 서비스

그룹홈이나 생활시설에 의한 서비스는 앞서 언급한 최소침해대안의 원칙에 따라 아동의 욕구가 출생가정이나 대리가정에 의하여 충족될 수 없는 경우에 한하여 집단적인 보호를 제공하는 것이다. 또래집단과의 관계가 중요한 요소인 집단적인 생활환경이 필요한 아동, 특수한 욕구를 가진 장애아동에게 이러한 집단적 주거환경에 의한 서비스가 제공된다. 집단보호는 6~12명의 아동을 수용한 소규모 집단가정에서부터 대규모 수용시설에 이르기까지 규모와 형태가 다양하다. 어떤 가정은 직원이 대리부모의 역할을 수행함으로써 가정의 형태로 운영되기도 한다. 또한 정서적인 장애를 지닌 아동이나 가정에서 행동장애를 일으키는 아동을 위하여 치료적인 기능을 수행하는 시설도 있다. 대부분의 집단보호 프로그램은 공공 또는 민간 복지기관에 의하여 운영되며 공공재원의 지원을 받는다.

Chapter

06

아동복지의 실천방법과 기술

배울 내용

1. 아동복지의 실천과정
2. 아동복지실천의 기술
3. 드림스타트

학습목표

1. 아동복지실천의 과정을 설명할 수 있다.
2. 아동복지실천의 교육, 상담 및 심리치료 기법들을 익힌다.
3. 드림스타트 사업을 이해하고 제공 대상과 서비스 내용을 숙지한다.

Chapter 06

아동복지의 실천방법과 기술

1. 아동복지의 실천과정

아동복지의 접근방법은 크게 정책적 접근방법과 전문적 접근방법으로 구분할 수 있는데, 이 중 전문적 접근은 개별, 집단, 지역사회적 개입에 따른 실천과 기술로 구분할 수 있다. 즉, 전문적 접근은 아동의 퍼스낼리티를 수정하고, 사회심리적 욕구를 해결하기 위해 사회의 자원을 동원하는 과정이라 할 수 있으며, 민간 사회복지기관과 고도의 전문지식과 기술을 지닌 사회복지사들이 실천의 주체가 된다. 따라서 사회사업 실천은 사람들의 문제해결 및 대처능력을 강화시키는 것, 사람들에게 자원, 서비스, 기회들을 제공하는 체계와 그들을 연결시키는 것, 이러한 체계들의 효과적이고 인간적인 운용을 증진시키는 것, 사회정책의 발달과 증진에 기여하는 것 등을 지향하고 있다.

이러한 아동복지실천의 과정은 초기단계, 개입단계 및 종결단계로 구분될 수 있는데, 이를 구체적으로 살펴보면 다음과 같다(김미영, 2017; 주수길 외, 2020).

1) 초기단계

초기단계에서는 인테이크(intake), 사정(assessment), 목표설정 및 계약이 이루어진다.

이 단계에서는 먼저 사회복지기관을 찾아온 클라이언트(Client)가 그 기관의 서비스를 받을 자격이 있는지를 판단하고 결정한다. 여기서 그 사람의 상황이나 관련된 문제에 대한 기본적인 정보수집이 이루어지며, 이러한 정보들은 그 사람 자신이나 관련인을 통해 얻을 수 있다.

사정과정에서는 클라이언트의 문제에 대해 보다 구체적이고 다차원적인 조사가 행해지게 된다. 구체적으로 클라이언트의 욕구, 대처능력, 장점 및 한계, 문제에 영향을 미치는 제반 요인들, 문제해결에 대한 동기, 문제에 대한 인지 형태, 문제해결에 대한 노력의 정도와 형태, 클라이언트가 처해 있는 상황 및 환경요소들, 가족이나 직장 등 관련 체계들과의 관계, 문제에 관한 분석, 즉 문제의 지속기관, 심각성, 변화 가능성에 대한 판단 등이 사회복지사의 전문적 노력에 의해 탐구된다. 사정은 대체로 사회복지 실천 개입의 전 과정에 걸쳐 행해지며, 사회복지사는 클라이언트와 함께 문제에 대해 우선순위를 결정하고 이를 근거로 문제해결을 위한 목표설정을 하게 된다. 목표설정 후에는 계약서를 작성하게 되는데, 여기에는 문제의 정의, 목표, 사회복지사와 클라이언트의 역할, 만나는 시간, 장소, 횟수, 기간, 비용 등의 내용이 포함된다.

2) 개입단계

개입단계에서는 사회복지사와 클라이언트가 초기단계에서 설정한 목표를 달성하기 위한 활동을 수행한다. 이 과정에서 중요한 것은 문제해결을 위해 요구되는 과업의 상당 부분이 클라이언트의 몫이라는 사실이다. 그러므로 클라이언트의 능력으로 충분히 수행할 수 있을 만한 과업에 대해서는 클라이언트 스스로 책임지도록 해야 하며, 그 능력을 넘어서는 과업에 대해서는 사회복지사가 도움을 줄 수 있다. 이것은 무엇이든 사회복지사가 해결해 주리라고 믿는 의존심이 클라이언트에게 생기는 것을 방지하고 또 과업의 성취를 통해 클라이언트의 개인적 성장을 도모할 수 있기 때문이다.

개입은 개인의 행동, 사고, 감정의 변화를 위해 이루어지기도 하고 가족, 집단, 지역사회 등 보다 큰 체계들의 변화를 위해 이루어지기도 한다. 개입을 위한 표적이 개인, 가족, 집단, 지역사회 중 어느 차원에 속하는가, 또 그 표적의 어느 측면을 변화시키고자 하는가에 따라 활용되는 사회복지실천의 이론적 기반과 기술 유형이 달라지며 사회복지사의 역할도 달라진다.

3) 종결단계

종결이란 원조관계의 해제를 위한 체계적 절차를 말한다. 종결이 어떤 이유에서 이루어져야 하는지, 또는 계획된 것인지, 계획되지 않은 것인지에 따라 클라이언트와 사회복지사의 종결반응은 달라진다. 종결반응으로 흔히 거론되는 것은 기쁨, 슬픔, 분노, 두려움, 상실감, 죄의식 등이 있다. 사회복지사는 종결과 관련하여 클라이언트가 어떤 감정을 가지고 어떤 반응을 나타내고 있는지를 주의 깊게 파악하여 클라이언트로 하여금 이러한 감정들을 표현하고 처리할 수 있도록 돕는다. 종결이 원만하게 이루어지지 않으면 지금까지 성취되었던 좋은 결과들이 상실되거나 감소될 수도 있다. 그러나 성공적인 종결은 클라이언트에게 더 나은 적응과 성장의 기회가 될 수도 있기 때문에 사회복지사는 원조의 시작부터 종결에 염두를 두고 전체적 원조과정을 구성해야 한다.

2. 아동복지실천의 기술

아동복지의 실천기술은 교육과 상담 및 치료로 구분할 수 있다. 교육은 아동양육에 따른 부모교육의 필요성에 의한 것이다. 여기서는 아동복지실천과 직접 관련되는 상담 및 치료에 대하여 자세히 알아보도록 한다. 치료는 상담의 기술로서 심리치료에 주로 활용되고 있는 놀이치료, 미술치료, 음악치료, 원예치료와 독서치료가 대표적이다(김이영 외, 2019; 주수길 외, 2020).

1) 교육

교육은 아동과 그 부모 등 보호자를 대상으로 하며, 아동에 대한 교육뿐만 아니라 아동에게 가장 큰 영향력을 미치는 부모 등 양육자에 대한 서비스 및 교육을 제공함으로써 아동에 대한 올바른 양육과 태도를 기르는 데 목적이 있다. 교육의 구체적인 내용을 보면, 아동에 대하여는 아동기의 발달 특성으로 아동의 성장과 발달을 돕는 다양한 지식과 자원을 제공하여 올바르게 성장할 수 있도록 하며, 아동의 문제행동에 대한 이해는 아동의 연령과 개인별 특성에 따른 관찰과 판단을 통하여 해결책 및 대안을 제시하게 된다. 부모의 양육태도 기술은 아동의 성장발달에 큰 영향을 미친다는 점에서 다양한 측면에서 부모교육을 실시하는 것이 중요하다. 특히 부모의 아동학대 금지 규정이 2015년 9월 개정 「아동복지법」에 삽입됨에 따라, 아동학대에 대한 부모교육이 시대상황에 따라 더욱 중요하게 되었다.

2) 상담

상담이란 도움을 필요로 하는 사람이 전문적 훈련을 받은 사람과의 관계에서 자기의 생활과정상의 문제를 해결하고 인간적 성장을 위해 노력하는 과정으로 정의된다. 상담을 상담의 유형, 아동상담 및 부모상담으로 구분하여 살펴보면 다음과 같다.

(1) 상담의 유형

상담은 상담자와 내담자가 어떤 방식으로 만나느냐 그리고 형태가 어떤가에 따라 유형이 달라질 수 있다. 즉, 상담방식에 따라서는 대면상담, 통신상담으로 구분할 수 있으며, 상담형태에 따라서는 개인상담, 집단상담, 가족상담으로 나눌 수 있다.

① 상담방식에 따른 분류

가. 대면상담

대면상담은 전통적으로 실시해 오는 방식으로 상담자와 내담자와 직접 대면하여 어떤 문제를 다루는 것으로 대인상담, 집단상담, 그리고 가족상담 등을 예로 들 수 있다. 또한 놀이치료, 음악치료, 미술치료 등은 각각 놀이, 음악, 미술을 매개로 하는 대면상담 방법으로 볼 수 있다.

나. 통신상담

통신상담은 과학기술이 점차로 발전함에 따라 의사소통과정에 서신, 전화, 팩스, 그리고 컴퓨터를 활용하게 됨으로써 발전하게 되었다. 최근 컴퓨터를 통한 '사이버 상담'도 가능하게 되었는데, 사이버 상담은 컴퓨터 통신이 단순한 정보교환이나 의사소통의 수준을 넘어서서 인간의 내면세계까지 다루게 된 결과, 내담자의 문제를 해결하고 성장을 촉진하는 것을 돕는 과정까지 가능해졌다. 사이버 상담은 전화상담과 마찬가지로 편리성, 경제성, 신속성, 시·공간의 제약 극복 등의 특징을 지닌다. 그러나 실제적인 관계를 통한 상담이 아니라는 것과 단회적인 상담으로 흐르게 되는 점, 그리고 기계라는 한계 등 다양한 문제점을 갖고 있다.

② 상담형태에 따른 분류

가. 개인상담

개인상담이란 한 명의 상담자와 한 명의 내담자가 직접적인 대면을 통해 상담관계를 형성하고 내담자가 자기 자신과 환경에 대한 이해를 증진하도록 도움으로써, 내담자의 성장과 발전을 촉진하는 심리적인 조력의 과정을 의미한다. 이때 상담자는 내담자를 존중하고 수용하며, 상담자 자신의 감정에 솔직해야 한다. 이와 같은 상담의 촉진적인 관계 속에서 내담자는 스스로 효율적인 의사결정을 하고 여러 가지 심리적인 특성들을 긍정적인 방향으로 변화시키도록 도움을 받게 된다. 이런 절차들에 의해 결국 내담자의 성장과 발전을 촉진시키게 된다.

나. 집단상담

집단상담이란 한 명 혹은 그 이상의 상담자와 여러 명의 집단구성원들이 일정 기간 동안 정기적인 만남을 통해 일상생활에서 부딪치는 문제에 대한 그들의 태도와 행동을 점검하고 변화시키기 위한 목적으로 현실에 대한 방향, 점검, 감정 정화, 상호 신뢰, 이해, 수용, 지지, 허용 등과 같은 치료적 기능을 포함한 의식적 상황과 행동에 초점을 둔 역동적 인간 상호관계의 과정이다. 집단상담은 개인상담에 비해 몇 가지 장점들을 가지는데, 구체적인 내용은 다음과 같다.

첫째, 집단상담은 자신의 감정, 경험, 현재의 상황을 아무도 이해하지 못한다는 생각을 타인에게 노출시킴으로써 힘을 얻고, 자신의 관심사를 동료들과 나눔으로써 서로의 의견을 수용하고 이해하는 과정을 통해 자아강도를 높일 수 있다.

둘째, 집단상담은 개인상담에 비해 덜 강력하고 덜 위협적이다. 개인상담의 경우는 상담자의 권위에 별로 좋지 않은 감정을 느껴 내담자들이 상담자에게 불편함과 위협감을 느낄 수 있다. 그러나 집단상담의 경우는 집단원들 간의 동질성, 친근감 등을 통해 불신감과 두려움을 감소시켜 줄 수 있다.

셋째, 집단상담을 통해 점차 남의 이야기를 들으려는 태도를 가지게 되고 자신에 대한 지나친 관심, 또는 자기의식에서 해방되는 경험을 하게 된다. 집단상담에서 자기에게만 주의가 집중되기 바라고 다른 사람과 공유하지 않고 독점하려는 동료에게 관심을 보이지 않음으로써, 상황을 차지하려는 내담자의 행동을 수정할 수 있다.

다. 가족상담

가족상담은 한 명 혹은 그 이상의 상담자가 가족 전체를 하나의 단위(가족체계)로 하여 가족 간의 관계에 초점을 맞추고, 조화로운 관계를 유지하기 위해서 현재의 관계를 수정해 나가는 과정이다.

가족구성원 개인이 나타내는 정신적 증상이나 문제행동은 가족을 구하기 위한 구조 신호로 간주된다. 가족상담에서는 일차적으로 가족을 하나의 체계로 보고 그 체계 내의 어느 개인이 가족체계나 부부관계 또는 부모－자녀관계를 방해하는 상황을 치유하도록 한다. 그러므로 가족체계가 변화에 저항하는 상황을 다루는 데에는 가족상담이 특히 유용하다. 가족상담과 개인상담의 차이점은 다음과 같다.

첫째, 병리적인 초점이 서로 다르다. 개인상담에서는 문제의 원인을 개인에게 두고 개인의 내적 심리과정에 보다 많은 관심을 기울인다. 그러나 가족상담에서는 개인을 둘러싼 가족이나 사회체계에 관심을 가진다. 왜냐하면 사회적 맥락 속에서 의미 있는 사람과의 역기능적 관계가 문제를 유발한다고 보기 때문이다.

둘째, 상담의 대상이 서로 다르다. 개인상담에서는 일반적으로 개인이 상담의 대상이다. 따라서 상담의 단위도 개인이다. 그러나 가족상담에서는 가족체계가 상담의 대상이 되고 가족체계 내의 많은 구성원이 상담의 단위가 된다. 따라서 가족체계 안에 존재하는 대인관계의 양상을 변화시키려고 노력한다. 가족상담은 내담자의 문제를 이해하는 데 있어서 내담자와 가족과의 관계적 형태가 어떻게 만들어졌으며 앞으로 이러한 관계가 어떤 모양으로 발전해 나갈 것인가에 대해서 과학적이고 합리적인 관점을 제공해 준다.

(2) 아동상담

아동상담이란 상담자와의 관계에서 촉진적인 의사소통을 통해 아동의 문제를 해결하고, 아동으로 하여금 앞으로 발생할 수 있는 삶의 문제에 대한 조망과 해결능력을 갖게 하여 자기효능감과 자존감을 느끼도록 인도하는 일련의 학습과정으로 볼 수 있다.

① 아동상담의 문제

아동상담의 경우, 주 호소 문제나 혹은 부모들이 상담을 요청할 때 그들이 요구하는 문제는 매우 다양하게 나타날 수 있다. 몇 가지의 문제로 한정 지을 수 없지만 대부분의 문제점은 다음과 같다.

첫째, 대인관계의 갈등에 관한 문제이다. 아동들이 부모, 형제, 교사 및 또래 아동들과의 관계에서 어려움을 경험하고 있으며, 좀 더 원만한 대인관계가 이루어지기를 희망하고 있다.

둘째, 개인의 내적인 갈등 혹은 자기 자신과의 갈등에 관련된 문제이다. 아동은 의사결정상의 문제를 지니고 있으며, 그 갈등의 결과와 대안을 명료하게 하는 데 도움을 필요로 하고 있다.

셋째, 자기 자신의 정보에 관한 문제이다. 아동의 자신의 지적능력, 장점, 관심, 가치관에 대해 궁금해 하고 있으며, 또한 이들에 대해 학습할 필요성이 있다.

넷째, 환경에 대한 정보를 요구하는 문제이다. 아동은 성공적인 학교생활에 관한 정보나 직업교육에 대한 정보를 필요로 하고 있다.

마지막으로 기술부족으로 인한 문제이다. 아동은 효율적인 학습방법, 주장적인 행동, 친구 사귀는 방법 같은 구체적인 기술에 대해 학습할 필요성이 있다.

이상과 같은 아동의 문제는 상담을 통해 긍정적인 행동의 변화, 부정적인 감정의 감소 및 해소, 문제해결, 의사결정, 인격의 성장 및 교정이 될 것으로 기대해 볼 수 있는데, 결국 아동은 다른 상담자가 필요 없게 되는, 즉 스스로 자기 자신의 상담자가 되어 자기조력이 가능하게 되는 것이다.

② 아동상담의 목표

아동상담을 상담자와의 관계에서 촉진적인 의사소통을 통해 아동의 문제를 해결하고, 아동으로 하여금 앞으로 발생할 수 있는 삶의 문제에 대한 조망과 해결능력을 갖게 하여 자기효능감과 자존감을 느끼도록 인도하는 일련의 학습과정으로 정의할 때, 아동상담의 목표는 다음과 같이 설명할 수 있다.

첫째, 행동의 변화이다. 상담을 통해 개인의 부적응적인 행동의 빈도를 없애거나 감소시킴으로써 좀 더 생산적이고 행복한 생활을 할 수 있도록 하는 데 그 목표가 있다.

둘째, 정신건강의 증진이다. 상담의 목표는 단순히 부적응적인 행동의 수정이나 치료보다는 적극적으로 정신건강을 촉진하는 데 그 목표가 있다. 정신적으로 건강한 사람은 책임감이 있고, 독립적이며, 인격적으로 성숙한 사람이다. 따라서 상담에서는 정신병리의 원인이 되는 다양한 요소들을 예방하고자 노력한다.

셋째, 문제의 해결이다. 아동들에게 상담이 필요한 것은 그들에게 스스로 해결하기 어려운 문제가 있기 때문이다. 상담자를 찾아오는 사람은 자신의 문제해결에 상담자가 도움이 될 수 있다고 믿는 사람들이다. 그러므로 상담은 아동의 문제를 해결하는 것을 목표로 하여야 한다. 그러나 상담자가 자신의 입장에서 아동의 문제를 해결하거나 주위 환경에 수동적으로 적응하게 하는 것은 아동의 성장·발달에 일치하는 방향으로 이끄는 것이 아니므로 상담의 목표가 될 수 없다. 효과적인 상담이란 내담자와 상담자 간의 협력관계에 의해서만 가능하기 때문에 상담이란 어디까지나 내담자의 자발적 요구에 의해 이루어지도록 하는 것이 매우 중요하다.

넷째, 개인의 효율성의 증진이다. 효율적인 인간은 경제적, 심리적, 신체적 모험을 계획하고 이를 위해 시간과 정열을 투자하기 위해 자신을 헌신하며 그러한 모험을 기꺼이 감수하고자 한다. 즉, 효율적인 인간은 문제를 인지하고 해결할 수 있는 능력을 지니고 있으며, 독창적으로 사고할 수 있고, 자신의 행동을 통제할 수 있으며, 좌절이나 적대적인 애매한 상황에서 적절하게 반응할 수 있다. 따라서 상담을 통해 생산적인 사고를 증진시키고 적응적인 인간관계를 형성하며, 다양한 문제상황에 효과적으로 대처할 수 있는 능력을 기르게 되면, 개인의 효율성은 증진될 수 있다.

다섯째, 현명한 의사결정이다. 상담에서는 개인이 선택하고 결정하도록 하기 위해 필요한 정보를 제공하고, 의사결정에 영향을 줄 수 있는 정서적인 문제나 심리적인 특성을 확인하고 분석하며, 장애가 되는 요소는 극복하도록 돕는다. 이러한 관점에서 상담이란 의사결정이 합리적이고 효율적으로 이루어질 수 있도록 원조하는 것을 목표로 한다.

여섯째, 잠재능력의 개발이다. 상담은 내담자의 타고난 잠재능력을 개발하여 저마다 자아를 실현하는 사람이 되도록 돕는 것이다. 인간은 무한한 잠재력이 있지만 극히 일부만 활용하고 있다. 따라서 상담은 내담자로 하여금 자기탐색의 기회를 갖도록 하며, 이러한 자기탐색의 과정을 통해 자신의 능력과 특성을 발견할 수 있도록 돕고자 한다.

일곱째, 긍정적 자아개념의 형성이다. 상담은 내담자로 하여금 긍정적 자아개념을 형성하도록 하는 것이다. 긍정적 자아개념을 갖게 되면 매사에 자신감을 갖고 행동할 수 있으며 타인과도 원만한 관계를 유지할 수 있다. 또한 긍정적 자아개념은 삶을 보다 긍정적으로 바라보게 만든다.

(3) 부모상담

부모상담이란 전문가(상담자)와의 관계에서 촉진적인 의사소통을 통해 아동의 문제를 해결하고, 아동으로 하여금 앞으로 발생할 수 있는 삶의 문제에 대한 조망과 해결능력을 갖게 하여 자기효능감과 자존감을 느끼도록 인도하는 일련의 학습과정으로 볼 수 있다. 그러나 부모상담은 성인상담과는 달리 아동의 성, 연령 등 아동변인과 부모를 포함한 가족, 학교와 친구 등의 환경을 고려해야 한다. 즉, 부모상담자는 아동의 연령에 따른 발달과업, 인지 및 행동양식, 사회환경이 아동에게 미치는 영향 등을 이해하고 그에 맞는 상담전략을 준비해야 한다.

① 부모상담의 목적

부모상담은 전문가와 학부모가 만나 아동에 대한 정보를 주고받음으로써 아동의 생활지도 및 문제행동을 지도하기 위한 시간이다. 특히 부모상담을 통해 학부모와 신뢰감을 형성함으로써 아동의 건강한 발달에 긍정적인 영향을 미치게 된다. 부모상담의 구체적인 목적은, 첫째, 보다 구체적인 문제가 생겼을 때 해결책을 찾는 것이다. 특히 아동이 문제행동을 보일 때 전문가와 부모의 의사소통은 필수적이라고 할 수 있다. 아동의 문제행동을 해결하기 위해서는 부모와 전문가의 협동적인 대화가 가장 중요한 출발점이 된다. 둘째, 부모상담은 전문가와 부모의 가장 적극적인 의사소통으로 전문가와 가족구성원들이 아동의 성장에 관한 지원과 관심을 공유하기 위한 것이다. 대화를 통해 전문가는 아동의 가정환경을 알 수 있고 부모는 교육기관에서 아동의 모습들을 이해할 수 있다.

② 부모상담의 과정

가. 부모상담의 시작

부모상담의 시작단계에서 가장 중요한 부분은 신뢰감 형성이다. 아동의 문제행동으로 상담을 해야 할 경우 부모는 어느 정도 긴장한 상태에서 상담에 참여하게 되며, 아동의 문제행동에 대해 부모가 먼저 요청하여 상담이 진행된다고 하더라도 부모의 심리적인 상태는 불안과 두려움이 있을 수밖에 없다. 그리고 전문가 역시 아동의 문제에 대해 이야기를 나누어야 할 때 불안하고 걱정되는 마음을 갖게 된다. 이처럼 부모와 전문가가 모두 불안한 상태에서 부모상담이 진행된다면 부모상담이 효과적으로 이루어지기 어렵기 때문에 전문가는 부모와 전문가가 모두 편안한 상태에서 상담이 진행될 수 있도록 편안한 분위기를 조성하고자 노력해야 한다.

이를 위해 전문가는 편안하고 밝은 모습으로 반갑게 부모를 맞이하고 아동의 성장과 발달 중 진보된 점이나 최근 친구들과의 관계, 아동의 장점, 가족에 대한 안부 등 일상적인 대화로 상담을 시작하는 것이 효과적이다. 아동이 문제행동을 갖고 있을 경우 부모는 아동의 부정적인 행동에 대한 이야기를 주로 들었을 가능성이 높기 때문에 상담을 시작할 때마저 아동의 문제에 대한 이야기로 시작된다면 부모의 입장에서 기분이 좋을 리가 없다. 따라서 전문가는 상담이 진행되기 전 어떤 내용으로 상담을 시작할지 미리 계획해 놓도록 하는 것이 필요하다.

나. 부모상담의 진행

상담이 시작되고 난 후 전문가는 아동의 문제행동에 대해 부모에게 정확하게 전달하는 것이 필요하다. 이때 전문가는 아동에 대한 객관적인 관찰자료에 근거하여 지도가 필요한 행동을 가급적 정확하게 전달하는 것이 좋다. 그리고 부모에게 아동의 문제행동에 대해 알고 있는지, 어떻게 지도하고 있는지 등을 파악하는 것이 필요하고 이후 전문가는 아동의 문제행동을 지도하기 위해서는 가정과 기관이 연계하여 진행되어야 할 필요성에 대해 설명하고 부모의 적극적인 협조를 요청해야 한다. 아동의 행동을 지도하기 위한 방법에 대해 모색할 때는 전문가의 일방적인 생각이나 지도방법을 강요하기보다는 가정에서의 지도방법과 기관에서 전문가가 지도했던 방법들 중 아동에게 가장 적합한 지도방법을 부모와 전문가가 함께 찾아가도록 하는 것이 중요하다.

상담이 진행되는 과정 중 전문가는 부모의 비언어적 태도에도 주목하여 적극적으로 부모의 이야기를 들어주어야 한다. 즉, 최대한 부모의 이야기를 많이 들어주도록 하고 적절한 질문을 통해 부모가 스스로 답을 찾아갈 수 있도록 하는 것이 필요하다. 또한 최대한 중립적인 언어를 사용하고 다른 아동과 비교하지 않도록 해야 한다. 부모상담을 위한 전문가의 역할은 표 6-1과 같다.

표 6-1. 부모상담을 위한 전문가의 역할

구분	내용
서로 존중하기	아동의 문제행동과 관련하여 부모와 상담을 진행할 때 전문가는 개인적인 견해를 자제하고 부모가 적극적으로 자녀의 문제행동 지도에 참여할 수 있도록 기회를 제공하는 역할을 해야 한다. 이때 부모가 자녀를 교육하고 있는 방법에 대해 인정해 주고 부모의 삶의 방식과 교육방식을 이해하려는 태도를 보여 주도록 한다. 전문가는 자신의 지도방법에 대해 전문성이 있음을 보여 주어 부모가 교사의 교육방식을 신뢰할 수 있도록 해야 한다.
동료 및 관련 전문가와 대화하기	전문가는 아동의 문제행동으로 부모와 상담하기 전 동료나 전문가와 의논을 하는 것이 좋다. 이러한 과정을 통해 아동의 문제행동을 객관화하여 볼 수 있으며 지도방법에 대한 아이디어도 얻을 수 있다. 또한 소속기관 외에 다른 전문가와 상담이 필요한지 여부에 대해서도 면밀한 검토를 거쳐 부모에게 전달하도록 한다.
반영적 경청하기	아동의 문제행동에 부모가 인정하지 않는 경우라도 전문가는 부모의 이야기를 최대한 경청하도록 한다. 또한 전문가가 부모의 이야기를 주의 깊게 듣고 있다는 사실을 느낄 수 있도록 부모가 하는 이야기를 반복하는 반영적 경청하기를 사용한다.
지속적인 참여를 권유하기	부모가 아동의 문제행동을 받아들이지 않더라도 전문가는 이 문제에 대해 지속적으로 의사소통하고자 하는 의지를 보여 준다. 이를 위해 아동의 행동과 관련된 객관적인 자료를 부모에게 제공하여 부모상담을 지속적으로 진행할 것을 권유한다. 또한 부모가 참관실이

구분	내용
	나 자원봉사 등을 통해 직접 아동의 행동을 관찰할 수 있는 기회를 제공하며 부모와 지속적인 의사소통을 이어 나가도록 한다.
중재 분위기로 전환하기	아동의 문제행동에 대한 상담이 이루어질 때 항상 성공할 수는 없다. 부모와 의견 충돌이 생기게 될 경우 무리해서 상담을 지속하기보다는 종결하고 다른 전문가(소속기관의 장, 외부 전문가 등)에게 도움을 요청하는 것도 좋다. 이때 전문가는 보다 객관적으로 아동의 문제행동에 대해 부모에게 효율적으로 이야기해 주며 긍정적 방안을 찾을 수 있다. 이와 같은 대처 모습은 전문가의 전문성을 보여 주는 계기로 연결될 수도 있다.

출처: 권정윤 외(2016). 유아생활지도. 학지사.

다. 부모상담의 마무리

상담을 마무리하기 전 지금까지 나눈 이야기를 정리하고 부모와 전문가가 함께 찾은 아동의 지도방법의 내용을 다시 한번 재확인하는 것이 필요하다. 또한 추가적으로 논의가 필요한 부분이 있는지를 확인 후 상담을 끝내고, 전문가는 부모와 나눈 이야기를 상담일지에 가급적 바로 자세히 기록해 놓는 것이 좋다.

상담 후 전문가는 부모와 상의한 지도방법을 실제 기관에서 적용해 보고 부모와의 전화상담을 통해 아동의 달라진 점을 지속적으로 확인해 나가는 것이 필요하다. 이 과정을 통해 현재의 지도방법을 유지할지 새로운 지도방법을 모색해 볼지 역시 부모와 협력해 나갈 수 있다. 전문가와 부모가 지속적으로 연계해 나갈 경우 아동의 문제행동이 개선될 뿐만 아니라 부모는 전문가에 대해 더욱 신뢰하게 된다.

3) 심리치료

심리치료는 인간을 바라보는 학파들의 관점에 따라 심리치료기법도 달리 적용하게 된다. 심리치료의 대표적인 이론적 배경이 된 정신분석 심리치료, 행동주의 심리치료, 인본주의 심리치료, 인지주의 심리치료 및 기타 심리치료로 구분하여 살펴보면 다음과 같다(김이영 외, 2019).

(1) 정신분석 심리치료

프로이트

아들러

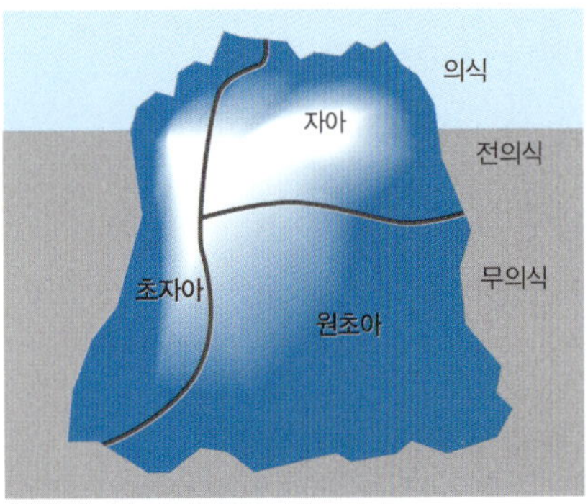

그림 6-1. **의식수준**

정신분석 심리치료는 프로이트에 의해 발전되었다. 이 심리치료는, 첫째, 무의식으로 잠재된 갈등이 해소되지 않고 심리적 긴장상태로 남아 있어 여러 가지 부정적인 증상으로 나타난다고 가정하고 있다. 따라서 정신분석 심리치료의 목표는 무의식적 갈등을 의식화시켜서 개인의 성격구조를 재구성하는 데 있다. 즉, 억압을 약화시킴으로써 무의식적 내면세계의 의식화 작업을 통해 의식적 기능인 자아의 힘을 강화시키는 것이 정신분석의 치료목표라고 할 수 있다. 또한 무의식적 갈등이 유아초기에 형성된다는 정신결정론을 강조하였으며, 인간 발달단계를 구강기–항문기–남근기–잠재기–생식기로 구분하였고, 남근기까지의 발달을 강조하였다.

따라서 정신분석 심리치료에서는 내담자의 무의식적 갈등 내용을 의식화하는 것이 중요한데, 무의식의 내용을 알아볼 수 있는 방법은 **표 6-2**와 같이 자유연상(free association), 꿈의 분석(analysis of dream), 저항의 분석(analysis of resistance), 전이의 분석(analysis of transference) 등이다(김이영 외, 2018).

표 6-2. 정신분석 심리치료기법

구분	내용
자유연상	자유연상은 억압된 것을 알기 위해 마음속에 떠오르는 느낌, 생각, 기억, 감정들을 자유롭게 이야기하도록 하는 것이다. 이런 과정에서 유아기 때 억압되었던 경험들이 나타난다고 생각한다. 이런 자유연상을 통해 나온 무의식적 자료나 충동들을 의식화하여 자기통제 아래서 수정과 승화를 해 나가도록 돕는다.
꿈의 분석	정신분석 심리치료에서는 꿈을 통해 본능적 충동과 억압된 감정들을 표현한다고 생각한다. 그러므로 상담자는 내담자의 꿈을 분석하려고 한다.
저항의 분석	저항의 분석은 오랜 시간이 걸리고 어렵지만 절대적으로 필요하고 기본이 되는 과정이다. 자유연상과정에서 내담자들은 저항을 나타내는데, 이런 저항들은 회상하기 괴롭거나 개인의 생활이나 적개심과 관련된 것, 또는 화나게 하는 감정들이 억압된 것을 의식으로 표현하기를 방해하기 때문에 나타난다. 따라서 정신분석 심리치료에서는 이 저항을 깨 버리고 환자 스스로 고통스러운 생각이나 소망, 경험에 직면하도록 한다.
전이의 분석	전이란 과거에 경험했던 감정, 갈등, 태도, 욕망, 기대 등을 현재상황의 치료자에게 동일시함으로써 나타내려는 것이다. 이런 감정의 전이를 내담자들은 정서적 취약성 때문에 매우 어렵고 위험하다고 보기 때문에 치료자들은 전이된 감정을 해석해 주고, 성장초기의 경험과 태도를 이해시켜 주려고 한다.

둘째, 정신분석 심리치료는 성격의 구조를 쾌락원리에 의해 작동하는 원초아(id), 현실원리 자아(ego), 도덕, 양심에 의한 초자아(superego)로 구분하였으며〈그림 6-2〉, 이 세 가지 구조가 균형을 맞추고 있으면 건강한 사람으로 보았기 때문에 상담을 통해 성격을 재구성하는 데 초점을 두고 있다. 즉, 프로이트는 건강한 사람은 자아가 주도권을 쥐고 원초아와 초자아의 욕구를 적절하게 해소하지만 무의식적 갈등으로 자아의 기능이 약화되면 부적응적인 문제를 유발하는 것으로 보았다. 그러므로 정신분석 심리치료에서는 원초아(id)의 힘을 알게 하고, 초자아(superego)의 요구에 지나치게 굴복하는 것을 줄이고, 자아(ego)의 역할을 강화시켜 주려고 시도한다.

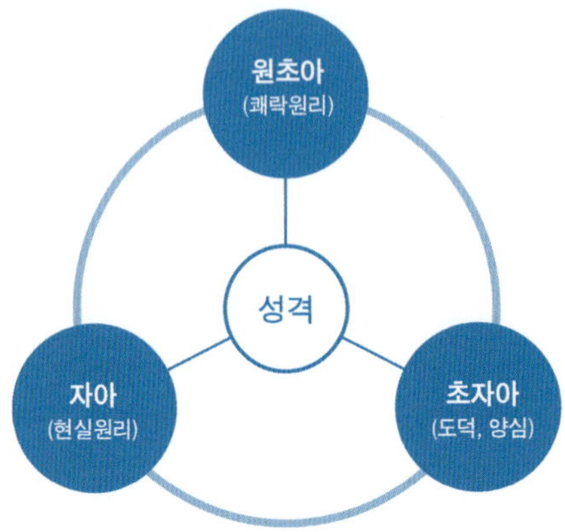

그림 6-2. 성격의 구조

(2) 행동주의 심리치료

파블로프

스키너

반두라

행동주의 심리치료는 학습원리에 기초를 두고 시행되는 심리치료기법이다. 행동주의 심리치료가 지향하는 치료목표는 학습의 새로운 조건을 조성하는 것이다. 왜냐하면 부적응적 행동을 포함한 인간의 모든 행동은 학습으로 인해 형성된 것으로 보기 때문이다. 따라서 행동주의 심리치료는 부적절한 학습을 제거하고 적절한 행동의 학습경험을 제공하는 과정이며, 내담자가 치료목표를 선택하며 선택되어진 목표를 치료

초기에 구체적으로 정의한다. 심리치료의 목표는 분명하고, 구체적이고, 이해할 수 있고, 내담자와 상담자가 동의할 때까지 수정 및 재수정되어야 한다. 다시 말해, 행동주의 심리치료에서는 고전적 조건형성과 조작적 조건형성의 원리 및 절차를 적용하여 심리적 장애를 평가하고 치료를 하는 것을 말한다〈그림 6-3〉.

행동주의 심리치료의 범주 속에는 고전적 조건형성 원리를 이용하는 자극-반응 기법, 조작적 조건형성의 원리에 기반한 행동수정 그리고 사회학습 원리에 기반을 둔 인지-행동치료 등이 포함된다.

파블로프의 고전적 조건형성 실험

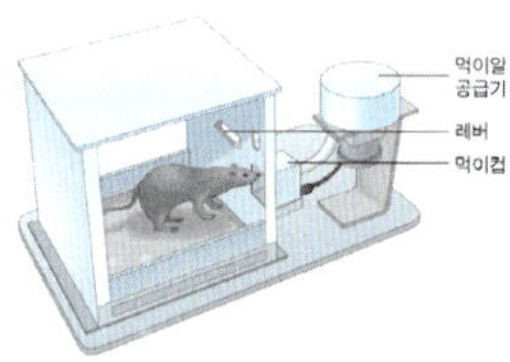

스키너의 조작적 조건형성 실험

반두라의 사회학습 실험

그림 6-3. 학습이론 실험의 예

행동주의 심리치료에서는 다양한 기법들 중에서 역조건 형성에 기반을 둔 체계적 둔감법(내담자가 불안을 느끼는 상황을 묘사하는 상상적 장면과 이완을 짝 짓는 것), 조작적 조건형성 원리에 기초한 수반관계의 원리(바람직한 행동이 발생한 후에 적절한 강화물을 제공함으로써 바람직한 행동의 빈도를 향상시키려는 목적)와 문제행동을 제거하려는 수반관계의 처벌(바람직하지 못한 행동 후에 부정적인 혹은 혐오적 처벌을 통해 행동의 빈도를 낮추는 것), 행동조성법(강화를 사용해 형성하고자 하는 목표행동에 점진적으로 접근하는 방법), 토큰경제법(직접적인 강화인자를 사용하는 대신, 후에 내담자가 원하는 다양한 물건과 교환할 수 있는 상표를 보상으로 제공하는 것), 타임아웃(바람직하지 못한 행동을 했을 경우 일시적으로 고립시키는 것), 변별강화(바람직한 행동 후에는 반드시 강화를 주고, 바람직하지 않은 행동 후에는 무시하는 것), **용암법**(초기 학습과정에서는 단서, 조언과 같은 보조수단을 여러 번 자주 제시하고 후기 학습과정에서는 서서히 단서나 조언과 같은 보조수단의 횟수를 줄여 감으로써 나중에는 보조수단 없이도 올바른 행동을 하도록 하는 점진적 접근방법), **홍수법**(내담자를 강력하고도 지속적으로 문제상황에 노출시키는 방법) 등의 기법들이 있다.

(3) 인간중심 심리치료

로저스

인본주의는 심리학의 제3세력으로 불린다. 그 이유는 정신분석이나 행동주의가 가지고 있는 인간의 결정론에 반대하여 인간의 자유의지를 강조하기 때문이다. 인본주의자들은 개인의 자유의지 외에도 자기실현을 향한 욕구를 강조한다. 인간은 자신이 가진 잠재력을 최대로 발휘하려는 기본적 욕구를 가지고 있으며, 상담자들은 이들 개인이 가진 잠재력을 실현하는 데, 안내자 역할을 하게 된다고 보는 것이 인본주의자들이 취하는 기본적 자세이다.

인간중심 심리치료에서 문제시되는 부적응 행동이란 개인의 자아에 대한 왜곡된 결과라고 할 수 있다. 그러나 개인은 심리적인 부적응 요인들을 자각하는 능력과 부적응의 상태에서 벗어나 심리적 적응으로 향하는 경향성을 가지고 있으므로 치료자가 개인에게 성장할 수 있는 합리적인 조건들을 제공하면 타고난 잠재능력을 건설적으로 발달시킬 것이라고 본다. 따라서 치료자는 상호신뢰적인 분위기를 조성하여 내담자가 거리낌 없이 자기를 표현하도록 함으로써 자신의 내면세계를 이해하고 자신의 문제를 파악하여 자기를 실현하도록 돕는다. 이런 점에서 치료의 목표는 인간의 문제가 아니라 인간 그 자체에 초점을 맞춘다. 다시 말해, 단순히 내담자의 문제를 해결하는 데 그치지 않고 내담자가 현재 직면하고 있는 문제들과 앞으로의 문제들을 극복할 수 있도록 그들의 성장과정을 촉진하는 것이다.

인간중심 심리치료에서는 치료자의 말이나 행동보다 치료관계가 중요한 변인이다. 인간중심적 체계에서의 기법들은 경청, 수용, 존중, 이해, 진솔한 표현 등으로 이루어져 있어 특정 기법을 강조하거나 내세우지 않는다. 왜냐하면 치료자가 기법을 사용하는 데 집중하다 보면 관계를 비인간적으로 만들게 될 것이라고 보기 때문이다. 따라서 인간중심 심리치료에서 강조하는 것은 단지 치료자의 정직한 표현이다. 그렇다고 하여 이를 의식적으로 사용하려 하는 것도 치료자의 진솔성에 위배될 수 있다. 로저스(Rogers)는 긍정적 성격변화를 이루는 필요충분조건으로 표 6-3과 같이 치료자의 세 가지 태도를 강조하였다.

표 6-3. 치료자의 태도

구분	내용
진솔성과 일치성	치료자가 내담자를 대할 때에 겉과 속이 일치하고 진솔한 것을 의미한다. 따라서 치료자가 내담자를 진실하고 솔직하게 대하는 태도를 일관되게 유지하게 되면 내담자도 그것을 거울삼아 자신의 경험에 대해서도 진솔하게 접촉해 나갈 수 있게 된다.
무조건적 긍정적 존중	한 인간으로서 깊고 순수한 관심으로 대하는 것이다. 관심이 내담자의 감정, 사고, 행동에 대해 좋다거나 혹은 나쁘다는 평가나 판단에 의해 오염되지 않았다는 점에서 무조건적이다. 치료자는 내담자를 존중하며 조건을 달지 않고 있는 그대로의 모습을 따뜻하게 수용한다. 내담자를 치료자의 가치 조건에 비추어 판단하거나 평가하지 않고 그가 무엇을 말하고 느끼든 어떠한 행동을 하건 간에 내담자라는 인간은 가치 있고 존중받을 만하다는 태도를 일관되게 유지해야 한다.
공감적 이해	치료자가 내담자의 감정에 빠져들지 않으면서 내담자의 감정을 자신의 감정인 것처럼 느끼는 것을 의미한다. 내담자의 경험세계로 자유롭게 여행함으로써 치료자는 이미 내담자들도 인식하고 있는 것에 대해 자신이 이해한 것을 내담자들에게 전달할 뿐만 아니라 그들이 거의 인식하지 못하고 있는 경험의 의미들을 말해 줄 수도 있다. 높은 수준의 정확한 공감이란 내담자들이 덜 분명하고 덜 명확하게 경험한 감정들에 대해서 분명한 느낌을 인식하도록 하는 것 이상의 의미를 가진다는 사실을 이해하는 것이 중요하다.

(4) 인지주의 심리치료

① 인지적 행동 심리치료

엘리스

벡

인지적 행동 심리치료는 벡(Beck)이 개발한 심리치료기법으로 초기에는 우울증 환자의 치료에 많이 적용되었지만 최근에는 그 영역이 다른 정신장애에까지 확산되고 있는 추세이다(Beck & Freeman, 1990). 인지적 행동 심리치료는 부정적이며 비현실적인 사고방식에 대한 내담자의 주의에 초점을 두며 생활 상황들을 좀 더 논리적이며 현실적으로 생각하도록 내담자를 격려함으로써 악순환을 깨뜨리려고 노력한다. 치료자가 사용할 수 있는 한 기법은 우울한 사람의 기분을 하루 온종일 일정한 간격으로 기록하는 것이다. 보통 개인은 시간이 지나감에 따라 그러한 기분이 변화한다는 것을 알게 된다. 치료자는 내담자가 언제나 우울해져 있을 필요가 없다는 것, 즉 개인은 행복하거나 열정적 혹은 낙천적인 사람일 수 있다는 것을 깨닫도록 도움을 주는 데 이러한 통찰을 사용한다. 치료자는 그 다음에 성공적인 경험의 가능성을 증가시키기 위해서 내담자가 자신의 행동을 변화시키도록 도와준다. 그리고 나서 개인의 부정적인 사고방식에 도전하고 그들을 변화시키는 데 이러한 성공적 경험들이 사용된다.

인지주의 행동 심리치료의 기본적 목표는 내담자가 보다 효과적으로 기능하도록 사고와 편견이나 인지 왜곡을 제거하는 것이다. 따라서 치료자의 관심은 부적응 행동이나 감정을 유지시키는 내담자의 정보처리 방식이다. 또한 치료자는 내담자가 자신의 정보처리의 오류를 확인하여 수정하도록 조력한다. 즉, 치료자는 내담자의 인지 왜곡을 도전하고, 검증하고, 논의해서 보다 긍정적인 감정, 행동, 사고를 갖도록 하는 것이다.

이 치료 기법에는 자신의 활동시간표를 작성하여 행동할 수 있도록 하는 주간활동시간표(weekly activity schedule), 과제를 완성하는 데 필요한 각 단계를 성공하는 것을 머릿속으로 상상하는 인지적 시연(cognitive rehearsal), 주장훈련(assertive training), 역할연기(role playing) 등이 사용된다.

② 합리적 정서 심리치료

합리적 정서 심리치료자들은 자신들을 전문가로 여기며 내담자들을 비합리적이며 자멸적인 신념들로 올가미를 쓰게 된 사람들로 보고 있다. 엘리스(Ellis, 1973)에 의하면, 대부분의 사람들은 다른 사람과 비교한 다음에 자신을 평가한다. 이것은 자신의 결점을 수용하지 못하게 하며, 흔히 자기경멸이나 방어적인 우월감을 갖도록 한다. 과거에 어떤 일이 일어났는가와는 관계없이 합리적 정서 심리치료는 사람들이 자신과 자신의 행복에 대해서 어떻게 느끼는가에 대한 책임은 현재의 자신들에게만 있다고 주장한다. 따라서 합리적 정서 심리치료의 목표는 내담자에게 사상에 대한 자기 자신의 그릇된 해석이 그들의 문제의 원인임을 보여 주며 내담자가 좀 더 합리적으로 자신을 볼 수 있도록 가르치는 것이다.

합리적 정서 치료자들은 사람들이 자멸적인 방식으로 행동하고 있는 자신을 발견할 때 도움을 구한다고 믿는다. 예를 들어, 어떤 사람들은 자신이 만나는 모든 사람이 곧바로 그들을 사랑하지 않거나 칭찬하지 않는다면, 그들에게 무언가 잘못된 것이 있다고 느낀다. 어떤 사람들은 자기 힘에 부치는 문제를 풀려고 하면서 머리를 짜낸다. 또 어떤 사람들은 분명한 증거를 조사하기를 단순히 거부하고, 자기는 나약하거나, 죄가 있거나 혹은 어리석다는 생각을 계속한다. 이러한 비논리적이고 자멸적인 신념을 교정하기 위하여, 합리적 정서 치료자들은 설득, 직면, 도전, 명령 및 이론적인 논박까지도 포함하는 다양한 기법을 사용한다. 합리적 정서 치료자들은 내담자를 어린 아이로 취급하지 않기 때문에, 어떤 사람들은 상담자의 완강함을 받아들이기가 힘들다는 것을 발견한다. 치료자는 숙제를 줄 수도 있고, 내담자가 상관에게 자기주장을 하도록 고무하기도 하며, 소녀에게 데이트를 청하러 홀에 내려가라는 지시도 하고, 또한 그들을 놀라게 한 개를 때려 주라는 지시도 한다. 간단히 말해 합리적 정서 치료자들은 매우 지시적이다.

(5) 기타 심리치료

기타 심리치료를 놀이치료, 미술치료, 음악치료, 원예치료 및 독서치료로 구분하여 살펴보면 다음과 같다(주수길 외, 2020).

① 놀이치료

놀이는 아동의 생활과 절대적이고 밀접한 관계에 있으며 아동이 편안하게 느끼고 자신의 감정을 표출하고 의사를 전달할 수 있는 '자연스런 자기표현의 매개체'라고 할 수 있다. 놀이는 치료적 관계를 형성하는 유용한 도구이며 치료자가 아동을 이해하기 위한 진단적 도구가 된다. 또한 아동을 이완시키고 불안과 방어적 자세를 감소시켜 치료를 효과적이게 할 수 있으며 치료받기를 꺼리거나 수동적 아동을 격려하여 치료에 임할 수 있게 한다. 놀이는 사회적 기술을 발달시키고 감각 인식을 증진시키며 문제해결능력을 익히고 창의력을 개발하는 등 인지적 발달에도 도움을 주는 기능과 가치를 지닌다.

놀이치료의 기본 원리에 대해 엑슬라인(Axline)은 여덟 가지로 요약하였는데, 첫째, 치료자는 아동과 가능한 빨리 따뜻하고 친밀한 관계를 이루어야 한다. 둘째, 아동을 있는 그대로 수용하며 일관성을 유지한다. 셋째, 아동이 어떤 감정이나 요구라도 자유로이 나타낼 수 있도록 허용적 분위기를 조성한다. 넷째, 아동이 자신의 행동에 대해 통찰력을 가질 수 있도록 아동이 표현한 감정이나 놀이행동을 반영해 주는 데 민감해야 한다. 다섯째, 놀잇감 선택에서부터 아동의 결정을 존중하고 선택, 결정, 해결의 책임감을 갖도록 한다. 여섯째, 아동이 놀이를 이끌어 간다. 일곱째, 치료 결과에 조급해하지 않고 서서히 그리고 기다린다. 마지막으로 제한을 도입한다. 즉, 놀이실은 아동에게 최대한의 자유를 주는 곳이지만 아동의 안전을 위해 제한해야 할 행동이 있는데, 제한은 치료적 관계에서 안전과 안정감을 아동 내에 발달시킨다(서영숙, 1992).

놀이치료는 양육의 재경험(reparenting)과 같은 교정적 경험을 할 수 있도록 하며, 반영, 해석과 같은 치료 요소들이 있으나 원칙적으로 매 회기마다 구조화된 놀이자료나 레퍼토리를 사용하지 않는다. 그러나 특정 문제를 갖고 있는 아동이 최적으로 발달하기 위해서는 다른 아동과는 다른 환경에 놓일 필요가 있는데, 그런 측면에서 아동의 문제특성에 따른 개입방법을 살펴보면 **표 6-4**와 같다(주수길 외, 2020).

표 6-4. 아동의 문제특성에 따른 개입방법

구분	내용
감정조절능력 증진시키기	아동이 자신의 감정, 즉 희로애락을 제대로 인식하지 못하는 경우 feeling faces 기법(감정의 명칭이 붙여진 수십 가지 얼굴 모양들 중 지금 아동의 감정을 명칭화하는 훈련을 하도록 하고 감정의 통로를 만들어 줌으로써 감정을 논할 수 있게 한다)이나 언어게임 같은 게임을 실시한다. 공격성이 강한 아동의 경우 공격대상을 칼, 총, 뱀, 모래, Bobo 인형, 찰흙 등의 놀잇감으로 대치시키며 acting out이 일어날 경우 단호하고 일관적인 제한을 주도록 한다. 주의가 산만한 아동인 경우 게임을 통해 규칙을 정하며 제한을 가하여 도중에 그만두지 않고 끝까지 할 수 있도록 주의집중시간을 지속시킨다. 이것저것 여러 가지 활동을 할 경우 무시하거나 반응하지 않음으로써 한 가지 활동에 집중하도록 강화한다. 위축된 아동의 경우, 아동의 기분 상태에 따라 놀잇감이나 지지, 칭찬의 정도를 조절한다. 레고나 기차조립 등의 완성을 통해 성취감을 느끼도록 할 수 있다.
의사소통능력 향상시키기	아동 자신의 감정이나 생각을 표현하는 방법이나 기술을 갖지 못하며 상대방의 감정을 읽지도 못하며 언어능력이 미숙하거나 결핍된 경우를 들 수 있다. 전화기 같은 놀잇감을 이용하여 연습할 수 있는데 치료자의 말에 반응하도록 격려하며 아동의 발달 수준에 맞는 언어를 사용한다. 도움이 필요할 경우 "도와주세요"라고 할 때 반응하여 언어 사용을 촉진한다.
관계능력 향상시키기	기본적 애착이나 신뢰감 형성이 안 되어 있거나 친밀한 관계를 맺어 본 경험이 없어 전반적 발달지연이나 부분적 발달지연이 발생하는 경우에 필요하다. 치료자가 제2의 어머니로서 의미 있는 인물이 되어, 아동이 보호자와의 경험에서 결손된 부분을 치료를 통해 보상받는 경험을 하게 한다. 신체적 · 언어적 · 인지적 · 정서적 부분 중 자극이 부족한 부분을 찾아 그에 맞는 놀이와 자극을 제공하며 필요한 경우 안아 주기, 머리 쓰다듬기와 같은 신체 접촉과 같은 양육적 태도를 취해 아동이 사랑받는 느낌이 들도록 한다.
잘못 강화된 습관 없애기	떼나 고집을 부리거나 욕을 자주 하거나 쉽게 짜증 내고 분노하거나 규칙을 자주 위반하는 경우, 순서 주고받기가 요구되는 놀이를 통해 규칙 지키기를 익히게 하고, 놀이경험이 현실감 있도록 일관되고 분별 있는 제한으로 안전감을 주도록 한다. 책임감이 부족하고 의존적인 아동의 경우 놀잇감을 스스로 선택하고 주도적으로 놀이하며, 놀잇감의 정리까지 스스로 할 수 있도록 돕는다.
부모의 적절한 양육태도 확립 돕기	부모에게 아동의 현재 발달상황을 인지시킴으로써 부모가 아동의 현 상황을 직면하고 수용하도록 한다. 부모가 놀이치료 장면을 관찰함으로써 치료자와 아동 간의 상호작용을 모델링할 수 있게 하며, 부모와 아동 간의 구체적 갈등상황을 설정하여 시연해 보고 가정에서 적용해 보도록 할 수 있다.

② 미술치료

미술활동은 미술을 통해 아동의 자아개념을 형성하고 자긍심을 향상시키는 하나의 방법으로, 이러한 미술활동을 활용하는 미술치료는 '창작을 통해 심리적 · 정서적 갈등을 완화시킴으로써 만족감을 느끼고 창조적으로 살아갈 수 있도록 도와주는 심리치료'라고 할 수 있다.

미술치료는 사고의 체계화를 돕는 인지적 목적과 함께 감정을 표현하고 대처하기 위한 기회를 제공한다. 아동의 미적 형태를 창조하는 한편 내적 긴장을 완화하도록 해 주며 무서운 감정을 상징이나 언어적으로 표현하도록 돕고, 아동이 자신의 감정을 통제하고 정리할 수 있도록 도우며, 생산적 활동을 했다는 만족감을 주는 것에 미술치료의 치료적 의의가 있다. 미술이라는 비언어적 수단을 이용해 꿈, 환상, 경험의 심상을 표현하기 때문에 방어나 통제의 영향을 적게 받으며, 통찰을 통해 새로운 경험과 자기세계의 발견을 가능하게 하는 것이다. 크래머(Kramer, 1971)는 창조적 과정이 자기인식과 개인적 성장을 촉진시킬 뿐 아니라 갈등을 조정하기 위한 도구라고 주장했다. 미술이라는 창조적 표현을 통해 아동은 자유로운 표현을 하게 되며, 무의식의 의식화와 더불어 창작행위를 통해 상징을 발견하고 통합하는 과정 자체에서 치료적 효과를 거둘 수 있게 된다.

미술치료는 핑거 페인팅, 모래그림 그리기, 자유그림 그리기, 주제그림 그리기, 콜라주, 포토 몽타주 등의 많은 기법들이 치료 형태로 활용되고 있는데, 아동이 미술치료의 과정을 통해 자신의 환상, 무의식적 갈등이나 소망, 현재의 어려움을 어떻게, 얼마나 역동적으로 표현하는지에 초점을 둔다(박정문, 2000).

③ 음악치료

음악치료는 음악과 치료가 복합된 개념으로, 넓게 정의하자면 아동과 치료자의 관계 속에서 심리적 · 정신적 · 생리적 건강을 회복, 유지, 증진시키도록 하고 행동적 · 발달적 · 신체적 · 사회적 기술을 습득하고, 재활 · 유지하기 위해 치료적 도구로서 음악을 사용하는 것을 의미한다. 따라서 음악치료는 음악치료사라는 전문인이 정신적 · 신체적 장애를 가진 사람에게 음악을 체계적으로 사용함으로써 인간행동을 바람직한 방향으로 변화시키는 것을 말한다. 이러한 음악치료는 부적응 행동의 치료에 효과가 있다. 즉, 정신지체아동의 공격성, 반사회적 행동, 반항, 위축, 일반아동의 과잉행동, 주의력결핍행동, 충동성, 반사회적 행동의 감소에 효과가 있으며, 음악기능을 담당하는 뇌의 우반구가 언어기능을 회복시키므로 실어증에도 효과가 있다고 보고되고 있다.

음악치료는 개인치료와 집단치료의 형태로 시행되며, 이때 적용되는 치료적 모델은 일반적으로 행동적 모델(behavioral model), 심리분석적 모델(psycho analytical model)에 근거를 둔다. 최병철(1996)의 연구에서는 음악치료의 활동을 표 6-5와 같이 분류하고 있다.

표 6-5. 음악치료의 활동

구분	내용
Listening(듣는 음악활동)	음악감상을 통해 일상의 의식상태 이상을 여행하도록 하는 것이다.
Singing(노래 부르는 활동) · Songwriting(노랫말 받아쓰기)	가장 많이 사용되는 활동이다.
Playing(연주) · Improvisational Music Therapy(즉흥 연주)	기존의 음악을 연주함으로써 자존감, 성취감을 향상시키는 것이다.
Moving(움직임, 율동)	신체지체자가 몸으로 반복되는 활동을 할 수 있어 유용하다. 자폐아에게서 신체활동을 통해 자기반응감각을 길러 준다. 자기반응감각이란 자기 신체가 어느 위치에 있는지를 파악하는 감각이다. 음악활동은 5가지 감각활동이다.
Creating(창조)	예술의 속성, 창의성 활동으로 마음을 표현한 후에 다른 염려를 하지 않아도 되기 때문에 유용하다. 맞고 틀림이 없이 자기의 내면에 여러 가지를 자유롭게 표현하도록 한다. 자신을 표현할 수 있는 통로를 내 준다.
Leading(지도)	눈으로 집중해서 과제를 완성 악보를 읽는 이상의 것으로 눈으로 활동하고 받아들이는 과정을 말한다. 첫째, 문제되는 행동이 무엇인가를 파악한다. 둘째, 문제행동에 적용할 수 있는 활동인지를 생각한다.

음악은 가사가 있는 노래(lyrical music)와 가사가 없는 연주음악(instrumental music)으로 나눌 수 있다. 노래나 연주음악은 각기 리듬, 사용되는 악기, 멜로디, 그리고 해석에 따라서 록, 컨트리, 포크, 블루스, 랩 등 다양한 형태를 취할 수 있다. 연주음악은 일차

적으로 듣는 사람들의 감정을 일깨우거나 가무의 반주로 사용될 뿐만 아니라 듣는 이들에게 특정의 메시지를 전달하여 특별한 감정을 불러일으키는 데도 사용된다. 노래의 주제는 임상적 진료를 돕기 위한 것이든 사회적 활동을 촉진하기 위해서이든 간에 사회사업실천에서 중요한 역할을 수행한다. 또한 임상실천의 보조로서의 역할도 중요하다. 즉, 임상실천에서 음악은 클라이언트들로 하여금 자신의 잠재성을 완전히 구현시키는 경험적 연구에 참여하도록 하는 데 활용된다. 그것은 발달장애, 정신장애와 같은 임상문제에서 그리고 치료과정을 촉진하기 위한 행위 프로그램에서 활용된다.

음악은 특히 아동에게 위압감을 주지 않는 형태로 치료의 기회를 제공할 수 있다. 최근에는 미술이나 음악이 성적 학대에 시달리는 아동에게 그들이 처한 위협적 상황을 벗어나서 자기표현을 할 수 있게 하는 대안으로 활용되기도 한다.

④ 원예치료

원예치료라는 개념은 1900년대 초에 와서야 사용되기 시작하였으며 미국원예치료학회에서는 이를 "사람의 사회적 · 심리적 · 물리적 · 교육적 능력의 증진을 위해 식물과 원예활동을 이용하는 과정"이라고 정의하고 있으며, 오늘날 원예치료는 "식물과 원예활동을 통한 인간에 대한 치료적 행위로서 사회적응력, 즉 인지적, 정서적, 사회적, 교육적 및 신체적 기능을 강화시키고, 정신적 및 신체적 건강회복을 꾀하여 사회 참가를 도와주는 전반적 활동"으로서 원예로부터 시작해서 식물 그 자체까지 광범위하며 보고, 냄새 맡고, 만지고, 느끼고, 먹고, 듣고, 식물을 돌보며 몸을 움직이고, 치료 목적으로 이용하는 많은 측면들, 즉 다양한 원예학적 기술과 활동, 꽃치료, 향기요법, 꽃꽂이, 페인팅 플라워, 포푸리 만들기, 요리 등을 포함한다. 이러한 원예치료는 아동상담의 한 기법으로도 활용되고 있다.

원예치료의 장기 목적은 아동의 몸과 마음의 건강한 발달을 도와주며 식물의 양육, 획득의 체험을 통해 자기신뢰와 사랑, 추론의 힘을 기르도록 도와준다는 것이다. 단기 목적은 이러한 장기 목적을 달성하기 위한 기초적 활동으로서 아동의 정서적 안정을 돕고 식물에 대해 관심을 갖도록 하여 생명의 귀중함과 풍성함을 체득하게 도와주는 것이다.

이러한 원예치료의 목표는, 첫째, 자연의 법칙을 통해 자신의 위치와 상태를 파악하도록 도와준다. 이는 피아제의 아동발달 단계 중 감각운동기에서 생물학적 유기체에서 사회적 유기체로 발달을 도와주는 것으로 자아에서 벗어나 외부를 의식하고 외적 경험을 통해 우주 속의 자신의 위치를 취하는 것을 의미한다.

둘째, 식물을 통한 직접적 자극으로 아동이 자신의 감각들을 예민하게 느끼도록 연습해 보는 기회를 제공한다. 이는 식물에 대한 경험이 자신의 감각을 통한 지각의 연습(sensory perception)과 신체적 활동을 통해서 정신적 영상(mental image)을 구축하도록 도와준다.

셋째, 간접체험으로서 식물을 통해 자기객관화의 기회를 갖도록 도와준다. 이는 식물과 환경의 순응패턴을 관찰하여 자신과 환경과의 순응패턴 추론을 도와준다.

넷째, 자기표현으로서 예민해진 감각과 간접 체험을 통한 자기 객관화를 기반으로 자신을 표현해 보도록 한다.

마지막으로, 타인과의 상호작용으로서 지금까지 자신이 이루어 놓은 자기표현물들을 통해 집단 밖의 구성원들과 상호작용을 하도록 한다.

원예치료의 과정에서는 눈으로 보고, 코로 향기를 맡으며, 손으로 만지고, 머리를 써서 움직이는 등 많은 감각기관을 통해서 이루어진다는 점에서 그 효과가 크다. 그리고 씨 뿌리기, 나무 심기 등은 아동에게 기본적인 수 개념을 가르칠 수 있으며 식물용어를 학습함으로써 어휘력도 증가될 수 있다. 또한 지형(geography), 식물의 필요조건, 식물번식(reproduction), 식물에 필요한 요소, 인간의 식물 이용, 생태계, 그리고 계절적 변화 등과 같은 식물 프로그램을 활용하여 더 많고 복잡한 기술들을 배울 수도 있다. 새로운 지식과 호기심으로 다른 사람과의 의사소통도 쉬워지게 된다. 즉, 원예활동은 호기심을 야기하고, 관찰력이 예민해지며 관찰의 결과를 해석함으로써 판단력과 대처능력을 배양시킨다. 이와 같은 경험의 반복은 아동에게 모든 일에 대해서 긍정적이고 자신감을 갖게 하며 대인관계의 발전, 학습, 자아발달을 가능하게 한다. 따라서 모든 세대의 사람들에게 유용하며 특히 아동을 돕는 데 유용하다.

식물이나 원예활동은 아동의 공포, 불안, 우울을 감소시키는 데 효과가 있으며, 감각기관의 활용과 체험을 통해 신체적 · 정신적 · 인지적 치료 및 발달과 함께 교육적 효과까지 기대할 수 있다. 구체적으로 원예치료는 인지적 효과뿐 아니라 원예치료는 아동의 우울 감소와 자아존중감(self-esteem)의 증가와 같은 정서적인 면에서도 긍정적 효과가 있다. 그리고 원예치료는 아동의 창의력과 자아표현을 계발시킨다. 꽃의 종류, 색 배합, 배열 등 꽃꽂이나 모둠 심기, 정원 설계 등의 과정에서 창의력과 자아표현을 계발시킨다. 그리하여 충분한 수확, 아름다운 꽃꽂이, 혹은 아름다운 경관 등의 원예활동이 이루어졌다면 아동은 원예활동에 계속적으로 참여하게 될 것이다. 또한 스스로를 존중하는 마음이 우러나게 되어 스스로 재배하여 수확한 한 개의 토마토가 만 원짜리 지폐보다 훨씬 더 귀중하다고 생각하게 되기도 할 것이다. 이와 같은 원예치료는 학교, 병원, 아동보육시설, 어린이집, 아동상담시설 등 아동을 대상으로 하는 이용시설과 생활시설 어느 곳에서든지 적용이 가능하다.

⑤ 독서치료

독서치료는 책을 통해 사람의 정서적 · 사회적 · 정신적 부적응 문제를 치료하고자 하는 임상상담의 한 분야이다. 독서치료는 근본적으로 문학을 사용하여 정신건강을 증진시킨다는 것으로, "발달적 혹은 특정한 문제를 가지고 있는 참여자가 문학작품을 매개로 하여 자신의 적응과 성장 및 당면한 문제들을 해결하는 데 도움을 얻는 것"이라고 할 수 있다. 독서치료의 목표는 문제들에 관한 정보와 통찰을 제공하고, 토론을 자극하며, 새로운 가치들과 태도를 나누고, 비슷한 문제들을 경험한 다른 사람들이 있음을 자각하게 하며, 문제에 대한 해결책을 제시하는 것이라 할 수 있다.

독서치료는 두려움, 죄책감, 혹은 수치심 때문에 거론되지 않을지도 모르는 문제에 대해 비교적 저항을 받지 않고 이야기할 수 있으며, 작품 속에서 자신과 비슷한 문제를 겪는 인물들에 대한 느낌을 언어로 표현하는 것을 통해 치료사와의 소통을 가능하게 한다. 또한 자신과 비슷한 문제를 성공적으로 극복한 인물을 통해 현존 문제를 해결하고 직면하는 방법을 배울 수도 있다.

이와 함께 독서치료는 예방적 도구로써 활용될 수 있다. 예를 들어, 흔히 아동과 청소년은 성(性)에 관심이 많으며, 그러한 문제를 다룬 문학작품은 간접 경험을 통해 아동이 성과 관련된 그들의 문제나 이슈를 다루고 극복할 수 있게 한다.

이러한 독서치료는 세 가지 기본 원리를 근간으로 하고 있다. 첫째, 동일화의 원리이다. 일반적 치료과정에서 볼 때 내담자는 치료자와 일체감(동일화)이 이루어지지만, 독서치료의 경우에는 책 속의 등장인물 속에서 자기의 성격, 감정, 행동, 태도를 찾아내거나, 다른 사람의 그것을 자기 속에서 찾아내는 작업을 통해 자신의 감정을 증대시키게 된다. 둘째, 카타르시스(catharsis)를 경험한다. 카타르시스는 감정 정화로 치료적인 면에서 볼 때, 내면에 쌓여 있는 욕구의 불만이나 심리적 갈등을 언어나 행동으로 표출시켜 충동적 정서나 소극적 감정을 발산시키는 과정이며, 감상을 말이나 글로 표현(고백)하는 것을 통해 의식적 억압이 점차 약해지고, 간접적 표현이 아닌 자신의 문제에 대한 직접적 표현 형태로 바뀌어 나갈 수 있다. 마지막으로 통찰의 원리이다. 통찰은 자기 자신 혹은 자신의 문제에 대해 바르고 객관적인 인식을 체득하는 것으로, 계속적 치료과정을 통해 책 속 등장인물의 행동을 스스로 깨닫도록 함으로써 자기 자신의 동기 조성이나 욕구를 달성할 수 있는 카타르시스를 동반한 감정적 통찰력을 갖게 하는 것이다.

3. 드림스타트

1) 드림스타트 사업의 개념 및 목적

드림스타트(Dream Start) 사업은 수요자인 아동을 중심으로 맞춤형 통합서비스 지원을 통해 모든 아동의 성장과 발달에 공평한 양육환경과 출발의 기회를 보장하여 건강하고 행복한 사회구성원으로 성장할 수 있도록 하는 것이다(최진경, 2017). 그리고 가난에 대한 대물림을 차단하고 저소득 가정 아동 개개인의 능력을 함양시켜 일반가정의 아동과 공평한 출발기회를 보장하고자 한다. 그리고 아동의 전인적인 발달을 도모하기 위해 건강한 양육환경의 개선과 학대아동 보호를 위한 포괄적 서비스를 실시하며 저소득 가정 아동의 건강한 성장발달 및 정서발달 지원, 인지능력 향상에 목적이 있다. 또한 아동의 문제를 조기 진단하여 개입하고, 개별화된 욕구와 위기도에 따라 통합사례관리를 실시하고 있다(손미혜, 2014). 다시 말해, 드림스타트 사업은 저소득층 아동의 신체적·정신적 건강과 발달을 도모하기 위한 사회복지실천모델로서, 빈곤아동의 건강과 복지, 보육, 교육 등에 관한 지원 체계를 지역사회를 통해 마련하는 것을 핵심으로 하는 사업을 의미한다.

2) 드림스타트 사업의 추진체계

드림스타트는 2004년 민간부문에서 시작된 위 스타트(we start) 프로그램을 정부가 시범사업을 거쳐 2007년 국가정책으로 전환한 사업이다. 드림스타트 사업의 모델이 된 위 스타트 운동은 2004년 시민운동차원에서 시작된 프로그램으로, 그 당시 사회적 분위기는 아동의 인구는 감소되는 반면 빈곤가구의 수는 증가하여 사회적 문제해결을 위해 국가가 나서야 한다는 의견이 제시되고 있었다. 이러한 사회적 분위기와 함께 빈곤아동 실태를 고발하는 언론보도(중앙일보, 2004)로 빈곤아동에 대한 관심이 집중되면서 빈곤은 더 이상 개인의 문제가 아닌 사회적 대책이 필요한 국가적 문제로 인식되기 시작하였다.

특히 가정에서의 빈곤은 아동의 건강, 인지, 정서·행동 등 아동의 발달에 부정적인 영향을 미치며, 더 나아가 학교적응에서의 어려움을 가져와 아동의 전 생애에 영향을 미치게 되고 이는 사회적인 문제로 발생하게 된다는 것이었다. 이를 해결하기 위해 빈곤아동에 대한 집중적인 사회 투자를 통해 사회전체의 발전에 대한 필요성이 제기되기 시작한 것이다. 더구나, 과거 한국사회에서 아동기의 빈곤은 일정 기간 동안 생활의 불편을 겪는 것으로 여겨졌으나, 현대에서의 빈곤은 자신이 갖고 있는 능력을 발휘하지 못하는 기회의 불평등을 야기하고, 빈곤의 대물림 현상으로 고착화되는 양상을 보이고 있어, 아동빈곤을 두고 볼 수 없었다.

이에, 정부도 기존의 사후 서비스의 확대로는 아동빈곤에 효과적으로 대응하는 데 한계를 인정하고, 빈곤아동 개개인의 욕구와 상황에 맞는 맞춤형 통합서비스를 정부의 책임하에 제공하는 새로운 아동정책 사업인 드림스타트 사업을 추진하게 되었는데 (보건복지부, 드림스타트사업지원단, 2017), 이러한 드림스타트의 사업추진체계도를 살펴보면 그림 6-4와 같다.

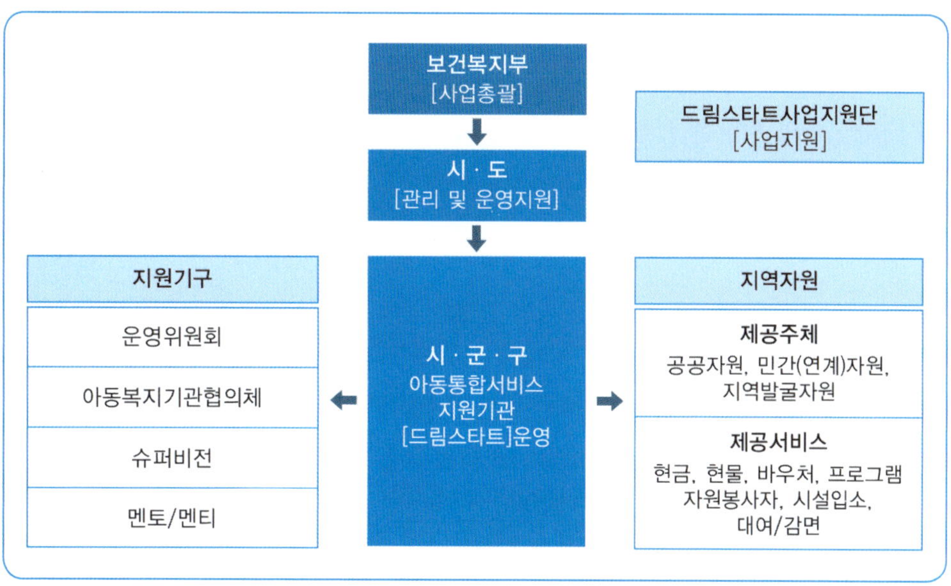

그림 6-4. 드림스타트 사업추진체계도

보건복지부는 드림스타트 사업총괄을 담당하는 중앙정부기구이며, 아동관리과에서 이를 담당하고 있다. 보건복지부의 기능은 전체적인 사업총괄이며 사업기본계획의 수립 및 지침마련, 국가 사업비 확보, 드림스타트 사업 홍보, 지역별 수행인력 관리 및 교육총괄, 사업진행에 따른 운영지도 · 점검 등 총괄과 법령 · 제도개선, 추진협의회를 운영한다. 이러한 사업의 전반적인 운영은 드림스타트 사업지원단에게 위탁하여 운영하고 있으며, 그에 따른 역할을 살펴보면 사업 운영지원, 연구개발 및 교육 운영, 사업 운영 점검, 사업홍보 및 후원개발, 시 · 군 · 구 사례관리 모니터링 및 성과관리를 담당하고 있다.

시 · 도는 사업지역을 추천하고, 각각의 사업 지역 내에 드림스타트 팀을 설치, 적정 인원수에 맞춘 인력 배치, 조례 개정, 진행 사업계획에 대해 검토, 사업비에 따라 보조금 예산을 책정하고 집행, 사업을 안정적으로 운영하기 위한 업무지원 및 조정, 진행하고 있는 사업에 대해 평가 및 점검지도, 상 · 하반기 워크숍 진행에 대한 운영총괄, 사업지원단 업무 현장 지원에 대한 운영으로서 역할을 담당하고 있다.

시 · 군 · 구의 역할은 드림스타트 센터 각 지역 내에 설치 및 운영, 지역주민에게 드림스타트 사업 홍보, 운영위원회 구성 · 운영, 아동복지기관협의체 구성 · 운영의 역할을 하고 있다.

3) 아동통합사례관리사

드림스타트는 각 시 · 군 · 구에서 드림스타트센터를 운영하며 지역사회의 아동에게 통합서비스를 제공, 조정하기 위한 전담팀을 구성 운영하고 있다. 각 센터에서는 팀장(6급 이상)이하 복지, 건강, 보육 분야의 전담공무원과 아동통합사례관리사를 배치하여 아동 300명을 기준으로 사업을 수행하고 있다(조용남, 2015). 드림스타트센터의 사업전담인력은 표 6-6과 같다.

표 6-6. 드림스타트 구성 및 역할

구분	전문분야	구성		주요내용	공통 업무
		공무원	민간		
팀장 (운영 및 관리 총괄)	행정, 사회복지, 보건(간호)	공무원 (6급 이상, 1인)		• 시 · 군 · 구 드림스타트 사업운영 및 행정 · 예산관리 총괄 • 대상 아동가구 조사, 서비스 기획 · 조정 및 서비스 제공 총괄 • 지역자원 발굴 및 행복e음 승인 등 자원 총괄 관리 • 수행인력 관리 • 협의회, 관련회의 참석 및 운영	통합 사례 관리 아동 학대 신고 의무
보건 담당자	보건 (간호)	1인	1인	• 건강, 영양 등 신체발달 서비스 지원 • 지역 내 보건 관련 서비스 연계 및 발굴 • 건강, 보건과 관련된 서비스 지원	
복지 담당자	사회복지	1인	1인	• 정서/행동 분야 서비스 연계 및 발굴 • 정서 관련 각종 프로그램 관리	
보육 (교육) 담당자	보육(교육)	1인	1인	• 미취학 대상 보육 관련 서비스 연계 및 발굴 • 취학 대상 교육 관련 서비스 연계 및 발굴	

팀장은 6급 이상의 행정, 복지, 보건 분야의 공무원으로 사업에 따른 운영, 행정, 예산관리, 총괄의 역할을 하고 있으며 취약계층 아동가구를 조사, 지역자원을 발굴하고 전체적인 수행 인력을 관리하고 있다. 수행 인력을 살펴보면 보건, 복지, 보육분야에 기준을 두고 공무원과 민간 인력으로 구성되어 있다. 보건담당자의 역할을 살펴보면 건강, 영양 등 보건서비스를 지원하고 있으며 지역 내에 보건서비스 개발 및 연계망을 구축한다. 복지담당자는 사례대상 아동의 정서발달에 필요한 프로그램 개발 및 서비스 연계를 담당한다. 그리고 보육담당자는 미취학대상아동의 보육 및 취학아동대상의 교육에 대한 프로그램을 개발 및 연계를 담당하고 있다. 그 밖에 수행 인력들의 공통된 역할은 가정방문을 통한 대상 아동별 통합사례관리와 아동학대의 신고의무가 있다. 여기서 통합사례관리는 드림스타트 사업의 주요 업무로써 민간 인력이 아동통합사례관리사로 이를 수행하고 있다.

통합사례관리의 특징으로는, 첫째, 맞춤형 서비스 제공으로 수요자인 아동중심의 개별화된 접근을 통해, 개별아동에 대한 욕구와 통합사례관리사가 사정한 위기도에 따라 맞춤형 서비스를 제공한다. 둘째, 지역사회 서비스 연계가 우선 원칙으로 서비스와 관련된 공공·민간기관들 간의 연계를 통한 서비스의 체계적 제공을 하고 있다. 지역자원에 한계가 있을 경우 기관별 예산을 활용하여 서비스를 제공한다. 셋째, 예방관리체계 구축으로 저소득 가정의 아동과 가족에게 필요한 지역 내의 다양한 지역자원 체계를 구축하여 대상자의 위기에 대한 사전 예방관리 개념을 강조한다. 넷째, 아동과 가족이 지역에 있는 다양한 자원을 개별적으로 활용할 수 있도록 하여 자활과 자립이 가능하도록 관리한다.

드림스타트 통합사례관리 과정은 접수 → 사정 → 계획 → 실행 → 점검 →종결의 과정으로 이루어지는데, 각각의 단계마다 이루어지는 과정 및 내용을 구체적으로 살펴보면 그림 6-5와 같다.

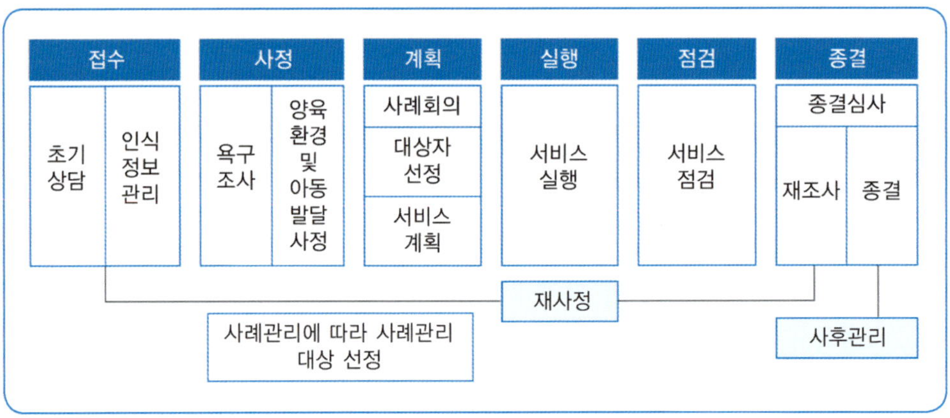

그림 6-5. 드림스타트 통합사례관리 과정

먼저 접수단계이다. 접수단계에서는 각 지역별 대상자를 발굴한 다음 가정방문을 통한 초기상담이 이루어진다. 주요 대상자인 아동과 주 양육자와의 면담을 통해 대상자 및 대상자 관련 개인정보 및 양육환경에 대한 정보를 수집하는 과정이다.

둘째, 사정단계에서는 욕구조사와 양육환경 및 아동발달에 따른 위기도 사정이 이루어진다. 이 단계는 대상자 선정 및 선정된 대상자에게 서비스 제공의 직접적인 기반이 되는 과정으로 아동 및 가족 구성원별로 주요원인, 원인제공자, 강점, 장애물에 대한 정보를 수집한다. 그리고 연령별 발달수준을 고려하여 영아용(만 3세 미만), 유아용(만 3세 이상 ~ 7세 미만), 취학아동용(만 7세 이상 ~ 13세 미만), 임산부용으로 구분되어 있는 위기도를 기준으로 양육환경과 아동발달에 대한 문제점을 파악한다. 사정내용에 따라 위기개입, 집중사례, 일반사례의 사례등급별 구분이 이루어진다.

셋째, 계획단계에서는 사례회의와 대상자 선정, 제공계획으로 진행된다. 사례회의는 초기상담, 인적정보관리, 욕구조사, 위기도 사정결과를 통해 수집된 정보를 근거로 사례회의가 이루어진다. 이 과정에서 대상자의 문제를 분석하여 사례관리 종결 시점까지의 장기목표가 설정되고, 장기목표를 달성하기 위한 단기목표를 설정하여 이에 맞는 서비스 계획을 수립한다. 대상자 선정에 있어서 사정 결과에 따라 드림스타트 사례관리 대상자로 최종 확정된다. 대상자 최종 선정 후 대상자 및 주 양육자를 통해 드림스타트 서비스 이용 동의서를 확보하면 대상자 선정이 마무리된다. 이후 사례회의에서 논의된 서비스의 단기목표, 제공전략(제공자, 전달방법, 제공 횟수 및 시간, 서비스 비용 및 부담, 평가방법 등)을 구체적으로 규정하는 제공계획이 세워진다.

넷째, 실행단계에서는 서비스 계획 내용에 근거하여 지역사회 내 다양한 자원과 연계하여 대상자에게 통합서비스를 제공하는데, 양육환경 및 아동발달 사정 영역별로 체크된 항목을 중심으로 서비스 제공이 이루어진다. 서비스 제공은 지역자원 연계가 원칙이며, 행복e음 내 서비스 이력을 참고하여 중복서비스 수혜를 방지한다.

다섯째, 점검단계에서는 서비스 점검 및 평가와 양육환경 및 아동발달 재사정이 포함된다. 서비스 점검과 평가에서는 지원되고 있는 서비스의 적절성과 진행상황에 대해서 평가한다. 이 시기에 사례관리 유형에 의해 결정되는 점검주기에 따라 주기적인 사례회의 진행을 통해 점검한다. 위기개입은 최대 1개월, 집중사례와 일반사례는 각각 최대 3개월마다 실시하게 된다. 점검 내용으로는 사례회의에서 계획했던 서비스 계획에 대한 실행 여부, 전반적 서비스 제공 평가, 그간 대상자의 변화 등을 다룬다. 양육환경 및 아동발달 재사정 과정은 사례등급에 따라 서비스 개입 후 대상자의 변화 상황을 점검하기 위하여 재사정을 실시한다. 대상자에 대한 서비스 지속여부 개입 및 서비스 결정을 위한 도구로 활용한다. 재사정은 위기개입은 3개월, 집중사례는 6개월, 일반사례는 12개월로 주기적으로 실시한다.

여섯째, 종결 및 사후관리 단계이다. 이 단계는 사례관리 종결에 대한 협의 및 결정을 하는 종결심사와 사후관리로 구분된다. 종결심사에서는 종결 전 제공된 서비스와 활동을 통한 서비스의 단기목표, 장기목표 달성여부와 대상 아동 및 가족에게 바람직한 변화를 가져왔는지를 판단한다. 종결사유는 연령 도래에 따라 중학교로 진학, 이사, 사망 또는 연락 두절, 서비스 거절이나 포기 등이 있다. 사례관리 담당자는 종결 후 일정 기간을 두고 종결 이후의 변화 상황, 안정화 여부를 모니터링하고 재개입 필요성을 조기에 판단하는 형태의 사후관리를 실시한다. 특히 이사한 경우, 신거주지의 드림스타트와 연결되도록 사례관리 내용을 공문으로 통보하고, 드림스타트가 설치되어 있지 않은 지역은 시 · 군 · 구 아동부서에 통보한다. 사후관리가 가능한 경우 사후관리 일정과 내용을 포함하는 사후 관리 계획을 작성한다.

4) 드림스타트 서비스 대상 및 주요사업

드림스타트 사업의 대상자 기준은 '아동의 발달수준 및 양육환경 등을 고려하여 보건복지부 장관이 정하는 기준에 부합하는 가정'으로 기초수급가정 및 법정 차상위 가정, 법정 한부모가정, 조손가정이 기본 대상아동이며 일반가정의 아동의 경우 학대 및 성폭력 피해아동과 개별(본인 및 타인) 및 관련기관 의뢰 대상자 중 방임 등 개입이 시급한 아동을 발굴하고 지원하는 것을 적극 추진한다. 또한 읍 · 면 · 동, 지역아동센터, 학교 등 관련기관, 지역사회로부터 요청을 받는 등 지역실정에 맞게 지원대상 확대방안을 마련하여 시행하고 있다. 2017년부터는 중학교에 입학하였더라도 사례담당자 기준 위기 및 집중사례로 지속적인 점검이 필요한 대상자일 경우 종결하지 않고 지속적으로 서비스 이용이 가능하도록 하였다(최진경, 2017).

한편, 「아동복지법」 제37조 제2항의 내용에 의하면 취약계층 아동에 대한 통합서비스 지원의 대상 선정, 통합서비스의 내용 및 수행기관 · 수행인력 등에 필요한 사항은 대통령령으로 정한다고 규정하였는데, 같은 법률 시행령 제37조에 의하여 취약계층 아동에 대한 통합서비스 지원 대상을 「국민기초생활보장법」에 의한 수급자 또는 차상위 가정과 그 밖에 보건복지부장관이 정하는 아동의 성장 및 복지 여건이 취약한 가정으로 규정하여 법적인 서비스 대상자를 명시하였다.

드림스타트 서비스 이용신청방법은 해당 시 · 군 · 구청에 연락하거나 홈페이지를 통해 거주하고 있는 지역이 드림스타트 사업지역인지 확인을 해야 한다. 하지만 사업을 실시하고 있더라도 저소득 가정 아동들이 밀집되어 있는 지역에 한정되어 실시할 수 있으므로 거주하고 있는 읍 · 면 · 동이 사업지역에 포함되는지 해당 드림스타트로 문의하여야 한다.

서비스 과정에서 개입을 보면 지역자원과 연계하여 지원을 하게 되며, 아동발달에 필요한 서비스 중심으로 운영하고 대상자의 위기도와 욕구, 자원 등을 고려하여 선택서비스를 추가적으로 지원하게 된다. 서비스 지원 진행 과정을 살펴보면, 아동발달에 있어 위기도와 욕구에 따른 우선순위를 정하고 그에 따른 장기목표와 단기목표를 설정하고 기본서비스와 필수서비스, 선택서비스로 구분하고 기본 및 필수서비스를 중심으로 지원하게 된다. 서비스 지원방식은 지역자원 연계가 우선적으로 이루어져야 하나 지역사회 내의 자원현황 등을 고려하여 연계와 직접서비스를 지원할 수 있다. 지원서비스 유형을 보면 기본서비스, 선택서비스, 필수교육, 기타서비스로 나눠 볼 수 있다.

첫째, 기본서비스는 통합사례관리 서비스이다. 통합사례관리는 드림스타트 사업의 가장 기본적인 서비스로 드림스타트를 이용하는 아동에게 실시하는 서비스이다. 가정방문을 통해 주 양육자와 정기적인 면담을 하여 아동의 욕구 및 위기도를 사정하고 그에 따라 맞춤형으로 사례관리가 실시된다.

둘째, 선택서비스는 아동의 전인적 발달을 돕기 위한 필요 서비스로 아동발달 영역별로 신체 · 건강, 인지 · 언어, 정서 · 행동, 부모 · 가족을 기준으로 삼고 아동의 발달에 따라 필요한 서비스를 지원한다. 신체 · 건강 분야에서는 질환, 영양결핍, 신체발달 부진, 건강검진, 예방접종 등을 통해 아동의 건강한 성장과 신체발달을 증진하고 건강한 생활을 돕고 발달에 필요한 정보를 제공한다. 인지 · 언어 분야에서는 학습, 언어발달, 인지발달 등에 대한 서비스를 지원하여 아동의 기초학습능력을 향상시키고 맞춤형 인지 · 언어 서비스를 지원하여 강점을 개발한다. 그리고 정서 · 행동 분야에서는 심리, 또래관계, 정서발달 등 아동의 정서적 안정에 도움을 줄 수 있는 서비스를 지원하여 정서적 안정에 도움을 줄 수 있는 정서행동 발달 서비스를 제공하고 사회성 발달 및 아동권리 신장을 위한 교육을 한다. 마지막으로 부모/가족은 아동의 성장발달에 있어 부모와 가족은 빠져서는 안 되는 필요한 자원으로 부모와 자녀 간 상호작용 및 적합한 교육환경을 위한 부모역량을 강화하고 부모의 유능감 및 자존감을 강화하고 부모의 양육기술을 지원한다. 그리고 임산부의 경우에는 건강한 출산을 할 수 있도록 양육 및 관련 교육을 지원한다.

셋째, 필수교육은 아동이 성장함에 있어 건강하고 안전하게 성장할 수 있도록 제공하는 기본적인 서비스라고 할 수 있다. 내용은 건강검진, 예방접종, 응급처치교육, 교통안전교육, 영양교육, 성폭력(학대)예방교육, 인터넷중독예방교육, 소방안전교육, 부모교육이 있다.

마지막으로 기타서비스에서는 각 아동발달에 따라 가정에서 지원이 어려운 서비스를 지원하고 추가적으로 아동에게 필요한 후원금 및 후원물품 등의 후원서비스를 지역자원 연계를 통해 중복적으로 지원하는 서비스를 말한다.

Chapter

07

아동정책과 전달체계

배울 내용

1. 아동복지법
2. 아동복지 관련 법
3. 아동복지정책

학습목표

1. 아동복지법의 역사와 내용을 설명할 수 있다.
2. 아동복지 관련 법의 과제에 대한 해결방안을 모색해 본다.
3. 아동복지정책의 개념, 관점 및 내용을 이해하고 정책방향을 설명할 수 있다.

Chapter 07

아동정책과 전달체계

1. 아동복지법

1) 아동복지법의 개념

「아동복지법」은 아동이 건전하게 출생하여 행복하고 건강하게 육성되도록 그 복지를 보장하는 것을 목적으로 하는 법이다(동법 제1조). 이것은 구법인 「아동복리법」이 요보호아동을 위한 적극적인 대책을 중심으로 입법된 것을 보완하여 요보호아동뿐만 아니라 일반아동의 건전한 육성을 위한 적극적인 복지대책을 실시하려는 데에 그 실질적 의의가 있다.

산업화가 될수록 가정에서 부모의 양육 기능은 점점 약화되는 반면, 사회 및 국가의 책임은 무거워져서 국가는 아동복지의 책임을 다하기 위해 여러 가지 정책을 입안하게 되며, 입안된 정책은 관계 법률의 공포를 통해서 실현된다. 아동복지의 경우에도 아동복지를 실천하고, 아동정책을 수립하기 위한 법적 장치로서 법규를 마련해야 하고, 이때 아동복지는 단일한 법으로 전반적인 아동복지정책을 실시할 수 없으므로 관련 법규들이 통합적으로 실시되어야 한다.

오늘날 아동을 둘러싼 가족의 구조와 기능, 그리고 가족관계의 양상도 크게 달라졌고, 아동이 생활하는 이웃, 학교, 전체 사회의 구조 · 기능 · 양식도 크게 변화되었기 때문에 개개 가정에서 부모의 노력과 능력만으로는 아동의 건강한 양육과 건전한 육성이 불가능한 시대가 되었다. 따라서 전체 사회의 부모 · 전체 사회의 구성원과 국가가 모두 함께 협력하여 공동의 노력과 책임으로 아동의 건강한 양육을 이루어 내지 않으면 안되게 되었다. 특히 아동의 문제는 가급적 조기에 문제해결을 시도하는 쪽이 효과적이고 그래야만 다음 세대의 건강하고 진취적이고 창의적인 국민을 형성하고 육성할 수 있다는 이념이 본 법의 기초를 이루는 정신이라고 볼 수 있다.

2) 아동복지법의 역사적 변천과 개요

아동복지행정을 규율하는 기본이 되는 법령은 「아동복지법」이다. 2000년 개정된 「아동복지법」은 그동안의 「아동복지법」의 문제점을 대폭 수용하여 대대적인 법개정을 하였다. 그간의 아동복지 관련 법의 변천과 2000년에 개정된 「아동복지법」의 개요를 살펴봄으로써 「아동복지법」의 내용을 검토하고자 한다. 「아동복지법」의 이념과 「아동복지법」이 가지고 있는 아동복지행정 및 조직 등의 내용은 다음과 같다(김이영 외, 2023).

(1) 6 · 25 전쟁 후의 아동복지

6 · 25 전쟁은 아동들에게 가장 큰 불행이었으며 휴전당시의 전국의 시설수가 이미 440여 개소로 급증하였고 수용 아동만도 53,964명에 달할 정도였다. 이러한 상황에서 아동복지는 국가와 외국 원호단체에 크게 의존할 수밖에 없었다. 당시의 사회부는 이렇게 급증하는 아동복지의 필요성에 따라 1952년 10월 4일 장관 훈령을 "후생시설 운영 요령"을 시달하여 후생시설 운영과 지도 감독의 준칙으로 삼았다. 이 훈령은 종전, 후생시설의 설립이 등록제였던 것을 도지사의 인가로 설립할 수 있게 함으로써 지도 감독의 실질적 효과를 거둘 수 있게 한 점이 특이하다. 또한 1957년에는 5월 5일 어린이날을 기하여 보건사회, 내무, 법무, 문교의 4부 장관 공동 명의로 전문과 9개 조항으

로 된 "대한민국 어린이 헌장"을 선포하여 어린이의 기본 인권을 존중하고 이들이 건전히 자라기 위한 사회적 책무를 강조하였다. 이를 계기로 요보호아동뿐만 아니라 전체 아동의 복리증진이라는 현대적 의미와 아동복지 사상이 우리나라에 도입된 것이다.

이 시기의 아동복지 업무는 1955년 2월 17일 사회부와 보건부가 통합되기 전에는 사회부 사회국 산하에서, 통합 후에는 원호국에서 관장하였으나 1957년 9월 9일 보건사회부 직제가 개편되면서 부녀국에 아동과가 새로이 신설되어 아동문제만의 전담 행정체계를 처음으로 갖추게 되었다.

(2) 1961년 아동복리법

1961년 군사정부는 당시까지는 「고아입양특례법」 등으로 분산 시행되던 아동복지에 대한 최초의 통합화를 시도하여 전문 29개조의 「아동복리법」을 제정하였다. 그러나 당시의 「아동복리법」은 아동을 건강하게 육성시킨다는 보편적 이념하에 제정되었다기보다는 당시의 사회 상황을 염두에 두고 요보호아동과 요보호임산부를 그 대상으로 제정되었던 것이다. 대상의 한계는 물론이고 구체적으로 어떠한 보호를 필요로 하며, 어떠한 방법으로 보호하는지에 대한 명확한 규정이 없다는 비판을 받았다.

(3) 1981년 아동복지법

과거의 「아동복리법」은 1981년 「아동복지법」으로 전문 개정되었는데, 이것은 국가의 아동복지에 대한 노력을 반영한 것이라고 할 수 있다. 「아동복지법」은 아동보호의 대상으로 요보호아동에서 일반아동으로 확대시켰으며 아동복지에 대한 국가와 국민의 책임 조항을 신설하였고, 종래 특별시와 도에만 배치했던 아동복지요원을 시 · 군 · 구에까지 확대 배치하여 아동복지의 현실화를 도모하였다. 또한 아동에 대한 금지 행위의 처벌 규정을 강화하였고, 시설수용아동이 18세가 되면 무조건 퇴원시키던 것을 기간을 연장하여 보호받을 수 있도록 하였다는 점에서 아동에 대한 보다 적극적인 국가의 보호를 명문화하였다.

(4) 2000년 개정 아동복지법

2000년에는 학계와 그 동안의 관련 단체들의 견해를 받아들여 「아동복지법」을 다시 대폭 개정하였다. 새로이 개정된 법은 보호의 대상을 "보호를 필요로 하는 아동"이라고 명문화하여 누구든지 장기간 혹은 단기간 보호가 필요한 경우 이 법에 명시된 보호를 요청할 수 있도록 하였다. 특히 아동학대와 관련하여 이 법의 주요 내용으로 규정하였다(제2조). 구체적으로는 아동보호전문기관(제25조)을 명시하였으며, 아동학대의 발생 신고의 의무와 그 절차(제26조)와 긴급조치(제27조, 제28조 등)를 명확히 하고 있다. 이 법에 따라 아동복지시설은 보호가 필요한 아동의 적절한 환경을 만들어 줄 수 있게 되었다.

3) 아동복지법의 내용

「아동복지법」은 전문, 43조와 부칙으로 되어 있다. 주요 내용은 아동복지의 대상과 책임, 아동에 관한 금지행위, 아동복지위원회와 아동상담소를 비롯한 아동복지시설의 설치와 운영, 각종 단체의 육성 및 아동복지기관에 대한 국가의 비용보조 등에 관한 사항이며, 구체적인 내용은 다음과 같다.

첫째, 아동은 자신 또는 부모의 성별과 연령, 종교, 사회적 신분, 재산, 장애유무, 출생지역 등에 따른 어떠한 종류의 차별도 받아서는 안되며, 안정된 가정환경에서 행복하게 자라야 한다. 또한 아동과 관련된 모든 활동에서 아동의 이익이 최우선적으로 고려되어야 한다.

둘째, 아동의 보호자는 아동의 성장과 발달에 적합하도록 건강하고 인진하게 양육하여야 하며, 모든 국민은 아동의 권익과 안전을 존중하여야 한다. 국가와 지방자치단체는 아동의 건강과 복지증진을 위한 시책을 실행하여야 하는데, 즉 아동학대에 대한 긴급신고전화를 설치하고 아동보호전문기관을 설치하여야 하며, 또한 아동복지단체를 지도 및 육성할 수 있다.

셋째, 시·군·구에 아동위원과 아동복지지도원을 둔다. 국가는 아동복지시설과 아동용품에 대한 안전기준을 설정하여야 한다. 시·도지사 또는 시장·군수·구청장은 요보호아동에 대한 최상의 보호조치를 하여야 하며, 아동의 친권자가 친권을 남용하는 등의 사유가 있을 시에는 법원에 친권행사의 제한상실의 선고를 청구하거나 후견인의 선임을 청구하여야 한다.

넷째, 아동복지시설의 종류는 아동양육시설, 아동일시보호시설, 아동보호치료시설, 아동직업훈련시설, 자립지원시설, 아동단기보호시설, 아동상담소, 아동전용시설, 아동복지관 등으로 한다. 아동복지시설은 종합적인 시설의 설치가 가능하며, 각 시설의 고유업무 외에도 아동가정지원사업, 아동주간보호사업, 아동전문상담사업, 학대아동보호사업, 공동생활가정사업, 방과후 아동지도사업 등의 업무가 가능하다. 이러한 아동복지시설에는 필요한 전문인력을 배치하여야 한다.

2. 아동복지 관련 법

아동복지 관련 법의 법적 체계는 사회복지의 하위 법적 체계로서 아동복지의 전 분야를 포괄적으로 다루는 단독법을 제정하는 경우와 아동복지의 기본방향을 설정하는 법과 함께 아동복지 분야의 다양성에 따라 여러 관계 법을 제정하는 경우로 구분할 수 있다.

아동복지 관련 법은 아동복지사업을 실천하기 위한 사회적 책임을 명문화한 것으로서, 아동복지사업 실천의 근거가 된다. 이러한 아동복지 관련 법은 아동과 가족의 욕구와 요구에 부응하는 각종 사회복지대책을 제공하는 근거가 된다. 따라서 아동은 한 나라의 국민으로서 누려야 할 여러 가지 권리, 즉 「헌법」에서 규정하고 있는 행복추구권(제10조), 평등권(제11조), 신체의 자유권(제12조), 교육권(제31조), 인간다운 생활을 할 권리(제34조), 쾌적한 환경에서 생활할 권리(제35조), 보건권(제36조) 등을 보장하기 위해 그 하위법으로서 아동복지 관련 법을 제정 및 시행하도록 조치하고 있는 것이다.

아동복지 관련 법은 형식적 의미의 「아동복지법」과 실질적 의미의 아동복지 관련 법으로 구분하여 살펴볼 수 있다. 형식적 의미의 「아동복지법」은 법의 외적 형식을 갖춘 제반 법규로써 「아동복지법」을 의미한다. 이에 반해 실질적 의미의 아동복지 관련 법이란 법의 명칭과 관계없이 법의 내용, 목적, 기능에 따라 그 법규범에 내재하는 공통된 법원리를 도출하고 그 법원리에 근거하여 「아동복지법」의 개념을 파악하는 것이다.

아동복지 관련 법의 체계는 사회복지 관련 법의 하위체계로서 아동복지와 관련된 법의 총체 또는 아동복지의 직·간접적으로 관련이 있는 법을 말한다. 구체적으로 아동복지 관련 법으로 「영유아보육법」, 「한부모가족지원법」 및 「청소년기본법」에 대해 살펴보면 다음과 같다(김이영 외, 2023).

1) 영유아보육법

영유아를 보호하고 교육함으로써 건강한 사회구성원으로 육성하는 동시에 보호자의 경제적·사회적 활동을 보장하여 가정복지 증진에 기여할 목적으로 제정된 법률이다. 1991년 1월 14일 법률 제4328호로 제정되었으며, 제1장 총칙, 제2장 보육시설의 설치, 제3장 보육시설 종사자, 제4장 보육시설의 운영, 제5장 건강·영양 및 안전, 제6장 비용, 제7장 지도 및 감독, 제8장 보칙, 제9장 벌칙 등 전문 56조와 부칙으로 이루어져 있다.

이 법에서 '영유아'란 6세 미만의 취학 전 아동을 말하며, '보육'이란 영유아를 건강하고 안전하게 보호·양육하고 영유아의 발달 특성에 맞는 교육을 제공하는 보육시설 및 가정양육 지원에 관한 사회복지서비스를 말한다(제2조). 보육은 영유아의 이익을 최우선적으로 고려하여 제공되어야 하며(제3조), 모든 국민은 영유아를 건전하게 보육할 책임을 진다(제4조).

보육시설을 설치 · 운영하려는 자는 보건복지부령으로 정하는 설치기준을 갖추어야 하는데(제15조), 미성년자 · 금치산자 또는 한정치산자, 정신질환자, 마약 · 대마 또는 향정신성 의약품 중독자, 파산선고를 받고 복권되지 않은 자, 금고 이상의 실형을 선고받고 그 집행이 종료되거나 집행이 면제된 날부터 3년이 경과되지 않은 자, 금고 이상의 형의 집행유예를 선고받고 그 유예기간 중에 있는 자 등은 보육시설을 설치 · 운영할 수 없다(제16조).

보육시설의 장은 보육시설을 총괄하고 보육교사와 그 밖의 종사자를 지도 · 감독하며 영유아를 보육하며(제18조), 시장 · 군수 · 구청장은 보육시설 종사자의 권익 보장과 근로여건 개선을 위해 보육시설 종사자의 임면과 경력 등에 관한 사항을 관리해야 한다(제19조). 보육시설의 장 또는 보육교사는 다른 사람에게 자기의 성명이나 보육시설의 명칭을 사용해 보육시설의 장 또는 보육교사의 업무를 수행하게 하거나 자격증을 대여해서는 안된다(제22조의 2).

국가나 지방자치단체는 「국민기초생활보장법」에 따른 수급자와 보건복지부령으로 정하는 일정 소득 이하 가구의 자녀 등의 보육에 필요한 비용의 전부 또는 일부를 부담해야 하며(제34조), 보육시설이나 「유아교육법」 제2조에 따른 유치원을 이용하지 않은 영유아에 대하여 영유아의 연령과 보호자의 경제적 수준을 고려하여 양육에 필요한 비용을 지원할 수 있다(제34조의 2). 초등학교 취학 직전 1년의 유아와 장애아에 대한 보육은 무상으로 하되, 대통령령으로 정하는 바에 따라 순차적으로 실시한다(제35조).

2) 한부모가족지원법

「한부모가족지원법」은 제1장 총칙, 제2장 복지의 내용과 실시, 제3장 한부모가족복지시설, 제4장 비용, 제5장 보칙 등 전문 31조와 부칙으로 이루어져 있다. 1989년 4월

1일 법률 제4121호에 의해 「모자복지법」으로 제정되었다가 2002년 12월 18일 법률 제6801호로 「모 · 부자복지법」으로 개정되었고, 2007년 10월 17일 법률 제8655호에 따라 「한부모가족지원법」으로 명칭이 변경되었다. 2011년 4월 12일 법률 제10582호까지 모두 15차에 걸쳐 일부 개정이 이루어졌다.

이 법에서 사용하는 '한부모가족'이란 모자가족 또는 부자가족을 말하며, '아동'이란 18세 미만(취학 중인 경우에는 22세 미만을 말함)의 자를 말한다(제4조). 이 법에 따른 보호대상자 아동의 연령을 초과하는 자녀가 있는 한부모가족의 경우 그 자녀를 제외한 나머지 가족구성원을 보호대상자로 한다(제5조). 보호대상자 또는 그 친족이나 그 밖의 이해관계인은 복지 급여를 관할 특별자치도지사 · 시장 · 군수 · 구청장에게 신청할 수 있으며(제11조), 국가나 지방자치단체는 생계비 · 아동교육지원비 · 아동양육비, 그 밖에 대통령령으로 정하는 비용 등의 복지급여를 실시해야 한다(제12조).

국가 또는 지방자치단체는 한부모가족의 모 또는 부와 아동의 직업능력을 개발하기 위해 능력 및 적성 등을 고려한 직업능력개발훈련을 실시해야 하며(제14조), 한부모가족의 모 또는 부와 아동의 취업 기회를 확대하기 위해 한부모가족 관련 시설 및 기관과 직업안정기관 간 효율적인 연계를 도모해야 한다(제14조의 2). 또한 공공시설에 각종 매점 및 시설의 설치를 허가하는 경우 이를 한부모가족 또는 한부모가족복지단체에 우선적으로 허가할 수 있다(제15조).

국가나 지방자치단체는 한부모가족에게 아동의 양육 및 교육서비스, 장애인 · 노인 · 만성질환자 등의 부양서비스, 취사 · 청소 · 세탁 등 가사서비스, 교육 · 상담 등 가족 관계 증진서비스, 인지청구 및 자녀양육비 청구 등을 위한 법률상담 · 소송대리 등 법률구조서비스 등을 제공하도록 노력해야 하며(제17조), 학교에서의 학적 유지를 위한 지원 및 교육비 지원 또는 검정고시 지원, 학력인정 평생교육시설에 대한 교육비 지원, 학습부진아 등에 대한 교육 지원 등을 할 수 있다(제17조의 2).

한부모가족복지시설을 설치 · 운영하는 자는 시 · 도지사 또는 시장 · 군수 · 구청장으로부터 한부모가족복지시설에 한부모가족을 입소보호하도록 위탁받으면 정당한 사유 없이 이를 거부하지 못한다(제21조). 거짓이나 그 밖의 부정한 방법으로 복지급여를 받거나 타인으로 하여금 복지급여를 받게 한 경우 복지급여를 지급한 보호기관은 그 비용의 전부 또는 일부를 그 복지급여를 받은 자 또는 복지급여를 받게 한 자로부터 징수할 수 있다(제25조의 2). 이 법에 따라 지급된 복지급여와 이를 받을 권리는 다른 사람에게 양도하거나 담보로 제공할 수 없으며, 다른 사람은 이를 압류할 수 없다(제27조).

3) 청소년기본법

청소년에 대한 법적 사항을 담고 있는 법률로 1991년 12월 31일 법률 제4477호로 제정되어 개정을 거쳐 현재에 이르고 있으며, 제1장 총칙, 제2장 청소년육성정책의 총괄조정, 제4장 청소년 시설 등 전문 66조와 부칙으로 구성되어 있다.

이 법에서 사용하는 '청소년'이란 9세 이상 24세 이하의 자를 말하며, '청소년 육성'이란 청소년 활동을 지원하고 청소년의 복지를 증진하며 근로 청소년을 보호하는 한편, 사회 여건과 환경을 청소년에게 유익하도록 개선하고 청소년을 보호하여 청소년에 대한 교육을 보완함으로써 청소년의 균형 있는 성장을 돕는 것을 말한다(제3조).

청소년의 기본적 인권은 청소년 활동 · 청소년 복지 · 청소년 보호 등 청소년 육성의 모든 영역에서 존중되어야 하며(제5조), 가정은 청소년 육성에 관해 1차적 책임이 있음을 인식하고, 따뜻한 사랑과 관심을 통해 청소년이 개성과 자질을 바탕으로 자기발전을 실현하고 국가와 사회의 구성원으로서의 책임을 다하는 후계세대로 성장할 수 있도록 노력해야 한다(제6조).

청소년육성정책은 여성가족부장관이 관계 행정기관의 장과 협의하여 총괄 · 조정하며(제9조), 국가는 청소년 육성에 관한 기본계획을 5년마다 수립해야 한다(제13조). 청소년의 능동적이고 자주적인 주인의식을 고취하고 청소년 육성을 위한 국민의 참여 분위기를 조성하기 위해 매년 5월을 청소년의 달로 한다(제16조). 국가 및 지방자치단체는 청소년 단체의 조직과 활동에 필요한 행정적인 지원을 할 수 있으며, 예산의 범위 안에서 그 운영·활동 등에 필요한 경비의 일부를 보조할 수 있다(제28조).

국가 및 지방자치단체는 청소년의 가출 및 비행을 예방하고 이들의 건전한 사회복귀를 돕기 위해 필요한 복지적 지원을 제공하고(제50조), 청소년에게 유해한 매체물과 약물 등이 유통되지 않도록 해야 한다(제52조).

3. 아동복지정책

1) 아동복지정책의 개념

일반적으로 사회복지정책은 '국민에게 서비스와 소득을 제공함으로써 국민복지에 영향을 주는 정부의 활동(Malamuth et al., 1995)'을 의미하며, 복지정책은 기본적으로 여러 사람의 요구 중에서 어떤 것을 우선순위로 어떻게 충족시켜 줄 것인지에 대해 결정해야 하기 때문에 본질적으로 정치적이라고 할 수 있다. 이러한 의미에서 아동복지정책은 아동과 부모 그리고 가정에 영향을 주는 모든 정책과 프로그램 및 활동을 의미한다. 따라서 일반정책의 대상이 되는 대다수의 사람에게 영향을 주는 것과 같이 아동복지정책은 대상이 되는 아동과 부모 그리고 가정과 아동복지기관 등에 영향을 주는 국가정책이라고 할 수 있다.

아동복지정책에서 중요한 것은 사회복지정책에 어떠한 영향을 주는 여러 가치들이 아동복지 분야에서는 어떻게 고려될 수 있는가 하는 점이다. 그것은 아동복지를 포함한 모든 사회복지 영역에서 추구하고자 하는 정책 목표를 기본적으로 서비스의 대상자와 그 대상자를 둘러싼 환경과의 조정으로 보기 때문이다. 실제로 아동은 미성숙하므로 일정 기간 동안 일정한 수준의 타인 보호를 절대적으로 필요로 한다. 그럼에도 불구하고 아동은 독립된 인간이므로 이러한 측면은 아동복지정책의 가치 선택과 적용에서 기본적인 고려 사항이 되어야 할 것이다. 예를 들어, 가정에 대한 지지적 사회보장급여나 서비스를 제공하는 아동복지 프로그램은 출생 가정과 부모의 권리를 갖게 하는 관점에서 나온 반면, 위탁가정 입양이나 시설보호 등 대체가정 프로그램은 가정의 유지보다는 아동의 보호가 우선이라는 관점에서 나온 것이다(도미향 외, 2015).

이러한 여러 견해들을 볼 때, 아동복지정책의 개념은 아동의 신체적, 심리적 욕구를 충족시켜 주기 위한 법적 장치와 이에 근거한 서비스를 하기 위한 조직화된 노력으로 볼 수 있다. 그러므로 아동, 가족, 아동복지기관 그리고 이와 관련된 서비스 지원을 위한 종합적인 정책이라고 볼 수 있다. 이 점에서 아동복지정책은 아동복지를 달성하기 위한 지침, 제도, 규칙, 법 그리고 서비스 가이드라인의 총체적 의미이다. 즉, 아동복지정책은 아동복지를 구현하기 위한 정부의 지침과 행동노선 및 계획이라고 할 수 있으며, 여러 가지 아동복지사업을 수행하기 위한 원칙과 방향을 정하거나 계획하는 데 지침이 되는 정부의 조직화된 장단기 노력의 표현이라고 정의를 내릴 수 있다.

2) 아동복지정책의 관점

아동을 위한 사회복지정책은 개별 국가의 조건에 따라 다양한 가치체계와 목표를 가지고 있다. 각각의 관점은 특정한 시기의 입법과 정책, 실천과 관련되어 있으며 정책분석에서 가장 중요한 기초가 된다. 여기에서는 아동복지정책의 목표와 가치체계를 자유방임주의 관점, 국가개입주의 관점, 가족과 친권보호의 관점, 아동권리 및 아동해방의 관점으로 나누어 볼 수 있다(김이영 외, 2023).

(1) 자유방임주의 관점

자유방임주의는 아동의 보호에 있어 부모-자녀관계의 프라이버시와 성역은 보호되어야 한다는 입장을 갖는다. 부모는 자신의 방법으로 자녀를 양육할 수 있으며, 자녀의 양육이 부모-자녀관계의 특별한 유대를 가져오며, 그것을 침해를 받아서는 안 되며, 국가의 역할은 최소한으로 제한되어야 한다는 입장이다. 즉, 부모의 보호가 이루어지지 못하는 극단적인 경우에 국가의 개입이 허용되는 것을 원칙으로 한다.

이 관점의 한계는 가족이 아동양육의 의무를 충실하게 수행하지 못하는 경우에도 아동보호의 책임을 일차적으로 가족에게 둠으로써 아동의 복지가 훼손될 위험이 크다는 것이다. 또한 가족의 사회·경제적 위치, 교육환경, 문화수준 등의 불평등한 상황이 아동에게 그대로 반영되어 사회적 불평등을 재생산하는 기반이 된다는 점이다.

(2) 국가개입주의 관점

국가개입주의는 출생부모의 보호가 항상 최선의 것이 될 수는 없으며, 심각한 해를 초래할 수도 있으며, 자유방임의 관점보다는 높은 기준을 설정하고 일정한 규범과 기준에 미치지 못하는 부모에 대하여 공권력에 의한 처벌을 가할 수도 있다는 인식에 기초한다. 또한 아동은 사회에서 높은 우선순위를 가진 존재이며, 양질의 보호를 받을 권리가 있고, 적절한 처우를 받지 못하는 경우, 필요하다면 법적 강제력을 사용하여서라도 보호되어야 한다. 따라서 부모의 권리는 자유방임의 관점과는 달리 존중되지 못한다. 아동에게 최선의 보호를 제공하는 것이 부모의 의무이지만, 이러한 의무가 충족되지 못하면 아동을 다른 양육의 장으로 옮기는 일에 있어 국가의 역할이 정당화된다. 아동의 복지가 최우선이기 때문에 성인의 욕구, 이해관계와 권리는 필요하다면 희생될 수 있다.

국가개입주의 관점의 가장 명백한 정책적 함의는 국가가 부모-아동관계에 개입할 수 있는 강제력을 가져야 한다는 것이다. 이러한 관점은 국가에 의한 강제적 개입의 법적 근거를 확대하는 것을 의미한다. 아동의 복지가 위기의 상황에 처해 있고 부모가 아동을 위하여 더 이상 만족스러운 보호를 제공할 수 없다고 판단될 경우, 부모의 아동에 대한 접근을 봉쇄하는 공권력이 행사될 수 있다.

(3) 가족과 친권보호 관점

가족과 친권보호 관점은 아동을 부모와 분리된 객체로 보는 국가개입주의 관점과 구분된다. 국가개입주의에서는 부모의 양육은 '아동의 복지를 위한 기여'라는 관점을 지니며 부모의 의무는 중요하지만 부모의 권리는 존중을 받지 못한다. 부모의 양육이 정상적으로 이루어지지 않을 경우, 국가는 타인에게 아동을 맡길 수 있으며, 부모-아동의 유대관계가 상대적으로 덜 강조되는 국가개입주의 관점과는 다르다.

사회복지정책 함의는 부모와 아동에 대한 지지를 강화하여야 한다는 점이다. 국가나 지방정부는 취약가정에 대하여 사회보장제도를 통한 가족수당, 아동을 위한 탁아보호, 기타 지지적 사회사업서비스를 강화하는 것이다. 그러나 이러한 프로그램은 정상적인 가정위탁서비스보다 훨씬 비용이 많이 소요될 수 있다는 점에서 비판을 받고 있다. 특히 중앙과 지방정부가 복지재정을 긴축시키는 상황에서는 이 관점의 정책적 함의는 현실성이 적다. 정부가 가정에 대한 지원을 강조하지만 그것이 물리적 지원이 아닌 가정의 자율성과 가족 내적 책임을 강조하는 한 자유방임의 입장인 경우가 많다.

(4) 아동권리 및 아동해방 관점

아동권리 및 아동해방 관점은 아동을 하나의 인격적 주체로서 성인과 동일한 권리를 지닌 독립된 인간으로 그 권리를 옹호하자는 것이다. 아동에게 보다 많은 지위를 부여함으로써 성인의 억압으로부터 보호하려는 입장이다. 즉, 아동을 위하여 무엇이 최선인가에 대해 성인의 입장보다 아동 자신의 견해, 느낌, 욕구, 정의, 자유, 선택에 강조점을 둔다. 아동은 타인의 선택과 행위의 객체로서가 아닌 독립적인 자기결정의 능력을 가진 주체로서 간주된다. 국가가 해야 할 일은 아동이 그들의 부모나 다른 성인으로부터 자유로울 수 있도록 보장하는 일이다. 이러한 입장은 국가에 의한 법적 조치의 마련을 요구하기도 하지만, 일단 입법이 되면 국가의 역할은 첫번째 관점인 자유방임의 경우보다 더욱 방임적일 수 있다. 즉, 국가는 극단적으로 아동의 특별한 욕구에 대하여 아무런 행동도 취하지 않는 것일 수 있다.

3) 아동복지정책의 내용

우리나라에서 시행하고 있는 사회보장제도는 아동만을 직접적인 대상으로 하고 있지 않으므로 「사회보장기본법」 제3조 제1호에서 정의하는 '사회보장'을 중심으로 살펴보면 다음과 같다(김애란 외, 2023).

우리나라 정부에서 말하는 사회보장이란 출산, 양육, 실업, 노령, 장애, 질병, 빈곤 및 사망 등의 사회적 위험으로부터 모든 국민을 보호하고 국민의 삶의 질을 향상시키는 데 필요한 소득 · 서비스를 보장하는 사회보험, 공공부조, 사회서비스를 말한다. 여기서 대한민국 「헌법」의 사회적 기본권에 근거해서 제정된 사회보장 관계 법령은 「사회보장기본법」 제3조의 분류에 기초해서 급여의 원인관계와 입법목적을 기준으로 표 7-1과 같이 「사회보험법」 체계, 「공공부조법」 체계, 「사회복지서비스법」 체계, 「사회보상법」 체계로 구분할 수 있다.

표 7-1. 사회보장 관계 법령의 분류

구분	사회보험법 체계	공공부조법 체계	사회복지서비스법 체계	사회보상법 체계
의의	사회적 위험이 발생하기 전에 보험료를 납부해서 보험관계를 성립시키고 사회적 위험이 현재화되면 급여를 지급하는 사회보험에 관한 사항을 규율	법적 원인관계를 전제로 하지 않고 순수한 사회정책적 목적에서 지급되는 급여관계를 규율	신체적, 정신적인 특수한 상황으로 인해 스스로의 능력으로 인격을 실현하는 데 지장이 있는 집단의 보호를 규율	국가유공행위 중에 발생하거나 특별히 공동체 전체에 책임이 귀속되는 개인의 인적 · 물적 피해에 대한 국가적 차원에서의 보상을 규율
관련 법률	국민건강보험법, 국민연금법, 산업재해보상보험법, 고용보험법 등	국민기초생활보장법, 의료급여법 등	아동복지법, 노인복지법, 장애인복지법 등	국가유공자 등 예우 및 지원에 관한 법률, 범죄피해자 보호법 등

출처: 법제처 생활법령정보포털(www.easylaw.go.kr).

(1) 사회보험

사회보험에 의한 아동복지정책은 아동을 직접 대상으로 하기보다는 가정의 소득을 지원함으로써 아동복지를 보장하는 경우로 볼 수 있다. 이에 속하는 대표적인 사회보험으로는 사회보장연금, 건강보험, 산재보험, 고용보험을 포함하여 일명 4대 보험이라고 한다. 따라서 사회보험제도는 가족의 노령, 장애, 사망, 질병, 실업, 산업재해 등으로 인한 소득손실을 보완하여 아동의 삶의 질을 보장하는 측면에서 아동복지정책과 관련지어 설명할 수 있다.

표 7-2. 사회보험의 특징

구분	내용
사회보험	사회보장연금, 건강보험, 산재보험, 고용보험
주요특징	강제성, 전 국민 대상, 정부의 관장 및 감독, 보험료(특별세) 기반 운용
기본원칙	• 보편적 적용의 원리 • 국민의 최저생활 보장 • 불평등 완화 및 소득재분배 효과(저소득자에게 유리하도록 설계) • 형평성 보장 • 재정운영 방식의 균형성(미래 피보험자가 현재 피보험자에 비해 상대적으로 높은 비율의 보험료를 부담하지 않도록 설계)

(2) 공공부조

우리나라 「사회보장기본법」 제3조(정의)에서 공공부조는 '국가 및 지방자치단체의 책임하에 생활유지능력이 없거나 생활이 어려운 국민의 최저생활을 보장하고 자립을 지원하는 제도'라고 규정하고 있다. 선진복지국가에서는 사회보험제도와 함께 사회보장의 일환으로 이 사업을 활발히 진행하고 있다. 대상자에 대한 현금급여 및 기타 서비스로 대상은 빈민에게 한정되고 급여 혜택은 그 대상자의 재정상태와 욕구에 따라 결정되고 재정은 정부의 일반 세입에서 충당된다. 국민기초생활보장제도에서 제공하는 기초생활보장 수급자의 자녀를 위한 지원은 생계급여, 의료급여, 교육급여 등이 있다.

표 7-3. 공공부조의 특징

구분	내용
공공부조	• 최저생활 보장을 위한 현금급여 및 기타 서비스 • 재정은 정부의 일반세입에서 충당 • 사회보험의 보완 기능 담당
기본원리	• 국가 책임의 원리 • 생존권 보장의 원리 • 최저생활 보장의 원리 • 무차별 평등의 원리 • 보충성의 원리 • 자립조장의 원리

(3) 사회복지서비스

사회복지서비스는 국가 및 지방자치단체, 민간부문의 지원을 통해 모든 국민을 대상으로 상담, 재활, 직업 소개 및 훈련, 사회복지시설의 이용 등을 제공함으로써 정상적인 생활이 가능하도록 제도적으로 지원하는 것을 말한다. 아동복지서비스는 「아동복지법」, 「청소년기본법」, 「영유아보육법」 등을 근간으로 제공되고 있다. 서비스의 내용은 시설아동, 장애아동, 다문화가정의 아동, 빈곤아동, 한부모가정의 아동 등을 대상으로 아동·청소년 보호서비스, 아동학대 예방 및 방지서비스, 상담 및 위기서비스, 발달 재활 및 상담서비스, 언어발달 지원서비스, 건강관리지원서비스, 자립지원서비스, 보육서비스, 방과후 서비스 등이다.

(4) 아동수당

아동수당은 「아동수당법」(2018. 9월 시행)에 기초하여 마련된 아동복지정책으로 아동양육에 따른 경제적 부담을 경감하고 아동의 건강한 성장 환경을 조성하며, 아동양육에 대한 국가의 책임성을 강화하려는 취지가 있다. 그동안 아동은 우리 사회의 소중한 구성원이자 미래 사회를 책임지게 될 중요한 세대임에도 불구하고 아동에 대한 재정적·정책적 지원에는 소극적이었다.

당초 이 법은 6세 미만 아동을 대상으로 보호자와 그 가구원의 경제적 수준을 고려하여 아동수당을 지급하도록 하였으나, 아동수당의 도입취지가 모든 아동이 누려야 할 기본적 권리와 복지의 증진 및 미래 세대인 아동에 대한 사회적 투자라고 볼 때, 아동수당을 경제적 수준을 고려하여 선별적으로 지급하는 것이 적절하지 않다는 문제 제기가 있었다. 이에 일부 개정(2019. 4월)이 이루어져 아동수당의 본질적인 의미를 살리고 모든 아동이 기본적인 권리와 복지를 누릴 수 있도록 경제적 수준과 상관없이 모든 6세 미만 아동 가구에게 아동수당을 지급하고 있다.

「아동수당법」은 만 6세 미만의 모든 아동을 대상으로, 아동에게 아동수당을 지급하여 아동양육에 따른 경제적 부담을 경감하고 건강한 성장 환경을 조성함으로써 아동의 기본적 권리와 복지를 증진함을 목적으로 총 5장 26개 조문으로 구성되어 있다.

4) 아동복지정책의 방향

아동복지정책은 유엔아동권리협약을 기초로 하여 아동의 생존 · 보호 · 발달 · 참여의 권리에 대하여 문제해결 중심의 사후 · 치료적 접근에서 권리주체로서 아동으로 인식하고 개별화된 다양한 요구를 맞추기 위한 정책 방향으로 전개되고 있다(김애란 외, 2023).

(1) 유엔아동권리협약 이해

유엔아동권리협약(Convention on the Rights of the Child: CRC)은 18세 미만 아동의 모든 권리를 담은 국제적인 약속으로 1989년 11월 20일 유엔에서 만장일치로 채택되었다. 우리나라를 포함해 지구촌의 196개국(2019년 기준)이 함께 한 약속으로 아동이 건강하게 자라나기 위해 꼭 필요한 권리를 구체적으로 제시하고 있다. 이 약속에 참여한 국가는 아동의 권리를 지키기 위해 노력해야 하며, 아동의 권리를 얼마나 지켜 주었는지를 유엔에 정기적으로 보고해야 한다. 이를 위해서 아동권리모니터링제도를 운영하고 있는데, 유엔아동권리협약에서 약속한 권리가 잘 지켜지고 있는지를 살펴보고, 아동에게 가장 좋고, 이익이 되도록 의견을 제시하는 모든 활동을 말한다. 더불어 아동권리에 대해 보다 많은 사람들이 이해하도록 교육을 실시하고, 아동과 관련된 법이 수정되고 만들어지도록 노력하는 등 아동의 권리증진을 위한 다양한 옹호활동을 포함하고 있다.

(2) 우리나라의 아동정책 기본방향

정부는 2012년 8월, 「아동복지법」을 개정 · 시행하여 아동정책에 대한 범정부 차원의 중장기계획 수립 근거(「아동복지법」 제7조)를 마련하고, 관계부처 합동으로 아동을 대상으로 하는 "제1차 아동정책기본계획(2015~2019)"을 수립하였다. 아동정책기본계획은 「아동복지법」 제10조에 근거한 '아동정책조정위원회'에서 수립되며, 아동의 권익 및 복지증진 등을 심의하는 아동정책분야 의결기구로서, 국무총리, 관계부처 장관, 민간위원 등 총 25인 이내로 구성된다.

제1차 기본계획은 생애주기에서 아동기가 가장 행복한 시기가 될 수 있도록 하고, 모든 영역에서 아동을 권리의 주체로 인정하여 아동의 권리가 온전하게 실현되도록 한다는 의미를 담았다. 이를 위해 경제협력개발기구(OECD) 국가 중 최하위인 아동의 "삶의 만족도"와 "주관적 행복지수"를 10년 내 OECD 국가 평균 수준으로 향상시키고, 유엔아동권리협약의 중요 원리인 '아동 최우선의 원칙'을 실현시킬 수 있는 기반을 조성하는 것을 핵심 목표로 설정하였다. 아동정책에 대한 기본방향, 추진목표, 분야별 주요 시책, 재원조달방안 등을 포함하며, 유사 분야 중장기 계획과 추진연도를 조정, 정책방향의 일관성을 확보하게 되었다.

그리고 우리나라는 세계 10위권 경제대국, 30-50 클럽 7번째 국가에 가입하는 등 경제적 성장에도 불구하고 국민 개개인의 행복 수준은 낮은 편이고, 그동안 제1차 아동정책 기본계획(2015~2019) 수립 · 추진으로 아동의 보편적 복지 확대 등의 노력을 하였지만 아동의 행복수준 향상에는 한계를 가지고 있었으며, 코로나 19와 같은 대규모 감염병 재난 발생으로 인한 사회변화도 고려할 필요성이 제기되었다.

따라서 "제2차 아동정책 기본계획(2020~2024)"을 통해 '아동 중심', '권리 주체'라는 기조가 정책 전반에 뿌리내리도록 하고, 코로나 19 등 재난이 아동 삶에 미치는 부정적 영향을 최소화할 수 있는 방안을 모색하고 있다. 제2차 아동정책 기본계획의 구체적인 내용은 그림 7-1과 같다.

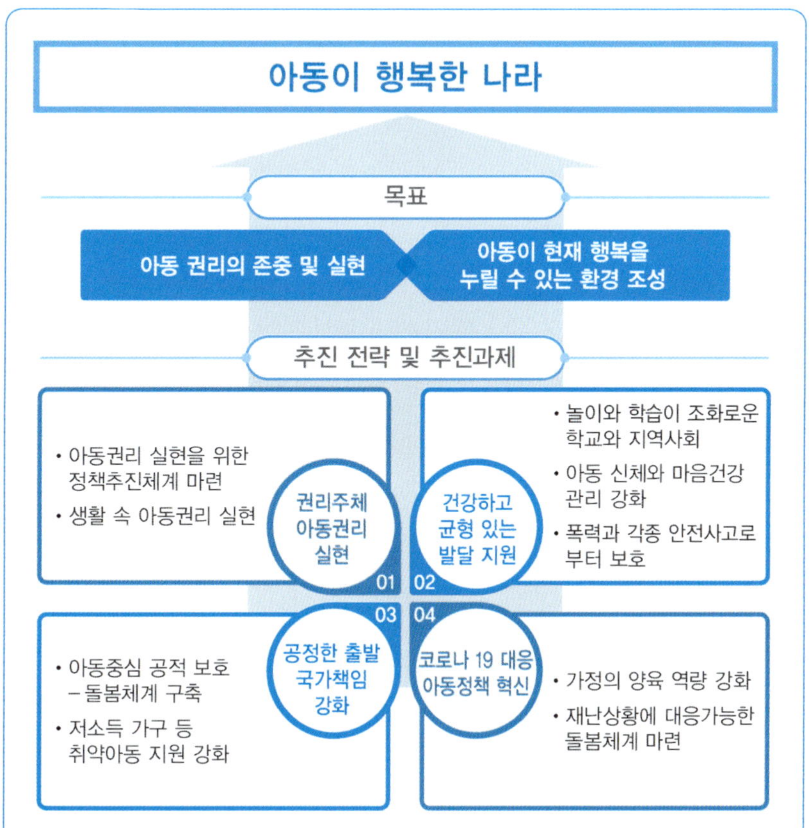

그림 7-1. 제2차 아동정책 기본계획

출처: 관계부처합동(2020). 제2차(2020~2024) 아동정책 기본계획.

제2차 아동정책 기본계획은 '아동이 행복한 나라'의 비전 아래 아동권리의 존중 및 실현, 아동이 현재 행복을 누릴 수 있는 환경조성이라는 목표를 설정하고 있다. 이러한 목표를 달성하기 위해 권리주체 아동권리 실현, 건강하고 균형 있는 발달지원, 공정한 출발 국가책임 강화 및 코로나 19 대응 아동정책 혁신이라는 추진전략을 설정하고 있다.

Chapter

08

아동건강과 안전

배울 내용

1. 아동건강
2. 아동안전
3. 실종아동

학습목표

1. 아동건강과 교육의 개념을 이해하고 아동건강에 영향을 미치는 요인을 설명할 수 있다.
2. 아동안전의 개념과 중요성, 현황 및 관련 법을 파악하고 아동안전사고 예방교육을 숙지한다.
3. 실종아동의 개념, 현황을 파악하고 실종 · 유괴예방수칙 및 대처방안을 숙지한다.

Chapter 08

아동건강과 안전

1. 아동건강

1) 아동건강과 교육의 개념

일반적으로 건강하다는 것은 개인의 신체적 상태에 질병이 없는 정상적인 상태를 의미한다. 그러나 최근에는 보다 구체적이고 적극적인 의미로 신체적 상태를 넘어서 정신적 상태까지 영역을 넓혀 포괄적인 의미를 담고 있다. 세계보건기구(WHO)의 정의에 의하면, 건강하다는 것은 성장 · 발육이 저해되지 않고 순조롭게 진행되는 상태로서 단순히 질병에 감염되지 않았거나 허약하지 않다는 것만을 의미하는 것이 아니라 신체적 · 정신적 · 사회적 모든 인간발달의 측면에서 아무런 문제가 없는 상태를 의미한다(정미라 외, 2012). 이러한 설명은 건강에 대한 의식변화를 잘 보여 준다. 즉, 과거에는 건강이란 신체적, 정신적으로 질병이나 장애가 없고, 스스로 정상적인 활동을 할 수 있는 상태를 의미했지만 오늘날에는 사회적 영역의 건강까지도 요구하고 있다〈그림 8-1〉.

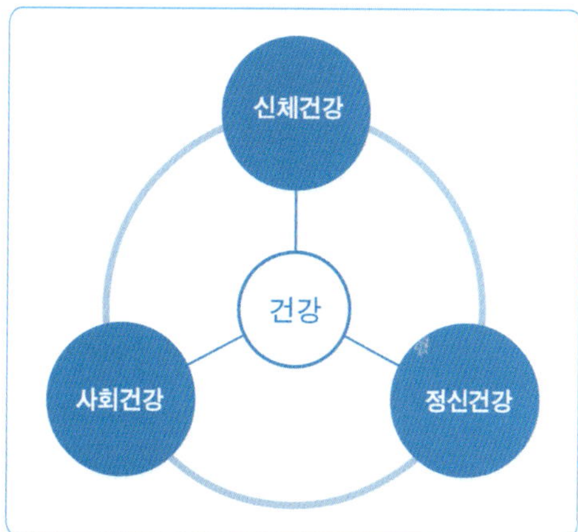

그림 8-1. 건강의 의미

건강교육은 건강과 교육의 합성어로, 새로운 지식을 얻거나 이미 알고 있는 지식을 새롭게 이해하여 새로운 태도를 개발하거나 기존에 가지고 있는 태도를 강화, 수정하여 새로운 건강행위를 하도록 노력하는 것이다. 즉, 이미 활용하고 있는 행동을 수정하여 올바른 건강행위를 실천하도록 하는 것이다. 이런 의미에서 아동건강교육은 바람직한 식생활 습관, 규칙적인 운동, 건전한 몸가짐 등과 같이 한 인간의 평생 삶에 영향을 미치는 생활습관의 기초를 형성하는 데 도움이 된다. 따라서 아동건강교육은 모든 교육에 앞서 우선적으로 이루어져야 하며 모든 교육활동의 기초가 되어야 한다. 왜냐하면 결정적 시기 동안 내·외적인 환경적 경험에 의해 획득된 특성은 전 생애에 걸쳐 영향을 미치기 때문에 보다 풍부한 환경의 경험이 제공되어야 하기 때문이다. 또한 아동으로 하여금 스스로 건강을 유지, 증진할 수 있도록 아동 자신을 튼튼한 개인으로 가치 있게 생각할 수 있게 하고 신체를 스스로 보호하도록 해야 한다. 왜냐하면 건강에 대한 긍정적인 태도가 건강을 지키기 위한 행동을 이끄는 요인이기 때문이다.

이런 이유로 최근 아동건강교육에 대한 중요성이 강조되고 있으며, 아동기에 다루어져야 할 건강교육의 내용으로는 적당한 영양섭취 및 비만예방, 안전교육, 치아위생, 전염병 관리 및 예방접종, 휴식과 수면, 운동 및 청결관리와 위생개념에 대한 교육 등을 강조하고 있다.

(1) 아동건강교육의 중요성

인간의 성장과 발달에 있어 기본적인 틀은 태아기에서부터 12세까지 거의 완성되기 때문에 아동기의 건강은 매우 중요하며, 태내에서 벗어나 신생아기를 거치면서 영아기, 유아기 및 아동기에는 생리적, 심리적, 인지적 측면으로써 일생 중 가장 현저한 변화를 경험하게 되는 시기이다. 아동건강교육이 중요시되고 있는 이유는 표 8-1과 같다(김명 외, 2008).

표 8-1. 아동건강교육이 중요시되는 이유

• 아동기는 건강생활습관이 형성되는 시기이다. 최근 잘못된 생활습관으로 인한 생활습관 병이라는 개념이 등장하고 있는데, 이는 신체활동의 감소, 불규칙한 식생활, 스트레스 등으로 인해 생기는 만성질환들로부터 나타나는 것으로 이를 예방하기 위해서 아동기부터 건강생활습관을 형성하도록 하는 것이 필요하다.
• 아동의 건강은 학업 성취도에 영향을 주게 된다. 세계보건기구(WHO)에서는 학습이 효과적으로 이루어지기 위해서는 건강이 필수적이며, 영양결핍, 감염성질환, 신체 · 정신적인 문제들이 학업 성취도에 영향을 미친다고 보고하고 있다.
• 아동의 건강한 발달을 위한 최적기를 놓치면 이에 대한 교정에 어려움이 따른다. 아동기에 형성된 건강 생활습관을 이후에 변화시키는 것은, 생활습관이 형성되기 이전에 건강교육을 실시하여 올바른 습관의 형성을 돕는 것보다 더 많은 시간, 노력, 비용이 요구된다.

특히 아동기는 감염성 질환에 대한 높은 감수성, 쉽게 탈수나 고열의 발생, 영양부족에 대한 민감성, 신체조절능력과 판단력 부족으로 인한 높은 사고의 위험성을 갖고 있다. 따라서 아동의 건강을 돌볼 때, 아동의 생리적, 발달적 특성과 바람직한 환경구성 그리고 폭넓은 아동건강에 대한 지식이 필요하다.

(2) 건강교육의 목적

건강에 관한 사람들의 관심이 증가함에 따라 그 의미도 과거 질병의 개념에서 신체적 · 정신적 · 사회적 안녕의 상태를 유지하는 예방적 의미로 변화되었다. 따라서 예방적 차원에서 건강을 유지하기 위해서는 질병이 발생한 후 그에 대한 치료방안을 찾기보다는 개인이 자신의 건강과 관련된 여러 가지 요소를 스스로 통제하며, 이를 위해 필요한 지식이나 기술, 태도 등을 학습하고 실천하는 것이 중요하다(정미라 외, 2012). 즉, 사후처치격인 치료가 아니라 예방을 위해서는 일상생활이나 식습관 등과 건강과의 연관성을 알아야 하므로 반드시 학습이 선행되어야 한다. 따라서 건강교육은 청결, 영양, 질병예방, 휴식 등을 통해 신체건강을 유지하고, 정신건강을 도모하기 위한 건강한 생활습관을 가지게 하며, 주변에서 발생할 수 있는 위험을 예방하고 대처하는 데 필요한 지식과 기술 및 태도를 기르는 데 중점을 둔다(교육과학기술부, 보건복지부,

2013; 보건복지부, 2013).

이처럼 건강교육은 아동들이 건강에 관한 올바른 지식, 태도, 기술을 바탕으로 건강 증진 행위를 하는 것을 의미하며, 아동들의 일상생활에서 접하는 신체건강, 영양, 정신건강, 안전의 측면을 포괄한다. 뿐만 아니라 아동들은 주변에서 접하는 건강문제를 해결하기 위해 건강정보를 찾고 이를 바탕으로 건강을 증진시킬 수 있는 행동을 하는 것이 필요하며, 이와 같은 건강소양 함양이 건강교육의 궁극적인 목적이라고 할 수 있다(유은영, 2011). 하지만 아동의 경우 아직까지 학습능력에 한계가 있어 이러한 건강 관련 지식이나 태도, 기술을 어떤 학습도구를 사용하여 효과적으로 전달할 것인가의 문제가 발생하게 된다. 이것이 성인과는 다른 아동건강교육의 가장 큰 차이점으로 볼 수 있다.

2) 아동건강에 영향을 미치는 요인

아동건강에 영향을 미치는 요인들은 매우 다양하지만 크게 유전적 요인과 환경적 요인으로 구분할 수 있다(최윤희 외, 2019).

(1) 유전적 요인

수정 시 부모에게서 받게 되는 여러 가지의 유전인자들은 아동의 신체적 · 정신적 기초를 형성하는 특성을 결정짓는 역할을 하게 된다. 건강 또한 그중 하나로 부모로부터 어떤 체질을 물려받게 되는데, 특히 심장질환, 암, 당뇨병 또는 특정 정신질환 등은 유전적 요인과 깊은 관계가 있다. 따라서 가족력 조사 등의 방법을 통해 유전적 조건을 찾아냄으로써 건강에 영향을 미칠 수 있는 요인들을 예견하여 사전에 예방하거나 조기 치료를 할 수 있다. 유전적 요인에 의해 나타나는 대표적인 아동건강문제가 터너 증후군과 다운증후군이다.

① 터너증후군

터너증후군(Turner'Syndrome)이란 1938년에 키가 작고 목이 짧고 두꺼우며 성적 발달이 지연된 여자 환자들을 처음 발표한 헨리 터너(Henry Turner)라는 학자의 이름에서 인용되었으며, 1959년 포드(Ford)에 의해서 터너증후군의 원인이 성염색체의 이상이라는 것을 알게 되었다〈그림 8-2〉. 터너증후군은 여아 2,500명~3,500명당 1명 꼴로 발생하는 비교적 흔한 염색체 이상 질환으로 알려져 있다.

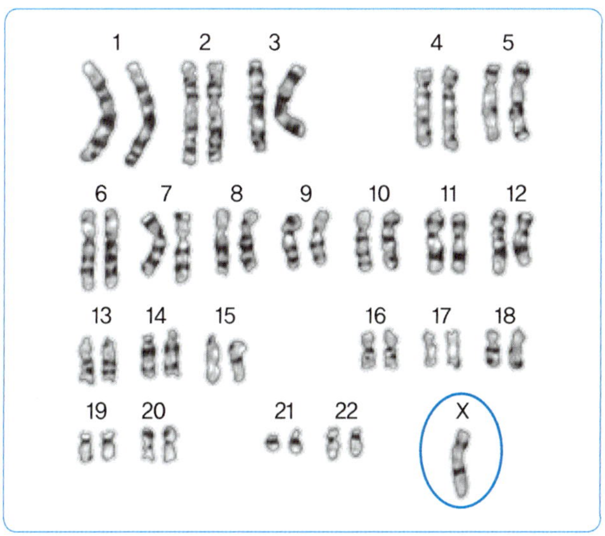

그림 8-2. 터너증후군

터너증후군은 정상적으로 XX 또는 XY로 존재해야 하는 성염색체가 X 단일염색체(45, X) 또는 X 부분 단일염색체로 변형된 것이다. 45, X는 모든 임신의 1.5%에서 발생하지만 45, X 태아의 99.9%가 유산이 되고 0.1%만이 생존하여 출생하게 된다. 터너증후군은 세포유전학적으로 X 염색체가 단일염색체로 존재하는지, 구조적 이상이 존재하는 부분 단일염색체인지, 모자이크형인지에 따라 표 8-2와 같이 크게 세 가지로 분류할 수 있다.

표 8-2. 터너증후군의 유형

유형	특징
X 단일염색체(45X)	터너증후군의 40%~60%에서 나타나는 가장 흔한 유형이다.
X 부분 단일염색체	20~25%에서 볼 수 있으며, 이 유형은 염색체 수는 46개이지만 성염색체 한 개가 부분결실이 있거나 구조적 이상이 있는 경우이다. 터너증후군의 4~8%에서는 Y 염색체의 일부를 가질 수 있다.
모자이크형 45X, 46XX, 46XY, 47XXX	세포가 두 가지 이상 섞여 있는 유형으로 15%의 터너증후군에서 나타난다. 이 경우 신체 일부의 세포는 정상 핵형을 가지고 있으므로 터너증후군의 임상적 소견은 경미한 편이다.

터너증후군의 외형상 특징으로는 그림 8-3과 같이 저신장, 림프부종(70%), 두껍고 짧은 목(80%), 뒷목 아래에 내려와 있는 머리카락선(80%), 방패형 가슴(75%), 유두의 형성부전과 넓은 간격의 유두(78%), 몸의 중심에서 밖으로 향해 있는 팔꿈치(70%), 손톱의 발육부전(75%), 짧은 4번째 손가락과 4번째 발가락을 보이는 것이 주 특징이다.

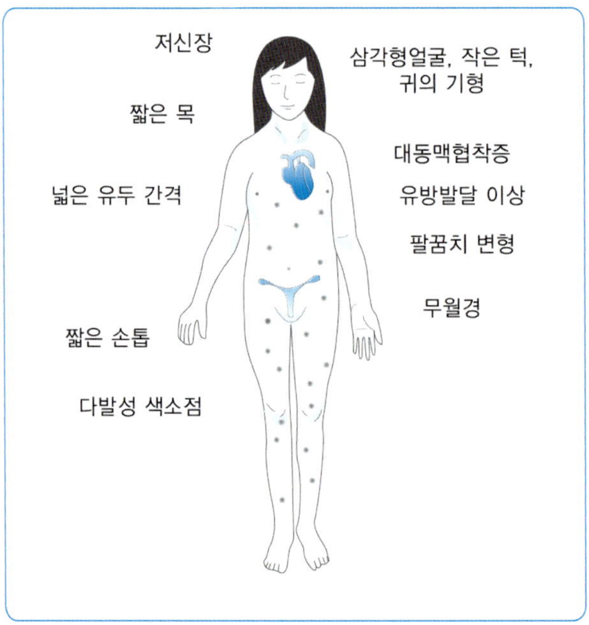

그림 8-3. 터너증후군의 특징

터너증후군의 진단은 우선 왜소증, 성적 발달장애, 기타 신체적 이상소견을 의심해 볼 수 있다. 세포유전학적 검사(말초혈액 염색체 검사)를 통해 성염색체의 수적 · 구조적 이상을 확인한다. 임상적으로는 의심되지만 말초혈액 염색체 검사에서는 정상일 경우 피부조직으로 염색체 검사를 다시 시행할 수 있다. 이 밖에 호르몬 검사를 시행할 수도 있다.

② 다운증후군

다운증후군은 1866년 존 랭던 다운(John Langdon Down)이라는 영국 의사에 의해서 처음 보고되었다. 하지만 다운증후군을 가진 사람들의 일부 특징들에 대해서는 기술하였지만 원인까지는 정확히 알지 못하였다. 이후 1959년에 세포 유전학을 연구하던 제롬 르죈(Jerome Lejeune)이 염색체를 현미경으로 관찰하던 중 다운증후군 환자에게 21번 염색체가 1개 더 존재하는 것을 발견하여 다운증후군이 생기는 원인을 밝혀내게

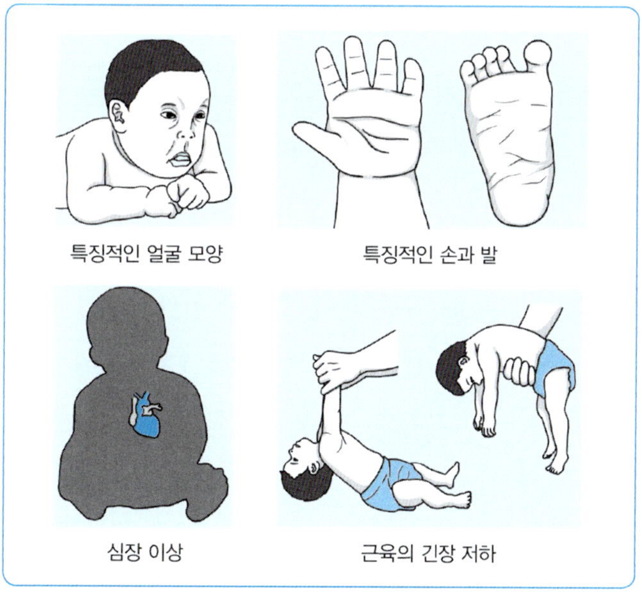

그림 8-4. 다운증후군의 증상들

출처: 보건복지부, 대한의학회.

되었다. 다운증후군의 일반적인 증상은 그림 8-4, 표 8-3과 같다.

표 8-3. 다운증후군의 증상들

구분	내용
특징적인 얼굴 모양	눈꼬리가 위로 올라간 작은 눈, 눈주름, 작고 낮은 코, 작은 입과 큰 혀, 작은 귀 등을 관찰할 수 있으며, 얼굴 형태는 둥글고 납작하다. 또한 작은 머리와 납작한 뒤통수를 보이며, 가늘고 곧은 머리카락을 가지고 있다.
특징적인 손과 발	가로 손금이 긴 한 개의 선으로만 되어 있는 경우가 흔하고, 짧고 뭉뚝한 손가락과 안쪽으로 휜 새끼손가락을 가지고 있는 경우도 있다. 또한 엄지발가락과 두 번째 발가락 사이가 넓게 벌어져 있는 작은 발을 가지고 있는 경우가 있다. 일반적으로 키가 작고 팔다리는 짧다.
심장 이상	다운증후군의 약 50%는 심장 이상을 가지고 태어날 수 있다. 심장 이상은 경증에서 중증까지 다양하게 나타날 수 있는데, 생명을 위협하기도 한다. 일부 경증의 심장 질환은 시간이 지나면 좋아질 수 있으나, 심한 경우는 약물치료나 수술적인 치료가 필요하다.
근육의 긴장 저하	근육의 긴장도가 떨어져 있다. 이러한 낮은 근육 긴장도로 인해서 뒤집고, 앉고, 서고 그리고 말하는 것이 어려울 수 있다. 저긴장은 일반적으로 시간이 지날수록 회복되고 물리치료로 호전될 수 있다.

아직까지 다운증후군을 완치시킬 수 있는 치료는 없다. 현재는 다만 아이들의 임상 증상에 따라 필요한 조치를 해 줄 뿐이다. 위장관계 폐쇄를 가진 아이들은 출생 후 즉시 수술하여야 하며, 중증의 심장질환을 가진 경우에도 수술을 시행하여야 한다. 갑상샘 저하증이 있는 경우에는 갑상샘 호르몬제를 복용하여야 하며, 경련성 질환을 보이는 경우에는 항경련제를 복용하도록 한다. 그러나 이런 경우를 제외하고 초기에 특별한 치료를 요하는 경우는 거의 없다. 안과와 이비인후과에서의 검진을 통해서 필요한 치료를 시행할 수 있으며, 근력 저하로 섭취장애가 있는 경우에는 비위관 삽입을 통해서 영양 보충을 해 줄 수 있으며, 호흡기 감염이 있는 경우에는 이에 대한 치료를 시행할 수 있다.

다운증후군 아이들은 대부분 조기에 물리치료와 언어치료를 해야 한다. 다운증후군 아이들을 위한 물리치료와 교육 프로그램 등이 각 지역사회에서 제공되고 있다. 우리나라에서도 각 구청이나 보건소, 복지관 등에서 심리, 미술, 음악, 언어, 물리치료, 직업을 위한 교육이 실시되고 있다.

(2) 환경적 요인

유전적 요인은 유전인자에 의해 건강에 기초가 형성되는 것이라면, 환경적 요인들에 의해서는 주어진 기초 위에 얼마나 지속적으로 심신을 발달시킬 수 있는지가 결정된다. 또한 환경적 요인에 의해 유전적으로 이미 형성된 심신의 기초가 변화할 수 있다. 아동의 건강에 영향을 주는 환경적 요인은 여러 가지로 분류할 수 있으나 대개는 영양, 수면과 휴식, 위생적인 환경과 생활습관, 운동, 정서적 안정, 안전 및 정기적 건강진단으로 구분할 수 있다(최윤희 외, 2019).

① 영양

신체의 성장과 발육이 왕성하게 일어나며 활동량이 가장 많은 아동기에는 단위체중당 소모되는 영양소 열량이 성인에 비해 훨씬 높으며, 이는 아동들의 신체가 발달하고, 활발하게 움직이며, 인지발달과 정서발달에 소요되는 영양이 더 필요하기 때문에 이때 필요한 영양이 충분히 공급되지 않으면 영양장애 또는 영양결핍이 될 수 있고 여러 가지 질병에 노출되기 쉽다. 따라서 아동들의 균형 잡힌 영양섭취를 위해서 보건복지부에서는 매 5년마다 우리나라 국민에게 필요한 영양권장량을 결정하고 있다. 모든 아동에게 일률적인 영양권장량을 적용시키기보다는 이를 참고로 개별 아동의 체표면적과 발육상태, 활동량 등을 고려하여 결정하는 것이 바람직하다.

② 수면과 휴식

수면은 피로를 회복하고 에너지를 재충전하는 데 필요한 생리적인 기제로서 충분하게 숙면을 취하는 것은 성인에게뿐 아니라 아동에게도 건강을 유지하는 데 필요한 기초 조건이다. 개개의 아동에게 필요한 수면시간이나 숙면의 정도는 개인차가 있다. 그러나 일반적으로 2~3세 영아의 경우 하루 낮잠시간을 포함하여 12~15시간, 4~5세 유아는 10~12시간의 수면이 필요한 것으로 알려져 있다.

③ 위생적인 환경과 생활습관

깨끗한 환경을 유지하고 자신의 몸을 깨끗이 하는 습관을 기르는 것은 건강을 유지하기 위한 중요한 요인이며, 깨끗한 가정환경과 충분히 넓은 공간이 필요하고 개방된 공간이 있는 곳, 통풍과 환기가 잘 되는 곳, 적절한 온도와 습도를 유지하는 곳 등도 위생적인 환경의 조건에 포함된다. 생활습관은 아동 스스로가 계절이나 날씨에 맞는 깨끗한 옷을 입고, 몸과 손을 깨끗이 닦으며, 손톱을 깨끗이 깎는 것 등의 습관을 기르는 것도 질병의 감염으로부터 아동을 보호해 주는 중요한 요인이다.

④ 운동

규칙적인 운동은 누구에게나 건강을 유지하기 위한 중요한 요인이 된다. 운동을 통해 생명을 유지하는 데 중요한 기관인 심장과 폐를 튼튼하게 할 수 있고, 신체 각 부분의 균형 있는 발달과 적응을 도와주기 때문에 아동에게도 매우 중요하다.

⑤ 정서적 안정

성인들과 마찬가지로 아동에게도 신체뿐만 아니라 정신적으로 편안한 환경에서 살아야 건강하게 자랄 수 있으며, 정서적으로 불안한 환경이나 심한 스트레스 상황에 놓이게 되면 여러 가지 신체질환 및 정신질환에 걸릴 수 있다.

⑥ 안전

아동기는 다른 시기와 비교해 질환에 의한 사망보다 사고에 의한 사망이 월등히 높다. 이처럼 안전사고는 아동에게 영구적인 결함을 초래하거나 사망에 이르게 하는 주요 원인이 되며, 그 영향은 성인에 비해 더 크다고 할 수 있다. 왜냐하면 그 결과가 치명적이지 않다고 해도 사고가 나면 시간과 에너지뿐만 아니라 사고로 생기는 사소한 상처라도 아동의 건상과 생활에 큰 타격을 받게 되기 때문이다. 또한 안전사고로 인하여 학습과 활동에 참여하는 일이 일시적으로 중단될 수도 있으며, 심각한 상처의 경우 의료비 부담도 매우 크다. 따라서 가정이나 교육기관에서는 다른 무엇보다 안전사고 예방을 최우선적으로 하여야 한다.

⑦ 정기적 건강진단

건강을 유지하기 위해서 질병이 생기지 않게 예방하는 것이 가장 중요하지만 정기적인 건강검진을 받는 것도 중요하다. 정기적 건강검진을 통해 눈으로 파악할 수 없는 질병이나 선천성 기형 등을 조기에 진단할 수 있을 뿐 아니라 각 아동의 성장과 발육이 정상적으로 이루어지고 있는지를 알 수 있다. 정기적인 건강진단에는 일반적으로 몸무게, 키, 머리둘레 등을 측정하는 체력검사와 시력검사, 청력검사, 혈액검사, 전문의(소아과, 이비인후과, 안과, 치과 등)에 의한 진단 등을 실시하는 체질검사가 포함된다.

우리나라 「영유아보육법」에서는 1년에 1회의 정기적 건강진단을 실시하도록 규정하고 있으며, 구체적인 영유아건강검진 실시기준은 표 8-4와 같다.

표 8-4. 영유아 건강검진 실시기준

시기	구분	연령	검진방법[1]
1차	건강검진	생후 4~6개월	문진 및 진찰, 신체계측, 건강교육
2차	건강검진	생후 9~12개월	문진 및 진찰, 신체계측, 발달선별검사 및 상담, 건강교육
3차	건강검진	생후 18~24개월	문진 및 진찰, 신체계측, 발달선별검사 및 상담, 건강교육
	구강검진	생후 18~29개월	구강문진 및 진찰, 구강보건교육
4차	건강검진	생후 30~36개월	문진 및 진찰, 신체계측, 발달선별검사 및 상담, 건강교육
5차	건강검진	생후 42~48개월	문진 및 진찰, 신체계측, 발달선별검사 및 상담, 건강교육
	구강검진	생후 42~53개월	구강문진 및 진찰, 구강보건교육
6차	건강검진	생후 54~60개월	문진 및 진찰, 신체계측, 발달선별검사 및 상담, 건강교육
	구강검진	생후 54~65개월	구강문진 및 진찰, 구강보건교육
7차	건강검진	생후 66~71개월	문진 및 진찰, 신체계측, 발달선별검사 및 상담, 건강교육

출처: 건강인 영유아 건강검진(http://hi.nhis.or.kr/aa/ggpaa001/ggpaa004_m01.do).

1) • 문진 및 진찰: 문진표, 진찰, 청각 및 시각문진, 시력검사
• 신체계측: 키, 몸무게(체질량지수), 머리둘레
• 건강교육: 안전사고예방, 영양, 영아돌연사증후군 예방, 구강, 대소변 가리기, 전자미디어 노출, 정서 및 사회성, 개인위생, 취학 전 준비
• 발달평가: 한국 영유아 발달선별검사(K-DST)를 통한 평가 및 상담
• 구강문진 및 진찰: 구강문진표 및 진찰
• 구강보건교육: 매뉴얼을 이용한 보호자 및 유아 구강보건교육

2. 아동안전

인간과 자연은 서로 기대어 살며 상호작용하면서 생태계의 순환을 유지하도록 되어 있다. 그러나 최근 인간이 생활 속에서 만들어 낸 여러 오염물질들로 인해 이러한 자연의 질서를 깨뜨리고 있다. 환경의 오염으로 인한 변화는 계절과 관계없이 주의해야 하는 미세먼지처럼 인간의 건강에 큰 영향을 미치고 있다. 구체적으로 생태환경뿐만 아니라 자동차, 유해 동·식물, 유괴, 날씨, 아동학대와 유기 등 아동을 둘러싼 인적·물적의 복잡한 주변 환경으로 인해 예전의 아동들에 비해 더 많은 위험요소에 노출되어 있는 실정이다. 따라서 아동기에는 이러한 환경 속에서 자신의 몸을 보호할 수 있는 방법을 알고 그것을 몸에 익히도록 하는 안전사고 예방지도가 매우 중요하다.

1) 안전의 개념과 중요성

아동의 안전을 위협하는 여러 요인 가운데 재난은 과거에는 주로 지진, 태풍, 홍수 등의 자연현상과 그로 인한 피해를 의미하였다. 그러나 현대사회에서는 방사능 누출사고, 건설사고, 교통사고 등 기술의 발전에 기인한 사고의 피해규모가 자연현상으로 인한 피해를 능가하는 경우가 빈번해짐에 따라 자연적 요인 위주에서 점차 기술적 요인이 증가하고 있다. 또한 재산피해보다 인명피해와 2차적인 영향에 의한 사회적 피해가 심각해지는 것도 최근의 재난 발생의 특징이라고 할 수 있다.

아동들은 호기심이 많고 탐색하는 것을 좋아하지만 안전에 대한 지각이 없어 대부분의 사고들이 우발적으로 일어난다. 따라서 아동들에게 자신의 신체나 주변에서 일어날 수 있는 위험에 대해 안전교육을 지속적이고 반복적으로 실시함으로써 이러한 안전사고를 예방할 수 있도록 하는 것이 중요하다.

(1) 안전의 개념

안전이란 '위험이 생기거나 사고가 날 염려가 없이 편안하고 온전한 상태나 그러한 상태를 유지하는 일'이다. 그러나 아동은 발달적 한계로 인해 위험상황을 다루는 데 있어 성인의 꾸준한 관심과 도움을 필요로 한다. 마랜드(Marland, 1973)는 안전을 "인간의 행동수정에 의해 만들어진 조건이나 상태 또는 위험 가능성을 줄일 수 있도록 물리적 환경을 고안함으로써 사고를 감소시키는 것"이라고 정의하고 있으며, 안전교육이란 위험 가능성을 줄일 수 있도록 인간의 행동 및 태도를 바람직한 방향으로 바꾸는 교육이다(이기숙 외, 2002). 따라서 아동의 안전에 대한 개념은 접근하는 방식과 관점에 따라 다음과 같이 정의될 수 있다(곽은복, 2008).

① 심리역동적 접근

아동발달심리학에서의 안전과 관련된 초기 연구들은 '사고 경향적' 아동을 정의하였는데, 사고 경향이 있는 아동들은 부모의 애정결핍으로 인하여 공격적 행동을 자주 보이게 되며, 이로 인해 부모로부터 벌을 받을 가능성을 예상하여 두려워하게 된다는 것이다. 결국 이러한 두려움은 아동이 자신의 공격성을 내부로 돌려 사고를 더 많이 유발한다고 보는 것이다. 이후의 연구들은 아동의 행동과 인지적 능력에 초점을 두어 아동의 인지적 능력과 행동이 사고를 이끌거나 사고의 가능성을 줄인다고 보고 있다. 이러한 연구들은 남아가 여아보다 위험의 여지가 있는 행동을 많이 하여 남아들의 사고 발생률이 더 높다는 것을 밝히고 있다.

② 위험요인에 대한 접근

이 관점에서는 사고의 대다수를 아동을, 사고의 원인이 되는 자극을 매개체로, 계속 진행되고 있는 물리적 · 일시적 · 대인 간 장면을 환경으로 본다. 이러한 체제는 사고 체제를 질병 통제와 비슷한 경향으로 보는 것으로 의료 및 공중 보건분야에서 주로 이용되어 온 관점이다.

따라서 사고 예방 프로그램에 대한 공중 보건가들의 연구에서는 아동으로부터 사고 매개체인 위험요인을 제거하는 데 초점을 두고 있는데, 앓고 있는 아이로부터 어떻게 바이러스를 제거할 것인가 하는 문제이다. 즉, 아동의 안전사고에 있어 보편적인 사고 매개체가 되는 위험요인들은 자동차, 물, 불, 높은 곳, 독극물 등으로, 사고 원인의 위험을 제거 혹은 수정하면 안전사고가 줄어들 것으로 가정하는 것이다.

그러나 안전사고의 위험은 아동의 연령, 성, 문화적 배경 등과 같이 쉽게 변하지 않는 요인들이 관련되어 있는 것으로 밝혀지고 있는 것에 비해 사고 매개체인 위험요인을 변화시키는 데 중점을 두는 방법은 아동을 수동적으로 보호받는 존재로만 보고 아동 개개인에 대한 개입이 불가능하기 때문에 한계점을 갖는다고 볼 수 있다.

③ 인지발달론적 접근

인지발달론적 견해에서 볼 때 연령차에 따라 아동은 다른 방법으로 안전 규칙을 개념화하고 배울 수 있고, 이 능력은 사고의 빈도와 관계가 있다고 보는 관점이다. 즉, 보다 어린 아이는 환경과 근육발달기술의 제한된 인지적 이해로 인해 사고를 자주 일으키는 경향을 지니게 되며, 이에 비해 보다 큰 아이는 환경에 대해 인지적 이해능력이 발달하기 때문에 보다 폭넓게 주변의 사람들과 상호작용함으로써 행동의 결과를 예측한 후 행동하게 된다는 것이다.

아동은 그들의 환경에서 경험을 통해 규칙을 배워 나가기 시작하는데, 안전규칙은 그들의 환경에 대한 탐색, 자연스런 결과, 사회적 결과를 통해 배우게 되는 최초의 규칙 형태이기 쉽다. 즉, 영아들은 움직이자마자 여러 사물이나 상황과 조우하면서, 안전규칙을 어겼을 때 부모들에 의해 부과된 결과를 통해 안전규칙을 배워 나가기 시작한다.

부모의 첫 번째 역할은 아동이 또래로부터 사회적 관습을 배우기 전에 안전에 대한 자녀의 개념을 확실히 해 주는 것임이 분명하다. 아동들은 그들의 부모가 안전규칙을 중요하게 보는 것에 의해 사회화되어 가기 때문이다.

(2) 안전교육의 중요성

아동은 발달의 특성상 주변 사물이나 환경에 대한 호기심이 높고 탐구하려는 충동이 강한 반면, 아직 신체기능의 발달이 미숙하므로 균형을 유지하는 능력이나 운동기능이 충분히 발달되어 있지 않다. 또한 사고가 일어날 수 있는 위험한 상황에 대한 지식과 상황 판단능력이나 위험한 상황의 결과를 예측할 수 있는 능력이 부족하므로 항상 사고의 가능성을 가지고 있다(이기숙 외, 2002).

아동의 안전에서 성인들에 의한 보호나 사고 예방도 중요하지만 무엇보다 아동 스스로 자기 방어적 자세나 사고 위험에 대처하는 능력이 더욱 요구된다. 따라서 아동안전교육은 사고에 대한 예방적인 차원에서 스스로에 대한 안전을 지킬 수 있도록 하는 예방교육이 중요하다.

2) 아동안전사고의 현황

2018년 아동종합실태조사에 의하면(보건복지부, 2019), 아동안전위협의 요인으로는 교통사고가 35.1%로 가장 높았으며, 놀이 중 사고 14%, 성범죄 12%, 유해미디어 환경 9% 순으로 나타났다.

표 8-5. 아동안전위협 요인

구분	항목	응답자 수 (명)	교통사고 (%)	유괴 (%)	성범죄 (%)	놀이 중 사고 (%)	안전 여부 미확인 놀잇감 (%)	안심 먹거리 부족 (%)	자연 재해 (%)	약물 사고 (%)	유해 미디어 환경 (%)	돌봄 부주의 (%)
전체	소계	4,039	35.1	7.5	12.0	14.0	6.9	7.5	4.4	1.8	9.0	1.8
성별	남자	2,086	40.2	5.4	3.5	15.9	7.3	8.1	5.1	1.9	10.7	1.8
	여자	1,953	29.6	9.7	21.1	12.0	6.6	6.8	3.6	1.6	7.1	1.8
연령	0~2세	512	23.9	12.3	7.8	17.9	14.2	9.2	2.5	2.9	0.9	8.5
	3~5세	730	34.9	11.6	6.8	19.7	6.2	6.3	6.8	2.3	2.6	2.8
	6~8세	579	33.7	7.7	12.1	19.6	7.8	7.8	2.5	1.4	6.7	0.7
	9~11세	743	40.1	6.3	13.2	12.7	4.9	5.5	3.9	1.8	11.2	0.3
	12~17세	1,476	37.0	4.3	15.5	8.4	5.5	8.4	4.8	1.2	14.7	0.3

출처: 보건복지부(2019). 2018년 아동종합실태조사.

그리고 아동안전사고 사망자 수〈표 8-6〉의 현황을 살펴보면, 2015년 311명에서 2021년 183명으로 감소한 것으로 나타났으며, 아동 10만 명당 안전사고 사망자 수도 2015년 3.4명에서 2021년 2.4명으로 감소한 것으로 나타났다.

표 8-6. 아동안전사고 사망자 수 (단위: 명)

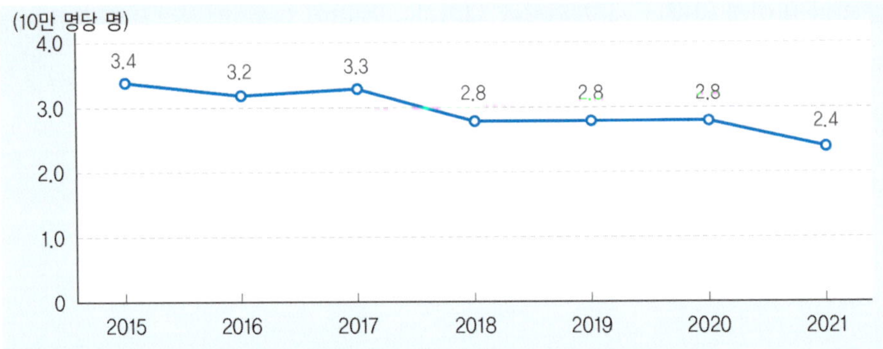

구분	2015	2016	2017	2018	2019	2020	2021
18세 미만 인구(천 명)	9,063	8,838	8,597	8,318	8,042	7,810	7,589
아동안전사고 사망자 수	311	281	283	229	221	221	183
아동 10만 명당 안전사고 사망자 수	3.4	3.2	3.3	2.8	2.8	2.8	2.4

주석: 18세 미만 아동에 대한 안전사고 사망자 수(통계청 사망원인통계 자료 중 일부자료).
출처: 통계청 인구동향과(2022). 사망원인통계(국가승인통계 제10154호).

3) 아동안전사고관리 관련 법령의 이해

(1) 재난 및 안전관리 기본법

「재난 및 안전관리기본법」(2023) 제3조 제3항에서는 '재난관리'라고 함은 "재난의 예방 · 대비 · 대응 및 복구를 위하여 행하는 모든 활동을 말한다"고 정의하고 있다. 또한 동법 제4조 제1항에서는 "국가 및 지방자치단체는 재난으로부터 국민의 생명 · 신체 및 재산을 보호할 책무를 지고, 재난의 예방과 피해경감을 위하여 노력하여야 하며,

발생한 재난을 신속히 대응 · 복구하기 위한 계획을 수립 · 시행하여야 한다"고 재난의 대비에 대하여 규정하고 있다.

(2) 자연재해대책법

「자연재해대책법」(2023)에서의 대비에 대한 관련 법적 규정에 대하여 제1장 총칙 제3조 제1항에서는 "국가는 기본법 및 이 법의 목적에 따라 자연현상으로 인한 재난으로부터 국민의 생명 · 신체 및 재산과 주요 기관시설을 보호하기 위하여 자연재해의 예방 및 대비에 관한 종합계획을 수립하여 이를 시행할 책무를 지며, 그 시행을 위한 최대한의 재정적 · 기술적 지원을 하여야 한다"고 규정하고 있고, 제2항에서는 재난관리 책임기관은 자연재해 예방을 위하여 자연재해 경감 협의 및 자연재해위험지구 정비, 풍수해 예방 및 대비, 지진대책, 설해대책, 낙뢰대책, 가뭄대책, 폭염대책, 한파대책, 재해정보 및 긴급지원, 그 밖에 자연재해 예방을 위하여 재난관리책임기관의 장이 필요하다고 인정하는 사항 등에 대한 법적 책무의 규정을 두고 있다.

(3) 재해경감을 위한 기업의 자율활동 지원에 관한 법률

「재해경감을 위한 기업의 자율활동 지원에 관한 법률」(2023)에서의 대비에 대한 법적 규정에 대하여 제2장 재난관리표준 제5조 제1항에서는 "행정안전부장관은 기업의 재해경감활동계획 수립을 위한 재난관리표준을 작성 · 고시하여야 한다"고 규정하고 있고, 제2항에서는 재난관리표준의 포함되어야 할 사항으로 재해경감활동 조직 · 체계 등의 구성에 관한 사항, 재해경감활동 관계 법령 준수 · 절차 및 이행에 관한 사항, 위험요소의 식별, 위험평가, 영향분석 등 재난 위험요소의 경감에 관한 사항, 자원관리 및 기업과 재해경감 관련 단체와의 협정에 관한 사항, 재해경감을 위한 전략계획, 경감계획, 사업연속성 확보계획, 대응계획, 복구계획의 수립에 관한 사항, 재해경감활동과 관련된 지시 · 통제 · 협의조정 등 비상시 의사소통 및 상황전파 체계에 관한 사항, 교육 · 훈련을 통한 자체평가 및 개선에 대한 사항, 그 밖에 재난관리표준에 중요하다고 인정하여 대통령으로 정하는 사항 등을 포함하도록 규정하고 있다.

(4) 도로교통법

「도로교통법」(2023) 제11조에 "어린이의 보호자는 교통이 빈번한 도로에서 어린이를 놀게 하여서는 아니 되며, 영유아(6세 미만인 사람을 말한다. 이하 같다)의 보호자는 교통이 빈번한 도로에서 영유아가 혼자 보행하게 하여서는 아니 된다"라고 되어 있다. 그리고 제12조(어린이 보호구역의 지정 · 해제 및 관리)에서는 "시장 등은 교통사고의 위험으로부터 어린이를 보호하기 위하여 필요하다고 인정하는 경우에는 다음 각 호의 어느 하나에 해당하는 시설이나 장소의 주변도로 가운데 일정 구간을 어린이 보호구역으로 지정하여 자동차 등과 노면전차의 통행속도를 시속 30킬로미터 이내로 제한할 수 있다"고 규정하고 있다. 또한 교통안전 교육은 2개월에 1회 이상 실시해야 하며, 연간 12시간 이상 실시해야 한다(「아동복지법」 제9조 제3항 및 동법 시행령 제4조 제1항).

'교통사고'란 차 또는 노면전차의 운전 등 교통으로 인하여 사람을 사상하거나 물건을 손괴(이하 "교통사고"라 한다)(「도로교통법」 제54조 제1항)한 경우를 말한다. 영유아의 교통사고의 증가로 개정된 「도로교통법」이 2015년 1월 29일부터 강화되어 시행되었다. 어린이 통학버스 교통사고 예방을 위하여 강화된 개정사항을 살펴보면 통학차량 신고 의무화, 안전띠 착용 의무화, 보호자 탑승의무 강화, 안전교육의무 규정 강화, 통학버스 범위 확대, 법규위반 사고발생 정보제공으로 되어 있다.

어린이통학버스를 운영하는 사람과 운전하는 사람은 제53조의 3(어린이통학버스 운영자 등에 대한 안전교육) 규정에 따라 도로교통공단에서 실시하는 어린이통학버스의 안전운행 등에 관한 교육을 받아야 한다. 위 법률은 어린이통학버스를 운영하려는 사람과 운전하려는 사람은 운영 또는 운전하기 전에 교육을 받아야 하며, 계속하여 운영하는 사람과 운전하는 사람은 2년마다 정기 안전교육을 받아야 한다. 또한 "어린이통학버스를 운영하는 사람은 어린이통학버스 안전교육을 받지 아니한 사람에게 어린이통학버스를 운전하게 하거나 어린이통학버스에 동승하게 하여서는 아니 된다"고 규정하고 있다.

4) 아동안전사고 예방교육

아동은 호기심이 왕성하고 활동성이 높지만 자신의 행동에 대한 위험한 상황을 이해하지 못하고 접근하는 경향이 높다. 아동은 놀잇감과 관련된 상처를 가장 많이 입는 시기이므로 항상 가까이에서 지켜보아야 하며, 놀잇감을 안전하게 다루는 방법을 적극적으로 지도해야 한다. 또한 아동은 놀잇감 사용과정에서 발생할 수 있는 위험을 어느 정도 이해할 수 있으므로 놀이할 때 안전규칙을 지키도록 지속적으로 안전교육을 실시하는 것이 필요하다. 아동들을 대상으로 놀이기구 안전사고 예방, 교통사고 예방 및 동·식물 안전사고 예방교육의 내용을 구체적으로 살펴보면 표 8-7과 같다.

표 8-7. 아동안전사고 예방교육의 내용

구분	내용
놀이기구 안전사고 예방	• 놀이기구 사용에 대한 약속 및 규칙을 정한다. • 연령에 따른 전용 놀이 공간 및 기구들을 준비한다. • 놀이터 안전수칙이 있으며, 아동들은 안전규칙을 지키도록 항상 교육한다. • 오르는 놀이기구에 안전한 난간을 설치한다. • 놀이기구의 연결부분은 정기적으로 점검 및 관리한다. • 놀잇감이 파손되어 날카로운 부분은 없는지 확인한다. • 작은 부품이 떨어져 있는지 자주 확인하여 안전하지 않은 못은 폐기한다. • 비닐 포장지, 리본이나 끈으로 되어 있는 부분은 질식위험이 있으므로 잘라 버린다. • 셀룰로이드나 그와 유사한 가연성 재료로 만든 것을 택하지 않는 것이 좋다. • 플라스틱 제품은 깨어지지 않을 만큼 두꺼운 재료로 만든 것이 좋다. • 납의 허용치 이상 사용된 염료나 페인트를 구입하지 않아야 한다. • 모래장의 모래는 수시로 체로 쳐서 유리 조각 등의 위험 물질을 골라낸다. • 한 학기에 한 번 정도는 모래를 깨끗이 세척해 주어야 한다.
교통사고 예방	• 도로에서 자전거를 타거나 공놀이를 하지 않는다. • 부모는 길 건너에서 아동을 급히 부르지 않는다. • 자신이 타고 온 차에서 내려 버스 앞으로 지나는 것은 위험하다. • 아동이 도로를 횡단할 때는 운전자가 잘 보이도록 손을 들고 건넌다. • 빈 트럭 밑이나 자동차의 앞뒤에서 놀지 않는다. • 횡단보도를 건널 때 아동이 너무 앞서거나 뒤에 떨어지지 않도록 한다. • 아동용 안전의자에 앉아 안전띠를 맨다. • 아동을 먼저 태우고 어른이 나중에 타고, 내릴 때는 어른이 먼저 내린다. 어른이 아이를 안

구분	내용
	고 운전자 옆 좌석에 앉는 것은 매우 위험하다. • 차에서 내릴 때는 뒤에서 오토바이, 자전거 등이 오지 않는지 확인한다. • 열차가 멈추면 양옆으로 비켜서 줄을 서고 가운데로 내린 후 차례로 탄다. • 지하철에서 보호자를 잃어버리면 역무원이나 구내매점으로 가서 도움을 청한다.
동 · 식물 안전사고 예방	• 동물에 대한 알레르기 반응을 보이는 아동은 없는지 확인한다. • 건강하지 않은 동물과 아동들이 접촉하지 않도록 주의한다. • 교실에 해충들이 있을 수 있으므로 이를 위해 정기적으로 소독한다. • 아동들의 손이 닿는 실내 · 외 놀이영역에 독성을 지닌 식물은 없는지 확인한다. • 아동들이 동 · 식물에 대해 안전수칙을 알고 지키도록 교육한다. • 야외 활동 시 벌이 날아오면 음료수 캔을 그대로 두고 자리를 피하게 한다. • 곤충을 만질 경우 물리거나 독성이 있을 수 있기 때문에 절대 만지지 않도록 한다. • 낯선 개에게는 가까이 가지 말고, 뛰지 않으며, 밥 먹는 개는 절대 건드리지 않는다.

3. 실종아동

1) 실종아동 개념

실종이란 사전적 의미로 '종적을 잃어 간 곳이나 생사를 알 수 없게 되는 상태'를 말한다. 또한 '종래의 주소 또는 거주지를 떠나 쉽게 돌아올 가망이 없는 부재자가 생사 불명의 상태에 있는 것'을 의미한다.

「실종아동 등의 보호 및 지원에 관한 법률」에서 표현하는 '실종아동 등'이란 약취, 유인, 유기, 사고 또는 가출하거나 길을 잃는 등의 사유로 인하여 보호자로부터 이탈된 실종 당시 만 18세 미만인 아동, 「장애인 복지법」 제2조의 장애인 중 지적 · 자폐성 · 정신장애인, 그리고 「치매관리법」에 의한 치매환자를 말한다. 「실종아동 등 및 가출인 업무처리 규칙」에서는 아동의 경우는 18세를 기준으로 실종과 가출을 구분한다. 실종아동 관련 법령 및 용어를 구체적으로 살펴보면 **표 8-8**과 같다.

표 8-8. 실종아동 관련 법령 및 용어

구분	내용
보호자	친권자, 후견인이나 그 밖에 다른 법률에 따라 아동 등을 보호하거나 부양할 의무가 있는 사람을 말한다. 다만, 제4호의 보호시설의 장 또는 종사자는 제외한다.
유전자검사	개인 식별(識別)을 목적으로 혈액 · 머리카락 · 침 등의 검사대상물로부터 유전자를 분석하는 행위를 말한다.
유전정보	유전자검사의 결과로 얻어진 정보를 말한다.
신상정보	이름 · 나이 · 사진 등 특정인(特定人)임을 식별하기 위한 정보를 말한다.
사전등록	실종예방을 위해 아동 등의 지문, 사진 등의 신상정보를 경찰청 시스템에 미리 등록하고, 실종아동 발생 및 보호 시 활용하여 신속한 발견과 보호자 인계를 위해 2012년 2월 5일 도입된 제도이다.
위치추적	아동 등이 실종되었을 경우 보호자의 동의를 받아 경찰이 이동통신사에 휴대폰 위치정보를 요청하여 수집한 위치정보를 수색 등에 활용하여 신속하게 실종아동 등을 발견하는 제도로 2012년 2월 5일 도입된 제도이다.

2) 실종아동 현황

실종아동 등 신고접수 및 처리 현황을 살펴보면〈표 8-9〉, 2018년 42,992건에서 2022년 49,287건으로 증가하였으며, 미해제 건수는 2018년 10건에서 2022년 99건으로 증가한 것으로 나타났다.

표 8-9. 실종아동 등 신고접수 및 처리현황 (단위: 건)

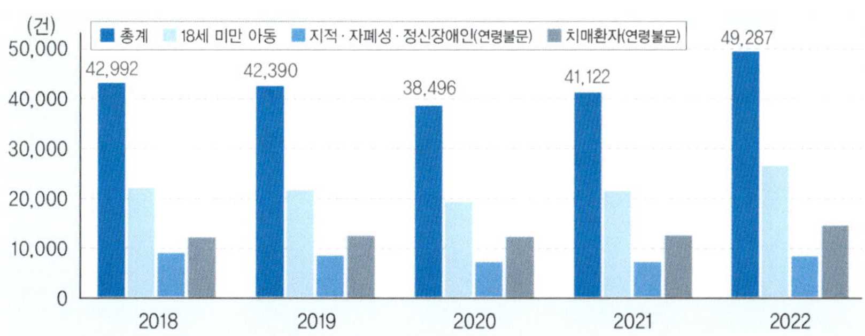

구분		2018	2019	2020	2021	2022
총계	접수	42,992	42,390	38,496	41,122	49,287
	해제	42,908	42,251	38,426	40,987	49,219
	미해제	10	11	13	21	99
18세 미만 아동	접수	21,980	21,551	19,146	21,379	26,416
	해제	21,911	21,412	19,054	21,257	26,357
	미해제	1	2	4	5	58
지적 · 자폐성 · 정신장애인(연령불문)	접수	8,881	8,360	7,078	7,166	8,344
	해제	8,873	8,353	7,089	7,168	8,337
	미해제	7	8	6	7	29
치매환자(연령불문)	접수	12,131	12,479	12,272	12,577	14,527
	해제	12,124	12,486	12,283	12,562	14,525
	미해제	2	1	3	9	12

주석: * 2013. 6. 4.「실종아동등의 보호 및 지원에 관한 법률」 개정으로 실종아동의 범위가 실종당시 14세 미만에서 실종당시 18세 미만으로 확대되고 치매환자가 추가되어, 2011~2012년 통계자료는 개정법을 적용하여 산출함.

* 실종아동 등이란? 실종당시 18세 미만 아동, 지적 · 자폐성 · 정신장애인, 치매환자
* 미해제 현황은 2022. 12. 31. 기준임
* 접수: 발생연도와 무관하며, 과거 발생건에 대한 당해연도 접수건을 포함(例: '18년에 발생하였으나 '22년에 접수 → '22년 접수로 계산)
* 해제: 접수연도와 무관하며, 과거 접수건에 대한 당해연도 해제건을 포함하고 있어 접수건보다 많을 수 있음(例: '18년에 접수하였으나 '22년에 해제 → '22년 해제로 계산)
* 미해제: 계속해서 추적 · 수사 중인 사건으로, 접수연도와 관계없이 실종발생 당해연도 기준으로 산출(例: '18년에 발생하였으나 '22년에 접수 → '18년 미해제로 계산)
* 미해제 통계는 최근 사건일수록 상대적으로 많으며, 지속적인 추적 · 발견을 통해 '22년 미해제자도 향후 감소할 것으로 예상됨('21년 아동 미해제도 당해연도 末 79건이었으나, 추적 관리를 통해 '22.12.31. 기준 5건으로 감소)

출처: 경찰청(2023). 내부행정자료.

18세 미만의 아동의 경우, 접수는 2018년 21,980건에서 2022년 26,466건으로 증가하였으며, 미해제 건수도 2018년 1건에서 2022년 58건으로 증가한 것으로 나타났다.

3) 실종 · 유괴예방수칙 및 대처방안

성인이 지켜야 할 실종 · 유괴예방수칙을 구체적으로 살펴보면 표 8-10과 같다.

표 8-10. 성인이 지켜야 할 실종 · 유괴예방수칙

- 사전등록을 신청해 둔다. 경찰청 아동 · 여성 · 장애인 경찰지원센터에서 지문 등 사전등록제를 시행하고 있다. 아동 등이 실종되었을 때를 대비해 미리 지문과 사진, 보호자 인적 사항 등을 등록해 두면 사고가 있을 경우 등록된 자료를 활용해 신속히 발견할 수 있다. 가까운 지구대나 경찰서에서 등록 가능하다.
- 자녀를 집에 혼자 두고 외출하지 않는다. 특히 아이가 잠든 틈에 외출하는 경우 아이가 집 바깥으로 엄마를 찾으러 나왔다가 길을 잃는 경우가 많다.
- 외출 시에는 항상 자녀와 함께 다닌다. 백화점, 슈퍼나 시장, 쇼핑몰, 영화관, 공원, 화장실 등에서 특히 주의하여야 한다. 화장실을 혼자 가게 하거나 심부름을 시키거나 자동차 안에 혼자 두는 것은 위험하다.
- 실종아동 예방용품을 활용한다. 아이가 어리거나 장애로 말을 못하는 경우 이름표 등을 착용하게 하되, 아이들의 이름과 연락처 등을 적을 때는 바깥으로 쉽게 드러나지 않는 옷 안쪽이나 신발 밑창 등에 새겨 두는 것이 좋다.
- 자녀의 키, 몸무게, 생년월일, 신체특징, 버릇 등 상세한 정보를 수시로 알아 두는 것이 실용아동 발생 시 유용하게 활용될 수 있다. 또한 매일매일 자녀가 어떤 옷을 입었는지 기억해 두고, 아이의 인적 사항을 적어 둔 카드를 집에 비치해 둔다.
- 정기적으로 자녀의 사진을 찍어 둔다. 실종아동 발생 시 가장 중요한 정보는 아이의 최근 사진이다. 아이들은 특히 성장이 빠르므로 너무 오래된 사진은 실종아동 찾기에 도움이 안될 수도 있다. 사전등록을 해 둔 경우도 아이의 사진을 수시로 변경 등록할 수 있다.
- 말을 할 수 있는 자녀에게는 자신의 이름과 나이, 집 주소, 전화번호, 부모 이름 등을 기억하도록 가르친다. 아이와 함께 실종아동 발생 상황을 연출해 보고 반복적인 역할극 등을 통하여 상황에 익숙해지도록 연습시키는 것도 중요하다.

그리고 만약 아이를 잃어버렸을 경우는 그림 8-5의 가이드라인을 순서를 참조하여 대처를 하는 것이 효과적이다.

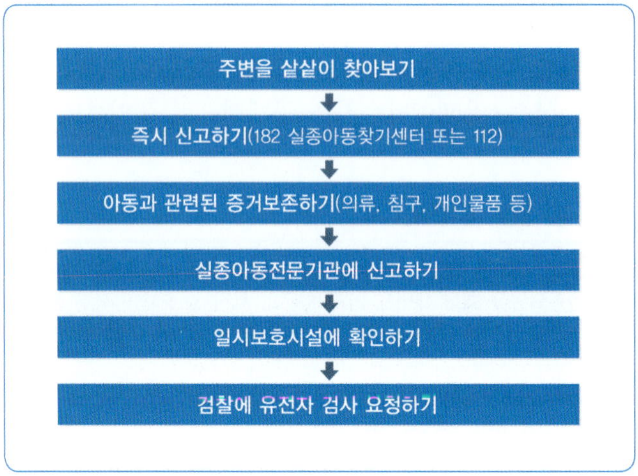

그림 8-5. 실종아동 찾기 가이드

실종아동 보호 및 지원기관으로는 경찰청 실종아동찾기센터, 초록우산 실종아동전문기관, 시·군·구청 및 실종아동·장애인 일시보호센터가 있으며, 주요기능은 표 8-11과 같다.

표 8-11. 실종아동 보호 및 지원기관과 주요기능

지원체계	주요기능
경찰청 실종아동찾기센터 (국번 없이 182)	• 아동신상정보 사전등록 • 실종아동 등 수색 및 수사 • 유전자 검사 대상물 채취 등
초록우산 실종아동전문기관 (http://www.missingchild.or.kr/)	• 실종아동 신상 DB 시스템 관리 • 가족지원: 상담, 의료, 사례관리, 심리정서지원, 찾기지원 • 예방교육: 아동, 교사, 자원봉사자 등 • 실종예방홍보: 캠페인, 광고 등
시·군·구청	• 실종아동신상카드 관리 지도감독 • 실종아동 발생 시 지정된 일시보호센터로 이송조치
실종아동·장애인 일시보호센터	• 경찰관서(지구대)로부터 인계된 무연고 실종아동, 장애인을 일시보호 • 신상카드 작성하여 실종아동전문기관에 제출

Chapter

09

아동보육

배울 내용

1. 영유아 보육서비스
2. 방과후 아동보호

학습목표

1. 보육의 개념, 필요성, 유형, 현황을 파악하고 앞으로의 보육사업의 과제를 제시해 본다.
2. 방과후 아동보호서비스 장단점을 파악하고 개선방안을 모색해 본다.

Chapter 09

아동보육

1. 영유아 보육서비스

1) 보육의 개념 및 목적

현재 우리나라는 산업화로 인한 여성의 취업 기회 증대와 소규모 핵가족화, 다양한 유형의 가족 및 저출산과 같은 사회적인 현상으로 인해 더 이상 보육을 개별 가정의 문제가 아닌 사회적, 공공의 문제로 인식하게 되었다. 즉, 소규모 핵가족사회에서 취업모 증가는 개별 가정에서 일과 양육을 함께 병행하는 데 어려움을 초래하게 되었고 국가와 사회는 약화된 가정의 양육기능을 지원해 줄 수 있는 보육서비스를 제공할 필요성이 대두되었다.

이런 이유로 우리나라에서는 1991년 「영유아보육법」이 제정되었는데, 「영유아보육법」에서는 보육의 목적을 "심신의 보호와 건전한 교육을 통하여 영유아를 건강한 사회구성원으로 육성함과 동시에 보호자의 경제적 · 사회적 활동을 원활하게 함으로써 가정복지 증진에 기여하는 것"이라고 명시하고 있다. 이는 영유아의 전인적 발달을 지원할 수 있도록 양질의 프로그램을 제공해야 함은 물론 기혼여성이 육아와 일을 양립하도록 지원함으로써 가족복지 및 사회복지서비스를 제공하는 효과를 얻게 한다는 것을 의미한다.

과거 보육의 목적은 자기 집에서 양육받기 어려운 가정의 영유아를 일정 시간 동안 맡아 주는 탁아의 개념이 강한 보호적 서비스로 인식하였다. 그러나 양질의 보육서비스에 대한 요구와 보육의 질적 서비스 수준 향상을 이루고자 하는 부모 및 사회적 관심은 궁극적으로 객관적 기준에 근거한 질 높은 보육서비스에 대한 요구로 이어지게 되었다. 따라서 최근의 보육목적은 단순히 영유아를 보호하는 차원이 아닌 발달에 적합한 보육경험을 제공하는 질 높은 보육서비스를 통해 교육과 보호적 기능을 수행하여 전인적 발달을 도모할 뿐 아니라 가족복지를 실현함으로써 취업여성의 가정양육과 여성의 자아실현을 지원하는 종합적인 서비스로 인식되고 있다. 이와 같이 보육은 직업을 가진 여성이 자신의 일과 가정양육을 동시에 수행할 때 발생되는 어려움을 국가와 사회가 지원하기 위해 시작되었으며, 이를 통해 가족복지서비스를 증진시키고자 하는 데 그 필요성 및 의의가 있다.

이상의 논의를 종합해 보면, 보육이란 "영유아가 전인적 성장·발달을 도모할 수 있도록 차별성 없는 평등한 조건하에서 심신의 보호와 건전한 교육을 병합한 서비스를 제공하고 경제발전에 필요한 여성인구의 원활한 사회적 참여를 조장해서 영유아와 부모, 가족이 함께 행복해지고 지역사회 발전을 도모하기 위해 사회와 국가가 함께 제공하는 통합사회복지서비스"라고 정의할 수 있다.

2) 보육의 필요성

우리나라의 보육사업은 1921년 태화사회복지관에서 처음으로 시작되었으며, 초기에는 빈곤가정의 자녀양육을 지원해 주기 위한 선별주의적인 복지서비스 형태로 시작되었다. 그러나 점차 여성의 지위 향상과 사회참여로 인해 취업률이 증가하고 가족구조가 핵가족화, 한부모가족, 조손가족 및 다문화가족 등으로 다양하게 변화됨에 따라 단순히 빈곤계층에게 제공되던 서비스가 보편주의적인 접근인 모든 계층의 자녀를 보육대상에 포함시키게 되었다. 이러한 보편적 서비스는 단순히 영유아를 보호하는 차원이 아닌 교육적인 기능과 질 높은 서비스를 요구하게 되었고, 더불어 영유아의 전인적 발달과 권리뿐만 아니라 부모의 자녀양육 지원 및 경제적, 사회적인 욕구를 충족시켜 줄 수 있는 보육 및 복지서비스를 요구하게 되었다. 이처럼 보육서비스의 필요성이 그 어느 때보다 절실히 강조되고 있는데, 그 이유를 살펴보면 다음과 같다(김이영 외, 2023; 시옥진 외, 2023).

(1) 여성의 취업률 증가

여성의 교육 수준 및 지위가 향상되고 노동 현장에서 기혼여성의 경제활동 참가율(**그림 9-1**에서 보면 여성 취업자 수는 2019년 11,660천 명, 2020년 11,523천 명, 2021년 11,725천 명이고, 여성 경제활동률의 변화는 2019년 60%, 2020년 59.1%, 2021년 59.9%였으며, 여성 고용률의 변화는 2019년 57.8%, 2020년 56.7%, 2021년 57.7%로 나타남)이 증가해 맞벌이부부 가정이 늘어나면서 전통적으로 육아를 담당해 온 어머니의 역할을 대신할 누군가가 필요하게 되었다. 그러나 가족구조는 점차 핵가족 소규모화되면서 가정 내에서 양육기능은 상실되어 가고 있다. 여성의 취업률이 50% 이상이면 더 이상 개인적으로 양육을 해결할 수 없다고 한다(서영숙 외, 2013).

이에 국가와 사회가 나서서 일과 가정을 양립할 수 있도록 제도적 지원을 할 필요성과 여성의 경제활동 참여를 활성화시켜 경력이 단절됨이 없이 일을 지속할 수 있도록 보육서비스를 제공해 줌으로써 여성 취업의 활성화와 저출산 문제를 벗어나게 할 필요성이 제기되었다. 그러므로 여성 취업으로 인한 자녀양육자 부재 현상을 해결하기 위해 집 근처에서 믿고 맡길 수 있는 질 높은 어린이집 확충이 시급한 사회문제로 대두되게 되었다. 따라서 어린이집은 주 양육자인 어머니가 일터에 나가 경제활동을 하는 동안 안심하고 자녀를 보살펴 주고 돌보아 줄 뿐 아니라 전인적인 발달을 도모할 수 있는 질 높은 서비스를 제공해야 한다.

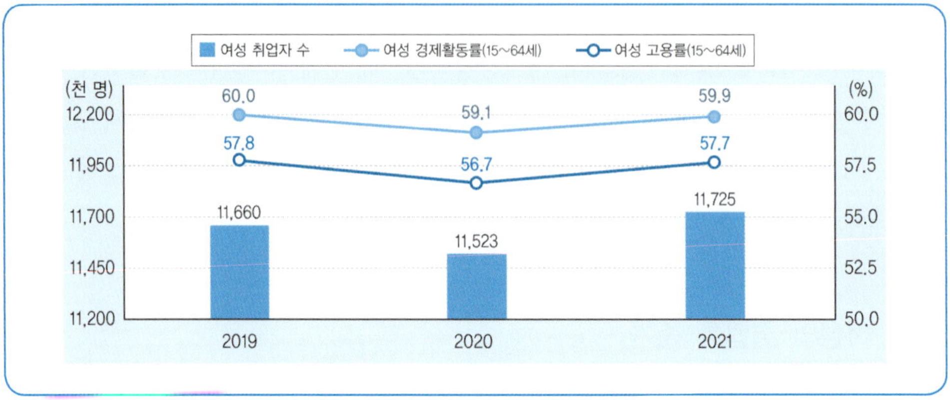

그림 9-1. 15세 이상 여성 고용 현황

출처: 여성가족부(2022). 제9차 여성 고용실태 분석 및 정책과제 발굴 전문가 간담회.

최근에는 경제적인 측면을 떠나 여성 자신의 자아성취를 목적으로 중산층 이상의 여성들이 사회 · 경제활동에 적극적으로 참여하고 있어 전통적인 가정의 역할과 기능에 큰 변화를 가져오게 되었고 이러한 현상은 가족기능의 약화를 불러오게 되었다. 전통적으로 여성이 가정 내에서 담당해 오던 가사와 육아에도 커다란 변화가 초래되어 아이를 낳고 양육하는 육아 문제는 이제 가정의 문제가 아닌 사회의 문제로 전환되어 가고 있다. 여성의 사회참여에 따른 육아지원의 필요성과 요구 증대에 따라 보육수요가 증가하였고, 영유아들이 좀 더 장시간 돌봄과 교육을 병행할 수 있는 다양한 보육서비스의 요구가 급증하게 되었다. 이로 인해 영유아시기에 가정이 아닌 보육기관에서 제공되는 양질의 경험은 그들의 발달에 기초성과 적기성에 매우 중요한 일로 대두되고 있다.

(2) 가족구조의 변화

우리나라에서는 1970년대 경제개발정책을 추진하면서 가족계획정책에 따라 강력한 인구억제정책을 실행하였고 이에 출산률이 감소하게 되었다〈그림 9-2〉. 농경사회에서는 자녀가 노동력으로 인식하여 출산률이 높았으나 산업화사회에서는 많은 수의 자녀가 개인적 생활과 교육비 증가로 인해 적은 수의 자녀를 선호하거나 자녀를 낳지 않으려는 딩크(DINK; Double Income No Kids)족까지 나타나고 있다. 또한 산업화·도시화되면서 대가족보다는 핵가족, 소규모 가족이 용이하므로 점차 가족 규모가 소규모화되었으며 가족에 관한 가치관의 변화와 함께 전통적인 가족 형태에서 가족해체 현상과 다양한 생활 형태가 반영된 한부모가족, 재혼가족, 조손가족, 다문화가족 등의 형태가 나타나고 있어 이들 가정에 보육서비스를 제공할 필요가 높아지고 있다.

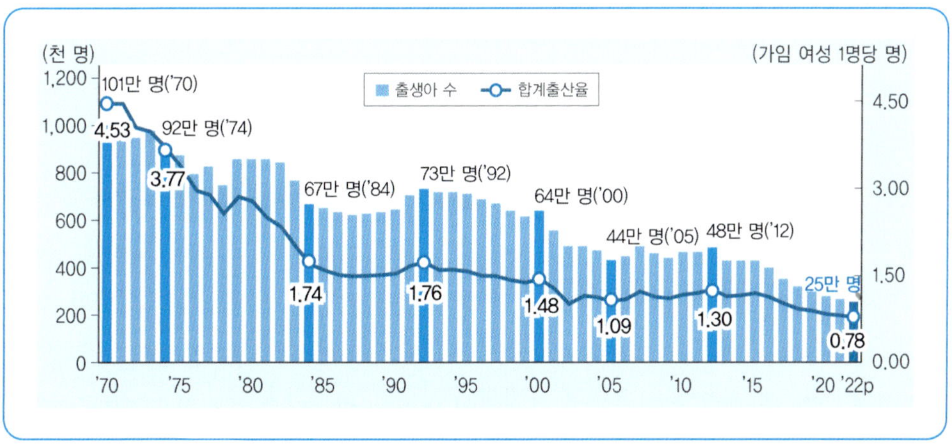

그림 9-2. 출산율

출처: 통계청(2023). 2022년 인구동향조사: 출생·사망통계.

또한 핵가족화 경향은 부모의 역할과 책임에 변화를 가져왔으며, 가족의 고립이 촉진되고 가족의 본래 기능이었던 자녀의 양육 및 사회화의 기능이 약화되었다. 가정의 기본적인 기능에는 자녀의 양육과 교육 및 사회화가 있는데, 자녀들이 가정생활을 통해 일상적인 언어와 태도, 기본생활습관과 예절, 대인관계기술, 도덕적 윤리의식 등을 배우게 된다. 이와 같은 가정의 교육적 기능은 이전의 확대가족 내지 대가족형태에서 가능했지만 지금의 핵가족 또는 소가족형태에서는 제대로 이루어지지 않고 있는 실정이다.

무엇보다 가족이 핵가족화되면서 가정 내에서 대인관계 기회의 감소와 소수의 특수한 인간관계만을 체험하게 되어 인간 상호작용의 결함을 가져올 수 있으며, 영유아기의 사회화과정의 기능 약화를 초래하기도 한다. 따라서 보육기관에서 경험되는 인간 상호 간의 관계를 도모하는 인간발달 프로그램, 긍정적인 자아상을 갖게 하는 프로그램 등의 제공이 영유아의 중요한 발달과정을 설명하는 요인이 되고 있다.

(3) 영유아의 권리

취업 여성의 자녀 양육을 지원하기 위한 수단으로 시작된 보육서비스는 경제적·사회적 요구를 수용하게 되면서 영유아 입장에서 잘 자랄 권리, 적절한 서비스를 받을 권리 등이 보장되지 못한 측면이 발생하게 되었다.

맞벌이가정의 증가로 인해 불가피하게 보육서비스를 이용해야 한다면, 인간발달 초기에 제공되는 보육서비스는 영유아의 건강한 발달을 도모할 수 있는 발달에 적합한 환경이어야 하며 개별적인 아동의 요구가 반영되어 각자의 잠재능력을 발휘할 수 있는 질 높은 보육서비스를 제공해야 한다. 최근의 연구에 의하면, 양질의 보육경험은 영유아의 애착 및 제반 영역발달에 긍정적인 영향을 받는다고 주장하고 있다. 그러므로 영유아발달에 있어 가장 중요한 요인은 보육경험 유무라기보다는 어떤 보육서비스를 제공받았는지, 그 내용의 질이 더 중요한 요인으로 인식되고 있다.

3) 보육시설의 유형

바람직한 보육서비스는 보육에 대한 질을 개선하고 양질의 보육환경을 갖추며, 아동의 발달적 요구에 적합하고 질적으로 우수한 보육 프로그램을 실시함으로써 아동뿐 아니라 부모와 가족에게 도움을 주고 더 나아가 지역사회의 발전에 기여하는 사회적 서비스를 실천하는 데 기여할 수 있게 된다. 보육시설의 유형을 설립주체별 유형과 특수보육 유형으로 구분하여 살펴보면 다음과 같다(김미영, 2017).

(1) 설립주체별 유형

「영유아보육법」 제2조에 의하면, "어린이집"이란 친권자 · 후견인, 그 밖의 사람으로서 영유아를 사실상 보호하고 있는 보호자의 위탁을 받아 영유아를 보육하는 기관을 말한다. 「영유아보육법」 제10조에 의하면, 설립주체별 어린이집의 유형에는 국 · 공립 어린이집, 사회복지법인어린이집, 법인 · 단체 등 어린이집, 직장어린이집, 가정어린이집, 부모협동어린이집, 민간어린이집 등으로 구분된다. 「영유아보육법」 제27조에 의하면, 어린이집의 이용 대상은 보육이 필요한 초등학교 취학 전 만 6세 미만의 영유아를 원칙으로 하며, 필요한 경우 어린이집의 원장은 만 12세까지 연장하여 보육할 수 있도록 규정하고 있다.

① 국 · 공립어린이집

국 · 공립어린이집은 국가와 지방자치단체가 설치 및 운영(위탁운영 포함)하는 시설을 말하며, 국가 또는 지방자치단체의 장이 소속 공무원을 위하여 설치 · 운영하는 어린이집은 직장어린이집으로 분류(「영유아보육법」, 제10조)되며, 국가나 지방자치단체는 설치된 국 · 공립어린이집을 법인 · 단체 또는 개인에게 위탁하여 운영할 수 있으며, 운영에 관한 구체적인 사항은 「영유아보육법 시행규칙」에 의거하여 준수하여야 한다(「영유아보육법」 제24조).

② 사회복지법인어린이집

사회복지법인어린이집은 「사회복지사업법」에 따른 사회복지법인이 설치 · 운영하는 어린이집을 말하며, 법인 · 단체 등의 어린이집은 각종 법인(사회복지법인을 제외한 비영리법인)이나 단체 등이 설치 · 운영하는 어린이집으로서 학교법인, 종교단체, 근로복지공단, 교육훈련시설 등이 설치 · 운영하는 어린이집이 해당된다.

③ 직장어린이집

직장어린이집은 사업주가 사업장의 근로자를 위하여 단독 또는 공동으로 사업장 내 또는 그에 준하는 인근지역과 사원주택 등 사업장 근로자 밀집 거주 지역에 설치·운영하는 어린이집을 말한다(「영유아보육법」 제10조). 직장보육은 여성의 경제활동 참가에 있어 가장 큰 당면문제인 자녀보육에 있어 이들을 고용하고 있는 사업주가 자녀보육에 필요한 각종 서비스를 제공하는 것으로, 상시 여성근로자 300인 이상 또는 근로자 500인 이상인 사업장은 직장보육시설의 설치 및 운영을 의무화하고 있다. 하지만 단독으로 설치하기 어려운 경우에는 공동 직장어린이집을 운영할 수 있으며, 지역의 어린이집과 위탁계약을 체결할 수 있다. 또한 직장어린이집을 설치하거나 지역 어린이집과 위탁계약을 체결한 사업주는 그 어린이집의 운영 및 수탁 보육 중인 영유아의 보육에 필요한 비용의 100분의 50 이상을 보조해야 한다.

④ 가정어린이집

가정어린이집은 개인이나 가정 또는 그에 준하는 곳에 설치·운영하는 어린이집을 말하며, 상시 영유아 5인 이상 20인 이하를 보육하여야 하며, 명칭은 "OO어린이집"이라고 한다.

⑤ 부모협동어린이집

보육 영유아를 둔 보호자들 11명 이상이 조합을 결성하여 설치·운영하는 어린이집을 말한다. 상시 영유아 11인 이상을 보육하여야 하며, 부모들 나름대로의 교육철학과 신념에 대한 의지가 투철하고 확고하다면 보육시설의 기본이념 및 교육 프로그램이 잘 운영될 수 있으나 자칫 운영상의 어려움이 있을 수 있다.

⑥ 민간어린이집

국·공립어린이집, 법인어린이집, 직장어린이집, 가정어린이집 또는 부모협동어린이집이 아닌 어린이집으로, 비영리법인 및 비영리단체 또는 개인이 설치·운영하는 시설을 말한다.

(2) 특수보육 유형

① 영아전담어린이집

영아전담어린이집은 영아를 전담하기 위해 특수보육을 하는, 즉 0~3세 영아만을 전문으로 보육하는 어린이집을 말한다. 영아전담어린이집의 지원대상은 2004년 이전 영아전담어린이집으로 지정받았거나 국고보조금으로 영아전담 신축비를 지원받은 어린이집이다. 영아전담어린이집은 보육 정원을 기준으로 가능한 2세 미만 반이 2세 반보다 많게 되도록 편성하되, 만 2세 이상 반만으로 보육정원 책정을 할 수 없게 되어 있다. 영아전담어린이집은 영아를 전담하여 보육하는 것을 원칙으로 하나 예외적으로 어린이집 정원 범위 내 40%까지 유아를 보육할 수 있도록 하였다.

② 장애아전문 및 장애아통합 어린이집

장애아전문 어린이집은 「장애아동복지지원법」 제32조에 근거하여 장애아(단, 미취학 장애아 9명 이상 포함)를 보육하는 시설 중 시장, 군수, 구청장이 장애아전문 어린이집으로 지정한 시설을 말한다. 장애아전문 어린이집은 장애아를 위한 전문적인 시설이나 설비 및 종사자를 갖추고 있으며 장애아를 위한 프로그램으로 운영되며, 중증장애나 특정 장애를 가진 경우에는 특수시설이나 장비, 전문적 치료서비스를 제공받는 점에서는 유용할 수 있다.

장애아통합 어린이집은 정원의 20% 이내에서 장애아 종일반을 편성운영하거나 장애아 종일반을 별도로 편성하지 않은 채 미취학 장애아를 3명 이상 통합보육하고 있는 시설을 말한다. 장애아와 비장애아들이 한 공간에서 자연스럽게 상호작용하고 생활하고 학습함으로써 일반 사회생활에 적응할 수 있도록 하는 데 목적이 있다. 장애아들에게는 또래와의 집단생활을 통해 사회적 관계를 넓히고, 비장애아들에게는 장애에 대한 올바른 인식과 타인에 대한 배려와 더불어 함께 살아가는 사회라는 것을 배울 수 있도록 한다.

③ 시간 연장 어린이집

시간 연장 어린이집이란 기준 보육시간(07:30~19:30)을 경과하여 최대 24시까지 시간을 연장하여 보육하는 시설을 말한다. 시간 연장 어린이집의 운영원칙에 의하면, 해당 어린이집의 주간보육 아동을 연장하여 보육하는 것이 원칙이되, 주간에 다른 어린이집 등을 이용한 경우에도 가능하도록 되어 있다. 원칙적으로 별도 교사를 두어야 하나, 단시간 연장 보육교사 근무수당을 지원받는 어린이집의 경우 원장(보육교사 겸임이 가능한 경우에 한함)이나 보육교사가 시간 연장 반 교사 겸임이 가능하다.

시간 연장 보육의 교사 대 아동비율을 1:5를 원칙으로 하되, 장애아, 0세아는 보육교직원의 업무량을 고려하여 일부 달리 적용할 수 있으며 한편, 유아로만 편성되는 경우 1:7까지 조정할 수 있다.

④ 24시간 및 휴일 어린이집

24시간 어린이집은 지정 어린이집에서만 야간보육(19:30~익일 07:30) 및 24시간 동안(07:30~익일 07:30) 보육서비스를 제공하는 시설을 의미한다. 24시간 보육의 경우, 부모의 야간 경제활동, 한부모 또는 조손가정 등의 사유로 불가피하게 주간보육(07:30~19:30)과 야간보육을 모두 이용하는 보육형태이다. 24시간 어린이집은 보육아동이 수면하기에 적합한 시설(수면실 등)과 조 · 석식을 포함한 급 · 간식을 제공할 수 있는 여건 및 자체적으로 실시하는 야간 보육 프로그램 등을 구비하여야 한다.

휴일 어린이집은 일요일 및 공휴일에 보육하는 어린이집으로서, 자영업 및 특별한 직무에 의하여 휴일에 자녀들을 양육하는 데 어려움을 가진 부모들의 자녀들이 이용하는 시설이다.

⑤ 방과 후 어린이집

초등학생을 대상으로 방과 후 보육서비스를 제공하는 시설로서, 4시간 이상(방과

후~19:30)까지 서비스를 제공한다. 방과 후 보육의 궁극적인 목적은 '아동들이 원만한 인간관계를 맺고 공동체 의식을 기르게 하기 위해 다양한 활동을 제공하고 방과 후 시간을 안전하게 보호하여 건강한 생활을 영위하도록 도와주는 것이다.

4) 보육서비스의 현황

보육서비스의 현황을 어린이집과 보육아동 및 어린이집 보육교직원 현황으로 구분하여 살펴보면 다음과 같다.

(1) 어린이집과 보육아동의 현황

어린이집 현황을 살펴보면, 2022년 12월 31일 기준으로 표 9-1과 같이 총 30,923개소의 어린이집이 설립·운영되고 있는 것으로 나타났다.

표 9-1. 어린이집 연도별 설치·운영 현황

구분	계	국·공립 어린이집	사회복지법인 어린이집	법인·단체 등 어린이집	민간 어린이집	가정 어린이집	협동 어린이집	직장 어린이집
2022	30,923	5,801	1,254	610	9,726	12,109	132	1,291
2021	33,246	5,437	1,285	640	10,603	13,891	142	1,248
2020	35,352	4,958	1,316	671	11,510	15,529	152	1,216
2019	37,371	4,324	1,343	707	12,568	17,117	159	1,153
2018	39,171	3,602	1,377	748	13,518	18,651	164	1,111
2017	40,238	3,157	1,392	771	14,045	19,656	164	1,053
2016	41,084	2,859	1,402	804	14,316	20,598	157	948
2015	42,517	2,629	1,414	834	14,626	22,074	155	785
2014	43,742	2,489	1,420	852	14,822	23,318	149	692
2013	43,770	2,332	1,439	868	14,751	23,632	129	619
2012	42,527	2,203	1,444	869	14,440	22,935	113	523
2011	39,842	2,116	1,462	870	14,134	20,722	89	449
2010	38,021	2,034	1,468	888	13,789	19,367	74	401

구분	계	국 · 공립 어린이집	사회복지법인 어린이집	법인 · 단체 등 어린이집	민간 어린이집	가정 어린이집	협동 어린이집	직장 어린이집
2009	35,550	1,917	1,470	935	13,433	17,359	66	370
2008	33,499	1,826	1,458	969	13,306	15,525	65	350
2007	30,856	1,748	1,460	1,002	13,081	13,184	61	320
2006	29,233	1,643	1,475	1,066	12,864	11,828	59	298
2005	28,367	1,473	1,495	979	12,769	11,346	42	263
2004	26,903	1,349	1,537	966	12,225	10,583	미분류	243
2003	24,142	1,329	1,632	787	11,225	8,933	미분류	236
2002	22,147	1,330	1,633	575	10,471	7,939	미분류	199
2001	20,097	1,306	1,991	313	9,490	6,801	미분류	196
2000	19,276	1,295	2,010	324	8,970	6,473	미분류	204
1999	18,768	1,300	1,965	266	8,327	6,703	미분류	207

출처: 보건복지부(2023). 2022년 보육통계(2022년 12월 31일 기준).

운영주체에 따른 어린이집 현황을 살펴보면, 가정어린이집이 12,109개소로 가장 많았으며, 민간어린이집 9,726개소, 국 · 공립어린이집 5,801개소, 직장어린이집 1,291개소, 사회복지법인어린이집 1,254개소, 법인 · 단체 등 어린이집 610개소, 협동어린이집 132개소 순으로 나타났다. 전체 어린이집 현황은 2014년 43,742개소로 가장 많았다가 해마다 전체 어린이집의 수는 감소하고 있는데, 이는 저출산의 영향으로 판단할 수 있다. 그리고 전체 어린이집 개소는 감소하고 있는데도 불구하고 국 · 공립어린이집과 직장어린이집은 해마다 증가하고 있는 것으로 나타났다. 이러한 결과는 국 · 공립어린이집 확충이라는 국가적 과제를 해결하기 위해 정부와 지방자치단체가 적극적으로 국 · 공립어린이집 확충에 나섰으며, 그 결과 2016년 6.96%였던 국 · 공립어린이집이 2018년 9.20%, 2022년 18.75%로 증가한 결과를 보였다. 또한 직장어린이집은 「영유아보육법」에 직장어린이집의 설치를 상시 여성 근로자 300 이상, 남녀 근로자 500인 이상 사업장은 설치를 의무화하였고, 더욱 강화된 법안으로 보건복지부 장관이 실태조사 후 직장어린이집의 설치 불이행의 사업장의 명단을 공개하도록 하였다. 이와 더불어 보건복지부 장관 또는 조사 기관의 장이 실태조사를 위하여 관계 행정 및 의무이행 관련된 기관 또는 단체에 자료 및 의견 등의 제출을 요청할 경우 그 기관은 특별한 사정이 없다면 그 요청을 따라야 하도록 하고 있다. 이와 같은 이유에서 직장어린이집의 수가 2016년 2.31%에서 2018년 2.84%, 2022년 4.17%로 증가하고 보육아동 수도 증가하고 있는 것으로 나타났다. 어린이집 연도별 보육아동 현황은 표 9-2와 같다.

표 9-2. 어린이집 연도별 보육아동 현황

(단위: 명)

구 분		계	국·공립 어린이집	사회복지법인 어린이집	법인·단체 등 어린이집	민간 어린이집	가정 어린이집	협동 어린이집	직장 어린이집
2022	계	1,095,450	276,670	64,503	27,743	477,628	184,053	3,203	61,650
	남	567,995	143,794	34,075	14,463	247,414	94,644	1,786	31,819
	여	527,455	132,876	30,428	13,280	230,214	89,409	1,417	29,831
2021	계	1,184,716	268,967	72,085	30,998	535,428	208,842	3,465	64,931
	남	613,695	139,664	38,046	16,150	277,125	107,330	1,873	33,507
	여	571,021	129,303	34,039	14,848	258,303	101,512	1,592	31,424
2020	계	1,244,396	253,251	78,322	34,066	578,196	230,444	3,716	66,401
	남	644,496	131,303	41,100	17,710	299,290	118,878	2,010	34,205
	여	599,900	121,948	37,222	16,356	278,906	111,566	1,706	32,196
2019	계	1,365,085	232,123	86,775	38,538	664,106	273,399	4,121	66,023
	남	705,867	119,993	45,411	20,101	343,060	140,965	2,205	34,132
	여	659,218	112,130	41,364	18,437	321,046	132,434	1,916	31,891
2018	계	1,415,742	200,783	92,787	41,298	711,209	302,674	4,360	62,631
	남	731,498	103,444	48,702	21,633	367,436	155,682	2,272	32,329
	여	684,244	97,339	44,085	19,665	343,773	146,992	2,088	30,302
2017	계	1,450,243	186,916	96,794	43,404	738,559	321,608	4,508	58,454
	남	749,266	96,611	50,741	22,625	381,384	165,414	2,308	30,183
	여	700,977	90,305	46,053	20,779	357,175	156,194	2,200	28,271
2016	계	1,451,215	175,929	99,113	45,374	745,663	328,594	4,240	52,302
	남	750,122	91,124	52,038	23,638	385,046	168,970	2,197	27,109
	여	701,093	84,805	47,075	21,736	360,617	159,624	2,043	25,193
2015	계	1,452,813	165,743	99,715	46,858	747,598	344,007	4,127	44,765
	남	750,621	85,961	52,333	24,279	385,507	177,103	2,166	23,272
	여	702,192	79,782	47,382	22,579	362,091	166,904	1,961	21,493

구 분		계	국 · 공립 어린이집	사회복지법인 어린이집	법인 · 단체 등 어린이집	민간 어린이집	가정 어린이집	협동 어린이집	직장 어린이집
2014	계	1,496,671	159,241	104,552	49,175	775,414	365,250	3,774	39,265
	남	773,987	82,306	55,049	25,478	400,579	188,152	2,012	20,411
	여	722,684	76,935	49,503	23,697	374,835	177,098	1,762	18,854
2013	계	1,486,980	154,465	108,834	51,684	770,179	364,113	3,226	34,479
	남	768,523	79,934	57,048	26,670	397,270	187,899	1,735	17,967
	여	718,457	74,531	51,786	25,014	372,909	176,214	1,491	16,512
2012	계	1,487,361	149,677	113,049	51,914	768,256	371,671	2,913	29,881
	남	769,573	77,321	59,562	26,867	397,021	191,722	1,572	15,508
	여	717,788	72,356	53,487	25,047	371,235	179,949	1,341	14,373
2011	계	1,348,729	143,035	112,688	50,676	706,647	308,410	2,286	24,987
	남	699,806	73,850	59,408	26,341	366,164	159,878	1,248	12,917
	여	648,923	69,185	53,280	24,335	340,483	148,532	1,038	12,070
2010	계	1,279,910	137,604	114,054	51,126	671,891	281,436	1,898	21,901
	남	665,305	71,195	60,124	26,846	348,844	146,009	1,051	11,236
	여	614,605	66,409	53,930	24,280	323,047	135,427	847	10,665
2009		1,175,049	129,656	112,338	52,718	623,045	236,843	1,655	18,794
2008		1,135,502	123,405	113,894	53,818	615,647	210,438	1,491	16,809
2007		1,099,933	119,141	118,211	55,906	612,484	177,623	1,444	15,124
2006		1,040,361	114,657	120,551	58,808	582,329	148,240	1,238	14,538
2005		989,390	111,911	125,820	56,374	552,360	129,007	933	12,985
2004		930,252	107,335	135,531	48,414	507,398	119,787	미분류	11,787
2003		858,345	103,474	140,994	37,911	461,640	103,935	미분류	10,391
2002		800,991	103,351	142,035	30,289	425,647	90,939	미분류	8,730
2001		734,192	102,118	161,419	16,483	369,044	77,247	미분류	7,881
2000		686,000	99,666	157,993	15,949	336,625	67,960	미분류	7,807
1999		640,915	99,866	151,652	13,195	301,630	67,294	미분류	7,278

* 남/여 구분: 아동의 주민등록번호의 7번째 자릿수가 홀수이면 남, 짝수이면 여 - 이후 남/여 구분 동일한 조건
출처: 보건복지부(2023). 2022년 보육통계(2022년 12월 31일 기준).

표 9-2에서 보는 것과 같이 2022년 12월 31일 기준 어린이집을 이용하고 있는 영유아는 전체 1,095,450명으로 나타났다. 운영주체에 따른 현황을 구체적으로 살펴보면, 민간어린이집을 이용하는 영유아가 477,628명으로 가장 많았으며, 국·공립어린이집 276,670명, 가정어린이집 184,053명, 사회복지법인어린이집 64,503명, 직장어린이집 61,650명, 법인·단체 등 어린이집 27,743명, 협동어린이집 3,203명 순으로 나타났다.

(2) 어린이집 보육교직원 현황

어린이집에 종사하는 보육교직원은 원장과 보육교사, 그리고 보조교사, 조리사, 간호사, 영양사, 사무원 등을 말한다. 2022년 12월 31일 기준 보육교직원의 현황은 표 9-3과 같다.

표 9-3. 보육교직원 연도별 추이 현황 (단위: 명)

구 분		계	국·공립 어린이집	사회복지법인 어린이집	법인·단체 등 어린이집	민간 어린이집	가정 어린이집	협동 어린이집	직장 어린이집
2022	계	311,996	73,511	16,975	7,027	116,442	76,144	953	20,944
	남	10,502	1,346	1,670	551	5,931	771	27	206
	여	301,494	72,165	15,305	6,476	110,511	75,373	926	20,738
2021	계	321,116	67,191	17,673	7,351	123,655	83,758	1,009	20,479
	남	11,261	1,305	1,754	579	6,511	880	22	210
	여	309,855	65,886	15,919	6,772	117,144	82,878	987	20,269
2020	계	325,669	59,974	18,313	7,695	129,306	89,552	1,030	19,799
	남	11,598	1,207	1,797	610	6,845	914	23	202
	여	314,071	58,767	16,516	7,085	122,461	88,638	1,007	19,597
2019	계	331,444	50,436	18,835	8,062	139,344	95,763	1,043	17,961
	남	12,392	1,094	1,861	647	7,542	1,017	27	204
	여	319,052	49,342	16,974	7,415	131,802	94,746	1,016	17,757
2018	계	333,420	41,122	19,139	8,259	146,386	100,987	1,051	16,476
	남	12,956	971	1,882	668	8,118	1,100	26	191
	여	320,464	40,151	17,257	7,591	138,268	99,887	1,025	16,285

구 분		계	국·공립 어린이집	사회복지법인 어린이집	법인·단체 등 어린이집	민간 어린이집	가정 어린이집	협동 어린이집	직장 어린이집
2017	계	330,217	36,098	18,845	8,254	146,920	104,176	1,066	14,858
	남	13,648	954	1,895	691	8,644	1,260	28	176
	여	316,569	35,144	16,950	7,563	138,276	102,916	1,038	14,682
2016	계	321,766	32,937	18,920	8,436	145,609	101,891	979	12,994
	남	14,124	941	1,928	726	9,013	1,330	29	157
	여	307,642	31,996	16,992	7,710	136,596	100,561	950	12,837
2015	계	321,067	30,823	18,933	8,637	145,724	105,124	970	10,856
	남	14,447	942	1,908	725	9,226	1,470	29	147
	여	306,620	29,881	17,025	7,912	136,498	103,654	941	10,709
2014	계	311,817	28,977	19,045	8,749	141,977	102,947	856	9,266
	남	14,270	884	1,878	729	9,117	1,527	25	110
	여	297,547	28,093	17,167	8,020	132,860	101,420	831	9,156
2013	계	301,719	26,750	18,765	8,703	136,180	102,731	730	7,860
	남	13,182	806	1,768	672	8,304	1,534	18	80
	여	288,537	25,944	16,997	8,031	127,876	101,197	712	7,780
2012	계	284,237	23,725	18,011	8,094	126,239	101,273	614	6,281
	남	10,496	643	1,492	556	6,255	1,475	17	58
	여	273,741	23,082	16,519	7,538	119,984	99,798	597	6,223
2011	계	248,635	22,229	17,491	7,724	112,779	82,911	485	5,016
	남	8,663	501	1,364	496	5,076	1,161	14	51
	여	239,972	21,728	16,127	7,228	107,703	81,750	471	4,965
2010		229,084	20,980	17,368	7,708	104,531	73,895	398	4,204
2009		206,912	19,397	17,042	7,988	95,668	62,863	348	3,606
2008		175,729	17,132	16,145	7,653	84,140	47,348	298	3,013
2007		169,585	15,628	16,020	7,687	83,088	44,167	345	2,650
2006		156,306	14,910	16,226	8,206	78,960	35,425	252	2,327
2005		136,916	13,656	15,922	7,220	70,384	27,492	267	1,975
2004		125,147	13,145	16,797	6,519	63,319	23,621	미분류	1,746
2003		125,931	14,957	24,666	5,212	59,400	19,946	미분류	1,750
2002		117,572	15,180	25,866	3,103	53,982	17,896	미분류	1,545
2001		103,924	14,500	23,155	2,147	49,065	13,675	미분류	1,382

*보육교직원 수: 정상운영 중인 어린이집에서 임용, 출산휴가 상태인 보육교직원 수
*남/여 구분: 보육교직원의 주민등록번호 7번째 자릿수가 홀수이면 남, 짝수이면 여 – 이후 남/여 구분 동일한 조건
출처: 보건복지부(2023). 2022년 보육통계(2022년 12월 31일 기준).

표 9-3에서 보는 것과 같이, 2022년 현재 어린이집에 근무하고 있는 보육교직원은 전체 311,996명으로 나타났다. 운영주체에 따른 보육교직원 현황을 살펴보면, 민간어린이집에 종사하는 보육교직원이 116,442명으로 가장 많았으며, 가정어린이집 76,144명, 국 · 공립어린이집 73,511명, 직장어린이집 20,944명, 사회복지법인어린이집 16,975명, 법인 · 단체 등 어린이집 7,027명, 협동어린이집 953명 순으로 나타났다. 보육교직원 수가 전년 대비 국 · 공립어린이집과 직장어린이집에 종사하는 보육교직원은 증가하는 데 비해 사회복지법인어린이집, 법인 · 단체 등 어린이집, 민간어린이집, 가정어린이집 및 협동어린이집에 종사하는 보육교직원은 감소한 것으로 나타났다.

5) 보육사업의 과제

보육사업의 정책과제를 비용 지원 부분, 수요자 중심의 맞춤형 지원 부분, 보육서비스의 질, 보육교사 전문성 강화의 부분으로 구분하여 살펴보면 표 9-4와 같다(주수길 외, 2020).

표 9-4. 보육사업의 과제

구분	내용
비용 지원	현재 보육료는 모든 아동에게 지원되고 있으나 연장보육의 도입으로 어린이집 운영시간이 의무적으로 늘어난 부분이 있다. 2016년 7월부터 2년여간 잠시 실시된 맞춤형 보육은 이용유아와 학부모의 불편, 어린이집 운영상의 어려움으로 폐지되고 2020년도부터 기본보육과 연장보육으로 바뀌어 실시되고 있다. 기본보육은 어린이집 운영시간에 맞춰 기본이용하고 연장보육을 신청한 아동에 한해 7시 30분까지 이용할 수 있는 연장보육을 실시하고 있다. 현재 연장보육을 신청한 아동이 연장보육료를 지원받아 운영되고 있으나 신청한 아동의 숫자와 관계없이 인건비를 지원하는 방향을 검토해 보는 것이 필요하다. 신청아동이 1명일 경우라도 운영비에 지장 없이 운영될 수 있는 제도가 절실히 필요한 실정이다. 바뀌는 보육제도에 의해 연장보육과 긴급보육이 점점 늘어나고 있는 실정에 배치된 보육교직원에 대한 인건비는 반영되지 않고 있다. 현재 이용아동의 수에 따라 보육료로 지원하는 것을 시간에 따른 인건비로 지원하는 방향이 요구된다.

구분	내용
수요자 중심의 맞춤형 지원	시간제 보육, 연장 보육 등 다양한 서비스가 제공되고 있으나 전염병이나 재난상황, 보호자의 상황에 따른 긴급돌봄 서비스는 부족한 실정이다. 맞벌이 가정이 늘어가고 재난상황의 장기화, 전염병 등으로 인한 격리에 따른 부모의 부담을 줄이기 위해서는 긴급상황 시 아이돌봄 서비스를 누구나 이용할 수 있도록 편리하게 접근성을 가질 수 있는 제도가 필요하다.
보육서비스의 질	누리과정의 보편화로 보육시설의 프로그램 향상과 평가인증의 의무화, 정보공개로 인한 운영의 투명화로 보육서비스의 질은 날로 향상되고 있다. 또한 아동학대에 대한 사회적인 관심으로 CCTV가 의무화되어 보육의 질을 한층 향상시킨 점은 긍정적이지만 개인정보 유출이나 그에 대한 교사들의 사생활 보호가 힘든 점, 개인정보에 대한 전문적인 지식부족으로 인한 어린이집의 피해는 날로 늘어 가는 실정이다. 보육교직원에 대한 아동학대 예방교육, 영상정보처리에 관한 전문적인 교육과 학부모교육 등 해마다 바뀌는 법령에 대한 정보와 교육이 필수적으로 실시되어야 한다.
보육교사 전문성 강화	보육교사의 자격체계를 개편하고 급여수준을 조정할 것이 요구된다. 보육교사 자격기준을 기존의 법규에서 상향 조정하고 주임교사제를 신설하여 수당을 지원하는 등 장기근무자 우대를 통한 전문성 강화의 필요성이 있다. 또한 민간 어린이집 보육교사들의 자격과 경력관리, 늘어 가는 보육시간에 맞춘 근무시간제 관리와 보육교직원 휴식시간 확보, 종일제 인력 지원 등 보육교사들의 근무환경을 개선한다면 더욱 전문성을 갖춘 보육인력이 우리 아이들을 돌보게 될 것이다.

2. 방과후 아동보호

1) 방과후 아동보호서비스

방과후 아동보호에 해당하는 초등아동 돌봄정책은 교육부의 초등돌봄교실, 여성가족부의 방과후아카데미와 돌봄사업(아이돌보미 등) 그리고 보건복지부의 지역아동센터 정책으로 구분할 수 있는데, 구체적인 내용은 표 9-5와 같다(최현임, 2021).

표 9-5. 초등아동 공적돌봄 서비스 체계 및 특징

구분	보건복지부		여성가족부	교육부
돌봄서비스	지역아동센터	다함께돌봄센터	청소년방과후아카데미	초등돌봄교실
시행시기	2004	2019	2005	2004
지원근거	아동복지법	아동복지법	청소년기본법	초 · 중등교육과정 총론 교육부 고시
지원대상	만 18세 미만	만 12세 미만	초4~중3	초1~6
지원내용	보호 · 교육 · 문화 · 정서지원, 지역사회 연계 등	시간제돌봄, 프로그램 지원 등	전문체험, 학습지원, 자기개발 및 생활지원(급식포함)	보호, 교육 및 일부 급 · 간식지원
운영규모	4,217개소	257개소	260개소	15,153실(6,113학교)
이용자수	108,971명	4,369명	5,530명(초등) 10,265명(합계)	290,358명
운영형태	취약계층 중심 상시 돌봄	맞벌이가정 중심 상시 · 일시 돌봄	취약계층 중심 상시 돌봄	맞벌이가정 중심 상시 돌봄
지원형태	무상(소득별 이용료 5만 원 이내)	이용료 자부담	무상	무상(간식비 등 일부 자부담)

출처: 보건복지부, 전국 지역아동센터 통계조사보고서, 2019년 12월 말 기준; 다함께돌봄센터 사업지원단, 2020년 6월 기준; 청소년아카데미 2018년 8월 기준; 초등돌봄교실 2019년 기준 오후돌봄 기준(방과후학교포털시스템).

각각의 서비스의 내용과 특징을 비교해 보면, 정책화된 시기는 2000년대 초반이며, 지원대상의 경우 지역아동센터는 「아동복지법」에 의거 18세 미만의 아동을 포괄하여 중 · 고등학생을 포함하고 있다. 이에 비해 방과후아카데미는 초등학교 고학년부터 중학생이 그 대상이다. 각 정책은 소득기준과 가구유형에 따라 지원대상의 우선순위를 두고 있는데, 그 기준이 사업별로 달라서 개별적으로 정책을 살펴보기 전에는 명확하게 구분하기가 어렵다. 즉, 전반적으로 이용자 입장에서 어떤 서비스가 선택 가능한지, 어떤 절차가 필요한지, 제공되는 서비스가 어떻게 다른지 명확하게 알기 어려운 구조라고 할 수 있다. 이러한 다부처 사업으로 인한 중복과 사각지대의 문제해결을 위해 부처통합협의체를 구성하고 전달체계를 통합하려는 노력이 있어 왔지만 각각의 정책이 갖는 법률적 근거와 주무부서 및 정책과제가 달라 병렬적인 서비스의 정보통합 수준에서만 협력이 가능하다는 한계점이 꾸준하게 지적되어 왔다.

초등돌봄교실은 가장 공급이 많은(72%) 서비스로 맞벌이, 초등저학년 중심으로 돌봄 수요에 대응하고 있는 주요한 돌봄정책이다. 학교 내에서 운영되어 보호자가 안심하고 이용할 수 있는 정책이지만, 초등돌봄교실 운영방식의 변화가 필요하다는 주장도 많다. 즉, 겸용교실의 열악한 환경, 현실적으로 오후 5시까지만 운영되며, 운영방식이 유연하지 못해 방과후 학교 프로그램 외에는 드나듦이 불가능하고, 급·간식의 질적 수준과 프로그램이 단조롭고 변화가 없다는 점들이 지적되고 있다.

두 번째로 많은 공급은 지역아동센터이다. 지역아동센터는 도시빈민 아동의 방임, 위험의 노출 등 사회문제 해결을 위해 1980년대부터 지역사회 내 소규모 비영리 공부방으로 운영되기 시작하여 2004년에 법제화된 지역아동센터는 공부방으로 역할을 해 온 민간운영자를 포괄하기 위해 개인도 일정 요건을 갖추면 운영이 가능한 '신고제' 아동복지시설이다.

지역아동센터 정책의 가장 큰 특징은 저소득층 아동을 중심[1]으로 한 서비스라는 것이다. 이는 낙인감이라는 문제점과 맞닿아 있어 논란이 많지만, 취약계층의 아동을 돌보는 기능을 충분히 해 온 것으로 평가되어 왔다. 하지만 반대로 지역아동센터의 역할의 한계점과 극복해야 할 문제점은 '낙인감'으로, 다함께돌봄센터가 모든 아동을 소득과 관계없이 이용할 수 있게 됨에 따라 아이들을 소득기준으로 이쪽, 저쪽으로 구분하게 되면 낙인감이 더 강화된다는 점이 다함께돌봄 정책에 반대했던 이유 중 하나이다. 이러한 지적으로 지역아동센터의 일반아동 비율이 확대되는 방향이지만 구체적인 취약아동 보호 대책이 없으면 돌봄서비스 제공이 상대적으로 쉬운 아동이나 구매력이 있는 아동을 의도적으로 모집하는 공급자 역선택, 즉 역차별에 대한 우려도 지적되고 있다. 지역아동센터 서비스의 다른 문제는 종사자와 서비스의 질에 대한 비판으로, 이 문제를 해결하기 위한 많은 연구와 정책제언들은 공공성 강화[2]를 주장하고 있다.

1) 지역아동센터 지원 사업안내 매뉴얼에 근거하여 우선보호아동 기준은 ① 선정기준에 따른 소득기준, ② 가구특성기준, ③ 연령기준을 모두 만족하는 경우에 해당하여 기본적으로 소득기준을 만족해야 하는데 가구의 건강보험료 본인부담금이 가구원수별 기준 중위소득 100%에 해당하는 금액 이하인 경우에 해당한다.

온종일돌봄 정책의 시행으로 새로 추가된 다함께돌봄센터는, 저출산 고령사회라는 사회적 환경에 따라 학교 밖에 돌봄시설 확충을 위한 「저출산 · 고령사회기본법」 제8조, 「사회보장기본법」 제5조와 제6조에 근거하여 시작되었다. 이후, 「아동복지법」 개정(제44조의 2, 2023. 08. 08. 일부개정)을 통해 사회복지사업으로 규정되었다. 다함께돌봄센터는 "공공시설(주민센터, 도서관, 학교 등), 아파트 활용가능 공간 등 접근성이 높고 개방된 안전한 시설의 활용가능 공간을 리모델링하고, 지역 내 다양한 인적자원을 활용하여 돌봄이 필요한 6~12세 아동에게 일시 긴급돌봄, 방과후 프로그램 연계, 등 · 하원 지원, 정보제공 등 다양한 돌봄서비스 제공하는 것"을 목적으로 하고 있는 서비스이다.

청소년방과후아카데미 사업은 2005년 여성가족부에서 방과후 청소년 생활지원 종합대책의 일환으로 시작된 방과후 돌봄사업으로, 2019년 기준 전국에 260개소까지 확대되었고, 대상도 중학교 3학년까지 확대되어 운영되고 있다. 주로 공공 청소년 수련시설에서 사업을 운영함으로써 다양한 프로그램 운영이 가능하며, 안전관리와 평가 등 서비스 질 관리 체계가 마련되어 있다. 청소년에게 단순한 보호 이상으로 교육, 체험과 상담 등 종합적인 서비스 제공이 가능하다는 점이 특징이지만 전국적으로 1만명(초등학생 5,600명) 정도의 청소년이 이용해 지역 내 방과후 돌봄서비스 수요에 대한 대응력이 낮다. 이는 청소년 수련시설이 시 · 군 · 구 단위에 1~2개이며 일부 시설의 경우 물리적 접근성이 낮아 돌봄의 양적 확대에서 제한적인 이유가 크다고 할 수 있다. 따라서 초등학교 고학년 이상을 대상으로 기능의 차별화를 위해 중학생을 대상으로 서비스 개편이 제안되기도 하지만 초등아동 돌봄체계가 충분한 정도로 확대되어야 한다는 전제가 필요하다.

2) 지역아동센터의 공공성 강화의 필요성은 다양한 측면에서 논의되고 있다. 첫째, 민간의 열악한 환경으로 보조금 의존도가 높으나 충분하지 못한 예산지원의 한계성이다. 둘째, 서비스의 질에 대한 비판과 시설 간의 서비스 편차 문제이다. 셋째, 정부재정 투입에도 불구하고 정부의 체계적인 관리 · 감독 및 지도점검이 부족하다는 지적으로 투명성 문제가 제기된다. 넷째, 시설의 소유형태가 전 · 월세인 경우가 많아 서비스의 지속성, 안정성 결여 등의 문제해결을 위해 공공성 강화가 필요하다는 주장이 많다.

2) 공동육아나눔터와 아이돌봄지원사업

지금까지 살펴본 돌봄체계와 별도로 돌봄시설이 아닌 가족돌봄사업으로 여성가족부에서 운영하는 사업인 공동육아나눔터와 아이돌봄지원(아이돌보미)사업 등이 있다. 공동육아나눔터는 주로 건강가정다문화지원센터를 통해 운영되고 있다. 지역주민들의 자발적 참여로 돌봄을 공유하는 방식으로 운영되어 지역 내 돌봄공동체의 거점으로 활용가능성이 높지만 부모가 영유아를 동반하고 공간을 이용하거나 활동에 참여함으로써 취학아동의 방과후 돌봄을 담당하는 데에는 한계를 보인다. 그러나 가족품앗이 활동을 통해 자생적인 부모 품앗이 활동으로 신뢰 관계 형성이 가능하며, 이러한 관계성에 기반하여 아동의 성장주기에 따라 초등학생 진학 후까지 돌봄이 지속될 여지가 있어 시설중심의 표준화된 서비스의 대안 모델로서의 가능성이 있다.

아이돌봄지원사업은 개별 가정의 특성을 고려해 아동의 집에서 안전한 보호를 제공하고, 만 12세 이하 아동을 대상으로 시간제서비스와 영아 종일제서비스로 제공되는데 소득을 기준으로 이용비용에 차이가 있다. 대부분 영유아가정이 이용하고 있으나 초등아동의 경우, 1회 2시간 시간제돌봄서비스를 이용할 수 있는데 주요 내용은 부모가 올 때까지 임시 보육, 놀이 활동, 간단한 급·간식 서비스, 보육시설 및 학교 등·하원, 안전 신변처리 등의 서비스가 제공된다. 시설보육의 사각지대에 대응하기 위한 목적으로 설계된 아이돌보미서비스의 특성상 주 이용시간대가 보육시설과 학교 등교 전(오전 5시~8시), 하교 후(오후 5시~7시)에 집중되는 경향을 보이고 있는 것이 특징이다.

Chapter

10

위기, 다양성과 지역사회보호

배울 내용

1. 빈곤가족아동
2. 한부모가족아동
3. 조손가족아동
4. 다문화가족아동
5. 북한이탈주민가족

학습목표

1. 빈곤가족아동의 개념 및 현황을 파악하고 아동복지서비스 방향을 모색해 본다.
2. 한부모가족아동의 개념 및 현황을 파악하고 아동복지서비스 방향을 모색해 본다.
3. 조손가족아동의 개념 및 현황을 파악하고 아동복지서비스 방향을 모색해 본다.
4. 다문화가족아동의 개념 및 현황을 파악하고 아동복지서비스 방향을 모색해 본다.
5. 북한이탈주민가족의 개념 및 현황을 파악하고 아동복지서비스 방향을 모색해 본다.

Chapter 10

위기, 다양성과 지역사회보호

1. 빈곤가족아동

1) 빈곤아동의 개념

빈곤아동(child poverty)이란 아동자신이 빈곤하기보다는 아동이 속한 가족의 빈곤을 의미한다. 구체적으로 UN과 OECD 주요 국가에서 사용하고 있는 법적 규정에 의하면, 18세 미만의 아동이 속한 가족이 빈곤할 때, 빈곤아동이라 부른다(초록우산 어린이재단, 2014). 결과적으로, 빈곤아동이란 아동이 속한 가족 또는 대리가족의 빈곤을 뜻한다.

그렇다면 어떠한 아동(혹은 아동이 속한 가족)을 빈곤한 아동으로 규정할 수 있을까? 우리나라에서는 국민기초생활보장제도 수급 가정의 아동을 의미하며, 이는 곧 최저생계비 이하의 소득으로 살아가는 가정의 아동들을 말한다. 「국민기초생활보장법」의 최저생계비란 '인간으로서 건강하고 문화적인 생활을 영위하기 위한 최소한의 비용'이라고 규정되어 있고, 국가가 그 이하의 소득을 가진 가구를 기초보장수급자로 선정해 보호하도록 하고 있다. 그러나 현행 국민기초생활보장제도에서는 고등학교 재학생일 경우 이들은 근로능력이 없는 것으로 간주되어 생계비를 지원받기 때문에 빈곤아동을 정의할 때 현실적인 복지서비스 지원 나이를 고려해 고등학교 재학생을 포괄하는 만 18세 이하의 자로 규정해야 한다고 보고 있다.

한편으로는 초록우산 어린이재단에서 수행한 연구(허선, 이수진, 2012)에서 밝혀진 바에 의하면, 복지사각지대에 있는 41만 명의 아동에 비해 기초보장수급 아동 수는 37만 명에 불과하다고 보고되고 있다. 그렇다면 나머지 아동들은 최저생계비 이하의 소득으로 살아감에도 불구하고 기초보장제도의 보호를 받고 있지 못하는 복지사각지대에 놓여 있는 아동들이라는 것을 의미한다. 따라서 현대사회에서는 복지사각지대에 놓여 있는 빈곤아동에 대한 보다 포괄적이고 다차원적 접근도 필요할 때라고 여겨진다.

2) 빈곤아동의 특성

빈곤가족과 아동을 연구한 각종 문헌들에서 소개된 빈곤아동의 특징을 종합해 보면 **표 10-1**과 같다(박정란 외, 2000: 주수길 외, 2020).

표 10-1. 빈곤아동의 특성

• 경제적 스트레스를 안고 있는 빈곤아동은 주로 긴장 상태에 놓여 있다. 만성적 긴장으로 인해 심리적 불안이 인성 구조의 중심을 이룸으로써 대체로 사회적응력이 부족하다(예: 학교부적응, 집단따돌림). • 가족관계가 원만하지 못하여 다른 계층의 아동보다 거부감, 소외감, 적대감 등 자신이나 가족, 사회에 대한 부정적 태도를 가지고 파괴적 행동에 빠지기 쉽다. • 아동의 출생 시, 어머니의 연령이 낮은 경우, 육아 지식의 부족으로 인해 제대로 양육되지 못하여 심리적 불안감이 높다. • 인지적 · 사회적 발달장애를 보이거나 주의가 산만하고 인내심이 부족하다. • 가정과 지역사회로부터 바람직한 인간관계 모델을 제공받을 수 있는 기회가 부족하기 때문에 대인관계를 형성하는 데 어려움을 갖는다. • 빈곤가족의 낮은 사회경제적 지위는 낮은 지적 수준을 갖게 하고, 낮은 지적 수준은 학교에 대한 부정적 태도를 초래하며, 이러한 부정적 태도는 거칠고 자극적인 행동으로 이어져 불량한 친구를 사귀게 되고 결과적으로 비행청소년이 되기 쉽다. • 빈곤아동은 출생 시 건강 상태가 좋지 않으며, 한부모가족과 같은 가족 형태적 결손과 알코올이나 정신질환, 폭력과 같은 가정환경의 문제를 가진다. • 빈곤지역 하위문화에 적응함으로써 앞으로의 생활 조건을 향상시키거나 발전을 도모하려는 동기가 낮다.

3) 아동빈곤 현황

한국보건사회연구원(2022)에 의하면〈그림 10-1〉, 중위 50%를 기준으로 하였을 때, 18세 미만 아동빈곤율(가처분중위소득 50% 기준)은 2019년 기준 10.6%로 2016년부터 지속적으로 감소하고 있는 것으로 나타났다.

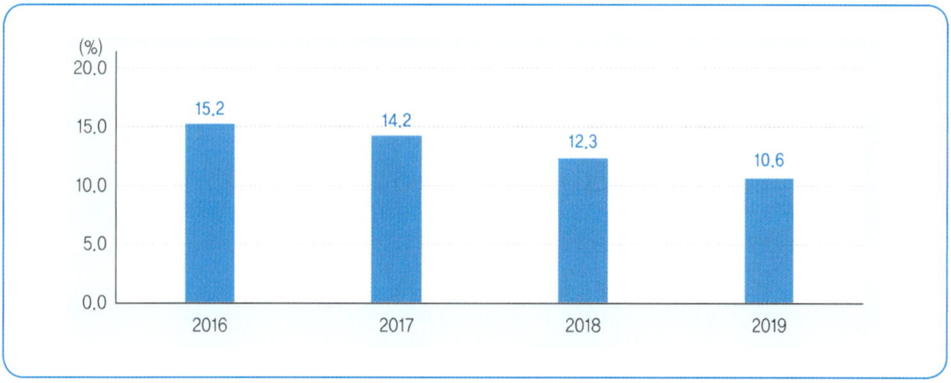

그림 10-1. 국내 아동빈곤율(가처분중위소득 50% 기준)

출처: 통계청(2020). 가계금융복지조사.

OECD 국가들과 비교했을 때도, 스웨덴, 덴마크, 노르웨이와 같은 노르딕 국가에 비해 아동빈곤율이 약간 높지만 전체 평균 아동빈곤율보다는 낮은 수준에 있다. 구체적으로 OECD(2011)에 따르면, 중위소득 50% 미만의 소득을 가진 가구에 사는 아동의 비율이 한국은 9.7%, 덴마크는 3.8%, 핀란드는 4%, 노르웨이는 5.4%로 나타났다.

한국의 아동빈곤율의 감소의 원인으로는, 첫째, 아동가구의 가구소득이 증가하였기 때문이다. 인구고령화의 영향으로 노인가구 비중이 높아짐으로 아동가구의 상대소득이 높아진 결과도 이에 포함된다. 둘째, 아동가구에 대한 재분배효과가 커진 것이 아동빈곤 감소요인으로 작용한 것으로 보인다(여유진, 2017). 그러나 아동빈곤율이 감소됨에도 불구하고 빈곤은 아동의 삶에 부정적인 영향을 미치며, 아동가구의 소득 빈곤 감소만으로는 아동의 삶이 나아졌다고 단정할 수는 없다(조휘래, 2022).

4) 빈곤아동의 사회복지정책

(1) 국민기초생활보장제도에 의한 빈곤가족 지원

2000년 10월 1일부터 시행된 국민기초생활보장제도는 1997년 이후 경제위기와 구조조정에 따른 대량실업으로 근로능력이 있는 빈곤인구가 급증하고, 사회문제가 확대되면서 근로능력에 관계없이 최저생계비 이하의 저소득층에게 국가가 기초생활을 보장하되 종합적 자립자활서비스 제공으로 생산적 복지를 구현해야 할 필요성을 인식하면서 국민의 최저생활을 보호하기 위하여 시행되었다.

(2) 빈곤아동의 보육 및 교육지원

빈곤아동의 보육 및 교육지원을 보육 및 교육에 대한 제도적 지원정책, 교육·문화·복지지원서비스 및 소년소녀가장세대에 대한 지원으로 구분하여 구체적으로 살펴보면 표 10-2와 같다(김성철 외, 2020).

표 10-2. 빈곤아동의 보육 및 교육지원

구분	내용
보육 및 교육에 대한 제도적 지원정책	• 여성가족부는 2004년 6월 보건복지부로부터 유아보육업무를 넘겨받아 기존의 '가족위임형' 보육에서 부모와 국가가 책임을 나누는 '책임공유형'으로 전환하고 정부는 보육료를 차등하여 지원하고 있다. 정부지원보육료는 원칙적으로 부모가 아이사랑 카드로 결제를 하면 어린이집으로 입금이 되는 방식으로 이루어지고 있다. 또한 「영유아보육법」 및 「영유아보육법 시행령」에 근거하여 유아보호업무를 관리한다. 유아보육시설은 국·공립 보육시설, 직장보육시설, 법인보육시설, 가정보육시설, 부모협동보육시설, 민간보육시설을 의미하며, 「국민기초생활보장법」에 의한 수급자와 여성부령이 정하는 일정소득 이하의 가구자녀의 보육비를 전부 혹은 일부 보조한다. • 교육부는 「유아교육법」 및 「유아교육법 시행령」에 근거하여 유아교육업무를 관리한다. • 보건복지부는 「국민기초생활보장법」과 「한부모가족지원법」에 근거하여 빈곤가정의 아동을 지원한다. 「국민기초생활보장법」에 의한 급여는 생계급여, 주거급여, 해산급여, 장제급여, 의료급여를 제공하며, 급여원칙은 최저생활보장원칙, 보충급여원칙, 자립지원원칙, 개별성원칙, 가족부양 우선원칙, 타법우선원칙을 지향한다. 「한부모가족지원법」 제12조 제1항은 복지급여로 생계비 이외에 아동교육지원비 및 아동양육비 지원을 규정하고 있다.

구분	내용
교육 · 문화 · 복지지원서비스	• 지역아동센터는 2004년부터 민간 공부방이 지역아동센터로 제도화되어 초 · 중학생의 방과후 보호, 학습지원, 급식제공 등의 기능을 담당하고 있다. • 학교사회복지는 민간단체, 사회복지공동모금회, 지역교육청 등의 지원으로 지속되어 온 학교사회복지가 2004년부터 교육부를 통하여 시범적으로 시행되고 있다. 학교 현장에 전임사회복지사를 배치하여 학교폭력을 포함한 다양한 학생문제를 예방, 치료하며, 빈곤가족 아동의 문제에도 통합적으로 접근하고 있다. • We-Start 사업은 저연령에서부터 예방적으로 통합적인 개입을 통하여 빈곤탈피를 목적으로 하고 있는 '빈곤대물림 끊어주기' 사업으로 0~12세 빈곤층 아동들에게 교육, 보건, 주거, 복지서비스를 통합적으로 제공하는 것을 목적으로 한다. • 교육복지투자 우선 지역사업은 지역사회 교육전문가라는 명칭을 가진 전문인력을 학교에 배치하여 빈곤아동들에게 교육, 복지, 문화서비스를 총괄적으로 제공하고 있다.
소년소녀가장세대에 대한 지원	지원대상은 국민기초생활보장수급자 중에서 18세 미만의 아동으로만 구성된 세대이거나 18세 미만의 아동이 부양능력이 없는 부모와 동거하는 세대이며, 부양의무자와 동거하는 경우에는 대리양육가정으로, 부양의무자가 아닌 경우에는 가정위탁으로 선정하여 지원한다. 15세 미만의 아동으로만 구성되어 있는 경우에는 시설입소, 가정위탁을 권장하고 있으며 아동이 18세가 넘었지만 중 · 고등학교에 재학 중일 경우에는 졸업까지 연장한다.

2. 한부모가족아동

1) 한부모가족의 개념

「한부모가족지원법」에서 정의하고 있는 한부모와 아동의 개념을 살펴보면, "모" 또는 "부"란 다음 표 10-3의 각 목의 어느 하나에 해당하는 자로서 아동인 자녀를 양육하는 자를 말한다.

표 10-3. 한부모가족지원법의 정의

가. 배우자와 사별 또는 이혼하거나 배우자로부터 유기(遺棄)된 자.
나. 정신이나 신체의 장애로 장기간 노동능력을 상실한 배우자를 가진 자.
다. 교정시설 · 치료감호시설에 입소한 배우자 또는 병역복무 중인 배우자를 가진 사람.
라. 미혼자(사실혼 관계에 있는 자는 제외한다).
마. 가목부터 라목까지 규정된 자에 준하는 자로서 여성가족부령으로 정하는 자. 또한 "청소년 한부모"란 24세 이하의 모 또는 부를 말한다.

따라서 한부모가족이란 모자가족 또는 부자가족을 말하며, "모자가족"이란 모가 세대주(세대주가 아니더라도 세대원을 사실상 부양하는 자를 포함한다)인 가족을 말하고, "부자가족"이란 부가 세대주(세대주가 아니더라도 세대원을 사실상 부양하는 자를 포함한다)인 가족을 말한다.

2) 한부모가족의 현황

한부모가족 가구는 2016년 전체가구의 7.76%에서 2020년 7.14%를 보이고 있는데, 구체적인 한부모가족의 현황은 그림 10-2, 표 10-4과 같다.

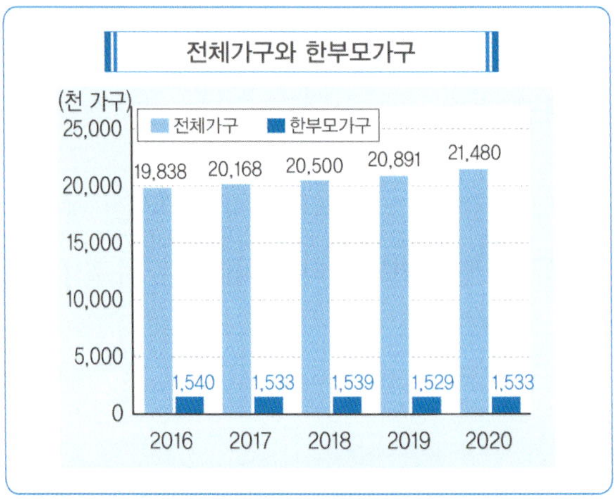

그림 10-2. 한부모가구의 현황

표 10-4. 한부모가구 현황

(단위: 천 가구, 가구, %)

구분	2016년	2017년	2018년	2019년	2020년
전체가구	19,838	20,168	20,500	20,891	21,480
한부모가구	1,540	1,533	1,539	1,529	1,533
한부모가구의 비율	7.76	7.60	7.51	7.32	7.14

주: 한부모가구 현황은 「한부모가족지원법」에 따른 지원대상으로 저소득 한부모가족의 현황임.
출처: 통계청(2022). 인구주택총조사.

한부모가족 가구의 현황을 살펴보면, 2016년에 1,540천 가구(7.76%), 2017년 1,533천 가구(7.60%), 2018년 1,539천 가구(7.51%), 2019년 1,529천 가구(7.32%), 2020년 1,533가구(7.14%)로 나타났다. 구체적으로 2020년 모자가구는 145,482가구로 부자가구 37,660가구보다 3.86배 많은 것으로 나타났다. 그리고 한부모가족 발생의 주원인은 이혼(77.6%), 사별(15.4%), 미혼(4.0%), 기타(3.0%) 순으로 나타났다(한국여성정책연구원, 2018).

3) 한부모가족아동의 복지서비스

저소득 한부모 및 조손가족에게는 자녀양육비 등이 주어진다. 아동양육비는 만 12세 미만 자녀에게, 추가 아동양육비는 조손 및 만 25세 이상 미혼한부모가족 5세 이하 자녀에게 지원한다. 중·고등학생 자녀에게는 학용품비가 지원되며, 기타 생활보조금이 지원된다. 저소득 청소년한부모가족은 자립지원으로 아동양육비, 검정고시학습비, 고등학생교육비, 자립촉진수당 등이 지원된다. 미혼모·부자가족은 임신·출산·자녀양육을 위한 초기양육 지원, 상담 및 정보제공 등을 제공하는 미혼모·부자지원기관을 운영 지원한다. 그 외 한부모가족복지시설에 대한 기능보강 지원, 한부모가족복지단체 지원, 입소자 상담·치료지원, 공동생활가정형 주거지원사업 등이 제공되고 있다.

3. 조손가족아동

1) 조손가족의 개념

조손가족은 일반적으로 조부모와 손자녀로 구성된 가족을 의미하는 것으로, 개념 정의에 있어서는 연구자에 따라 유사하지만 약간씩 다른 차이를 보이고 있다. 구체적으로 김정은(2002)은 조부모가 일차적인 손자녀양육 책임자로서 부모역할을 대신 수행하는 가족으로, 옥경희(2005)는 조손가족을 가족해체 등의 원인으로 인해 아동의 부모가 아동과 실제로 동거하지 않는 상태에서 조부모가 아동과 함께 살면서 아동의 기본적인 의·식·주 및 생활 전반을 일차적으로 책임지고 있는 가족으로 정의하고 있다. 즉, 부모가 아동의 양육을 책임지지 못하거나 함께 살지 않고 조부모가 아동의 양육을 책임지는 경우를 포괄적으로 조손가족이라고 부른다. 조손가족이란 일반적으로 부모가 아동을 양육하지 못하는 상황에서 조부모가 아동과 함께 동거하면서 양육을 책임지고 있는 가족형태를 의미한다(박옥임, 2009).

2) 조손가족의 현황

조손가족은 1995년부터 꾸준하게 증가하는 경향을 보이고 있는데, 조손가족 증가 추이에 대현 현황은 그림 10-3과 같다.

조손가족의 증가 추이는 1995년 3만 5,362 가구에서 꾸준하게 증가하여 2015년 15만 3,000 가구로 증가하였으며, 2035년 32만 1,000 가구로 증가할 것으로 예상되고 있다. 그리고 조손가족의 조부모 1만 2,539명을 대상으로 손자녀 양육의 애로사항을 조사한 결과, 경제적 문제가 66.2%로 가장 높았으며, 아이의 생활과 학습지도 11.5%, 아이의 장래 준비의 어려움 10%, 가족의 건강 문제 6.8% 순으로 나타났다. 저소득 조손 가족의 현황은 표 10-5와 같다.

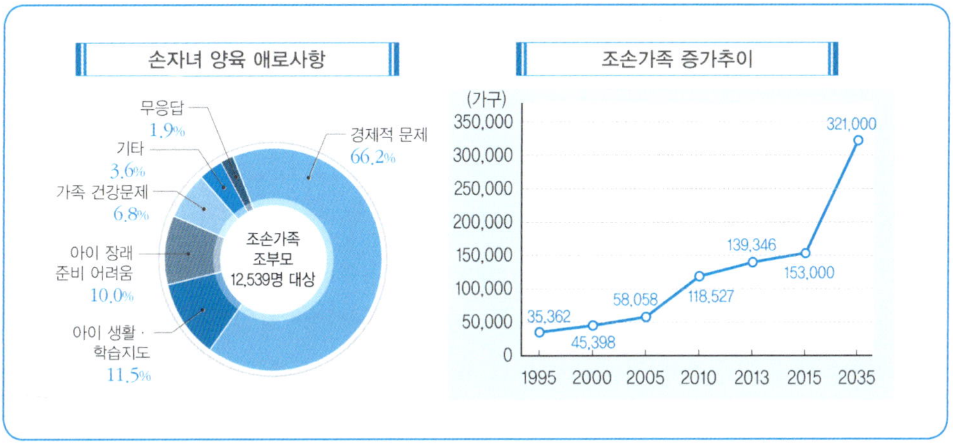

그림 10-3. 조손가족의 증가추이

표 10-5. 저소득 조손가족의 현황 (단위: 세대, 명)

연도별	계		모자가족		부자가족		조손가족	
	세대	세대원	세대	세대원	세대	세대원	세대	세대원
2017	183,023	449,469	141,207 (78.0%)	350,674 (78.0%)	38,880 (21.5%)	96,575 (21.5%)	936 (0.5%)	2,220 (0.5%)
2018	182,703	455,433	144,156 (78.5%)	357,539 (78.5%)	38,629 (20.8%)	95,744 (20.8%)	918 (0.5%)	2,150 (0.5%)
2019	182,606	453,045	143,740 (78.7%)	356,895 (78.8%)	37,969 (20.8%)	94,064 (20.8%)	897 (0.5%)	2,086 (0.5%)
2020	184,006	457,236	145,482 (79.1%)	361,998 (79.2%)	37,660 (20.5%)	93,234 (20.4%)	864 (0.5%)	2,004 (0.4%)

기준: 한부모가족지원법에 따른 지원대상자(국민기초생활보장 동시보장결정가구 포함).
출처: 통계청(2021). 사회보장정보시스템(행복e음) 연도 말 기준.

2017년도부터 2020년도까지 한부모가족의 모자, 부자, 조손가족의 세대와 세대원 현황을 비교한 결과, 모자가족은 다소 감소추세이고, 부자가족은 증가추세이며, 조손가족은 비슷한 양상을 보이고 있는 것으로 나타났다. 구체적으로 조손가족은 2017년 936세대에서 2020년에는 864세대로, 세대원은 2017년 2,220명에서 2020년 2,004명으로 감소한 것으로 나타났다.

3) 조손가족의 지원 및 아동복지서비스

현재 조손가족의 지원 및 아동복지서비스는 「한부모가족지원법」의 연장선에서 지원하고 있는데 소득수준에 있어서 한부모가족보다 낮은 수준인데도 불구하고 조손가족 지원을 위한 별도의 지원법이나 제도 등이 마련되어 있지 않아 복지의 사각지대에 놓여 있다고 할 수 있다.

점점 조손가족은 증가하고 있는데, 조손가족은 구조적으로 여러 가지 문제들을 가지고 있다. 예를 들어, 조부모는 자신의 자녀들을 제대로 양육하지 못했다는 죄책감, 양육의 부담, 노화로 인한 생활 곤란 등이다. 그리고 손자녀들은 부모의 부재로 인해 두려움, 당혹, 버림받았다는 배신감 등이 왜곡되게 표현되어 정서적인 혼란과 낮은 자아존중감을 나타낸다. 또한 손자녀들은 열악한 학습조건 때문에 교육 소외 계층으로 분류된다. 적절한 역할모델의 대상이 없어서 부모에 의한 가정교육의 기회를 상실하여 가치판단이나 사회적응에 영향을 받는다. 뿐만 아니라 정서적 상처, 애어른의 역할을 경험하는 등의 어려움도 있다.

4. 다문화가족아동

1) 다문화가족아동의 개념

「다문화가족지원법」에 규정된 다문화가족의 정의를 살펴보면, "다문화가족"이란 「재한 외국인 처우 기본법」 제2조 제3호의 결혼이민자와 「국적법」 제2조부터 제4조까지의 규정에 따라 대한민국 국적을 취득한 자로 이루어진 가족 혹은 「국적법」 제3조 및 제4조에 따라 대한민국 국적을 취득한 자와 같은 법 제2조부터 제4조까지의 규정에 따라 대한민국 국적을 취득한 자로 이루어진 가족으로 규정하고 있다. 또한 "결혼이민자 등"이란 다문화가족의 구성원으로서 「재한외국인 처우 기본법」 제2조 제3호의 결혼 이민자와 「국적법」 제4조에 따라 귀화 허가를 받은 자라고 규정하고 있다.

「재한외국인 처우 기본법」의 결혼이민자는 대한민국 국민과 혼인한 적이 있거나 혼인관계에 있는 재한외국인을 말한다. 「국적법」 제2조는 출생에 의한 국적취득 조항, 제3조는 인지(認知)에 의한 국적 취득이며, 제4조는 귀화에 의한 국적 취득 조항이다.

귀화는 귀화 허가를 받아야 하며, 인지에 의한 국적 취득은 부 또는 모에 의해 인지된 자가 미성년이고, 출생 당시 부 또는 모가 대한민국 국민이었고, 법무부장관에게 신고하여야 할 수 있다. 따라서 현행법상 다문화가족은 결혼이민자 · 귀화자와 대한민국 국적취득자로 이루어진 가족이며, 다문화가족아동은 다문화가족의 자녀로 정의된다.

2) 다문화가족아동의 현황

2021년 다문화출생아는 14,322명으로 전년 16,421명보다 2,099명(−12.8%)이 감소하였다. 우리나라 2021년 전체 출생이 26만 6백 명으로 전년보다 4.3% 감소한 데 비해, 다문화 부모의 출생아는 12.8% 감소하여 상대적으로 감소폭이 컸으며, 전체 출생에서 다문화출생이 차지하는 비중은 5.5%로 전년보다 0.5% 감소한 것으로 나타났다〈**그림 10-4, 표 10-6**〉.

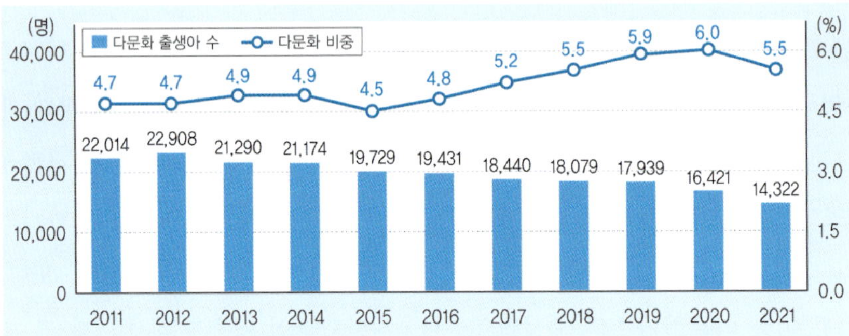

그림 10-4. 다문화 출생아 수 및 전체 출생 중 다문화 비중 추이(2011~2021년)

출처: 통계청(2022). 2021년 다문화 인구동태 통계.

표 10-6. 다문화 출생아 수 및 출생성비(2019~2021년) (단위: 명, %, 여아 100명당 남아 수)

구분		전 체*			다문화 부모[1]			출생기준 한국인 부모[2]		
		2019	2020	2021	2019	2020	2021	2019	2020	2021
출생아 수		302,676	272,337	260,562	17,939	16,421	14,322	281,674	253,226	244,144
비 중		100.0	100.0	100	5.9	6.0	5.5	93.1	93.0	93.7
전년 대비	증감	−24,146	−30,339	−11,775	−140	−1,518	−2,099	−23,776	−28,448	−9,082
	증감률	−7.4	−10.0	−4.3	−0.8	−8.5	−12.8	−7.8	−10.1	−3.6
남 아		155,416	139,362	133,516	9,194	8,265	7,322	144,722	129,763	125,164
여 아		147,260	132,975	127,046	8,745	8,156	7,000	136,952	123,463	118,980
출생성비		105.5	104.8	105.1	105.1	101.3	104.6	105.7	105.1	105.2

* 부모 국적 미상(기아, 영아사망 등) 포함.
1) 다문화 부모: 부모 중 한 명이 외국인 또는 귀화자인 경우 또는 부모 모두 귀화자인 경우.
2) 출생기준 한국인 부모: 부모 모두 출생기준 한국인인 경우.
출처: 통계청(2022). 2021년 다문화 인구동태 통계.

다문화학생 증가 추이 현황<그림 10-5, 표 10-7>을 살펴보면, 전체 학생 수는 2013년 6,489,349명에서 해마다 감소하여 2021년 5,332,044명으로 감소하였는데, 다문화학생의 수는 2013년 55,780명에서 해마다 꾸준히 증가하여 2021년에는 160,056명으로 전체 학생수의 3%를 차지하고 있는 것으로 나타났다.

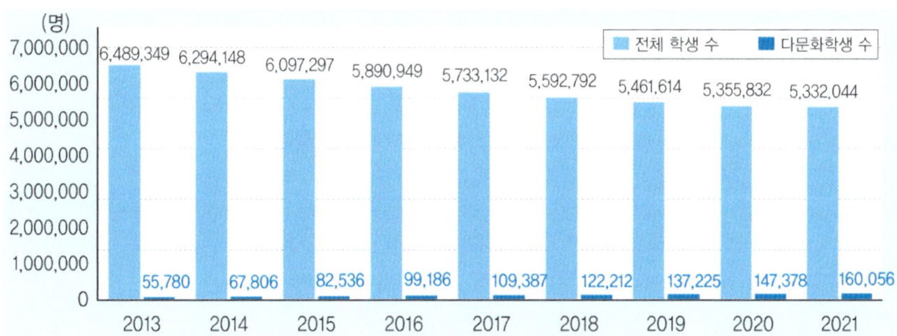

그림 10-5. 다문화학생 증가 추이

표 10-7. 다문화학생 증가 추이 (단위: 명)

구분	2013	2014	2015	2016	2017	2018	2019	2020	2021
다문화 학생 수(A)	55,780	67,806	82,536	99,186	109,387	122,212	137,225	147,378	160,056
전체학생 수(B)	6,489,349	6,294,148	6,097,297	5,890,949	5,733,132	5,592,792	5,461,614	5,355,832	5,332,044
다문화 학생 비율 (A/B*100)	0.9%	1.1%	1.4%	1.7%	1.9%	2.2%	2.5%	2.8%	3.0%

출처: 행정안전부(2020). 외국인주민현황조사.

3) 다문화가족을 위한 아동복지서비스

다문화가족 자녀의 안정적 성장과 역량강화는 증가 추세에 있는 다문화가족 아동의 안정적 성장을 위한 역량강화 및 맞춤형 사회적응 지원의 확대를 위한 것으로 주요내용은 안정적 성장을 위한 환경 조성, 학업 및 글로벌 역량 강화 지원, 진로준비 및 사회진출 지원 및 중도입국자녀 맞춤형 지원 확대 등이다. 구체적인 내용은 표 10-8과 같다.

표 10-8. 다문화가족 아동의 안정적 성장과 역량강화의 구체적인 내용

<table>
<tr><th>구분</th><th>내용</th></tr>
<tr><td>안정적 성장을 위한 환경 조성</td><td>• 건강가정 · 다문화가족지원센터에서 운영하는 '다재다능' 프로그램을 확대하여 다문화가족 자녀의 사회성, 리더십 개발 등 지원(196개소)
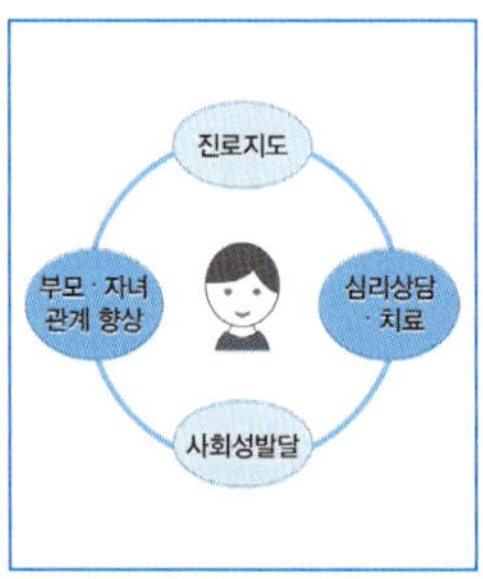

<table>
<tr><th>구분</th><th>프로그램 내용</th></tr>
<tr><td>부모 · 자녀 관계 향상</td><td>자아정체성 확립, 가족상담, 부모교육, 가족통합캠프 운영 등, 멘토링 연계</td></tr>
<tr><td>사회성발달</td><td>사회성 진단, 청소년 동아리활동, 봉사활동, 리더십캠프, 체험활동 프로그램 등</td></tr>
<tr><td>미래설계 (진로코칭)</td><td>동기부여, 적성검사, 진로소양교육, 진로설계, 직업체험활동 등 지원</td></tr>
<tr><td>위기사례지원</td><td>심층상담, 미술, 음악, 놀이치료 등</td></tr>
</table>
• 자녀발달 주기별 부모교육 · 상담 및 정보제공 강화, 자녀 창의 · 인성 함양 지원
• 다문화감수성 향상을 위한 또래상담 역량 프로그램 강화</td></tr>
<tr><td>학업 및 글로벌 역량 강화 지원</td><td>• 다문화가족 자녀가 이중언어로 소통할 수 있는 환경조성 강화, 이중언어교육 전자책 추가 개발(몽골어, 태국어, 캄보디아어, 인도네시아어 추가) 등 글로벌 인재 양성 지원
• 다문화학생의 학교적응과 기초학습능력 향상을 위한 멘토링, 교과보조교재 개발(중학 수학 · 과학), 지역 특화 프로그램 등 운영
• 글로벌 청년인재 양성의 일환으로 추진하는 청년 대상 봉사단 프로그램 추진 시 다문화청소년 참여기회 확대</td></tr>
<tr><td>진로준비 및 사회진출 지원</td><td>• 다문화학생 대상 원격영상 진로멘토링(80회), 온라인 진로상담 운영 및 진로 · 지도 매뉴얼 배포
• 글로벌 청년인재 양성을 위해 KOICA 영프로페셔널(청년인턴) 선발 시(660명 규모) 다문화 청년 가산점 부여
• 한국어교육부터 심리 · 정서 상담, 진로교육, 취업지원 등 이주배경 청소년의 안정적 정</td></tr>
</table>

구분	내용
	착을 위한 종합서비스 지원 모델 시범 운영 • 현장실무중심의 교육훈련 및 인력 양성을 추진하는 다문화청소년 특화 폴리텍 다솜학교운영 지속(135명 목표)
중도입국자녀 맞춤형 지원 확대	• 다문화교육 정책학교의 한국어 학급 확대 • 표준한국어 익힘책, 교사용 지도서 개발 및 보급 • 중도입국 청소년의 공교육 진입 공백 최소화를 위해 '다문화학생을 위한 학적관리 매뉴얼' 재개정 및 보급 강화 • 중도입국 등 이주배경청소년 대상 상담 및 사례관리를 통한 심리 · 정서적 어려움 해소 지속 추진(3,800건 목표)

5. 북한이탈주민가족

1) 북한이탈주민가족의 개념

「북한이탈주민의 보호 및 정착지원에 관한 법률」 제2조 1항에 따르면, 북한이탈주민이란 군사분계선 이북지역에 주소, 직계가족, 배우자, 직장 등을 두고 있는 사람으로서 북한을 벗어난 후 외국 국적을 취득하지 아니한 사람을 말한다.

1990년대 중반 이후 북한의 경제난으로 인해 북한을 탈출하는 주민이 늘어나면서 탈북자라는 용어가 보편적으로 사용되기 시작하였다. 1997년 1월 「북한이탈주민의 보호 및 정착지원에 관한 법률」이 제정되면서 기존의 귀순 개념이 북이탈로 바뀌었으며 북한을 떠난 후 아직 외국 국적을 취득하지 않은 사람들을 북이탈주민으로 규정하였다. 2005년 통일부는 탈북자라는 용어가 부정적인 인식을 심어 줄 수 있다는 취지에서 새로운 명칭을 마련하여 한국 거주 탈북자를 새터민으로 바꾼다고 발표하였다. 그러나 탈북단체들이 새터민이라는 용어 사용에 대해 부정적인 입장을 보이는 등 용어개념에 대한 문제가 제기되면서 2008년 11월 통일부는 가급적 새터민이라는 용어를 쓰지 않겠다고 발표하였고, 이후 북한이탈주민이 탈북자의 공식적인 명칭으로 사용되고 있다.

2) 북한이탈주민가족의 현황

북한을 이탈한 주민은 대부분 우리나라로 귀화한다. 그러나 북한을 이탈한 주민의 가정을 볼 때, 우리나라와 같은 민족이면서 같은 언어를 사용하지만 생활환경의 이질감으로 인해 이방인과 같은 고립감을 느끼고 있어 새로운 이주민으로 받아들여야 한다는 관점이 지배적이다. 특히 북한의 사회환경 중 아동기 영양실조는 매우 심각한 상황으로 전해진다. 국제사회 식량지원에도 불구하고 오랜 기근으로 인한 식량보급은 매우 부족한 형편이고, 전염병까지 복합적으로 작용하고 있는 실정이어서 아동의 건강한 성장에 위험한 요인으로 작용한다. 연도별 북한이탈주민의 입국 추세에 대한 현황은 **그림 10-6, 표 10-9**와 같다.

그림 10-6. 연도별 북한이탈주민의 입국 추세

출처: 통일부(2022). 북한이탈주민 정착지원실무편람.

표 10-9. 북한이탈주민의 연도별 입국현황 (2022. 9월 말 기준, 단위: 명)

구분	~'98	~'01	'02	'03	'04	'05	'06	'07	'08	'09	'10	'11	'12	'13	'14	'15	'16	'17	'18	'19	'20	'21	'22.9 (잠정)	합계
남	831	565	510	474	626	424	515	573	608	662	591	795	404	369	305	251	302	188	168	202	72	40	17	9,492
여	116	478	632	811	1,272	960	1,513	1,981	2,195	2,252	1,811	1,911	1,098	1,145	1,092	1,024	1,116	939	969	845	157	23	25	24,365
합계	947	1,043	1,142	1,285	1,898	1,384	2,028	2,554	2,803	2,914	2,402	2,706	1,502	1,514	1,397	1,275	1,418	1,127	1,137	1,047	229	63	42	33,857

출처: 통일부(2022). 북한이탈주민 정착지원실무편람.

북한이탈주민의 현황을 살펴보면, 1990년 중반부터 북한의 식량 사정의 악화를 계기로 꾸준히 증가하기 시작하였으며, 2001년 1,000명을 넘어선 이래 2011년에는 2,706명이 입국하는 등 해마다 증가추세를 보였으나, 2012년부터 점차 감소추세를 보이며, 2021년에는 63명이 입국하였다. 또한 북한이탈주민 여성의 입국비율이 높았지만 2021년에는 남성이 여성보다 많은 것으로 나타났다. 연령대별 비율로는 30~39세(9,714명)가 가장 많았으며, 다음은 20~29세(9,592명), 40~49세(6,004명) 순으로 나타났다.

3) 북한이탈주민가족의 지원서비스

북한을 이탈하여 우리나라로 귀화하는 경우, 자녀를 동반한 탈북 가족들이 늘어남에 따라 이들이 우리 사회에 정착하여 다른 가족들과 함께 잘 생활할 수 있도록 가족서비스를 제공하는 것이 필요하다. 또한 이들이 탈북하는 과정에서 겪었던 심리적인 스트레스와 불안감을 정서적으로 위로해 주고, 우리나라에 정착하면서 경험하게 되는 부적응 문제를 해결할 수 있도록 도와야 한다. 여성가족부 산하 건강가정지원센터에서는 언어생활, 문화생활 등 북한이탈주민 가족이 고민하는 다양한 문제와 관련하여 서비스를 제공함으로써, 안정적인 정착 및 사회·경제적인 자립지원을 도모하는 사업을 추진하고 있다. 구체적인 북한이탈주민가족의 지원 및 아동복지서비스는 표 10-10과 같다.

표 10-10. 북한이탈주민가족의 지원 및 아동복지서비스

구분	내용
상담 프로그램	자녀교육, 경제적 어려움 등 남한 정착과정에서 발생하는 다양한 고민에 대해서 내방 또는 찾아가는 서비스로 상담을 실시한다.
부모교육 프로그램	북한이탈주민을 대상으로 부모-자녀 프로그램 진행을 통해 자녀양육의 어려움을 해소하고, 북한이탈주민의 자녀양육에 대한 의식개선을 통해 실질적인 자녀양육이 가능하도록 지원하는 프로그램이다.
자조모임	북한이탈주민들 간의 자조모임을 구성하고, 이들이 서로 의지하고 살아갈수 있도록 모임서비스를 구축한다.
자녀학습 멘토링	자녀들의 경우에는 새로운 환경, 또래, 언어 등 다양한 부분에서 새로운 환경에 적응해야 하고, 이 과정에서 학습부진으로 어려움을 겪는 경우에 이들을 대상으로 학습 멘토링 등의 서비스를 제공한다.
지역사회 내 관계망 구축 프로그램	북한이탈주민들이 지역사회의 일원으로 함께 더불어 생활할 수 있도록, 센터 내 프로그램 또는 지역사회 네트워크를 통해 관계망을 구축하는 프로그램을 운영하고 있다.

Chapter

11

아동학대와 아동보호

배울 내용

1. 아동학대의 개념
2. 아동학대 발생 현황 및 신고
3. 우리나라의 아동보호체계

학습목표

1. 아동학대의 정의, 원인, 후유증 및 유형을 설명할 수 있다.
2. 아동학대 발생 현황 및 신고를 파악하고 사례개입과정을 익힌다.
3. 우리나라의 아동보호체계를 설명할 수 있다.

Chapter 11

아동학대와 아동보호

1. 아동학대의 개념

1) 아동학대의 정의

아동학대는 영아 살해와 같은 인류의 역사와 맥락을 같이 해 온 것으로 볼 수 있다. 즉, 아동학대의 유형과 빈도, 정도에는 차이가 있을 수 있지만 부모의 교육 정도, 사회·경제적 상황, 연령, 종교 등에 따른 차이가 없이 거의 모든 사회에서 발생되고 있다는 특징을 지닌다. 특히 아동학대는 1962년 캠프 등(Kempe et al., 1962)이 '피학대 증후군(Battered-Child Syndrome)'을 발표하면서 아동학대를 성인의 의도에 의한 아동의 심각한 신체적 손상에 초점을 둔 협의적 개념으로 정의한 이후 형성되기 시작하였으며, 최근에는 다각적으로 확대, 발전되어 온 개념이다. 즉, 이제까지 아동학대 및 방임은 가정 내 문제 혹은 부모가 자기 자식을 어떻게 하든 제3자가 관여할 바가 아니다라는 생각에서 최근에는 부모를 포함한 주 양육자가 역할을 하지 못할 경우에는 사회나 국가가 개입하여 이를 해결해야 한다는 인식을 가지게 되었다.

「아동복지법」에서는 아동학대를 "보호자를 포함한 성인이 아동의 건강 또는 복지를 해치거나 정상적 발달을 저해할 수 있는 신체적·정신적·성적 폭력이나 가혹행위를 하는 것과 아동의 보호자가 아동을 유기하거나 방임하는 것"(「아동복지법」 제3조 제7항)

으로 정의하고 있으며, 아동학대 및 보호를 위하여 표 11-1과 같이 금지행위를 규정해 두고 있다(「아동복지법」 제17조, 개정 2014.1.28.).

표 11-1. 아동복지법 제17조 금지행위

아동복지법 제17조(금지행위) 누구든지 다음 각 호의 어느 하나에 해당하는 행위를 하여서는 아니 된다.
1. 아동을 매매하는 행위
2. 아동에게 음란한 행위를 시키거나 이를 매개하는 행위 또는 아동에게 성적 수치심을 주는 성희롱 등의 성적 학대행위
3. 아동의 신체에 손상을 주거나 신체의 건강 및 발달을 해치는 신체적 학대행위
4. 삭제〈2014.1.28.〉
5. 아동의 정신건강 및 발달에 해를 끼치는 정서적 학대행위
6. 자신의 보호 · 감독을 받는 아동을 유기하거나 의 · 식 · 주를 포함한 기본적 보호 · 양육 · 치료 및 교육을 소홀히 하는 방임행위
7. 장애를 가진 아동을 공중에 관람시키는 행위
8. 아동에게 구걸을 시키거나 아동을 이용하여 구걸하는 행위
9. 공중의 오락 또는 흥행을 목적으로 아동의 건강 또는 안전에 유해한 곡예를 시키는 행위 또는 이를 위하여 아동을 제3자에게 인도하는 행위
10. 정당한 권한을 가진 알선기관 외의 자가 아동의 양육을 알선하고 금품을 취득하거나 금품을 요구 또는 약속하는 행위
11. 아동을 위하여 증여 또는 급여된 금품을 그 목적 외의 용도로 사용하는 행위

표 11-1의 내용은 아동을 건강하고 행복하게 그리고 안전하게 자랄 수 있도록 해야 함에도 불구하고, 첫째, 하지 말아야 할 것을 의도적이고 지속적으로 해를 가하거나(신체적 · 정신적 · 성적 폭력 혹은 가혹행위), 둘째, 해야 함에도 불구하고 아동을 돌보지 않아(방임) 아동의 복지를 훼손하는 경우를 모두 포함한다(중앙아동보호전문기관, 2011). 그리고 최근 아동학대의 개념은 비록 애매하고 경미한 행위일지라도, 그것이 아동의 인권에 반하는 경우 그것은 '부당행위' 또는 '부적절 행위'로 규정되며, 아동학대 개념은 좀 더 광범위하게 적용되어 가고 있는 상황이다. 아동학대 개념에 대한 이해는 성인이 아동의 권리를 존중하는 가장 중요한 방법 중 하나이다.

아동의 권리 보호를 목적으로 만들어진 국제협약인 「유엔아동권리협약」에서는 아동보호 및 학대예방을 위한 다양한 조치를 취하도록 명시하고 있다. 즉, "아동이 부모,

법정 후견인, 다른 보호자로부터 양육되는 동안 모든 형태의 신체적 · 정신적 폭력, 상해나 학대, 유기, 부당한 대우, 성적 학대를 비롯한 착취로부터 아동을 보호하기 위해 모든 적절한 입법적 · 행정적 · 사회적 · 교육적 조치를 취해야 한다(유엔아동권리 협약 제19조)"고 규정하고 있다.

우리나라는 아동의 권익과 안전을 위하여, "국가와 지방자치단체는 아동의 안전 · 건강 및 복지 증진을 위하여 아동과 그 보호자 및 가정을 지원하기 위한 정책을 수립 · 시행하여야 하며(「아동복지법」 제4조), 아동의 보호자는 아동에게 신체적 고통이나 폭언 등의 정신적 고통을 가하여서는 아니 되며(동법 제5조 제2항), 또한 모든 국민은 아동의 권익과 안전을 존중하여야 하며, 아동을 건강하게 양육하여야 한다(동법 제5조 3항)"고 규정하고 있다.

2) 아동학대의 원인 및 후유증

아동학대의 발생원인은 다양하다. 즉, 부모의 미성숙, 아동양육에 대한 지식부족, 지나친 기대, 어릴 때 학대받은 경험, 잦은 가정의 위기, 정서적 욕구불만, 사회적 고립, 알코올 중독 등이 그 원인이 될 수 있다. 아동학대 발생요인을 부모변인, 아동요인 및 사회 · 가족적 요인으로 구분하여 구체적으로 살펴보면, 표 11-2와 같다.

표 11-2. 아동학대의 원인

부모변인	아동요인	사회적 · 가족적 요인
부모의 미성숙	미숙아, 기형아	가족구조문제
아동양육 지식 부족	만성 혹은 급성질환아	가족구조문제
지나친 기대	신체적 · 정신적 · 기질적으로 특이하거나 장애를 가진 아동	사회적 고립 및 사회적 지지체계의 결여
잦은 가정의 위기	운동 및 언어 등 발달이 늦은 아동	신체적인 체벌에 대해 허용적인 문화

부모변인	아동요인	사회적 · 가족적 요인
사회적 고립	심하게 보채거나 밤에 잘 자지 않는 아동	아동을 존중하지 않는 문화, 자녀에 대한 소유 의식
어릴 적 학대 경험	문제행동을 보이는 아동	폭력에 대한 가치와 규범
약물, 알코올 중독	음식을 먹거나 잠을 잘 자는 데 어려움을 나타내는 아동	
부모의 그릇된 아동관 및 양육관	사회적 반응의 결핍, 고집스런 울음과 외모	
부모의 낮은 자아존중감	자신감 결여, 지나친 경계, 무반응, 겁이 많음	
부모의 분노, 조절, 감정조절의 무능력	적대적 행위, 충동적 특성, 폭력적 행동, 고집이 셈	
부모의 불안, 우울	대인관계에 둔감하고 매력이 없음	

아동학대는 아동의 신체적 · 심리적 · 정신적 · 사회적 발달에 부정적인 결과를 가져올 것이라는 사실은 굳이 말할 필요가 없다. 학대 후유증은 학대가 일어난 연령, 학대의 유형, 학대의 지속성 그리고 학대의 빈도 등에 따라 다양하다. 일반적으로 학대받은 연령이 어릴수록, 기간이 오랫동안 지속적일수록, 학대 정도가 심할수록 그 후유증은 더욱 심각해질 것이지만, 일회성의 학대라고 해서 그 후유증에서 자유로울 수는 없을 것이다. 특히 아동학대의 가장 비극적인 결과는 아동사망에까지 이를 수 있다는 것이다.

다시 말해, 아동학대는 외상후 스트레스 장애를 비롯한 아동의 전반적 정신건강, 부모자녀관계 및 가족관계, 그리고 낮은 자존감, 분노 및 공격성, 문제행동, 학습장애, 가출, 높은 자살률, 범죄행위 연루, 건강한 대인관계 형성 및 유지의 어려움, 성적 문란 행동, 신체질병 등 다양한 병리적 문제를 보이게 된다.

3) 아동학대의 유형

「아동복지법」 제3조 7목에서 정의하는 아동학대 유형은 신체학대, 정서학대, 성학대 및 방임으로 구분되는데, 이를 구체적으로 살펴보면 다음과 같다.

(1) 신체학대

신체학대는 보호자를 포함한 성인이 우발적인 사고가 아닌 상황에서 아동의 신체에 손상을 주거나 신체의 건강 및 발달을 해치는 학대행위를 말한다. 신체학대의 내용과 징후는 표 11-3과 같다.

표 11-3. 신체학대의 내용과 징후

구분	내용
신체학대의 내용	• 직접적으로 신체에 가해지는 행위(손, 발 등으로 때림, 꼬집고 물어뜯는 행위, 조르고 비트는 행위, 할퀴는 행위 등) • 도구를 사용하여 신체를 가해하는 행위(도구로 때림, 흉기 및 뾰족한 도구로 찌름 등) • 완력을 사용하여 신체를 위협하는 행위(강하게 흔듦, 신체부위 묶음, 벽에 밀어붙임, 떠밀고 잡음, 아동 던짐, 거꾸로 매담, 물에 빠뜨림 등) • 신체에 유해한 물질로 신체에 가해지는 행위(화학물질 혹은 약물 등으로 신체에 상해를 입히는 행위, 화상을 입힘 등) • 흔들린 아이 증후군(shaken baby syndrome)
신체적 징후	• 신체부위의 설명할 수 없는 상처(발생 및 회복에 시간차가 있는 상처, 사용된 도구의 모양이 그대로 남아 있는 상처) • 설명하기 어려운 부위의 화상(담뱃불 자국, 뜨거운 물에 데인 자국) • 설명하기 어려운 골절(시간차 있는 골절, 복합 및 나선형) • 설명하기 어려운 절상(입, 입술, 치은, 눈, 외음부 절상, 장기파열, 뇌손상 등)
행동 및 정서적 징후	• 어른들과 접촉회피 • 다른 아동들이 울 때의 공포 • 공격적이거나 위축적이거나 극단적 행동 • 부모를 두려워 함 • 가출이나 비행 • 상처에 대해 이야기하지 않거나 엉뚱한 변명을 함 • 아파하거나 어색한 동작 • 옷 갈아입는 것을 싫어하거나 더운 날씨에도 옷 벗는 것 싫어함 • 집에 가기를 두려워 함

(2) 정서학대

정서학대란 보호자를 포함한 성인이 아동에게 행하는 언어적 모욕, 정서적 위협, 감금이나 억제, 기타 아동의 정신건강 및 발달에 해를 끼치는 가학적인 행위를 일컫는다. 정서학대의 내용과 징후는 **표 11-4**와 같다.

표 11-4. 정서학대의 내용과 징후

구분	내용
정서학대의 내용	• 원망적 • 거부적 • 적대적 또는 경멸적인 언어폭력 등 • 잠을 재우지 않는 것 • 벌거벗겨 내쫓는 행위 • 형제나 친구 등과 비교, 차별, 편애하는 행위 • 가족 내에서 왕따시키는 행위 • 아동이 가정폭력을 목격하도록 하는 행위 • 아동을 시설 등에 버리겠다고 위협하거나 짐을 싸서 쫓아내는 행위 • 미성년자 출입금지 업소에 아동을 데리고 다니는 행위 • 아동의 정서발달 및 연령상 감당하기 어려운 것을 강요하는 행위(감금, 약취 및 유인, 아동 노동 착취) • 다른 아동을 학대하도록 강요하는 행위
신체적 징후	• 성장장애 • 신체발달 저하 • 언어장애
행동 및 정서적 징후	• 특정물건을 계속 빨거나 물어뜯음 • 반사회적, 파괴적인 행동 • 수면장애, 놀이장애 등 신경성 기질 • 히스테리, 강박, 공포 등 정신신경성 반응 • 극단행동, 과잉행동, 발달지연, 자살시도 등

(3) 성학대

성학대란 보호자를 포함한 성인이 아동의 건강 또는 복지를 해치거나 정상적 발달을 저해할 수 있는 성적 폭력이나 가혹행위를 하는 것으로서, 성인이 자신의 성적 충족을 목적으로 18세 미만의 아동에게 행하는 모든 신체적 접촉 및 성적 행위를 말한다. 성학대의 내용과 징후는 **표 11-5**와 같다.

표 11-5. 성학대의 내용과 징후

구분	내용
성학대의 내용	• 자신의 성적 만족을 위해 아동을 관찰하거나 아동에게 성적인 노출을 하는 행위(옷을 벗기거나 벗겨서 관찰하는 등의 관음적 행위, 성관계 장면을 노출, 나체 및 성기 노출, 자위행위 노출 및 강요, 음란물을 노출하는 행위 등) • 아동을 성적으로 추행하는 행위(구강추행, 성기추행, 항문추행, 기타 신체부위를 성적으로 추행하는 행위 등) • 아동에게 유사성행위를 하는 행위(드라이성교 등) • 성교를 하는 행위(성기삽입, 구강성교, 항문성교) • 성매매를 시키거나 성매매를 매개하는 행위
신체적 징후	• 신체적 지표(학령 전 아동의 성병 감염, 임신) • 생식기의 증거(아동의 질에 있는 정액, 찢기거나 손실된 처녀막, 질에 생긴 상처나 긁힌 자국, 질의 홍진) • 항문증후(항문괄약근의 손상(유분증), 항문주변의 멍이나 찰과상, 항문 입구에 생긴 열창, 항문이 좁아짐, 회음부의 동통과 가려움) • 구강증후(입천장의 손상, 인두 임질 등) • 걷거나 앉는 데 어려움
행동 및 정서적 지표	• 성적 지표(나이에 맞지 않는 성적 행동, 성적인 묘사를 한 그림들, 타인과의 성적인 상호관계, 동물이나 장난감을 대상으로 성적인 상호관계) • 비성적 지표(수면장애, 유뇨증 · 유분증, 위축, 환상, 유아적 행동(퇴행 행동), 충동성, 산만함 및 주의집중 장애, 섭식장애(폭식증 · 거식증), 자기파괴적 행동(자살시도), 우울, 사회관계의 단절 등)

(4) 방임

방임이란 보호자가 아동에 대한 양육 및 보호의 책임을 수행하지 않음으로써 아동을 위험한 상황에 처하게 하거나 정상적인 발달을 저해하는 행위를 말하며, 유기란 보호자가 아동을 보호하지 않고 버리는 행위를 말한다. 방임의 내용과 징후는 표 11-6과 같다.

표 11-6. 방임의 내용과 징후

구분	내용
방임의 내용	• 물리적 방임(기본적인 의 · 식 · 주를 제공하지 않는 행위, 불결한 환경이나 위험한 상태에 아동을 방치하는 행위, 아동의 출생신고를 하지 않는 행위, 보호자가 아동들을 가정 내 두고 가출한 경우, 보호자가 아동을 시설 근처에 두고 사라진 경우, 보호자가 친족에게 연락하지 않고 무작정 아동을 친족 집 근처에 두고 사라진 경우 등) • 교육적 방임(보호자가 아동을 특별한 사유 없이 의무교육기관 입학유예, 무단결석 등 교육에 대해 무관심 내지 거부, 만성적 태만으로 방치하는 행위) • 의료적 방임(아동에게 필요한 의료적 처치 및 개입을 하지 않는 행위) • 유기(아동을 보호하지 않고 버리는 행위, 아동을 병원에 입원시키고 사라진 경우, 시설근처에 버리고 가는 행위)
신체적 징후	• 지속적인 배고픔 • 열악한 위생상태 • 계절에 맞지 않는 옷차림 • 의학적 치료의 불이행 • 지속적인 피로, 불안정감 • 냄새나는 의복, 청결하지 못한 외모 • 수업 중 조는 행위
행동적 징후	• 음식을 구걸 • 잦은 결석 • 비행 또는 도적질 • 학교에 일찍 등교하고 집에 늦게 귀가

2. 아동학대 발생 현황 및 신고

1) 아동학대 발생 현황

아동학대 신고 및 학대 판단건수에 대한 현황은 그림 11-1, 표 11-7과 같다.

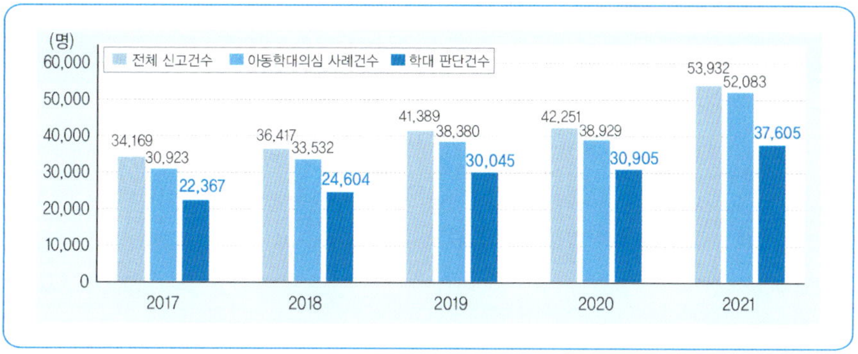

그림 11-1. 아동학대 신고 및 학대 판단건수

표 11-7. 아동학대 신고 및 학대 판단건수

(단위: 건)

구분	2017년	2018년	2019년	2020년	2021년
전체 신고건수 (증가율)	34,169 (15.1%)	36,417 (6.6%)	41,389 (13.7%)	42,251 (2.1%)	53,932 (27.6%)
국내 신고건수	34,166	36,416	41,389	42,247	53,928
해외사례	3	1	0	4	4
아동학대의심 사례건수	30,923	33,532	38,380	38,929	52,083
학대 판단건수 (증가율)	22,367 (19.6%)	24,604 (10.0%)	30,045 (22.1%)	30,905 (2.9%)	37,605 (21.7%)

출처: 보건복지부(2022). 2021년 아동학대 연차보고서.

아동학대에 대한 전체 신고건수는 2017년 34,169건에서 해마다 증가하여, 2021년에는 53,932건으로 나타났으며, 아동학대의심 사례건수는 2021년 52,083건이었고, 학대 판단건수는 37,605건으로 나타났다. 아동학대 행위자 유형에 대한 현황은 **표 11-8**과 같다.

표 11-8. 아동학대 행위자 유형

(단위: 건, %)

구분		2017년	2018년	2019년	2020년	2021년
계		22,367(100)	24,604(100)	30,045(100)	30,905(100)	37,605(100)
부모		17,177(76.8)	18,920(76.9)	22,700(75.6)	25,380(82.1)	31,486(83.7)
친인척		1,067(4.8)	1,114(4.5)	1,332(4.4)	1,661(5.4)	1,517(4.0)
대리양육자		3,343(14.9)	3,906(15.9)	4,986(16.6)	2,930(9.5)	3,609(9.6)
	부모의 동거인	247(1.1)	270(1.1)	363(1.2)	444(1.4)	403(1.1)
	유치원 교직원	281(1.3)	189(0.8)	155(0.5)	118(0.4)	140(0.4)
	초중고교 직원	1,345(6.0)	2,060(8.4)	2,154(7.2)	882(2.9)	1,089(2.9)
	학원 및 교습소	217(1.0)	176(0.7)	320(1.1)	208(0.7)	319(0.8)
	보육교직원	840(3.8)	818(3.3)	1,384(4.6)	634(2.1)	1,221(3.2)
	아동복지시설 종사자	285(1.3)	313(1.3)	408(1.4)	556(1.8)	217(0.6)
	기타시설 종사자	60(0.3)	27(0.1)	63(0.2)	12(0.0)	93(0.2)
	청소년 관련 시설 종사자	32(0.1)	33(0.1)	87(0.3)	14(0.0)	58(0.2)
	위탁부	4(0.0)	7(0.0)	3(0.0)	4(0.0)	6(0.0)
	위탁모	17(0.1)	2(0.0)	8(0.0)	16(0.1)	17(0.0)
	베이비시터	15(0.1)	11(0.0)	41(0.1)	42(0.1)	46(0.1)
타인		294(1.3)	360(1.5)	663(2.2)	565(1.8)	658(1.7)
기타		441(2.0)	304(1.2)	364(1.2)	369(1.2)	355(0.9)
파악 안됨		45(0.2)	–	–	–	–

출처: 보건복지부(2022). 2021년 아동학대 연차보고서.

2021년 아동학대 판단건수 37,605건 중에서 부모에 의한 학대가 31,486건(83.7%)으로 가장 많았으며, 대리양육자 3,609건, 친인척 1,517건, 타인 658건, 기타 355건 순으로 나타났다. 아동학대 유형별 발생 현황은 표 11-9와 같다.

표 11-9. 아동학대 유형별 발생 현황 (단위: 건)

구분	2017년	2018년	2019년	2020년	2021년
합계	22,367	24,604	30,045	30,905	37,605
중복	10,875	11,792	14,476	14,934	16,026
신체	3,285	3,436	4,179	3,807	5,780
정서	4,728	5,862	7,622	8,732	12,351
성	692	910	883	695	655
방임	2,787	2,604	2,885	2,737	2,793

출처: 보건복지부(2022). 2021년 아동학대 연차보고서.

2021년 아동학대 37,605건 중에서 유형별 발생은 중복학대가 16,026건(42.62%)으로 가장 많았으며, 정서적 학대 12,351건, 신체적 학대 5,780건, 방임 2,793건, 성적 학대 655건 순으로 나타났다. 아동학대 사망사고 발생 현황, 재학대 건수 및 아동학대 발견율은 표 11-10과 같다.

표 11-10. 아동학대 사망사고, 재학대 및 발견율의 현황 (단위: 명, %)

구분	2017년	2018년	2019년	2020년	2021년
사망자 수	38	28	42	43	40
재학대 건수	2,160	2,543	3,431	3,671	5,517
아동학대 발견율	2.64	2.98	3.81	4.02	5.02

출처: 보건복지부(2022). 2021년 아동학대 연차보고서.

아동학대 사망사고 발생은 2017년 38명에서 2021년 40명으로 증가한 것으로 나타났다. 재학대 발생 건수는 2017년 2,160건에서 해마다 증가하여 2021년에는 5,517건으로 나타났으며, 아동학대 발견율은 2017년 2.64%에서 해마다 증가하여 2021년에는 5.05%로 나타났다. 즉각분리로 분리보호된 피해아동 현황은 표 11-11과 같다.

표 11-11. 즉각분리로 분리보호된 피해아동 현황 (단위: 건, %)

구분	유형	건수	비율
즉각분리 (일시보호조치)	합계	1,250	100.0
	친족보호	383	30.6
	가정위탁	22	1.8
	시설입소	843	67.4
	기타	2	0.2

출처: 보건복지부(2022). 2021년 아동학대 연차보고서.

즉각분리(일시보호조치)의 현황은 시설입소가 843명(67.4%)으로 가장 많았으며, 친족보호 383명, 가정위탁 22명, 기타 2명 순으로 나타났다.

2) 아동학대 신고 및 처리

(1) 아동학대 신고의무자

「아동학대범죄의 처벌 등에 관한 특례법」 제10조에 따르면 직무상 아동학대범죄를 인지하기 높은 26개 직군[1)]에 아동학대범죄의 신고의무를 부과하고 있다. 예를 들어,

1) 1. 「아동복지법」 제10조의 2에 따른 아동권리보장원(이하 "아동권리보장원"이라 한다) 및 가정위탁지원센터의 장과 그 종사자
2. 아동복지시설의 장과 그 종사자(아동보호전문기관의 장과 그 종사자는 제외한다)
3. 「아동복지법」 제13조에 따른 아동복지전담공무원
4. 「가정폭력방지 및 피해자보호 등에 관한 법률」 제5조에 따른 가정폭력 관련 상담소 및 같은 법 제7조의2에 따른 가정폭력피해자 보호시설의 장과 그 종사자
5. 「건강가정기본법」 제35조에 따른 건강가정지원센터의 장과 그 종사자
6. 「다문화가족지원법」 제12조에 따른 다문화가족지원센터의 장과 그 종사자
7. 「사회보장급여의 이용 · 제공 및 수급권자 발굴에 관한 법률」 제43조에 따른 사회복지전담공무원 및 「사회복지사업법」 제34조에 따른 사회복지시설의 장과 그 종사자
8. 「성매매방지 및 피해자보호 등에 관한 법률」 제9조에 따른 지원시설 및 같은 법 제17조에 따른 성매매피해상담소의 장과 그 종사자
9. 「성폭력방지 및 피해자보호 등에 관한 법률」 제10조에 따른 성폭력피해상담소, 같은 법 제12조에 따른 성폭

어린이집의 원장 등 보육교직원은 직무를 수행하면서 아동학대범죄를 알게 된 경우나 그 의심이 있는 경우에는 아동보호전문기관 또는 수사기관에 신고하여야 하는 아동학대 신고의무 직군에 속한다. 신고의무자가 정당한 사유 없이 제10조 제2항에 따른 신고를 하지 아니할 경우, 500만 원 이하의 과태료를 부과하도록 되어 있다(「아동학대범죄 특례법」 제63조).

아동학대 발견자는 아동학대 신고 시 가해자로부터 받을 신변위협과 보복에 대한 두려움으로 신고를 꺼리기도 하는데, 동법 제10조 제3항 및 동법 제62조에 따라 신고인의 인적사항 및 신분에 대한 비밀엄수가 보장되므로 아동학대 발견 시 반드시 신고의무의 역할을 다해야 한다. 2001년 이후 전체적으로 아동학대 신고건수가 지속적으로 증가되어 가고 있지만 여전히 신고의무자에 의한 신고는 전체 신고건수의 27.3%에

력피해자보호시설의 장과 그 종사자 및 같은 법 제18조에 따른 성폭력피해자통합지원센터의 장과 그 종사자
10. 「119구조 · 구급에 관한 법률」 제2조 제4호에 따른 119구급대의 대원
11. 「응급의료에 관한 법률」 제2조 제7호에 따른 응급의료기관 등에 종사하는 응급구조사
12. 「영유아보육법」 제7조에 따른 육아종합지원센터의 장과 그 종사자 및 제10조에 따른 어린이집의 원장 등 보육교직원
13. 「유아교육법」 제2조 제2호에 따른 유치원의 장과 그 종사자
14. 아동보호전문기관의 장과 그 종사자
15. 「의료법」 제3조 제1항에 따른 의료기관의 장과 그 의료기관에 종사하는 의료인 및 의료기사
16. 「장애인복지법」 제58조에 따른 장애인복지시설의 장과 그 종사자로서 시설에서 장애아동에 대한 상담 · 치료 · 훈련 또는 요양 업무를 수행하는 사람
17. 「정신건강증진 및 정신질환자 복지서비스 지원에 관한 법률」 제3조 제3호에 따른 정신건강복지센터, 같은 조 제5호에 따른 정신의료기관, 같은 조 제6호에 따른 정신요양시설 및 같은 조 제7호에 따른 정신재활시설의 장과 그 종사자
18. 「청소년기본법」 제3조 제6호에 따른 청소년시설 및 같은 조 제8호에 따른 청소년단체의 장과 그 종사자
19. 「청소년 보호법」 제35조에 따른 청소년 보호 · 재활센터의 장과 그 종사자
20. 「초 · 중등교육법」 제2조에 따른 학교의 장과 그 종사자
21. 「한부모가족지원법」 제19조에 따른 한부모가족복지시설의 장과 그 종사자
22. 「학원의 설립 · 운영 및 과외교습에 관한 법률」 제6조에 따른 학원의 운영자 · 강사 · 직원 및 같은 법 제14조에 따른 교습소의 교습자 · 직원
23. 「아이돌봄 지원법」 제2조 제4호에 따른 아이돌보미
24. 「아동복지법」 제37조에 따른 취약계층 아동에 대한 통합서비스지원 수행인력
25. 「입양특례법」 제20조에 따른 입양기관의 장과 그 종사자
26. 「영유아보육법」 제8조에 따른 한국보육진흥원의 장과 그 종사자로서 같은 법 제30조에 따른 어린이집 평가 업무를 수행하는 사람

불과하다고 보고되고 있고(중앙아동보호전문기관, 2018), 이 수치는 다른 주요 선진국들과 비교해서 본다면 매우 낮은 편에 속한다. 신고가 아동학대 발견 및 보호로 이어진다고 볼 때, 적극적인 신고가 필요하다고 볼 수 있다.

(2) 아동학대 신고의무자 교육

아동학대 신고의무자는 「아동복지법」 제26조에 규정된 아동학대 예방 및 신고의무 교육을 매년 이수해야 한다. 소속기관의 장이 신고의무자 교육을 미실시할 경우 300만 원 이하의 과태료가 부과된다(동법 제75조). 또한 아동학대 신고의무자의 자격취득과정이나 보수교육과정에 아동학대 예방 및 신고의무와 관련된 교육을 1시간 이상 포함시키도록 규정하고 있다. 아동학대 신고의무자 교육의 구체적인 내용은 표 11-12와 같다.

표 11-12. 아동학대 신고의무자 교육 관련 법령

아동복지법 제26조(아동학대 신고위무자에 대한 교육)
③ 아동학대 신고의무자가 소속된 기관, 시설 등의 장은 소속 아동학대 신고의무자에게 신고의무교육을 실시하고, 그 결과를 관계중앙 행정기관의 장에게 제출해야 한다.
동법 시행령 제26조(아동학대 신고의무자에 대한 교육)
① 법 제26조 제1항부터 제3항까지의 규정에 따른 아동학대 예방 및 신고의무와 관련한 교육에는 다음 각 호의 사항이 포함되어야 한다. – 교육내용: 아동학대예방 및 신고의무에 관한 법령, 아동학대 신고방법, 피해아동 보호절차 – 교육시간: 매년 1시간 이상 – 교육방법: 집합교육, 시청각교육 및 인터넷 강의 등 ② 관계 중앙행정기관의 장은 법 제26조 제1항에 따라 아동학대 신고의무자의 자격취득과정이나 보수교육과정에 아동학대 예방 및 신고의무와 관련된 교육을 1시간 이상 포함시켜야 한다.

(3) 아동학대 신고절차 및 요령

아동학대 신고절차는 일반적으로 그림 11-2와 같이 징후발견, 신고, 협력 및 지원으로 이루어지게 된다.

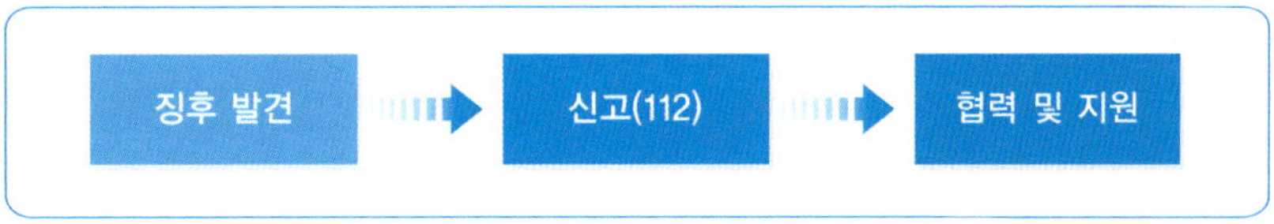

그림 11-2. 아동학대 신고절차

① 아동학대 징후 발견하기

가. 일상적 관리

교육기관의 교사는 매일 아침 일상적인 관찰을 통하여 아동학대 징후를 발견할 수 있다. 피해아동의 신체적 · 행동적 징후뿐만 아니라 아동의 가정환경도 아동학대 의심 증거가 될 수 있다. 최근 아동의 부모가 실직하여 경제적인 어려움을 겪거나 이혼, 사별 등으로 가족관계가 변한 경우, 아동의 상처 등에 대해서 보호자가 설명을 제대로 하지 못하는 경우, 아동의 부모가 자주 음주상태에 있는 것을 알게 된 경우, 전문가 혹은 다른 부모에게 폭언 혹은 폭행을 행사하는 경우, 아동을 제 시간에 교육기관에 보내지 않거나 뒤늦게 데리러 오는 경우가 잦은 가정에 대해서도 좀 더 관심을 가져야 한다.

일반적으로 학대로 인한 상처는 일반상처와는 달리 허벅지 안쪽이나 어깨 등 스스로의 실수로 인해서 다치기 어려운 곳에서 발견된다. 예를 들어, 양손골절 및 두 가지 이상의 중복골절, 아동의 귀, 코, 목 등 정상적이지 않은 곳의 출혈 흔적 및 상처자국, 아동의 연령에 맞지 않는 다리미나 담뱃불로 인한 화상자국, 벨트자국, 잇자국 등 시간 차이를 두고 반복적으로 발생한 것으로 보이는 많은 수의 타박상 및 상처를 발견하였을 때는 아동학대로 의심해 볼 수 있다. 이런 경우 좀 더 관심을 가지고 아동의 행동적 징후를 살펴볼 필요가 있다.

나. 결석아동 관리

보건복지부는 아동학대 조기발견을 위하여 관리대응 매뉴얼을 개발 · 배포하고 있다. 따라서 교사는 매일 일상적으로 아동의 건강과 안전을 확인하고 결석아동이 발생할 경우 결석 당일 부모와 유선 연락하여 결석사유를 즉각적으로 확인해야 한다. 만약 무단결석을 2일 이상 하고 연락이 닿지 않는 경우 교육기관에서는 읍·면·동 공무원과 함께 가정방문을 하여야 한다. 가정방문 결과 아동학대가 의심되거나 아동의 소재 및 안전이 확인되지 않는 경우 수사기관(112)에 신고하여야 한다. 교육기관에서는 오리엔테이션을 통해 아동이 교육기관에 결석하는 경우 부모는 미리 유선이나 스마트 알림장 등을 통하여 교육기관에 알리도록 안내하여야 한다.

② 아동학대 신고하기

교육기관이나 이웃에서 아동학대로 의심되는 징후를 발견하는 즉시, 아동학대를 신고하여야 한다. 아동학대신고는 수사기관에 전화(국번 없이 112) 또는 관할 지역아동보호전문기관에 방문 또는 전화로 신고할 수 있다. 신고요령은 표 11-13, 아동학대 신고 시 유의사항은 표 11-14와 같다.

표 11-13. 아동학대 신고요령

구분	내용
언제	• 이웃에서 아동의 울음소리, 비명, 신음소리가 계속되는 경우 • 아동의 상처에 대한 보호자의 설명이 모순되거나 설명이 잘 안 되는 경우 • 계절에 맞지 않거나 깨끗하지 않은 옷을 계속 입고 다니는 경우 • 뚜렷한 이유 없이 지각이나 결석이 잦은 경우 • 나이에 맞지 않는 성적 행동을 보이는 경우 등
무엇을	• 신고자의 이름, 연락처, 피해아동과의 관계, 학대사실을 알게 된 경위 등 • 피해아동의 이름, 성별, 나이, 주소, 피해아동의 특징, 현재 상태 등 • 학대행위자로 의심되는 사람의 이름, 성별, 나이, 주소, 직업, 피해아동과의 관계 등 • 아동이 위험에 처해 있거나 학대를 받고 있다고 믿는 이유 ※ 아동이나 학대행위자의 정보를 파악하지 못해도 신고는 가능하며, 가능한 한 많은 정보를 제공해야 한다.
어떻게	• 전화: 국번없이 112 • 방문: 관할 지역아동보호전문기관 ※ 신고자의 신분은 「아동학대범죄의 처벌 등에 관한 특례법」 제10조, 제62조에 의해 보장된다.

표 11-14. 아동학대 신고 시 유의사항

• 보호자에게 신고내용을 알려 증거가 은폐되지 않도록 한다. • 아동진술이 오염될 수 있으므로 학대에 대해 계속 캐묻거나 유도질문을 하지 않는다. • 가능한 한 증거사진 등을 확보한다. • 성학대의 경우 증거확보를 위해 씻기거나 옷을 갈아입히지 않는다. • 아동이 불안해 하지 않도록 일상적으로 대하고, 신고 후 신고자와 피해아동의 정보가 외부에 노출되지 않도록 주의한다.

③ 협력 및 지원

아동학대의 신고 전과 후, 동일한 태도로 아동을 대하고 지지해야 하며, 아동의 말을 경청하고 비언어적인 대화에 반응하는 것이 필요하다. 또한 학대를 받은 것이 아동의 잘못이 아님을 확인시켜 주는 것도 전문가의 역할이라고 할 수 있다. 그러나 지나친 반응 및 신체 접촉은 아동의 불안감을 증폭시키는 요인이 될 수 있으므로 자제하는 것이 좋다.

학대 피해아동에게 지속적인 관심과 모니터링을 통하여 재학대 여부 및 학대 지속성을 관찰하는 것도 필요하다. 아동보호전문기관 상담원과 면담하는 경우, 알고 있는 사실 모두를 말하는 것이 학대 피해아동을 안전하게 보호하는 데 도움이 된다(어린이집안전공제회, 2015).

3) 아동학대 사례개입과정

아동학대 의심사례가 발생하면 표 11-15와 같이, 4단계의 사례개입과정(신고접수, 현장조사 및 협의 여부 판단, 조치결정, 사후송치 및 사후관리)을 통하여 아동학대 사례에 관한 모든 조치와 관리를 수행하게 된다.

표 11-15. 아동학대사례 개입과정

개입과정	내용
신고접수	• **24시간 신고전화 운영(112)** ※ 모든 범죄신고는 112로 통합 • 아동학대의심사례 접수 후 현장조사 실시(경찰과 아동보호전문기관 통보)
▼	
현장조사 및 혐의 여부판단	• 학대의심사건에 대해 사법경찰관리 및 아동보호전문기관의 상담원이 아동, 행위자, 기타 관련인 면접조사를 실시하여 학대혐의 판단(판단은 검찰) • 아동학대 현장에서 아동을 긴급히 보호해야 할 경우 피해아동 응급조치(제지, 격리, 보호시설 및 의료기관 인도) 실시
▼	
조치결정 (응급/ 임시조치)	〈학대혐의 있는 경우〉 • 아동: 긴급한 경우 72시간 내 응급조치, 아닌 경우 원가정 보호 • 학대행위자: 학대상황에 따라 임시조치(퇴거, 접근금지 등), 고소고발, 지속관찰 실시(학대혐의 없는 경우) • 타 기관 연계, 일반 사례로 종결
▼	
사건송치 및 사후관리	• 피해아동: 피해아동보호명령, 임시보호명령, 후견인 및 보조인 신청 • 학대행위자: 검찰로 사건송치되며 법적 처분(불기소, 조건부 기소유예, 형사사건, 아동보호 사건 등으로 처리) • 이후 종결 및 아동가정에 상담 및 교육, 의료, 심리치료, 가족기능강화서비스, 일시보호서비스 등 필요서비스 제공

3. 우리나라의 아동보호체계

1) 아동보호전문기관 및 학대피해아동쉼터

우리나라의 아동보호체계를 아동보호전문기관 및 학대피해아동쉼터로 구분하여 살펴보면 다음과 같다(주수길 외, 2020).

(1) 아동보호전문기관

아동보호전문기관은 아동학대 신고접수 및 현장조사를 수행한다. 직원은 아동학대 범죄가 행해지고 있는 것으로 신고된 현장에 출입하여 아동 또는 아동학대 행위자 등 관계인에 대하여 조사를 하거나 질문을 한다. 조사를 거부, 방해, 기피하는 행위를 한 자는 1년 이하 징역 또는 500만 원 이하의 벌금에 처해지며, 폭행 또는 협박하거나 위계 또는 위력으로써 업무수행을 방해한 사람은 5년 이하의 징역 또는 1천 500만 원 이하의 벌금에 처할 수 있다(「아동학대처벌법」).

아동학대범죄 행위 제지 및 아동학대 행위자를 격리하는 응급조치를 취하며, 피해아동을 보호시설 및 의료기관으로 인도하는 응급조치 및 상담·치료 등의 서비스를 제공한다. 응급조치는 72시간을 넘길 수 없으며, 다만 검사가 임시조치를 법원에 청구한 경우, 법원의 임시조치 결정 시까지 연장된다. 사법경찰에게 아동학대 행위자에 대한 임시조치를 청구 요청하며, 임시조치·조건부 기소유예·보호처분 등을 받은 학대행위자에 대한 상담·교육을 위탁 수행한다. 피해아동 및 학대행위자·가족에 대한 상담·교육 등의 서비스를 제공하며, 행위자 접근금지 등 긴급 임시조치 신청, 피해아동보호명령 청구 등을 실시하고, 시설 내 학대의 경우는 필요시 지자체에 현장조사 동행을 요청한다.

피해아동 가정의 사후관리를 실시하고, 아동학대사례 전문위원회를 운영한다. 국가아동학대정보시스템에 아동학대 업무수행 결과를 입력 및 보존하며, 아동학대 예방교육 및 홍보를 실시하고, 지역사회 자원 개발 및 관련 기관 협력체계를 구축한다. 시장·군수·구청장에게 피해아동의 기초생활보장급여 또는 의료급여 등 필요한 보호 및 양육조치를 의뢰하고, 친권행사 제한 또는 친권행사 상실 청구를 요청한다.

(2) 학대피해아동쉼터

학대피해아동쉼터는 아동학대 사건 발생 시 학대 재발 위험이 높아서 원가족 보호가 바람직하지 않은 경우, 아동을 보호자로부터 분리하여 보호하기 위한 시설이다.

즉, 만 18세 미만의 학대 피해아동으로 원가정으로부터 분리하여 심리치료와 보호가 필요한 경우(학대 피해아동 보호조치, 피해아동 응급조치, 피해아동(임시) 보호명령)에 이용할 수 있다. 지원내용으로는 피해아동 보호 및 숙식 제공, 피해아동 생활지원(의복 등 생필품 지원, 일상생활 훈련 및 생활지원), 상담 및 치료(심리검사, 개별 심리치료, 집단 심리치료, 건강검진 지원 및 병원치료), 교육 및 정서지원(학업지도, 안전교육, 문화체험, 체육활동) 등을 제공하게 된다.

2) 행정기관 및 학대사건 처리기관

행정기관 및 학대사건 처리기관으로, 행정기관, 경찰, 검찰, 보육, 교육기관 및 법원을 중심으로 살펴보면 다음과 같다(주수길 외, 2020).

(1) 행정기관

아동학대예방사업을 다루고 있는 행정기관으로는 표 11-16과 같이 보건복지부, 법무부, 여성가족부, 교육부와 시·도 및 시·군·구를 들 수 있다.

표 11-16. 아동학대예방사업의 담당 행정기관의 역할

구분	내용
보건복지부	아동학대 예방을 위한 정책수립, 아동보호전문기관·학대피해아동쉼터 설치 및 운영 지원, 아동보호전문기관의 업무실적 평가 등
법무부	아동학대 범죄의 처벌 및 피해아동 보호에 관련한 법 마련, 아동학대 행위자 교정·교화 지원체계 마련 등
여성가족부	가정폭력예방과 아동학대예방 교육 및 홍보, 가정폭력피해자 보호시설 내 피해아동 보호 지원
교육부	아동학대 예방교육프로그램 개발 등 교육지원, 피해아동의 입학, 전학 등의 조치

구분	내용
시 · 도	• 시 · 군 · 구의 피해아동 보호조치 및 아동학대예방사업에 대한 관리 · 감독, 시정조치, 지역 아동보호전문기관 및 학대피해아동쉼터 설치 및 운영지원, 업무 지도와 감독, 아동보호전문기관 아동학대조사원증 교부, 아동 입소시설 결정, 홍보 및 지역주민 인식 개선을 위한 교육 • 읍 · 면 · 동에서는 아동학대 신고, 아동보호 전문기관 협조(등 · 초본 열람 · 발급, 외국인등록 사실증명 열람 · 발급, 국민기초생활수급자 여부, 장애인등록증 열람 · 발급 등) 및 수수료 면제, 현장조사 시 동행 요청에 협조 등

(2) 경찰

경찰은 고소 · 고발이 진행되고 있는 경우 진행과정 정보 공유에 대한 지역아동보호전문기관 요청에 협조, 아동학대 신고접수 및 직무상 아동학대 의심사례를 알게 된 경우, 반드시 아동보호전문기관에 통보 및 사례내용 공유, 아동보호전문기관에 접수된 신고사례에 대한 현장조사 시 동행 협조, 수사과정에서 학대행위자의 위협으로부터 피해아동 및 아동보호전문기관 상담원 신변안전 확보, 응급조치를 요하는 아동학대 사례를 일시보호시설 또는 의료기관에 조치 의뢰, 아동학대행위자에 대한 긴급임시조치 결정 · 집행 및 임시조치 신청, 아동학대사건 송치, 신고의무자의 신고의무 준수 여부를 조사하고 지방자치단체에 과태료 부과 요청, 단독으로 조사한 사례에 대한 현장조사 결과를 국가 아동학대정보시스템에 입력 등을 실시한다.

(3) 검찰

검찰은 아동학대행위자에 대한 임시조치 청구 및 수사 · 처분 방향 결정, 친권상실의 신고 또는 후견인의 변경 심판 청구, 아동보호전문기관 등에 상담 · 치료 · 교육 명령, 성폭력 · 아동학대 전담검사제도, 진술조력인제도 및 피해자 국선변호사 제도를 활용하여 피해아동 보호, 아동학대행위자의 위협으로부터 피해아동 및 아동보호전문기관 상담원 등의 신변안전 확보 등의 조치를 실시한다.

(4) 보육 및 교육기관

교육기관 등에서는 아동학대의심사례 조기 발견 및 경찰 또는 아동보호전문기관에 신고, 아동학대 신고의무자 교육 실시, 아동보호전문기관 상담원 및 경찰이 학교를 방문하여 현장조사(아동상담)를 실시할 경우 협조, 피해아동과 부모에 대한 치료적 개입 및 협조, 피해아동의 학교생활, 가족력 등 관련 자료 제공, 피해아동에 대한 학교사회사업 서비스 제공, 아동, 부모 및 교사 대상의 아동학대예방 홍보 및 아동의 권리와 학대예방 등에 관한 교육 실시, 피해아동의 입학, 전학 등의 신속한 조치와 편의를 도모해야 한다.

(5) 법원

아동의 최선의 이익 우선 원칙에 따른 사법적 소송 진행, 피해아동에 대한 임시 보호명령 및 피해아동 보호명령 결정, 아동학대행위자에 대한 임시조치 결정, 아동보호전문기관으로의 상담 · 교육 위탁 시 이행사항 확인 및 수행기관의 의견 청취를 통한 교정 상황 모니터링, 아동학대행위자에 대한 보호처분 결정 및 그 이행상황 모니터링, 피해아동의 법률적 보호 및 학대행위자에 대한 보호처분 등에 대해 아동보호전문기관의 긴밀한 협조, 아동학대행위자에 대한 형사판결, 보호처분 결정, 친권의 상실 선고 · 후견인 변경 심판, 후견인의 지정 등을 실시한다.

Chapter

12

가정보호

배울 내용

1. 가정위탁
2. 입양

학습목표

1. 가정위탁의 개념, 특성, 유형, 발생원인 및 현황을 파악하고 개선 방안을 모색해 본다.
2. 입양의 개념, 유형, 구성요소, 특성, 동기 및 현황을 파악하고 개선 방안을 모색해 본다.

Chapter 12

가정보호

1. 가정위탁

요보호아동들을 위한 지원정책 중 아동복지사업의 하나가 가정위탁보호제도이다. 가정위탁보호(foster family care)란 자기 가정에서 일시적 혹은 정기적으로 돌볼 수 없는 아동을 어떤 기간 동안 대리가정에서 일시 보호하는 형태의 서비스를 말한다(구현아 외, 2010). 가정위탁사업이 시행되기 전까지는 보호가 필요한 아동이 발생하였을 경우에는 시설로 보내거나 소년소녀가장이라고 책정하여 보호하였으나 시설아동의 경우, 아동에 대한 개별적인 서비스가 이루어지지 않아 아동의 욕구를 충족시킬 수가 없었다. 또한 소년소녀가장의 경우에는 미성년자가 세대주가 되는 전 세계적으로 유례없는 상황으로 인해 엄밀한 의미의 아동학대라고 할 수 있었기에 UN 등에서도 폐지를 권고하여 소년소녀가정에게는 대리양육, 친·인척, 일반 가정위탁 등 위탁가정을 발굴하여 가정위탁보호로의 전환이 필요하게 되었다(김미영, 2017).

1) 가정위탁보호사업의 개념 및 특성

「아동복지법」 제3조에 의하면, '가정위탁'이란 보호대상아동의 보호를 위하여 성범죄, 가정폭력, 아동학대, 정신질환 등의 전력이 없으며 「아동복지법」이 정하는 기준에 적합한 가정에 보호대상아동을 일정 기간 위탁하는 것을 말한다. 따라서 가정위탁보호사업은 부모의 경제적 이유, 부모의 학대, 방임, 질병, 수감 등 가정 내·외의 여러 가지 요인으로 인하여 아동이 친가정 내에서 더 이상 양육될 수 없을 때, 일정기간 위탁가정을 제공하여 아동을 보호·양육함으로써 적합한 가정 안에서 건전하게 성장할 수 있도록 도와주고, 친가정이 가족기능을 회복할 수 있도록 지원하는 것을 목적으로 하고 있다.

이 사업은 1990년에 가정위탁사업을 시범적으로 실시하고 가정위탁 양육보조금을 지원한 2000년 이후 소년소녀가정의 가정위탁 전환을 시작하였으며, 2003년에 가정위탁지원센터를 전국에 확대하여 16개 시·도, 총 17개소를 운영하였다. 그리고 2004년에는 중앙가정위탁지원센터를 설치하고, 2005년 「아동복지법」 개정에 따라 가정위탁보호의 법적 근거 규정, 2006년 가정위탁 아동 상해보험료 지원, 2012년 「아동복지법」 개정에 따라 시·군·구 가정위탁지원센터 설치 근거 규정 및 가정위탁보호 아동 자립지원 근거 규정 등을 만들었다. 이러한 가정위탁보호사업의 기본적인 특성 및 전제조건은 표 12-1과 같다(김미영, 2017).

표 12-1. 가정위탁보호사업의 기본적인 특성 및 전제조건

- 아동에게 가장 큰 영향을 미치는 곳은 안정된 가정이므로 아동이 자신의 원가정에서 자랄 수 없다면 시설이 아닌 위탁가정을 제공하여 안전하게 보호받고 자랄 권리를 존중해 주어야 한다.
- 일정기간 동안의 가정위탁 보호라는 의미는 영구 보호가 아니며, 일시적인 보호를 말한다. 즉, 위탁기간은 위탁아동의 가족 사정에 따라 달라지며, 짧게는 몇 개월이 될 수도 있고, 아동이 자립할 수 있을 때까지 장기간이 될 수도 있다.
- 위탁부모는 친부모나 법적 후견인 내지 보호자에 의해서 아동의 양육을 일정 기간 위임받은 사람으로, 일정한 위탁기간 동안만 위탁아동의 삶에 대한 총체적 책임을 지며, 위탁 기간이 종료되면 모든 권한은 소멸된다.
- 위탁아동 및 위탁가정에 대한 관리는 가정위탁보호사업을 총괄하는 가정위탁지원센터가 개입하고 지원하고 보호하게 된다.

가정위탁보호는 아동의 원가정과 재결합을 기본 전제로 하고 있으므로 아동이 원가정에서 성장하고 자랄 권리를 보장해 주며, 가정 해체를 방지할 수 있는 기능을 모색할 수 있어서 그 의미가 크다. 즉, 보호가 필요한 아동을 타 가정에서 보호할 수 있음으로써 아동이 누릴 수 있는 가정생활의 권리를 보장해 줄 수 있다. 가정생활에 대한 권리는 곧 아동이 건강하게 성장할 수 있는 기회를 확대하고 시설 입소를 지양하며 그 단점을 최소화할 수 있음을 의미한다.

2) 가정위탁의 유형

가정위탁의 유형을 위탁보호의 종류, 위탁가정에 따른 가정위탁의 유형 및 위탁기간에 따른 가정위탁의 유형으로 구분하여 살펴보면 다음과 같다(주수길 외, 2020).

(1) 위탁보호의 종류

위탁보호의 종류로는 무보수로 아동을 양육하는 무료위탁(free foster homes), 양육의 대가를 지불받는 유료위탁(boarding foster homes), 노동에 대한 대가로 숙식이나 임금이 제공되는 고용위탁(wage foster homes), 심신의 장애를 가진 아동이 주요 대상인 특수위탁(specialized foster homes), 돌발적 위급사태가 발생했을 때 관계기관의 의뢰에 의해 실시되는 의뢰위탁(receiving foster homes) 등으로 나누어 볼 수 있다.

우리나라의 경우 가정위탁보호 결정은 시·군·구에서 하며, 「아동복지법」에 의한 아동복지전담기관인 가정위탁지원센터에서는 위탁부모 선정과 위탁가정관리 업무 등을 수탁받아 수행한다. 이에 따른 가정위탁의 유형은 대리양육 가정위탁, 친·인척 가정위탁, 일반 가정위탁으로 나누어 볼 수 있다. 각 유형별로 위탁가정에 대한 정부지원서비스가 주어진다.

(2) 위탁가정에 따른 가정위탁의 유형

위탁가정에 따른 가정위탁의 유형으로는 표 12-2와 같이, 대리양육 가정, 친·인척 가정 및 일반 가정으로 구분할 수 있다.

표 12-2. 위탁가정에 따른 가정위탁의 유형

구분	내용
대리양육 가정	부모가 아닌 부양의무자인 친조부모, 외조부모에 의한 아동양육 가정이다. 기존의 소년소녀가정아동을 조부모에게 위탁하여 보호하는 것이 주된 예이다.
친·인척 가정	부양의무자인 친조부모, 외조부모를 제외한 친인척에 의한 양육가정이다. 「민법」에 의한 8촌 이내의 혈족에 의한 양육을 뜻한다.
일반 가정	아동과 관련이 없는 일반인에 의한 양육가정이다.

(3) 위탁기간에 따른 가정위탁의 유형

위탁기간에 따른 가정위탁의 유형으로는 표 12-3과 같이, 전문가정위탁, 일시가정위탁 및 가정위탁으로 구분할 수 있다.

표 12-3. 위탁기간에 따른 가정위탁의 유형

구분	내용
전문가정위탁	전문가정위탁 대상아동은 가정위탁보호 신청 아동 중 2세 이하 아동이나 전문적이고 특별한 보살핌이 필요하다고 인정하는 경우의 아동이다. 전문위탁부모의 자격은 가정위탁부모 경험이 3년 이상이거나, 사회복지사, 보육교사, 교사, 의료인, 청소년상담사, 대학에서 심리 관련학을 전공하고 심리치료 경력 3년 이상인 자 등 각호의 요건을 갖추어야 한다. 아동이 2세를 초과하거나 목적을 달성하였다고 인정하는 경우 종료된다.
일시가정위탁	일시가정위탁보호 기간은 최대 30일 이내로 하며, 2회에 한해 연장할 수 있다. 보호대상아동에 대한 긴급보호조치의 일환으로 실시된다.
가정위탁	전문가정위탁이나 일시가정위탁을 제외한 대리양육, 친·인척, 일반 가정위탁을 의미한다.

3) 가정위탁아동의 발생원인과 원리

(1) 가정위탁아동의 발생원인

위탁보호가 요구되는 상황은 모든 특별한 욕구나 도움이 필요한 아동이 대상이 될 수 있으나 15세 미만으로 부모의 질병, 가출, 수감 등으로 단기 보호가 필요한 아동, 유기나 학대로 인하여 격리 보호가 필요한 아동에게 특히 필요하며(보건복지부, 2000), 가족붕괴나 결손가정(이혼 · 사망 · 별거 · 질병 · 실업 · 투옥 등)으로 아동양육이 어려울 때, 부모의 문제(알코올중독, 약물중독, 정신질환 등)나 아동의 문제(정서상 문제, 행동상 문제)가 있을 때 등이다.

이와 같이 가정위탁은 아동의 부모가 가정에서 아동을 보호할 수 없거나 보호하지 않으려고 할 경우인데 구체적으로 두 가지 경우로 나눌 수 있다(주수길 외, 2020). 첫째는 아동의 신체장애, 지적장애, 사회적 일탈행위, 정서적 혼란 등과 같이 아동과 관련된 여러 가지 어려움이 있는 경우이며, 두 번째는 부모의 사망, 이혼, 별거, 신체적 혹은 정신적 질병, 유기, 학대, 적절한 재정적 자원의 결핍과 같은 부모의 문제가 발생한 경우이다. 또한 가정의 붕괴, 경제적 어려움도 가정위탁보호를 필요로 하게 되는 요인이 되고 있다. 전자와 같이 아동 자신의 문제로 인해 가정위탁보호를 필요로 하게 되는 상황은, 아동의 행동이나 문제가 가정의 기능을 마비시키고 정상적 가정생활이 불가할 경우 또는 원가정으로서는 아동에게 어떠한 도움도 제공할 수 없는 경우도 포함한다.

(2) 가정위탁보호의 원리

일반적으로 위탁보호사업을 할 때는 표 12-4와 같은 원리들이 고려되어야 한다(주수길 외, 2020).

표 12-4. 가정위탁보호의 원리

• 부모와 아동의 원만한 관계 형성과 적절한 부모역할수행은 아동에게 있어 대단히 중요한 문제이므로, 사회는 여러 보호사업과 사회보장서비스를 통해 우선적으로 가정을 보존시키도록 배려하는 것이다. • 만일 최소한의 부모에 의한 양육이 어렵거나 불가능할 때에 가정 외에서 양육될 수 있는 대리가정이 제공되어야 한다. • 위탁보호의 종류에 따라 각각의 잠재적 효력이 다르므로 아동의 개별적 요구와 특성에 적절하도록 배치되어야 한다. • 위탁된 아동이 자신의 가정에 있을 때보다 더 나은 서비스를 받아야 하므로 위탁보호사업을 실시함에 있어서는 돌보는 사람의 능력이나 인품, 가정환경 등 복합적 요소가 반드시 고려되어야 한다. • 아동의 장래에 지대한 영향을 미칠 중대한 결정을 내림에 있어서 아동의 권리가 특별히 고려되는 동시에 아동과 부모, 기관, 위탁부모, 기타 보조원 등의 권리도 고려되고 이 모든 것이 서로 조화를 이루어야 한다.

위탁가정의 선정 기준은 위탁아동을 양육하기에 적합한 수준의 소득이 있어야 하며, 위탁부모의 나이가 25세 이상으로서 위탁아동과의 나이 차이가 60세 미만이어야 한다. 위탁가정의 아동 수는 자신의 자녀(18세 이상은 제외)를 포함하여 4명을 초과하지 않아야 하며, 가정에 성범죄 · 가정폭력 · 아동학대 · 정신질환 등의 전력이 있는 사람이 없어야 한다. 위탁아동에 대하여 종교의 자유를 인정하고 건전한 사회구성원으로 자랄 수 있도록 양육과 교육을 할 수 있어야 한다. 또한 결혼하였고 아이를 키워 본 경험이 있는 가정을 우선으로 하며, 위탁보호에 필요한 기본 교육을 이수하여야 한다. 위탁가정 선정 시 적합한지 여부를 공립아동상담기관 또는 이웃주민 추천 등 가정조사 시 이웃을 통해 확인하게 된다.

4) 가정위탁보호의 현황

가정위탁보호서비스의 세대 수 및 아동 수에 대한 현황은 그림 12-1, 표 12-5와 같다.

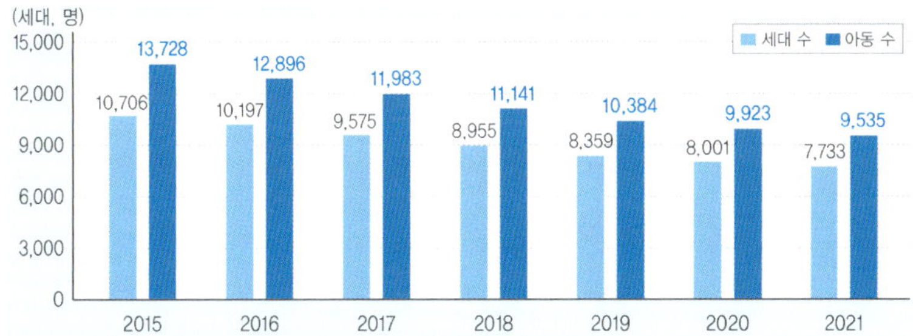

그림 12-1. 가정위탁보호서비스의 세대 수 및 아동 수

표 12-5. 가정위탁보호서비스의 세대 수 및 아동 수

구분		계	위탁가정 유형		
			대리양육가정	친인척 위탁가정	일반위탁가정
2015	세대수	10,706	6,944	2,927	835
	아동수	13,728	9,127	3,556	1,045
2016	세대수	10,197	6,642	2,773	782
	아동수	12,896	8,578	3,348	970
2017	세대수	9,575	6,207	2,605	763
	아동수	11,983	7,950	3,100	933
2018	세대수	8,955	5,831	2,357	767
	아동수	11,141	7,426	2,801	914
2019	세대수	8,359	5,442	2,167	750
	아동수	10,384	6,905	2,572	907
2020	세대수	8,001	5,155	2,069	777
	아동수	9,923	6,542	2,447	934
2021	세대수	7,733	4,817	1,999	917
	아동수	9,535	6,107	2,344	1,084

출처: 보건복지부(2022). 2022 보건복지통계연보.

가정위탁보호서비스에 대한 아동 수의 현황을 살펴보면, 2015년 13,728명에서 해마다 감소하여 2021년의 경우 9,535명의 아동이 가정위탁보호서비스를 받은 것으로 나타났다. 또한 가정위탁보호서비스의 세대 수도 2015년 10,706명에서 2021년 7,733명으로 해마다 감소한 것으로 나타났다. 가정위탁보호서비스의 위탁가정의 유형과 아동 연령별 현황은 그림 12-2, 표 12-6과 같다.

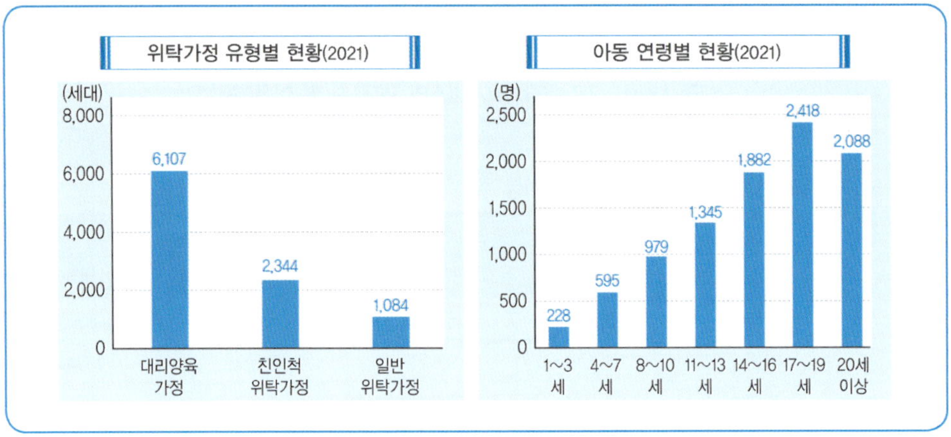

그림 12-2. 가정위탁보호서비스의 위탁가정의 유형과 아동 연령별 현황

표 12-6. 가정위탁보호서비스의 아동 연령별 현황

구분	계	가정위탁보호 아동 연령별						
		1~3세 (영아)	4~7세 (유아)	8~10세 (초등)	11~13세 (초등)	14~16세 (중등)	17~19세 (고등)	20세 이상
2015	13,728	125	566	891	1,622	3,469	5,186	1,869
2016	12,896	121	585	855	1,451	2,860	4,835	2,189
2017	11,983	117	593	826	1,389	2,423	4,450	2,185
2018	11,141	108	585	895	1,402	2,234	3,787	2,130
2019	10,384	98	573	893	1,378	1,955	3,236	2,251
2020	9,923	153	674	1,044	1,381	2,041	2,722	1,908
2021	9,535	228	595	979	1,345	1,882	2,418	2,088

출처: 보건복지부(2022). 2022 보건복지통계연보.

가정위탁보호서비스의 위탁가정 유형을 살펴보면, 2021년 대리양육가정이 6,107명으로 가장 많았으며, 친인척 위탁가정 2,344명, 일반위탁가정 1,884명 순이었고, 연령별 현황에서는 17~19세가 2,418명으로 가장 많았으며, 20세 이상 2,088명, 14~16세 1,882명, 11~13세 1,345명, 8~10세 979명, 4~7세 595명, 1~3세 228명 순으로 나타났다. 가정위탁보호서비스의 사유에 대한 현황은 표 12-7과 같다.

표 12-7. 가정위탁보호서비스의 사유

(단위: 명, %)

구분	계	부모 모두 사망	부나 모의 사망	별거/가출	이혼	부모 수감	실직/빈곤	부모 질병	학대/방임	미혼모(부)/혼외출생	시설 의뢰	부모 장애	기타
계	10,334	576	2,502	2,536	3,143	389	102	172	272	322	108	71	141
	100.0	5.6	24.2	24.5	30.4	3.8	1.0	1.7	2.6	3.1	1.0	0.7	1.4
대리양육	6,865	314	1,566	1,840	2,417	239	50	74	123	159	–	21	62
	100.0	4.6	22.8	26.8	35.2	3.5	0.7	1.1	1.8	2.3	–	0.3	0.9
친인척	2,566	250	853	510	574	118	15	60	59	45	2	35	45
	100.0	9.7	33.2	19.9	22.4	4.6	0.6	2.3	2.3	1.8	0.1	1.3	1.8
일반	903	12	82	186	152	32	37	38	90	118	106	15	34
	100.3	1.3	9.2	20.6	16.8	3.5	4.1	4.2	10.0	13.1	11.7	1.7	3.8

출처: 아동권리보장원(2020). 2019 가정위탁보호 현황보고서.

주된 가정위탁보호 사유는 이혼(30.4%), 별거·가출(24.5%), 부나 모의 사망(24.2%) 순으로 나타났다. 위탁유형별 보호 사유를 살펴보면, 대리양육위탁의 경우 이혼(35.2%), 친인척위탁은 부나 모의 사망(33.2%), 일반위탁은 별거·가출(20.6%)이 가장 높은 비중을 차지했으며 일반위탁은 미혼모(부)·혼외출생(13.1%)과 시설의뢰(11.7%), 학대·방임(10.0%)이 다른 유형에 비해 상대적으로 높게 나타났다. 위탁유형별 위탁기간에 대한 현황은 표 12-8과 같다.

표 12-8. 위탁유형별 위탁기간

구분		계	6개월 미만	6개월 이상 ~1년 미만	1년 이상 ~2년 미만	2년 이상 ~3년 미만	3년 이상 ~4년 미만	4년 이상 ~5년 미만	5년 이상 ~6년 미만	6년 이상 ~10년 미만	10년 이상	평균 위탁 기간
계		10,334	569	532	1,015	903	960	942	879	2,590	1,944	5년 11개월
		100.0	5.5	5.2	9.8	8.7	9.3	9.1	8.5	25.1	18.8	
대리양육		6,865	391	346	699	626	667	641	587	1,726	1,182	5년 9개월
		100.0	5.7	5.0	10.2	9.1	9.7	9.3	8.6	25.2	17.2	
친인척		2,566	123	135	239	214	228	227	221	694	485	6년 1개월
		100.0	4.8	5.3	9.3	8.3	8.9	8.8	8.6	27.1	18.9	
일반		903	55	51	77	63	65	74	71	170	277	6년 11개월
		100.0	6.1	5.6	8.5	7.0	7.2	8.2	7.9	18.8	30.7	

출처: 아동권리보장원(2020). 2019 가정위탁보호 현황보고서.

위탁유형별 위탁아동의 위탁기간은 6년 이상 장기간 보호된 아동은 43.9%, 1년 미만 보호 아동은 10.7%로 나타났다. 위탁유형별로 살펴보면, 대리양육위탁 및 친인척위탁은 6년 이상 10년 미만이 각각 25.2%, 27.1%로 가장 높은 비중을 차지하였고 일반위탁은 10년 이상이 30.7%로 가장 높은 비중을 차지한 것으로 나타났다. 전체 위탁아동의 평균 위탁기간은 5년 11개월이었으며, 대리양육위탁은 5년 9개월, 친인척위탁은 6년 1개월, 일반위탁은 6년 11개월로 나타났다.

5) 가정위탁보호사업의 문제점 및 대책

가정위탁보호사업은 아동의 원가정에서 자라는 것이 최선이지만 그렇지 못할 경우에 위탁가정에서 보호하는 것이 차선이라고 여기기 때문에 최근 많이 활성화되어 가고 있다. 하지만 아동들이 가정의 기능 및 구성원으로서 역할을 습득하며 안정적인 생활환경 내에서 밝고 건강하게 자라날 가능성을 높이고, 또한 이들이 성장하여 새로운 건강한 가정을 형성하고 유지할 수 있는 잠정적인 기능을 경험할 수 있게 하기 위해서는 다음과 같은 사항에 대한 적극적이고 능동적인 대처가 필요할 것이다(김미영, 2017).

(1) 아동중심의 위탁보호

현재 가정위탁보호제도의 운영은 아동중심의 위탁보호보다는 편의상 위탁부모중심으로 운영되고 있다. 해외에서는 위탁기간이나 아동의 상태 등을 고려한 다양한 위탁제도를 운영하고 있으나 우리나라는 혈연관계에 의해 위탁유형을 구분하고 있어서 조부모에 의한 대리양육의 위탁형태는 찾아보기 어렵다. 즉, 일반인보다는 친인척에게 우선권이 주어지다 보니 아동의 발달 특성이나 권익 등을 고려한 배치가 이루어지지 않고 성인중심의 가정위탁보호가 이루어지고 있다. 친인척에 의한 위탁보호가 우선권이 있다고 할지라도 일반위탁모의 경우 양육능력 면이나 물리적인 환경 측면에서 객관적으로 보다 높은 점수를 받은 경우라고 한다면 최종적으로 아동을 위한 위탁유형이 결정되도록 하는 것이 보다 바람직하다고 할 수 있다.

(2) 위탁가정 및 위탁모에 대한 지원체계 강화

대리양육 및 친인척 위탁의 경우 지역사회에서 연계되는 후원자를 발굴하고 가정위탁지원센터는 그 현황을 파악할 필요가 있다. 이를 위해서는 지역사회 주민센터, 시·군 아동복지 관련 공무원, 그리고 가정위탁지원센터 종사자 간의 협력이 원활하게 유지되어야 할 것으로 보인다. 특히 대리양육 및 친인척위탁이 높은 비율을 차지하고 있는 우리나라의 경우 위탁가정에 대한 철저한 지도감독과 정기적인 심사가 요구된다. 우리나라의 경우는 읍·면·동에 근무하는 사회복지사는 다양하고 많은 업무를 담당하고 있어, 위탁양육 중인 아동, 특히 대리양육 및 친인척 위탁양육하의 아동배치 후 사례관리가 매우 미흡한 실정이다. 그러나 취약한 환경에 있는 아동일수록 아동 및 환경에 대한 정기적인 조사를 통해 아동의 안전과 양육실태를 지속적으로 살피고 부족한 부분에 대한 적절한 조치를 신속하게 취할 필요가 있다.

(3) 위탁가정 아동의 자립 지원

아동복지 및 청소년 보호시설에서 생활하는 아동 · 청소년의 경우, 일정 연령 후 자립이 필요한 위탁아동에 대해서는 시설 퇴소 이후 독립적인 생활을 꾸려 나가기 위한 정착금 및 자립에 대한 지원책이 적극적으로 마련되어야 한다. 그 일환으로 현재 요보호아동 자립지원을 위해 보건복지부에서 시행하고 있는 결연사업을 활성화하는 방안도 있을 수 있으며, 디딤씨앗 통장을 가정위탁보호에서 추진하고 운영하도록 위탁부모 및 아동대상의 홍보를 해야 할 것이다. 그리고 위탁양육비 중 일부를 디딤씨앗 통장에 의무적으로 저축하도록 유도함으로써 아동의 자립지원을 위한 준비를 할 수 있도록 하는 방안 등이 필요할 것으로 보인다. 위탁아동을 위한 생계비 지원은 위탁아동만을 위한 비용으로 사용되지 않고 있으며 실제로 다른 식구를 위한 생활비로 사용되는 경우가 많다고 하는 보고(구현아 외, 2010)에 따르면, 최소한 위탁양육비만큼은 그 해당 위탁아동을 위해 사용되거나 저축할 수 있는 대안이 필요하다.

2. 입양

우리나라의 전통적 입양제도는 가부장적 대가족제도인 양자 제도로 가계계승을 위한 것이었다. 그러나 현대의 입양은 6 · 25 전쟁으로 발생한 고아들을 보호하고 지키는 방법으로 국외입양을 하면서 시작되었고, 1961년에 「고아입양특례법」을 제정하여 국외입양을 체계적으로 관리하면서 입양제도가 정립되기 시작하였다(아동권리보장원, 2020). 이후 입양은 사회의 급격한 발달과 성장으로 인해 미혼모 발생과 아동 유기가 증가하면서 1976년에 「입양특례법」을 제정하고 입양쿼터제를 도입해 국내입양을 10%씩 증가시키고자 노력하였다(윤은영, 2013).

또한 1990년대에 이르러서는 국제법으로서 효력을 갖게 된 유엔아동권리협약(Convention on the Rights of child: CRC)의 영향으로 국내에서도 아동복지에 대한 국가의 책임 인식이 높아지면서 아동복지사업과 입양정책의 방향에도 변화가 생기게 되었다. 2000년대에는 이러한 패러다임의 전환으로 「입양촉진 및 절차에 관한 특례법」이 개정되어 입양의 날 제정과 입양가정에 대한 양육수당 지급, 그리고 친양자입양제도 등이 도입되면서 국내입양은 활성화되었다(김상찬, 신준연, 2019). 이 시기부터 본격적으로 아동의 권리와 복지에 초점을 맞추는 입양이 시작되었다.

1) 입양의 개념 및 기본방향

입양이란 혈연적으로 친자관계가 없는 사람 사이에 법률적으로 친자관계를 맺는 신분 행위를 의미한다. 즉, 양부모가 되려는 사람과 양자가 될 사람 사이에 합의가 있거나, 가정법원의 허가를 얻은 후에 입양신고를 함으로써 그 효력이 발생하며, 입양신고로 양부모와 양자 사이에는 법적 친자관계가 생기고, 부양이나 상속 등에서 자연혈족의 경우와 동일한 권리가 인정된다.

입양사업의 기본방향으로는 첫째, 원가정에서 양육하기 어려운 경우 아동의 최상의 이익을 위해 입양·가정위탁 등의 가정보호 지원을 한다. 둘째, 보호가 필요한 아동에 대해 시설보호보다는 가정보호(입양 등)조치가 우선될 수 있도록 지자체 협조를 필요로 한다. 셋째, 국내입양을 우선으로 하며 국외입양을 차선책으로 추진한다. 넷째, 입양가정 및 아동에 대한 사후관리를 강화한다. 다섯째, 입양가정에 대한 경제적·제도적 지원을 통한 국내입양을 활성화한다. 여섯째, 혈연중심의 가족문화, 비밀입양위주 입양문화 개선을 위한 대국민 홍보를 강화해야 한다.

2) 입양의 유형

입양의 유형은 적용 법규, 공개 여부, 혈연 유무에 따른 유형 및 입양 장소에 따른 유형으로 구분할 수 있는데, 이를 구체적으로 살펴보면 다음과 같다(김미영, 2017; 주수길 외, 2020).

(1) 법에 따른 입양 유형

법에 따른 입양 유형으로는 「입양특례법」에 의한 입양, 「민법」에 의한 양자입양 및 「민법」에 의한 친양자 입양으로 구분할 수 있는데 구체적인 내용은 표 12-9와 같다.

표 12-9. 법에 따른 입양 유형

구분	내용
「입양특례법」에 의한 입양	요보호아동의 입양을 목적으로 한다. 친생부모의 동의를 받아야 하며, 가정법원의 허가를 받아야 한다. 입양의 효력은 「민법」에 의한 친양자와 동일하다. 즉, 입양아동은 입양한 부부의 혼인 중 출생자로 보며, 입양 전의 친족관계는 입양이 확정된 때에 종료되게 된다. 협의상 파양은 없으며, 양자, 양친, 검사가 가정법원에 파양을 신청할 수 있다.
「민법」에 의한 양자입양	양자입양의 성립은 친생부모의 동의를 받아야 하며, 가정법원의 허가를 받아야 한다. 입양의 효력은 양자는 입양된 때부터 양부모의 친생자와 같은 지위를 가지며, 동시에 양자의 입양 전의 친족관계는 존속된다. 파양은 입양부모와 입양인, 친생부모가 합의하면 협의상 가능하며, 협의가 안되면 양친, 양자, 친생부모, 후견인, 검사가 가정법원에 재판상 파양을 청구하여야 한다.
「민법」에 의한 친양자 입양	친양자입양의 성립은 친생부모의 동의를 받아야 하며, 가정법원의 허가를 받아야 한다. 입양의 효력은 친양자는 부부의 혼인 중 출생자로 보며, 친양자 입양 전의 친족관계는 친양자입양이 확정된 때에 종료된다. 파양은 양친, 양자, 친생부모의 부 또는 모, 검사가 가정법원에 친양자의 파양을 신청할 수 있다.

(2) 입양 공개 여부에 따른 입양 유형

입양의 공개 여부에 따라 비밀입양, 공개입양, 개방입양으로 나눌 수 있다. 비밀입양은 입양 사실을 입양아동은 물론 주변의 모든 사람들에게 비밀로 하며, 입양아동을 출산한 것처럼 가정하여 비밀을 계속 유지하는 것이다. 공개입양은 입양 사실을 입양아동은 물론이고 주변의 사람들에게 공개하지만 친생부모와는 접촉을 하지 않는 것이다. 개방입양은 입양 사실을 공개하며, 친생부모와도 편지, 사진 교환, 만남 등을 통하여 관계를 유지하는 것이다.

(3) 혈연 유무에 따른 입양 유형

혈연 유무에 따라 친족입양과 비친족입양으로 나누어진다. 친족입양은 확대가족 등 혈연관계 또는 부나 모의 재혼으로 인하여 입양이 성립된다. 비친족입양은 가족관계를 갖고 있지 않은 입양부모가 입양아동을 입양하는 것이다.

(4) 입양 장소에 따른 입양 유형

입양 장소에 따라서는 국내입양과 국제입양으로 구분된다. 국내입양은 국내의 가족으로 입양되는 것을 말한다. 그리고 국제입양은 「국제사법」에서 정한 입양의 준거법의 절차에 따르는 입양을 말한다. 국제입양의 예에 의하면, 한국에서는 한국인과 외국인 사이의 입양, 또는 외국인과 외국인 사이의 입양을 말하며, 외국에서 하는 한국인 사이의 입양 또는 한국인과 외국인 사이의 입양 등과 같은 경우가 이에 해당된다. 이는 외국인이 국내 또는 외국에서 한국인 양자를 입양하려는 것이므로 국제입양의 한 형태라고 볼 수 있다. 다만, 입양 당사자의 자격 등 입양의 요건과 절차 등에 대한 특례를 인정하고 있어 입양 당시 양친의 본래 국적에 해당되는 법을 적용한다.

3) 입양의 구성요소

입양의 구성요소는 입양이 되는 '입양아동', 자녀를 입양하여 양육 · 보호하는 '입양부모', 그리고 아동에 대한 친권을 포기한 '친생부모'인 삼자의 관계(Adoption Triangle)로 이루어진다고 본다. 여기에 입양기관을 포함하기도 하는데, 이는 입양이 성사되는 데 중요한 역할을 담당하기 때문이다(김유경 외, 2010). 입양의 구성요소는 그림 12-3과 같다(김미영, 2017).

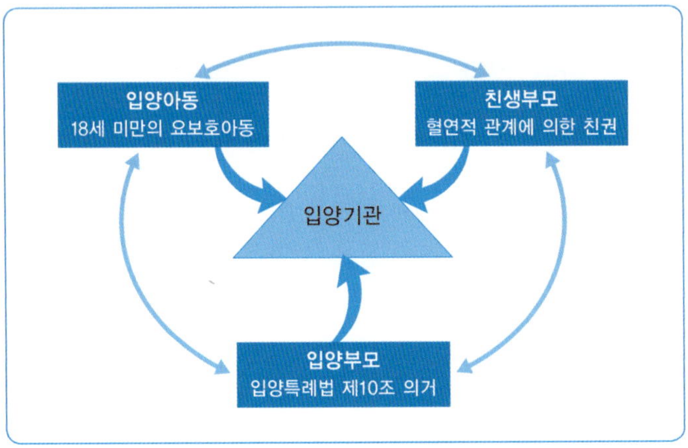

그림 12-3. 입양의 구성요소

먼저 '입양아동'이란 18세 미만의 요보호아동으로서 보호자로부터 적정수준의 양육과 보호를 받기 어려운 아동이 해당된다. 「아동복지법」에 의하면, '보호자가 없거나 보호자로부터 이탈된 아동, 또는 보호자가 아동을 학대하는 경우 등 그 보호자가 아동을 양육하기에 부적당하거나 양육할 능력이 없는 경우의 아동'을 말한다. 특히 「입양특례법」 제9조의 '양자가 될 자격'에 의하면, 입양대상 아동은 친생부모의 동의가 있어야 하며, 13세 이상인 아동을 입양하고자 할 때에는 입양된 아동의 동의를 받아야 한다.

둘째, '입양부모'란 「입양특례법」 제10조 '양친이 될 자격'에 의하면, 충분한 재산이 있을 것, 종교의 자유를 인정할 것, 아동학대, 가정폭력, 성폭력, 마약 등의 범죄나 알코올 등 약물중독의 경력이 없을 것, 인권침해의 우려가 있는 직업에 종사하지 아니할 것 등의 요건을 제시하고 있다.

셋째, '친생부모'란 혈연적 관계에 의해서 출생에 의해 친자관계가 형성되는 부모를 말한다. 친생부모는 출생한 아동에 대한 친권을 가지게 되기 때문에 아동을 양자로 하려면 친생부모의 동의를 받아야 한다. 다만, 친생부모가 친권에 대한 상실 선고를 받거나 친생부모의 소재 불명의 사유 등은 동의가 불필요하다.

넷째, '입양기관'이란 「사회복지사업법」에 따른 사회복지법인으로서 보건복지부장관의 허가를 받은 기관을 말한다. 입양기관의 장은 입양 의뢰된 사람의 권익을 보호하고 부모를 알 수 없는 경우에는 부모 등 직계존속을 찾기 위하여 노력을 다하여야 한다.

4) 입양의 특성과 동기

(1) 입양의 특성

아동은 가능한 한 가정이라는 건전하고 자연적인 환경 속에서 성장·발달하는 것이 가장 바람직하나 여러 가지 이유로 출생가정에서 보호받을 수 없을 때는 대리가정의 서비스로 가정위탁과 함께 입양이 고려될 수 있다. 입양은 아동을 위한 비시설보호의 방법이며, 가족관계를 창출하며, 아동을 위해 항구적 가정을 제공하고, 양부모와 양자가 공동적으로 인간적 욕구를 충족시키려는 노력이다. 또한 아동을 위해 일정한 법적 절차에 따라 이루어지며, 양부모는 양자의 양육에 관해 장기간 무제한적인 책임을 지게 된다.

(2) 입양의 동기

입양부모의 입양 동기는 입양아에 대한 기대감과 직접적 연관이 있고, 국내·외적으로 입양부모는 대체로 다음과 같은 입양 동기를 가지고 있다(배태순, 1998).

표 12-10. 입양의 동기

- 부모가 되어서 가정을 꾸리며 만족스러운 가정생활을 갖고자 하는 욕구를 성취하고 싶으나 불임으로 인해 이러한 욕구가 입양이 아니면 성취될 수 없는 경우
- 자신들이 낳을 수 있는 자녀보다 더 많은 수의 자녀를 원하는 경우
- 영구적 가정이 없어 아동복지시설 등에서 거주해야 할 아동에게 영구적 가정을 제공해 주고자 하는 경우
- 아이를 낳을 수는 없지만 가정을 이루어야 한다는 가족이나 사회의 압력에 반응하여야 하는 욕구가 있는 경우
- 사망으로 잃은 자녀를 다른 아이로 대신하려는 욕구가 있는 경우
- 자신들이 알고 있는 특정한 아동에 대한 관심과 책임감으로 인해 영구적이며 안정적인 보호를 제공하고자 하는 욕구가 있는 경우

오늘날 입양 동기는 '가계를 잇기 위해서' 혹은 '노후의 생활을 보장받기 위해서'와 같은 동기에서 '가정이 없는 아동에게 가정을 제공하고자' 하는 아동중심적 입양 동기가 보다 지배적이다.

5) 입양의 현황

우리나라 입양현황에 대한 조사결과는 그림 12-4, 표 12-11과 같다.

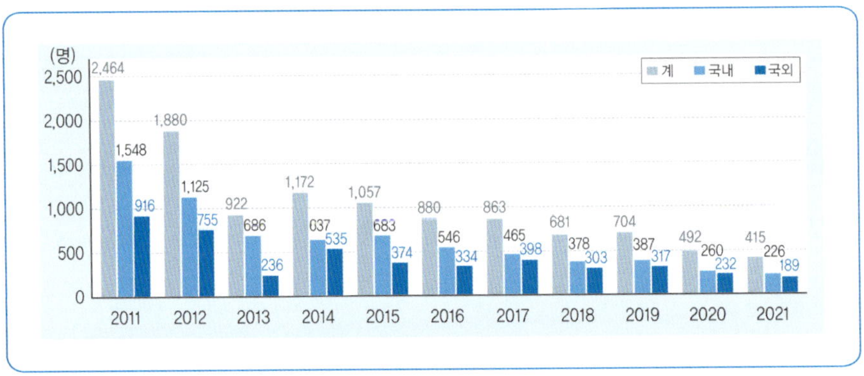

그림 12-4. 국내 · 외 입양현황

표 12-11. 국내·외 입양현황 (단위: 명)

구분	2011	2012	2013	2014	2015	2016	2017	2018	2019	2020	2021
계	2,464	1,880	922	1,172	1,057	880	863	681	704	492	415
국내	1,548 (62.8%)	1,125 (59.8%)	686 (74.4%)	637 (54.4%)	683 (64.6%)	546 (62.0%)	465 (53.9%)	378 (55.5%)	387 (55.0%)	260 (52.9%)	226 (54.5%)
국외	916 (37.2%)	755 (40.2%)	236 (25.6%)	535 (45.6%)	374 (35.4%)	334 (38.0%)	398 (46.1%)	303 (44.5%)	317 (45.0%)	232 (47.1%)	189 (45.5%)

2021년 국내입양은 225명(54.5%)이고, 국외입양은 189(45.5%)명으로 국내입양이 더 높은 비중을 차지하고 있으며 2011년부터 국내입양이 지속해서 늘어나고 있다. 이는 국외로 입양되는 아동보다 국내 가정에서 보호받는 아동이 늘어난 것이라고 볼 수 있다.

표 12-11의 국내·외 입양현황을 자세히 살펴보면, 매년 국내로 입양되는 아동이 국외로 입양되는 아동보다 높은 비중을 차지하고 있으며, 이는 2007년 시행된 국내입양 우선 추진제의 영향이 크다(보건복지부, 2022). 국내입양을 활성화하기 위해 국내입양 우선 추진제와 더불어 입양 수수료 및 입양 가족수당 도입, 공무원을 대상으로 한 입양 휴가제의 도입, 독신자의 입양 허용 등의 조치를 함께 실시한 결과로 볼 수 있다(소라미, 2018). 2020년에는 코로나 19 영향으로 국내·외 입양 모두가 크게 감소하였으나 여전히 200~300여 명의 보호대상아동이 국내의 가정에서 보호받지 못하고 국외로 입양되는 상황이다. 입양아동 발생 유입 경로를 살펴보면 표 12-12와 같다.

표 12-12. 입양아동 발생 유형 (단위: 명)

연도	국내입양				국외입양			
	계	미혼모(부) 혼외아동	유기아동	가족해체 등	계	미혼모(부) 혼외아동	유기아동	가족해체 등
2019	387	329 (85.0%)	51 (13.2%)	7 (1.8%)	317	317 (100%)	–	–
2020	260	216 (83.1%)	38 (14.6%)	6 (2.3%)	232	231 (99.6%)	–	1 (0.4%)
2021	226	167 (73.9%)	48 (21.2%)	11 (4.9%)	189	188 (99.5%)	1 (0.5%)	–

이처럼 입양아동 중에 한 해 동안 발생하는 보호대상아동은 다양한 유형으로 인해 발생하는데, 표 12-12에서 보듯이, 입양아동 발생 유입 경로는 국내입양의 경우 2021년 전체 226명 중에 167명(73.9%), 국외입양의 경우 전체 189명 중 188명(99.5%)이 미혼모의 출산으로 인한 경우로 가장 높은 비중을 차지하고 있다. 국내입양아동의 발생유형은 미혼모출산 외 유기아동과 가족해체 등의 원인으로 나타나고 있다. 입양아동 성별 및 연령을 살펴보면 표 12-13과 같다.

표 12-13. 입양아동 성별 및 연령

(단위: 명, %)

연도	국내입양							국외입양					
	계	성별		연령				계	성별		연령		
		남	여	3월 미만	3월~ 1세 미만	1~3세 미만	3세 이상		남	여	1세 미만	1~3세 미만	3세 이상
2019	387	125 (32.3)	262 (67.7)	6 (1.6)	270 (69.8)	83 (21.4)	28 (7.2)	317	233 (73.5)	84 (26.5)	-	303 (95.6)	14 (4.4)
2020	260	90 (34.6)	170 (65.4)	-	157 (60.4)	80 (30.8)	23 (8.8)	232	192 (82.8)	40 (17.2)	-	225 (97.0)	7 (3.0)
2021	226	78 (34.5)	148 (65.5)	12 (5.3)	121 (53.6)	69 (30.5)	24 (10.6)	189	133 (70.4)	56 (29.6)	-	185 (97.9)	4 (2.1)

표 12-13의 입양아동 성별 및 연령을 살펴보면, 입양되는 아동의 추이가 잘 보이고 있는데 3개월 미만 12명(5.3%), 3개월~1세 미만 121명(53.6%), 1세 이상 3세 미만 69명(30.5%), 3세 이상 24명(10.6%)이고, 성별로는 남아 90명, 여아 170명이다. 남아보다 여아의 입양률이 높고 3월~1세 미만인 아동의 입양률이 전체 중에 53.6%로 가장 많이 나타나고 있다. 1세 미만 입양아동의 수는 꾸준한 감소추세를 보이고 있는데, 이는 1세 이상 입양아동이 늘어나면서 반영된 결과라고 볼 수 있다. 2021년 한 해, 국내입양아동 중에서 1세 이상, 즉 생후 12개월 이상인 연장아에 해당하는 아동의 입양률이 낮다는 것을 알 수 있다. 신생아와 영아 입양을 제외하고 1세 이상의 입양률을 함께 본다면 93명(41.1%)은 적지 않은 입양률이라고 할 수 있다. 따라서 연장아 입양에 대한

사회적 관심은 매년 증가하고 있고 앞으로도 계속 증가할 가능성이 높기 때문에 철저히 준비할 필요가 있다.

이렇듯 한 해 발생하는 보호대상아동이 국내입양가정을 찾아 아동의 보장된 권리와 복지를 실현하기 위한 국가의 책무를 다함에 있어서 그렇지 못하는 부분이 있을 수 있는데 입양을 원하는 입양가정에 대한 지원 방향과 대책에 대한 논의가 이루어져야 할 것이다. 또한 모든 '아동'에 대한 입양의 요건과 절차를 일원화하여 입양이 아동 인권 최우선의 관점에서 이루어질 수 있도록 엄격하고 철저하게 입양 절차를 규율할 필요가 있다(소라미, 2018).

6) 입양제도의 문제점 및 대안

그동안 우리나라는 당사자 간의 합의와 신고만으로 비교적 쉽게 입양이 이루어지고, 자녀를 출산하여 입양시켰다는 사실을 외부에 알리고 싶지 않은 친생부모, 특히 미혼모의 입장과 입양사실을 비밀로 하려는 양부모의 입장이 결합하여 출생신고가 안된 아동을 양부모의 친생자로 등록하는 사례가 많았다. 그러나 아동인권 측면에서 향후 성인이 된 입양아동이 자기의 출생기원을 찾기 힘들어 인권침해라는 지적이 나옴에 따라 국가 기관인 법원이 개입해 입양 허가를 받게 하고, 친생부모가 출생신고를 한 후에 입양이 가능하도록 한 「입양특례법」을 개정하게 이르렀다. 「입양특례법」은 양자의 친생부모에 대한 알 권리를 존중하기 위하여 출생신고를 의무화하였지만, 친생부모와 양부모의 출생과 입양에 대한 익명성이 보장되지 않게 되어 오히려 아동의 복리가 저해되는 결과를 초래하게 되었다. 언론 보도에 따르면 오히려 베이비박스에 맡겨지는 영유아가 증가하고 있을 뿐만 아니라 사망한 유기 영유아의 발견도 증가하고 있다(중앙일보, 2014).

「입양특례법」의 좋은 취지와는 달리 더 많은 부정적인 측면에 대한 근본 원인은 한국의 입양 환경이나 국민의 의식과 정서를 제대로 반영하지 못한 결과로 보고 있다.

따라서 이러한 부작용에 대한 빠른 대책과 보완이 필요하다고 본다.

근본적인 해결책으로는, 첫째, 모든 아동은 태어난 가정에서 양육될 수 있도록 양육 환경을 조성해 주고 미혼모 발생의 예방 및 미혼모에 대한 정부의 지원과 사회적 인식의 전환이 이루어져야 할 것이다. 둘째, 「입양특례법」상의 양자의 친생부모의 알 권리와 친생부모의 익명성 보장 중 어느 한쪽만을 선택하기보다는 두 가지를 적절히 조화시키는 방향으로 개정이 필요하다. 마지막으로 양부모의 익명성 보장과 관련하여 현재 양부모의 양친이 될 자격에 대하여는 입양기관이 사전 조사를 하게 되므로 가정법원의 입양 허가 시에는 그 절차를 간소화하여 입양을 활성화할 필요가 있다(장병주, 2013). 국내입양 현황과 개선방안(박미정, 2014)에서 제시한 국내입양 개선방안 및 제언을 살펴보면 표 12-14와 같다.

표 12-14. 국내입양 개선방안 및 제언

• 교육을 통한 사고의 계몽이다. 초등학교부터 대학교에 이르기까지 교과과정을 통한 인식의 전환이 필요하다. • 성공적인 입양사례를 발굴하고 홍보의 체계화를 구축함으로써 국민들의 입양아동에 대한 심리적 두려움을 감소시킬수 있도록 해야 한다. • 입양부모의 양육 부담을 보다 더욱 감소시켜야 한다. 입양 양육수당은 18세 미만으로 확대되어야 하며, 정부의 지원책들 또한 많은 국민들에게 홍보될 필요가 있다. • 입양부모의 자격 강화, 입양숙려제, 입양허가제 등 입양아동의 인권 및 권리 옹호는 아동복지서비스의 세계적인 추세이고 방향이다. 정부를 비롯한 입양기관, 입양 실무자, 입양 관련 당사자들에게 각각의 입장에서 오는 어려움은 있겠지만 요보호아동들이 보다 많은 국내입양가정에서 행복하게 성장할 수 있도록 다 함께 협력해야 할 것이다.

Chapter

13

시설보호

배울 내용

1. 시설보호사업
2. 아동양육시설과 아동공동생활가정
3. 미혼모시설보호사업

학습목표

1. 시설보호사업의 목적, 기본 원칙, 유형을 이해하고 현황을 파악한다.
2. 아동양육시설과 아동공동생활가정을 설치, 현황 및 지원 프로그램을 설명할 수 있다.
3. 미혼모시설보호사업의 유형과 사업내용을 설명할 수 있다.

Chapter 13

시설보호

1. 시설보호사업

시설보호사업이란 부모가 자녀를 양육할 의사나 능력이 없을 때 일정한 시설에 수용되어 아동과 혈연관계가 없는 성인에 의해 24시간 집단보호를 제공하는 보호서비스를 말한다. 과거에는 시설보호 대상아동의 입소 배경에 의하면 전쟁고아나 부모 사망, 비혼인 상태에서 태어난 아동들이 대부분이었으나 1980년대 이후에는 시설입소 아동 대다수(76%)가 부모나 연고자가 있는 것으로 보고되었다. 이는 부모가 생존해 있지만 이혼이나 별거 등의 가족해체, 빈곤가족이나 한부모가족 등의 이유로 인해 보호를 필요로 하는 아동들이 증가하고 있다는 것을 말해 준다(김미영, 2017).

그동안 아동보호서비스의 주된 역할을 해 왔던 집단적 시설보호의 여러 단점들과 제한점들이 보고되면서 집단보호보다는 아동 홈, 그룹홈 등과 같은 소규모의 시설보호 위주로 변화해 가고 있다. 또한 최근에는 아동보호 차원에서 가족과 부모의 관여를 증대시키고 시설보호 종사자의 전문성을 확보하고 사회의 적응을 도와 건전한 사회인으로 성장하고 발달하도록 지역사회의 적극적 참여를 촉진하고 있다. 따라서 시설보호사업은 요보호아동들이 사회생활에 원만하게 적응할 수 있도록 사회화의 역할을 담당하는 것이 무엇보다 중요하며, 이를 통해 사회적 가치관, 자립의식, 생활태도와 기술을 습득하도록 지도하는 것에 중점을 두어야 한다.

1) 시설보호의 목적

과거의 시설보호는 고아를 단순히 수용하고 보호하는 데 일차적인 목적이 있었다고 한다면 오늘날에는 일차적 목적을 넘어서 아동의 건전한 성장과 발달 및 사회적 치료를 목적으로 하고 있다. 이는 아동문제의 보다 근본적 해결책을 모색하는 것이라고 볼 수 있다. 시설보호의 구체적인 목적을 살펴보면 표 13-1과 같다(김미영, 2017).

표 13-1. 시설보호의 목적

- 아동이나 부모사정 및 여러 가지 요인으로 인하여 아동이 가정에서 생활할 수 없음으로 인해 안전한 주거지를 보장하고 의·식·주 등의 기본적 생리적 욕구를 충족시켜 줌으로써 아동의 건강한 성장과 발달을 지원하는 것에 있다.
- 시설보호의 목적은 부모의 사별, 이혼 및 별거 등의 가족해체와 붕괴 등으로 인해 나타나는 가족의 역기능적인 문제를 최소화하기 위하여 과거의 부정적이고 부적절한 생활 경험으로 인해 받은 심리·정서적 상처를 치유하며, 학교 교육과 사회화 등의 생활 전반에 대한 서비스를 제공하는 것에 있다. 아무래도 요보호아동들은 시설 입소 전에 가족원 간의 갈등이나 부모의 학대·유기 등으로 인해 보다 많은 심리적인 상처를 안고 있을 것이기 때문에 이들에게는 의·식·주 해결도 중요하지만 이들이 안고 있는 사회·심리적인 문제를 해결하는 것이 무엇보다 중요하다고 여겨진다. 따라서 아동 보호와 양육을 넘어서 아동의 인격발달이나 기능에 장애를 가져오게 한 사회적·정서적 문제를 개선시킬 수 있어야 한다.
- 시설보호 아동이 만 18세 이후의 시설 퇴소를 대비하여 자립할 수 있는 직업훈련을 위한 과정을 제공하는 것을 목적으로 한다. 즉, 취업 준비기간을 포함하여 취업 후 자립하기까지의 일정기간 보호 및 지원하는 것을 목적으로 한다.

2) 시설보호의 기본 원칙

아동은 본래 가정에서 가족과 함께 사회적, 정서적으로 성장할 권리를 가지고 있으나 시설보호를 받는 요보호아동의 경우, 권리의 제약을 받는 경우가 있다. 아동권리의 차원에서도 요보호아동에게 제공되는 시설보호서비스는 무엇보다 아동의 권리가 최우선적으로 고려되어야 하며, 아동의 특성을 반영하고 아동의 욕구충족에 필요한 적절한 서비스 제공이 이루어져야 할 것이다. 이에 시설보호의 기본원칙을 구체적으로 살펴보면 다음과 같다(공계순 외, 2008; 김미영, 2017; 문선화 외, 2009).

(1) 인권보장의 원칙

인권보장의 원칙이란 아동을 보호의 대상이 아닌 권리의 주체로 인식하고 필요한 아동복지서비스를 제공하는 원칙을 말한다. 아동은 더 이상 성인의 축소판이나 소유물이 아닌 독특한 개인 및 독립적 인격체로서 무한한 잠재능력을 가진 존재이다. 20세기에 들어오면서 아동기에 대한 새로운 인식이 정립되면서 우리나라의 「헌법」, 「아동복지법」, 「교육기본법」 등을 비롯하여 어린이헌장이나 UN의 아동권리선언 등에는 아동의 인권이나 인간성 존중이 명문화되어 있다.

시설에서 집단생활을 하게 되면 아동들의 행동 및 생활을 통제하기 위하여 지나친 규정과 규율을 적용할 수 있다. 그 과정에서 아동에 대한 인권침해가 발생할 수 있으며, 그로 인해 아동에게 심리적인 부담이나 상처를 주게 되는 등의 문제점이 발생된다. 결과적으로 인권보장의 원칙이 잘 적용되기 위해서는 아동은 생존과 발달을 위하여 의 · 식 · 주를 제공받고 안정된 생활을 누리며, 학대와 착취로부터 보호되고 교육받을 권리와 함께 자신의 견해를 표현할 권리를 보장해 주어야 한다.

(2) 가정보호 중심의 원칙

가정보호 중심의 원칙이란 아동의 원가정이 가정으로서의 정상적인 기능을 수행하지 못하여 이를 대신할 수 있는 다른 보호 장소가 요구될 경우, 가능한 원가정과 유사한 환경에서 보호하여 아동과 가정에 제한적인 요소를 최소화하여야 한다는 것을 말한다.

아동양육의 최적의 장소는 가정이며, 가정보다 더 좋은 곳은 없지만 시설보호가 필요할 수밖에 없는 경우에는 가정과 같은 생활환경을 정비하고, 시설아동들에게 필요한 교육, 상담, 자립 훈련 등의 서비스를 제공하는 것이 필요하다.

그동안 시설보호사업은 부모의 대리적 기능을 완수하기 위하여 다각도의 노력을 기울여 왔으며 물리적 환경 및 서비스 차원에서도 많은 변화를 가져왔지만 시설에서 생활하는 아동들 대부분은 일반 가정에서 성장하는 아동과는 다른 이질적인 생활을 경험하면서 여러 가지 제약이 따를 수 있다. 그러므로 가정보호 중심의 원칙은 이러한 시설보호의 단점을 잘 보완하면서 가정과 같은 분위기에서 가족과 같은 따뜻한 인간관계를 느끼며, 정서적으로 안정되고 아동의 잠재능력을 최대한 계발할 수 있도록 보호하고 지도가 필요하다는 것을 의미한다.

(3) 개별화의 원칙

개별화의 원칙이란 아동들의 개별적인 특성의 차이를 올바로 인식하고 그에 맞는 개별화 서비스를 제공하는 것을 말한다. 아동의 독특성을 인정하면서 아동의 신체, 인지, 정서·사회적 발달 측면에서 균형 있는 성장과 발달을 이루기 위한 최적의 원조가 무엇인지 다각도로 검토하고 그에 맞는 적절한 서비스를 제공하여야 한다.

그러나 대다수의 시설을 운영하다 보면 이러한 개별화의 원칙을 적용하는 것이 현실적으로 어려울 수 있다. 공동생활의 특성상 개별적으로 아동을 양육하고 보호하는 담당 생활교사의 수는 상대적으로 많은 수의 아동에 비해 절대적으로 부족하기 때문에 자칫하면 아동을 일괄적으로 취급하거나 개성이나 개인인격보다 집단의 통제나 처우의 효율성을 우선으로 하기 쉽다. 이러한 관점에서 아동의 성장발달에 필요한 세심한 보살핌이나 개별적인 접근은 매우 중요하다. 따라서 개별화의 원칙에 근거하여 아동 개개인의 신체적·정서적·사회적 상황을 정확히 파악하여 개인의 존중과 욕구의 이해에 근거하는 서비스를 제공하도록 하여야 한다.

(4) 전문적 보호의 원칙

전문적 보호의 원칙이란 시설보호서비스를 제공하는 경우, 아동 및 아동주변의 환경적 측면에 대한 이해를 바탕으로 전문적인 지식과 기술을 적용할 수 있는 전문가에 의해 이루어져야 한다는 것을 말한다.

아동 발달단계에 따른 욕구와 사고, 행동상의 차이에 대한 지도나 가정환경의 변화 등으로 인하여 발생되는 아동의 문제 등은 다양해지고 복잡해지는 양상이기 때문에 전문인력과 전문기관에 의해 이루어져야 한다. 즉, 시설보호아동에게는 일상적인 생활 전반에 걸쳐서 성인에 대한 보호와 지도가 필요하며, 학업적인 측면에 대해서도 적절한 교육에 대한 지원이 이루어져야 하며, 특별한 경우 심리상담, 치료 및 재활 훈련 등의 전문적 서비스가 제공되어야 한다.

따라서 아동에게 직접적인 서비스를 제공하는 아동복지 전문가는 일상생활의 기본적인 케어 및 지도, 그리고 치료적 · 교육적인 차원에서 전문성이 확보되어야 하며, 더 나아가 지역사회 내 관련 기관과의 협력체계를 구축하는 문제까지 포함하여 아동이 필요로 하는 다양한 욕구를 충족시킬 수 있는 전문적 능력을 갖추고 있어야 한다. 이러한 전문적 보호의 원칙이 잘 적용되기 위해서는 무엇보다 전문가로서의 역량을 강화하는 서비스를 지원할 필요가 있으며 정기적인 직원 연수나 슈퍼비전 등의 기회를 제공하는 것이 중요하다.

(5) 적극적 사회참여의 원칙

아동복지시설은 사회적 보호의 연속체 안에서 아동을 보호 · 양육 · 교육을 통해 사회화시키는 기능을 수행하는 시설이다. 아동은 자신이 소속되어 있는 사회에 적응하기 위해 필요한 지식이나 기능, 태도, 가치관, 신념, 생활양식 등을 배우고 익히며 발달해 간다. 특히 집단적 보호를 받는 아동은 일반 가정의 아동과 비교할 때 여러 가지 다양한 것을 체험하고 학습하는 경험이 제한될 수 있으며, 소극적인 태도와 인간관계에 대한 불신감이나 고립감 등을 안고 있을 수 있다. 따라서 아동의 사회생활의 영역이 폐쇄적이고 제한적인 생활영역에 머무르지 않고 지역사회와의 폭넓은 교류의 장을 통하여 사회의 구성원으로 건강하게 살아갈 수 있는 다양한 지원을 하는 것이 필요하다.

3) 시설보호의 유형

아동복지시설은 단순한 보호차원의 개념이 아닌 아동상담, 일시보호, 가정위탁, 입양, 급식 등의 다양한 프로그램을 제공하여 시설의 아동뿐 아니라 지역사회 전체 아동을 위한 종합서비스를 제공하는 시설로 전환해 가고 있는 방향으로 추진해 나가고 있다. 아동복지시설은 먼저 「아동복지법」을 근간으로 하는 시설과 서비스의 기간과 규모, 그리고 기능에 따른 분류 내용을 중심으로 살펴보면 다음과 같다(김미영, 2017).

(1) 아동복지법에 따른 구분

아동복지시설은 보호아동이 가정과 같은 환경에서 건강하고 행복하게 자랄 수 있기 위해 사회적, 제도적, 정책적으로 지원하는 여러 시설보호사업을 추진하고 있다. 최근에는 전통적으로 운영되었던 시설보호 양육체계에서 벗어나 가정과 같은 시설환경을 새로이 구축하고 개별아동의 다양한 욕구와 특성을 반영하여 운영하고자 하는 노력이 이루어지고 있다. 「아동복지법」(제52조)상에 명시되어 있는 아동복지시설의 8가지 유형을 제시하면 **표 13-2**와 같다.

표 13-2. 「아동복지법」에 근거한 시설의 유형

구분		내용
보호시설	아동양육시설	보호대상을 입소시켜 양육, 보호 및 다양한 프로그램과 자립지원 등을 서비스하는 것을 목적으로 하는 시설
	아동일시보호시설	보호대상아동을 일시적으로 보호하며 아동에 대하여 향후 대책수립 및 보호조치를 서비스하는 것을 목적으로 하는 시설
	아동보호치료시설	문제행동을 하거나 문제행동을 할 우려가 있는 아동, 정서적 · 행동적 장애로 인해 어려움을 겪는 아동, 학대로 인해 가해자로부터 일시 분리되어 심리치료가 필요한 아동에게 보호와 치료를 서비스하는 시설
	공동생활가정	보호대상아동에게 편안하고 안락한 주거여건과 양육 및 보호 그리고 자립지원을 서비스하는 것을 목적으로 하는 시설
	자립지원시설	아동복지시설에서 퇴소한 청소년들에게 취업준비기간 또는 취업 후에도 일정기간 동안 보호서비스함으로써 자립을 도와주는 것을 목적으로 하는 시설
이용시설	아동상담소	아동과 그 가정의 다양한 문제에 관한 상담이나 치료 그리고 연구와 예방 등을 목적으로 하는 시설
	아동전용시설	어린이놀이터, 아동회관, 어린이공원, 영화 · 연극 · 체육 · 과학실험 및 전시시설, 야영장, 아동휴게숙박시설 등 아동들에게 건전한 오락 · 놀이 그 밖의 여러 가지 편의를 제공함으로써 심신의 건강과 복지증진에 도움이 되도록 하는 것을 목적으로 하는 시설
	지역아동센터	지역사회에서의 아동보호와 건전한 놀이 그리고 교육과 오락 등의 서비스 제공, 부모나 보호자와 지역사회의 정보연계 등 아동의 건전한 성장을 위하여 다양한 아동복지 서비스를 제공하는 시설

(2) 서비스 기간에 따른 구분

서비스 기간에 따른 아동복지시설은 일시, 단기, 장기보호시설 등으로 구분된다. 일시보호시설은 일시적으로 보호아동을 양육, 보호하는 곳으로 3개월까지 보호가 가능하다. 단기보호시설은 단기간 동안 보호아동을 양육하는데, 보통 6개월까지 보호 가능한 시설을 말한다. 장기보호시설은 장기간 보호아동을 양육하고 보호하며 기간에 상관없이 만 18세가 될 때까지 보호 가능한 시설을 말한다. 상담치료 시설은 입소기간은 2년 이내로 하되, 1년 범위 내에서 1회 연장이 가능하다. 시설별 법정 수용기간의 내용을 살펴보면 표 13-3과 같다(최순종 외, 2008).

표 13-3. 주요 시설별 법정 수용기간

시설	수용기간	비고
아동양육시설	법정 연령 만기 퇴소 시까지	
자립지원시설	3년	1년씩 2회 연장 가능
보호치료시설	6개월	1회 연장 가능
공동생활가정(그룹홈)	만 18세까지	

양육시설의 경우 기아, 미아, 미혼모아, 아동학대나 가정해체로 인한 요보호아동을 대상으로 하고 있어서 아동의 연령대가 다양하고, 보통 어릴 때 입소해서 성장하기까지 시설에서 보내기 때문에 거주기간이 짧게는 5년에서 길게는 10년 이상을 보내는 경우도 많다. 자립지원시설은 보통 3~5년 정도 거주하고, 보호치료시설의 경우는 시설의 특성상 법원의 단기보호처분을 받아 입소하는 경우가 많기 때문에 6개월 수용이 가장 많다. 공동생활가정(그룹홈)은 타 시설에서 이전된 아동이나 위기아동 등이 상황에 따라 퇴소하기 때문에 시설마다 수용기간에 있어서 큰 차이를 보이고 있다.

(3) 서비스 규모 및 기능에 따른 구분

아동양육시설은 다양한 규모의 시설이 설치, 운영되고 있다. 시설의 규모는 시설에서 생활하는 아동의 정원을 기준으로 구분된다. 보편적으로 보호아동의 수가 30명 이상을 대규모 시설이라고 할 수 있으며, 30명 미만에서 10명 이상을 중규모 시설, 그리고 10명 미만의 시설을 소규모 시설로 구분할 수 있다. 각 시설 규모에 따라 아동복지시설 종사자의 직종 및 수의 배치기준이 달라진다.

서비스 기능에 따른 분류에 의하면, 양육보호시설과 치료시설, 직업 훈련시설 및 자립 지원시설 등으로 구분될 수 있다. 양육보호시설은 보호를 필요로 하는 아동을 입소시켜 양육하고 보호하는 기능을 가지고 있으며, 상담치료시설의 경우, 약물이나 상습

가출 아동 및 문제아동을 입소시켜 보호하고 심리 치료하는 기능을 말한다. 직업훈련시설은 만 15세 이상의 아동을 입소시켜 취업에 필요한 지식과 기술을 습득시키는 기능을 하고 있으며, 자립지원시설은 아동복지시설을 퇴소한 연장 아동에게 취업 준비 또는 취업 후 일정 기간 보호함으로써 자립지원을 목적으로 하는 기능을 담당하고 있다.

4) 시설아동보호의 현황

2012년 「아동복지법」 개정으로 인해 전국의 50여 개가 넘는 아동보호전문기관과 5,000여 개의 지역아동센터 그리고 드림스타트, 아동·청소년 방과후아카데미, 돌봄교실 등이 생겨남에 따라 방임되던 아동의 수가 감소하는 추세를 보이며, 요보호아동의 발생을 어느 정도 예방하고 있는 것으로 나타났다. 보호대상아동의 발생현황을 살펴보면 그림 13-1, 표 13-4와 같다.

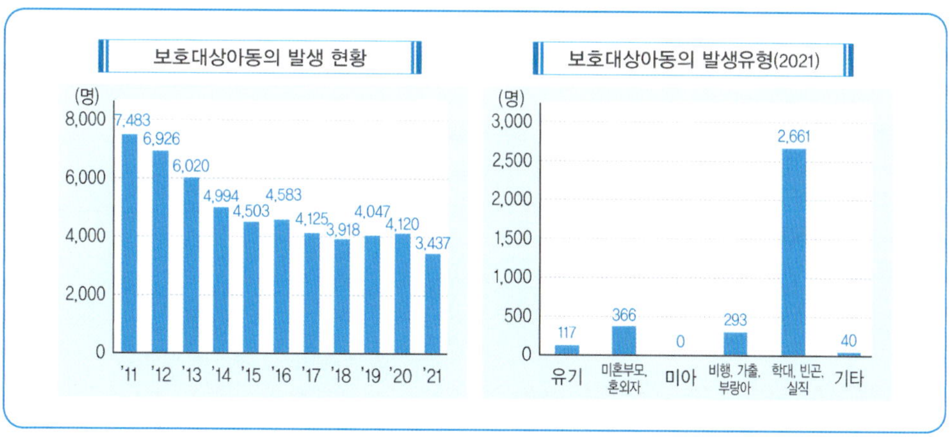

그림 13-1. 보호대상아동의 발생

표 13-4. 보호대상아동의 발생

(단위: 명)

구분	계	남	여	발생유형				
				유기	미혼부모 · 혼외자	미아	비행, 가출, 부랑아	학대, 부모빈곤 · 실직 등
2011	7,483	4,043	3,440	218	2,515	81	741	3,928
2012	6,926	3,859	3,067	235	1,989	50	708	3,944
2013	6,020	3,257	2,763	285	1,534	21	512	3,668
2014	4,994	2,696	2,298	282	1,226	13	508	2,965
2015	4,503	2,374	2,129	321	930	26	360	2,866
2016	4,583	2,324	2,259	264	855	11	314	3,139
2017	4,125	2,080	2,045	261	847	12	227	2,778
2018	3,918	1,914	2,004	320	623	18	231	2,726
2019	4,047	2,135	1,912	237	464	8	473	2,865
2020	4,120	2,188	1,932	172	463	11	468	3,006
2021	3,437	1,741	1,696	117	366	–	293	2,661

출처: 보건복지부(2022). 2022 보건복지통계연보.

보호대상아동의 발생현황을 살펴보면, 2011년 7,483명에서 2021년 3,437명으로 감소한 것으로 나타났다. 그리고 발생유형은 2021년 학대, 부모빈곤, 실직 등이 2,661명으로 가장 많았으며, 미혼부모 · 혼외자 366명, 비행, 가출, 부랑아 293명, 유기 117명으로 나타났다. 보호대상아동의 보호조치 현황은 **표 13-5**와 같다.

표 13-5. 보호조치 현황

(단위: 명)

구분	보호내용					
	시설보호			가정보호		
	양육시설 등	장애아동시설	공동생활가정	가정위탁, 입양전위탁	입양	소년소녀가정
2011	3,108	32	612	2,350	1,253	128
2012	2,948	25	775	2,289	772	117
2013	2,532	39	686	2,265	478	20

구분	보호내용					
	시설보호			가정보호		
	양육시설 등	장애아동시설	공동생활가정	가정위탁, 입양전위탁	입양	소년소녀가정
2014	2,384	10	506	1,688	393	13
2015	2,211	13	458	1,582	239	–
2016	2,284	11	592	1,447	243	6
2017	1,777	19	625	1,417	285	2
2018	1,794	7	648	1,294	174	1
2019	2,108	6	625	1,199	104	5
2020	2,015	–	712	1,305	88	–
2021	1,637	–	546	1,179	75	–

출처: 보건복지부(2022). 2022 보건복지통계연보.

2021년 보호대상아동의 보호조치로는 시설보호의 양육시설 등이 1,637명, 공동생활가정이 546명으로 나타났으며, 가정보호는 가정위탁, 입양전위탁이 1,179명, 입양이 75명으로 나타났다.

2. 아동양육시설과 아동공동생활가정

1) 아동양육시설

현행 「아동복지법」은 아동복지시설의 종류를 아동양육시설, 아동일시보호시설, 아동보호치료시설, 공동생활가정, 자립지원시설, 아동상담소, 아동전용시설, 지역아동센터로 분류하고 있다. 여기서 아동양육시설, 아동일시보호시설, 아동보호치료시설, 아동자립지원시설은 모두 집단 생활시설로 아동양육시설에서 분류되어 나왔으므로 모두 아동복지시설로 통칭하여 설명하고자 한다.

아동복지시설은 한국전쟁을 거치면서 전쟁 피해 아동을 위한 사업으로 휴전 당시 1953년 전국 440개소에 94,000여 명의 아동들이 수용 보호되었으며, 주로 응급구호와 외국의 원조에 의존하여 운영되었다(공계순 외, 2008). 현재는 법에 의해 신고하지 않고는 시설 운영과 보호대상아동을 보호할 수 없으며, 정부에 의해 시설보호수급자로 생활을 지원받고 있다. 1990년대에는 시설입소 아동들이 꾸준히 감소하다가 1997년 외환위기에 의해 급속한 가정 해체 및 위기 가정이 증가하면서, 대응책으로 정부는 해체 위기 가정에 대해 생계보호를 제공하면서 부모가 있는 가정의 경우에도 시설보호를 이용할 수 있도록 하였다.

(1) 시설 설치 및 운영 지원

시설의 설치는 복도와 다락 등을 제외한 거실공간은 아동 1명당 6.6㎡ 이상, 침실 1개의 정원은 3명 이하이고, 아동양육시설, 일시보호시설은 심리검사 · 치료실을 16.5㎡ 이상 설치하여야 한다. 시설의 주위 50m 반경에 청소년유해업소가 없는 곳에 설치한다.

입 · 퇴소는 보호절차에 따르며, 인원은 300명 이하 보호하고, 18세 미만까지 보호가 능하나 연장도 가능하다. 시설 안에는 보호아동 및 종사자만 거주할 수 있다. 아동에 대하여는 시설수급자로 책정되어 수급비가 나가며, 이 외에도 시설에 대하여 인건비와 운영비가 지방자치단체에서 전액 지원된다. 시설에서는 정부지원금외 따로 후원 기부금을 받을 수 있도록 하고 있다.

(2) 시설 및 생활아동 수 현황

아동양육시설의 수 및 보호아동의 현황은 **그림 13-2, 표 13-6**과 같다.

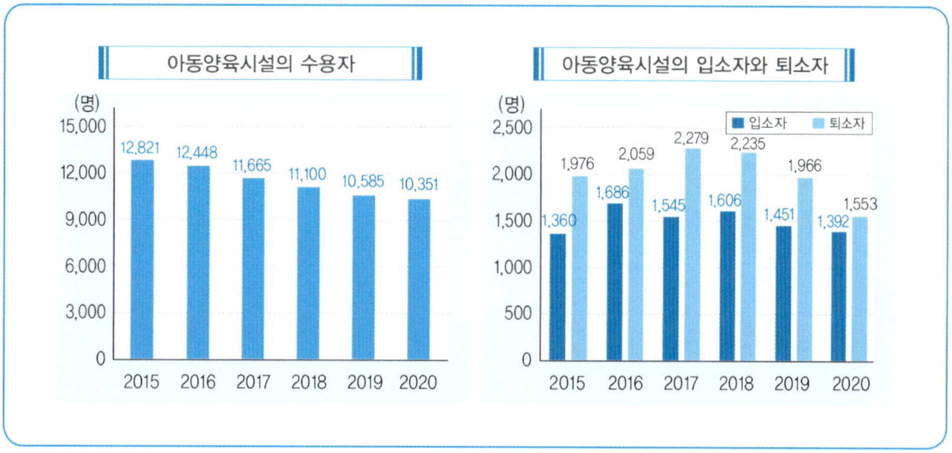

그림 13-2. 아동양육시설 수 및 보호아동 현황

표 13-6. 아동양육시설 수 및 보호아동 현황

(단위: 명)

구분	시설수	입소자	퇴소자	연말 현재 수용자
2010	238	1,983	2,435	15,787
2011	242	2,015	2,489	15,313
2012	243	1,996	2,609	14,700
2013	243	1,703	2,334	14,038
2014	242	1,667	2,268	13,437
2015	243	1,360	1,976	12,821
2016	243	1,686	2,059	12,448
2017	242	1,545	2,279	11,665
2018	241	1,606	2,235	11,100
2019	240	1,451	1,966	10,585
2020	236	1,392	1,553	10,351

출처: 보건복지부(2022). 2022 보건복지통계연보.

아동양육시설은 보호대상을 입소시켜 양육, 보호 및 다양한 프로그램과 자립지원 등을 서비스하는 시설을 의미한다. 이러한 목적을 가진 아동양육시설의 수는 2010년 238개소에서 2020년 236개소로 감소하였으며, 이곳에 수용되어 있는 아동은 2010년 15,787명에서 점점 감소하여 2020년 10,351명이 입소하고 있는 것으로 나타났다. 그리고 2020년 아동양육시설의 입소자는 1,392명이었고, 퇴소자는 1,553명이었다.

(3) 지원 프로그램

아동복지시설은 생활시설로서 모든 생활프로그램을 실시하고 있으며, 여기에서 지원하고 있는 자립지원 프로그램을 소개하면 표 13-7과 같다(주수길 외, 2020).

표 13-7. 아동복지시설 자립지원 프로그램

단계별		서비스 내용
1단계	입소 상담	원가족 복귀계획 수립
2단계	입소 결정 후	건강, 정신, 심리, 학습 관련 통합 사정 실시
3단계	시설 적응기간	아동복지시설 적응을 위한 프로그램 운영
4단계	적응기간 경과 후	아동복지시설 내 사례 관리 회의 • 자립 · 건강 · 심리 · 학습 등 관계자 참석
5단계	사례관리회의 후	아동별 자립지원서비스 계획 수립 • 1, 4단계의 내용을 반영 • 원가족 유대강화 서비스 포함 • 경계선지능 등 자립취약아동에 대한 별도의 서비스 개입계획 수립
6단계	자립지원통합관리 시스템(DB) 입력	5단계의 아동자립지원서비스 계획을 *http://www.w4c.go.kr 사회복지시설정보시스템 [자립지원] 메뉴에 입력
7단계	자립지원 프로그램 운영	연령·수요에 맞추어 자립지원을 위한 프로그램 운영
8단계	자립준비계획 수립 및 운영	15세부터 매년 퇴소 후를 대비 개인별 자립준비계획을 수립하여 운영(진로, 학습, 취업 계획 등 포함)

단계별		서비스 내용
9단계	퇴소 점검	퇴소예정아동에 대한 자립준비 점검 • 대학진학, 취업(예정) 유무, 등록금 조달, 주거 마련, 원가족 관계 등 • 경계선지능 등 자립취약아동의 자립준비기간이 필요할 시 아동복지법시행령 제22조 3호에 근거하여 연장보호 검토
10단계	퇴소	
11단계	사례 관리 및 상담	• 퇴소 후 5년까지 안정적 자립 정착을 위한 사례 관리 및 자립 수준 평가 실시 • 사후관리 및 자립수준평가 실시를 위한 기관 내 업무지원체계 구축 필요

출처: 보건복지부(2020). 아동분야 사업안내.

2) 아동공동생활가정

아동공동생활가정은 보호가 필요한 아동에게 가정과 같은 주거 여건과 보호, 양육, 자립지원서비스를 제공하는 것을 목적으로 하며, 대규모 집단시설 위주의 보호에서 소규모 가정 형태 보호로의 전환과 지역사회 중심의 아동보호를 위한 새로운 보호 형태로 논의되었다. 국민복지기획단(1995. 03. 23.)에서 마련한 국민복지 기본 구상에서 1996년 12월 그룹홈 제도 도입을 결정하여 1997년부터 시범사업을 실시하였고, 2004년 1월 「아동복지법」상 아동복지시설 종류에 추가되었다(보건복지부, 2017).

(1) 시설 설치 및 운영 지원

시설의 설치는 전용면적 82.5㎡ 이상의 주택형 숙사로 단독주택이나 공동주택에 설치하며, 간판이나 표찰을 부착하지 않아야 한다. 시설의 주위 50m 반경에 청소년 유해업소가 없는 곳에 설치한다.

입 · 퇴소는 보호절차에 따르며, 인원은 5인 기준으로 7명 이내 보호하고, 18세 미만까지 보호가능하나 연장도 가능하다. 공동생활가정 안에는 보호아동 및 종사자만 거주할 수 있다. 아동에 대하여는 부양의무자가 부양을 거부하거나 기피할 경우 적정 보호가 불가하므로 국민기초생활수급자로 선정하여 보호하게 된다. 시설 운영에 따라 정부에서 아동을 수급자로 책정하여 보호하는 것 외에 시설에는 평가를 거쳐서 인건비와 시설 운영비를 지원한다.

(2) 시설 및 생활아동 수 현황

아동공동생활가정의 수와 보호아동의 현황은 **그림 13-3, 표 13-8**과 같다.

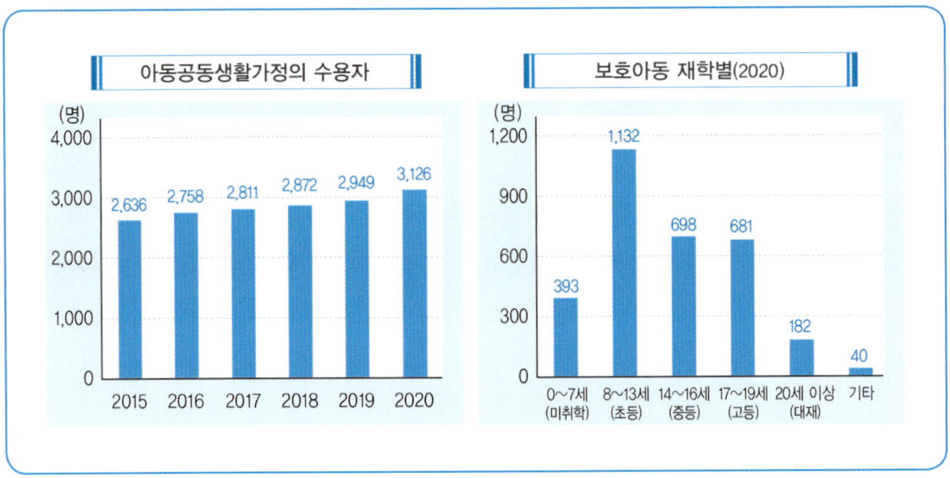

그림 13-3. **아동공동생활가정 수 및 보호아동 현황**

표 13-8. 아동공동생활가정 수 및 보호아동 현황

(단위: 명)

구분	시설 수	보호아동 재학별						
		계	0~7세 (미취학)	8~13세 (초등)	14~16세 (중등)	17~19세 (고등)	20세 이상 (대재)	기타
2010	416	2,127	195	894	543	388	42	65
2011	460	2,241	254	843	619	402	51	72
2012	489	2,438	291	848	682	481	50	86
2013	480	2,481	280	884	670	546	59	42
2014	476	2,588	300	878	661	640	79	30
2015	480	2,636	352	850	652	653	87	42
2016	510	2,758	428	878	701	613	101	37
2017	533	2,811	385	947	661	642	127	49
2018	558	2872	355	998	678	665	129	47
2019	578	2,949	378	1,024	678	666	157	46
2020	591	3,126	393	1,132	698	681	182	40

출처: 보건복지부(2022). 2022 보건복지통계연보.

아동공동생활가정은 보호대상아동에게 편안하고 안락한 주거여건과 양육 및 보호 그리고 자립지원을 서비스하는 것을 목적으로 하는 시설이다. 이러한 아동공동생활가정의 시설 수는 2010년 416개소에서 2020년 591개소로 증가하였으며, 이곳에 수용되어 있는 아동은 2010년 2,127명에서 2020년 3,126명이 입소하고 있는 것으로 나타났다. 그리고 나이별로 살펴보면, 8~13세(초등)이 1,132명으로 가장 많았으며, 14~16세(중등) 698명, 17~19세(고등) 681명 순으로 나타났다.

(3) 지원 프로그램

공동생활가정 운영 프로그램의 예시는 표 13-9와 같다(주수길 외, 2020).

표 13-9. 공동생활가정 운영 프로그램(예시)

영역	프로그램
아동·청소년의 자립 능력 향상	• 아동청소년의 발달론적 관점에서의 특성 이해 • 아동의 특성과 능력에 맞는 개별화된 서비스 제공 – 아동의 강점을 이해하고 과제 해결 중심 접근 • 아동의 학령에 맞는 개별적인 연차적 자립 계획 수립 – 매년 아동의 욕구를 점검하여 수정
원가족과의 관계 회복	• 가족 방문 또는 전화, 문자, 편지, 카드 등 지속적인 관계 유지 노력 연 1회 이상 • 가족참여 프로그램(ex. 가족캠프 등) 연 1회 이상 실시 • 관련 기관 및 단체 등과 연계하여 부모교육 등 연 1회 이상 실시
학교와 관계 형성	• 학교 교사와 정기적이고 지속적인 상담, 정보 공유, 학교 행사에 참여 – 분기 1회 이상 아동생활 상황에 대해 교류한 기록 보유
지역 내 자원 활용	• 지역 내 드림스타트를 통한 지역복지자원 적극 활용 • 지역 내 관공서, 민간자원 등 자원 연계 • 자원봉사 및 후원기관과 관계 형성

3. 미혼모시설보호사업

미혼모시설보호사업은 이미 미혼모가 된 여성이 안전하게 출산하는 것을 도와주며, 원하는 경우에는 미혼모와 아동의 자립을 도와주는 사업을 의미한다. 모자보호시설로는 모자보호시설, 모자자립시설, 모자일시보호시설, 미혼모시설, 미혼모 중간의 집(그룹홈)이 있다(정춘표, 2011).

1) 모자보호시설, 모자자립시설 및 모자일시보호시설

모자보호시설은 18세 미만(취학 시 20세 미만)의 아동을 양육하는 무주택 저소득 모자가정의 경우와 미혼모보호시설 퇴소자 중 스스로 아동을 양육하는 미혼모(사실혼 관계에 있는 자는 제외한다)의 생활보호와 자립기반을 조성하기 위하여 설치 · 운영하고 있다. 시설입소와 관련하여 입소희망자의 주소지와 제한을 두지 않는다. 보호기간은 3년 이내이며, 필요하다고 인정되는 경우 1년 단위로 2년 범위 안에서 연장하고 있다. 지원내용으로는 고등학교 학비 지원, 방과 후 아동지도, 아동급식비 지급, 복지자금 융자, 영구임대주택 입주 지원, 보육시설 이용 시 보육료 감면, 시설 퇴소 시 자립정착금(보호시설 2년 이상 기거 후 퇴소세대) 등이 있으며, 모자보호시설의 입소자에 대한 생계비 지원은 「국민기초생활보장법」에 의한 생계비 지원이 있다.

모자자립시설은 모자보호시설에서 퇴소한 모자세대로 자립준비가 미흡한 세대 또는 18세 미만(취학 시 20세 미만)의 아동을 양육하는 무주택 저소득모자가정이 입소대상이다. 입소 시 주소지에 따른 제한은 없으며, 보호기간은 모자보호시설과 동일하다. 지원내용은 고등학교 학비 지원, 방과 후 아동지도, 복지자금 융자, 영구임대주택 입주 지원, 보육시설 이용 시 보육료 감면 등이 있다.

모자일시보호시설은 배우자의 물리적 · 정신적 학대로 아동의 건전한 양육과 모의 건강에 지장을 초래할 우려가 있는 모와 아동 또는 희망하는 모가 입소대상이며, 보호기간은 6월 이내(다만 관할 시 · 군 · 구청장이 필요하다고 인정하는 경우에는 3월의 범위 안에서 연장 가능)이다. 지원내용으로는 숙식 무료제공, 의료혜택(의료급여대상자로 관리), 법률상담, 심리상담, 방과 후 지도, 아동급식비 지급, 고등학교 학비 지원, 퇴소 후 자립을 위하여 시설 외에서 근로를 희망하는 경우의 지원 등이 있다.

2) 미혼모시설 및 미혼모 중간의 집(그룹홈)

미혼모시설은 1960년대 가출 및 윤락소녀 선도보호사업이 목적이었으나, 1966년에 미혼모 보호사업을 목적으로 설립된 '구세군여자관'과 1973년에 미혼모보호사업으로 전환된 '애란원'을 시작으로 설립되기 시작하였다(장화숙, 2007). 입소대상은 미혼의 임산부 및 출산 후(6월 미만) 보호가 요구되는 여성으로 시설입소 시 주소지에 따른 제한은 두지 않는다. 보호 기간은 1년 이내로 관할시장 · 군수 · 구청장이 필요하다고 인정하는 경우에는 6월의 범위 안에서 연장가능하다. 또한 입소기간 동안 숙식무료 제공, 분만의료 혜택(의료급여대상자로 관리, 특수치료비 지급), 자립 지원(직업교육, 인성교육, 상담지도), 「국민기초생활보장법」에 의한 생계비 지원과 기타, 국가 또는 지방자치단체가 정하는 경비가 지원된다.

미혼모 중간의 집은 2003년 3월부터 양육하는 미혼모를 위해 만들어진 시설이다. 2세 미만의 영유아를 양육하는 경우에 숙식보호를 필요로 하는 사람을 입소대상으로 하며, 주소지에 따른 제한은 두지 않는다. 양육을 결정한 미혼모들이 지역사회에서 공동생활가정(그룹홈)을 형성하여 생활할 수 있도록 지원함으로써 건강한 자녀양육 및 미혼모 자립능력을 제고하는 데 그 목적을 두고, 1개소당 미혼모 5명, 영아 5명으로 구성하여 운영되고 있다. 보호기간은 1년 이내로 자립에 필요한 교육을 이수 중일 때에는 그 잔여기간(6월 이내) 동안 총 1년 연장 가능하다. 보호내용은 숙식 무료제공, 자립프로그램 실시(직업교육, 양육교육, 인성교육, 상담지도 등), 기타 국가 또는 지방자치단체가 정하는 경비 지원 등이 있다.

Chapter

14

소년사법과 아동복지

배울 내용

1. 소년범죄
2. 보호처분
3. 보호관찰
4. 교정시설
5. 소년보호처분 및 소년강력범에 대한 대응방안

학습목표

1. 소년범죄의 개념을 이해하고 현황을 파악한다.
2. 보호처분 종류를 설명할 수 있다.
3. 보호관찰을 목적 및 내용을 설명할 수 있다.
4. 교정시설의 유형을 설명할 수 있다.
5. 소년보호처분 및 소년강력범에 대한 대응방안을 모색해 본다.

Chapter 14

소년사법과 아동복지

1. 소년범죄의 개념

1) 소년의 개념

소년은 성인으로 성장하기 위한 과도기적 시기인 청소년기를 경험하게 된다. 즉, 청소년기는 아동에서 성인으로 넘어오는 과도기이기 때문에 아동과 성인의 특징을 동시에 경험하고, 신체적 · 심리적 · 사회적 성장 및 발달이 동시에 이루어지기 때문에 인생 전반에 있어 중요한 시기라고 할 수 있다. 청소년기는 개인마다 그 시기가 각각 상이하며 국가나 사회적 분위기에 따라 다르게 정의되기도 한다. 하지만 소년 또는 청소년이라는 용어는 연령에 따라 구분하여 적용하는 것이 일반적이다(김연주, 2022).

법학과 사회학에서는 소년과 청소년을 구분하지 않고 혼용하여 사용하고 있는데, 국내의 소년 관련 법률규정을 살펴보면 소년을 의미하는 용어가 '미성년자', '아동', '청소년' 등 다양한 형태로 나타난다. 「소년법」은 19세 미만의 자를 '소년'으로 규정하고, 「청소년보호법」은 만 19세 미만의 자를 '청소년'이라고 정의하고 있다. 한편 「청소년기본법」에서는 9세 이상 24세 이하의 자를 '청소년'으로, 「민법」에서는 19세 미만의 자를 '미성년자'로, 「아동 · 청소년의 성보호에 관한 법률」에서는 19세 미만의 자를 '아동 · 청소년'으로 규정하고 있다. 이처럼 각 법률의 입법 취지와 목적에 따라 적용대상을 다르게 규정한 것이기 때문에 소년에 대한 법률상 개념을 단일화하는 것은 어려움이 따른다.

2) 소년범죄의 개념

소년범죄란 범죄를 저지른 자의 연령에 따라 범죄를 분류한 것으로 성인범죄와 구분되는 개념이다. 범죄는 형벌 법령을 위반한 행위이므로 소년범죄는 형벌 법령을 위반한 19세 미만 연소자의 행위를 말한다. 「형법」 제9조는 14세 미만인 자를 벌하지 않는 형사미성년자로 규정하고 있으므로 원칙상 14세 이상 19세 미만의 소년에 의한 범죄행위가 소년범죄라고 할 수 있다.

「소년법」의 적용을 받게 되는 대상은 14세 이상 19세 미만의 죄를 범한 소년, 형벌 법령에 저촉되는 행위를 한 10세 이상 14세 미만의 소년, 형벌 법령에 저촉되는 행위를 할 우려가 있는 10세 이상의 소년이다. 10세 이상 14세 미만의 소년은 촉법소년으로 분류되어 형사 제재를 받지는 않으나 보호처분을 받게 된다. 범죄행위가 우려되는 10세 이상의 소년은 우범소년으로 분류되며 아직 범죄행위를 저지르지 않았지만 「소년법」의 취지에 따라 보호 대상으로 지정한다. 우범소년은 범죄를 저지른 소년은 아니기 때문에 소년범죄에 포함되지 않는다.

3) 소년비행과 소년범죄의 차이

소년범죄에 대한 살펴보기 전에 우선 구분해야 할 개념은 소년비행과 소년범죄이다. 흔히 소년이 사회적으로 물의를 빚었을 때 일반적으로 생각하는 것이 비행청소년이라는 단어이다. 하지만 형법에 저촉되는 범죄행위와 범죄행위에는 해당되지 않지만 사회적 물의를 일으킨 비행행위는 구분되어야 한다. 비행은 '그 사회의 규범적 요구에 부합하지 않는 행위'이다. 비행에서의 규범은 법규범, 도덕적 규범, 윤리적 규범 모두를 포함한다. 반면 범죄는 '형법과 같은 법률적 근거를 통해서 금지된 법 위반행위'를 의미한다. 범죄는 「형법」과 같은 법률적 근거를 통해 금지된 법 위반행위를 의미하므로 비행과는 엄연한 차이가 있다(김연주, 2022).

4) 소년범죄의 실태

최근 10년 동안의 소년범죄 인원, 소년범죄발생비 및 소년비 현황을 구체적으로 살펴보면 표 14-1과 같다.

표 14-1. 소년범죄 인원, 소년범죄발생비 및 소년비 현황

(단위: 명(%))

연도	소년범죄	소년범죄발생비	성인범죄발생비	소년비
2011	100,032	1,660.2(−)	4,374.3(−)	5.3
2012	104,808	1,796.8(108.2)	4,387.3(100.3)	5.5
2013	88,762	1,581.1(95.2)	4,520.3(103.3)	4.5
2014	77,594	1,440.4(86.8)	4,338.3(99.2)	4.2
2015	71,035	1,411.8(85.0)	4,482.4(102.5)	3.8
2016	76,000	1,547.9(93.2)	4,373.5(100.0)	3.9
2017	72,759	1,559.7(93.9)	4,089.8(93.5)	4.0
2018	66,142	2,486.0(149.7)	3,808.2(87.1)	3.9
2019	66,247	2,696.1(162.4)	3,821.9(87.4)	3.8
2020	64,480	2,747.0(165.5)	3,511.8(80.3)	4.0

출처: 대검찰청(2022). 범죄분석(대검찰청, 각 연도).

소년범죄의 건수는 시작 연도인 2011년 100,032건에서 2022년 64,480건으로 지속적으로 감소하고 있는 것으로 나타났다. 그리고 소년 인구 10만 명당 범죄자를 수를 의미하는 소년범죄발생비는 2011년을 기준으로 2017년까지는 감소하였다가 2018년을 기준으로 크게 늘어 2022년 2,747명으로 나타났다. 2018년도부터 2020년까지 소년인구 대비 소년범죄자 수는 각각 149.7명, 162.4명, 165.5명을 기록하여 2011년에 비해 약 50%가 증가하였다. 한편 소년비를 살펴보면, 전체 범죄자 중 소년범죄자는 매년 4~5%대로 성인범죄자에 비해 적은 비중을 차지하고 있는 것으로 나타났다. 소년형법범죄[1] 범죄유형별 인원 및 구성비 현황은 표 14-2와 같다.

표 14-2. 소년형법범죄 범죄유형별 인원 및 구성비 현황

(단위: 명(%))

연도	형법범죄계	강력범죄(흉악)	강력범죄(폭력)	재산범죄	기타 형법범죄
2011	78,456(100)	4,049(5.2)	28,193(35.9)	42,851(54.6)	3,364(4.3)
2012	86,440(100)	3,609(4.2)	32,267(37.3)	46,044(53.3)	4,520(5.2)
2013	73,075(100)	3,489(4.8)	21,843(29.9)	43,707(59.8)	4,036(5.5)
2014	63,145(100)	3,158(5.0)	19,352(30.6)	36,271(57.4)	4,364(6.9)
2015	56,962(100)	2,713(4.8)	17,473(30.7)	32,068(56.3)	4,708(8.3)
2016	61,162(100)	3,343(5.5)	19,476(31.8)	33,088(54.1)	5,255(8.6)
2017	58,255(100)	3,463(5.9)	21,043(36.1)	29,056(49.9)	4,693(8.1)
2018	54,205(100)	3,509(6.5)	19,742(36.4)	26,497(48.9)	4,457(8.2)
2019	54,497(100)	3,665(6.7)	18,622(34.2)	27,809(51.0)	4,401(8.1)
2020	50,969(100)	3,134(6.1)	14,774(29.0)	28,855(56.6)	4,206(8.3)

출처: 대검찰청(2022). 범죄분석(대검찰청, 각 연도).

소년형법범죄 범죄유형별 인원 및 구성비 현황을 살펴보면, 소년형법범죄의 유형별 동향은 지난 10년 동안 비슷한 형태를 유지하고 있는 것으로 나타났다. 구체적으로 재산범죄가 매년 약 50%(2020년 56.6%)로 가장 높은 비중을 차지하고 있고, 그 다음으로 폭력 강력범죄가 약 30%(2020년 29%)에 달하며, 흉악 강력범죄는 매년 약 6%(2020년 6.1%)에 해당하고, 기타 형법범죄는 여전히 가장 낮은 비율을 차지하고 있지만 2010년 4.3%에서 최근 2020년에는 8.3%로 증가한 것으로 나타났다. 소년강력범죄(흉악) 죄명

1) 소년형법범죄에는 다양한 유형이 존재하지만 흉악 강력범죄, 폭력 강력범죄, 재산범죄의 세 가지로 구별된다. 흉악 강력범죄에는 살인, 강도, 방화, 성폭력이 해당하고 폭력 강력범죄에는 상해, 폭행, 공갈, 폭력행위 등 처벌에 관한 법률에 저촉되는 범죄행위를 포함한다. 재산범죄에는 절도, 사기, 횡령, 장물의 범죄 종류가 포함된다.

별 현황을 구체적으로 살펴보면 표 14-3과 같다.

표 14-3. 소년강력범죄(흉악) 죄명별 현황

(단위: 명(%))

연도	계	살인	강도	방화	성폭력
2011	4,049(100)	21(0.5)	1,285(31.7)	186(4.6)	2,257(63.2)
2012	3,609(100)	23(0.6)	851(23.6)	193(5.3)	2,542(70.4)
2013	3,489(100)	21(0.6)	607(17.4)	140(4.0)	2,721(78.0)
2014	3,158(100)	33(1.0)	405(12.8)	156(4.9)	2,564(81.2)
2015	2,713(100)	16(0.6)	432(15.9)	58(2.1)	2,207(81.3)
2016	3,343(100)	19(0.6)	317(9.5)	147(4.4)	2,860(85.6)
2017	3,463(100)	18(0.5)	244(7.0)	118(3.4)	3,083(89.0)
2018	3,509(100)	11(0.3)	215(6.1)	110(3.1)	3,173(90.4)
2019	3,665(100)	20(0.5)	366(10.0)	99(2.7)	3,180(86.8)
2020	3,314(100)	9(0.3)	324(10.3)	99(3.2)	2,702(86.2)

출처: 대검찰청(2022). 범죄분석(대검찰청, 각 연도).

소년강력범죄(흉악) 죄명별 현황은 2011년도를 기준으로 성폭력이 소년 강력범죄(흉악) 중 가장 큰 비중을 차지했고 두 번째로 많은 범죄 유형은 강도였으며 살인과 방화가 차지하는 비중은 합쳐서 6%에도 미치지 못했다. 하지만 지난 10년간의 소년 강력범죄(흉악)의 죄명별 현황에서 뚜렷한 변화를 발견할 수 있는데, 그것은 성폭력 유형의 범죄가 압도적으로 증가하였다는 것이다. 즉, 2018년도에는 성폭력 범죄가 90%를 상회했고 2020년에도 86.2%를 차지하고 있는 것으로 나타났다. 두 번째로 빈번했던 강도 유형의 범죄는 대폭 줄어 2011년도에 약 30%를 차지했던 범죄가 2020년에는 10.3%로 하락하였다. 살인과 방화의 경우에는 2011년과 비슷한 비율을 유지하고 있거나 오히려 감소한 것으로 나타났다. 소년 강력범죄(폭력) 유형별 인원 및 구성비 현황은 표 14-4와 같다.

표 14-4. 소년강력범죄(폭력) 유형별 인원 및 구성비 현황 (단위: 명(%))

연도	계	상해	폭행	공갈	폭처법 (손괴등)	기타
2011	28,193(100)	11,582(40.8)	10,004(35.5)	5,391(19.1)	1,111(3.5)	105(0.4)
2012	32,267(100)	10,689(33.1)	12,411(38.5)	7,865(24.4)	1,122(3.5)	180(0.5)
2013	21,843(100)	8,000(36.6)	9,672(44.3)	3,247(14.9)	817(3.8)	107(0.5)
2014	19,352(100)	7,437(38.5)	9,128(47.2)	1,974(10.2)	703(3.7)	110(0.6)
2015	17,473(100)	5,882(33.7)	9,321(53.3)	1,285(7.4)	395(2.3)	590(3.4)
2016	19,476(100)	6,373(32.7)	10,568(54.3)	1,499(7.7)	375(1.9)	661(3.4)
2017	21,043(100)	6,519(31.0)	11,517(54.7)	1,597(7.6)	475(2.3)	935(4.4)
2018	19,742(100)	5,483(27.8)	10,918(55.3)	1,791(9.1)	500(2.5)	1,050(5.3)
2019	18,622(100)	4,995(26.8)	10,139(54.2)	1,750(9.4)	542(2.9)	1,196(6.4)
2020	14,744(100)	3,616(24.5)	7,830(53.1)	1,604(10.9)	610(4.1)	1,084(7.4)

출처: 대검찰청(2022). 범죄분석(대검찰청, 각 연도).

소년 강력범죄(폭력)의 유형별 인원 및 구성비 현황은 2011년을 기준으로 가장 많은 범죄유형은 상해였고 폭행이 그 다음이었다. 상해와 폭행의 비중이 약 80%에 해당하는 반면 공갈은 19.1%를 차지하고 있었다. 하지만 이후 폭행과 상해 유형에서 변화가 발생하여 폭행이 전체강력범죄(폭력) 중 절반 이상을 차지하고 있는 것으로 나타났다. 그리고 지난 10년간 상해의 경우 지속적으로 감소(2011년 40.8%에서 2020년 24.5%를 기록)한 반면 폭행은 매년 증가하여 2015년부터 꾸준히 50% 이상(2020년 53.1%)을 차지하고 있는 것으로 나타났다. 소년 재산범죄 유형별 인원 및 구성비 현황은 **표 14-5**와 같다.

표 14-5. 소년 재산범죄 유형별 인원 및 구성비 현황 (단위: 명(%))

연도	계	절도	사기	횡령	장물	기타
2011	42,851(100)	34,888(81.4)	5,452(12.7)	1,310(3.1)	537(1.3)	664(1.5)
2012	46,044(100)	36,655(79.6)	5,854(12.7)	1,556(3.4)	1,189(2.6)	790(1.7)
2013	43,707(100)	32,511(74.4)	7,246(16.6)	1,704(3.9)	1,480(3.4)	766(1.8)
2014	36,271(100)	26,047(71.8)	7,251(20.0)	1,436(4.0)	830(2.3)	707(1.9)

연도	계	절도	사기	횡령	장물	기타
2015	32,068(100)	21,170(66.0)	7,844(24.5)	1,456(4.5)	801(2.5)	797(2.5)
2016	33,088(100)	22,534(68.1)	7,482(22.6)	1,494(4.5)	591(1.8)	987(3.0)
2017	29,056(100)	20,008(68.9)	6,225(21.4)	1,424(4.9)	443(1.5)	956(3.3)
2018	26,497(100)	16,904(63.8)	6,968(26.3)	1,393(5.3)	290(1.1)	942(3.6)
2019	27,809(100)	17,141(61.6)	8,088(29.1)	1,280(4.6)	175(0.6)	1,125(4.0)
2020	28,855(100)	17,066(59.1)	9,212(31.9)	1,309(4.5)	188(0.7)	1,080(3.7)

출처: 대검찰청(2022). 범죄분석(대검찰청, 각 연도).

소년 재산범죄 유형별 인원 및 구성비 현황은 2011년 소년 재산범죄 유형 중 절도는 81.4%로 가장 높은 비율을 보였지만 지난 10년간 절도가 해마다 줄어 2020년에는 59.1%로 하락한 것으로 나타났다. 그러나 사기는 2011년 12.7%에 불과하였으나 해마다 꾸준히 증가하여 2020년에는 31.9%를 기록한 것으로 나타났다. 소년형법범죄의 연령별 현황은 표 14-6과 같다.

표 14-6. 소년형법범죄 연령층별 현황 (단위: 명(%))

연령 / 연도	계	10세~13세		14세~15세		16세~17세		18세	
		인원	범죄 발생비	인원	범죄 발생비	인원	범죄 발생비	인원	범죄 발생비
2011	66,240 (100)	98 (0.1)	4.0	19,417 (29.3)	1,428.2	32,627 (49.3)	2,291.3	14,098 (21.3)	1,983.4
2012	87,779 (100)	582 (0.7)	25.1	29,700 (33.8)	2,262.0	40,169 (45.8)	2,879.9	17,328 (19.7)	2,427.0
2013	74,509 (100)	241 (0.3)	11.0	24,735 (33.2)	1,961.8	33,014 (44.3)	2,430.9	16,519 (22.2)	2,332.4
2014	63,145 (100)	27 (0.0)	1.3	21,156 (33.5)	1,681.9	27,173 (43.1)	2,040.5	14,789 (23.4)	2,128.0
2015	56,962 (100)	45 (0.1)	2.4	12,632 (22.2)	1,052.8	28,660 (50.3)	2,273.8	15,625 (27.4)	2,326.9

연령 / 연도	계	10세~13세		14세~15세		16세~17세		18세	
		인원	범죄 발생비	인원	범죄 발생비	인원	범죄 발생비	인원	범죄 발생비
2016	61,162 (100)	65 (0.1)	3.5	18,955 (31.0)	1,684.8	27,543 (45.0)	2,191.2	14,599 (23.9)	2,232.4
2017	58,255 (100)	38 (0.1)	2.0	17,695 (30.4)	1,788.9	26,112 (44.8)	2,177.4	14,410 (24.7)	2,325.2
2018	54,205 (100)	-	-	17,946 (33.1)	1,854.2	22,860 (42.2)	2,168.7	13,399 (24.7)	2,098.2
2019	54,497 (100.0)	-	-	18,721 (34.4)	2,056.0	22,195 (40.7)	2,246.7	13,581 (24.9)	2,430.8
2020	50,969 (100.0)	-	-	18,251 (35.8)	2,059.3	20,703 (40.6)	2,141.0	12,015 (23.6)	2,432.0

출처: 대검찰청(2022). 범죄분석(대검찰청, 각 연도).

소년형법범죄의 연령별 현황은 2011년도부터 2020년(40.6%)까지 16~17세가 가장 높은 비중을 차지하고 있는 것으로 나타났다. 14~15세 소년범죄는 증감을 반복하다 소폭 증가하는 추세를 유지하여 2020년에는 35.8%를 차지하였다. 18세 소년범죄자는 소폭 증감을 반복하고 있으나 매년 20%대의 비중을 유지하고 있는 것으로 나타났다.

2. 보호처분

현행법상의 보호처분은 「소년법」과 「사회보호법」에 의한 보호처분으로 구분할 수 있다. 먼저 「소년법」은 반사회성이 있는 소년에 대해 그 환경의 조정과 성행의 교정에 관한 보안처분을 행하고 형사처분에 관한 특별조치를 행함으로써 소년의 건전한 육성을 기함을 목적으로 하고 있다(제1조). 「소년법」상 인정되는 보호처분으로는 ① 보호자 또는 적당한 자의 감호에 위탁하는 것, ② 소년보호단체 · 사원 또는 교회의 감호에 위탁하는 것, ③ 병원, 기타 요양소에 위탁하는 것, ④ 감화원에 송치하는 것, ⑤ 소년원에 송치하는 것, 보호관찰에 붙이는 것 등이 있다(제30조). 이상의 처분은 가정법원이나 지방법원의 소년부 판사가 심리의 결과 필요하다고 인정할 때 결정으로 내린다. 그리고 위의 ① 또는 ④의 처분은 ⑤의 처분과 병합할 수 있고(제30조 2항), 또 소년의 보호처분은 그 소년의 장래 신상에 어떠한 영향도 미치지 아니한다(제30조 4항).

한편 「사회보호법」상의 보호처분에는 보호감호 · 치료감호 · 보호관찰의 3가지가 있다(제3조). 보호감호는 피보호감호자를 보호감호시설에 수용하여 감호 · 교화하는 처분으로, 사회복귀에 필요한 직업훈련을 과할 수 있고 피보호감호자의 동의가 있는 때에는 노동을 과할 수 있다(제7조 1항). 과거에는 필요적 보호감호와 임의적 보호감호로 나뉘어 있었으나, 현재는 필요적 보호감호는 삭제되고 일정한 요건에 해당하고 재범의 위험성이 있을 때 실시되는 임의적 보호감호만이 존재한다(제5조). 치료감호는 심신장애자, 마약 및 알코올 중독자 등의 피치료감호자를 치료감호시설에 수용하여 이들에게 치료를 위한 조치를 행하는 보안처분이다(제9조). 한편 보호관찰은 가출소한 피보호감호자와 피치료감호자를 보호시설 외에서 지도 · 감독하는 것을 내용으로 하는 보안처분이다. 이를 위하여 사회보호위원회는 피보호관찰자에 대하여 일정한 장소에의 출입제한이나 특정물품의 사용금지, 기타 필요한 사항을 부과할 수 있다(제11조).

1) 보호처분의 종류

현행 「소년법」에서는 10가지 종류의 보호처분을 규정하고 있다. 보호처분은 소년보호사건에서 소년부판사가 소년의 환경조정이나 성행교정이 요구될 때 소년의 교정을 위해 결정하는 처분이다. 보호처분의 종류를 구체적으로 살펴보면 **표 14-7**과 같다.

표 14-7. 보호처분의 종류

구분	보호처분의 종류	기간 또는 시간 제한	대상연령
1호	보호자 또는 보호자를 대신하여 소년을 보호할 수 있는 사람에게 감호 위탁	6개월 (6개월 연장 가능)	10세 이상
2호	수강명령	100시간 이내	12세 이상
3호	사회봉사명령	200시간 이내	14세 이상
4호	보호관찰관의 단기 보호관찰	1년	10세 이상
5호	보호관찰관의 장기 보호관찰	2년(1년 연장 가능)	10세 이상
6호	「아동복지법」에 따른 복지시설이나 그 밖의 소년보호시설에 감호 위탁	6개월 (6개월 연장 가능)	10세 이상
7호	병원, 요양소 또는 「보호소년 등의 처우에 관한 법률」에 따른 소년의료보호시설에 위탁	6개월 (6개월 연장 가능)	10세 이상
8호	1개월 이내의 소년원 송치	1개월 이내	10세 이상
9호	단기 소년원 송치	6개월 이내	10세 이상
10호	장기 소년원 송치	2년 이내	12세 이상

보호처분의 내용을 구체적으로 살펴보면, 1호 처분은 보호자 또는 보호자를 대신하여 소년을 보호할 수 있는 사람에게 감호를 위탁하는 처분이다. 보호자에 대한 특별교육을 명령하여 보호환경을 조정할 수도 있다. 보호자가 감호를 제대로 할 수 없는 상황이라면 위탁보호위원에게 소년의 감호를 맡긴다. 소년부 판사는 보호자에게 소년에 관한 보고서나 의견서를 제출하도록 요구할 수 있고 소년 감호에 관한 지시를 내릴 수 있다.

2호 처분은 소년에게 일정한 내용의 수강, 교육, 상담 등을 하도록 명하는 것이다. 소년부 판사는 소년이 이행하여야 할 총 수강시간과 집행기한을 결정한다. 소년부 판사는 수강할 강의의 종류나 방법, 시설 등도 지정할 수 있다. 소년부 판사는 법원과 위탁계약을 체결한 지역 내 청소년상담센터, 성폭력상담센터 등 수강기관 또는 보호관찰소에서 수강 또는 상담을 받을 것을 명한다.

3호 처분은 소년에게 일정한 내용의 사회봉사를 하도록 명하는 것이다. 소년부 판사는 소년이 이행하여야 할 총 사회봉사시간과 집행기한을 정하여 결정한다. 소년부 판사는 필요하다고 인정하는 때에는 사회봉사의 종류나 방법 및 그 대상이 될 시설 등도 지정할 수 있다.

4호 및 5호 처분은 보호관찰이다. 보호관찰은 소년이 일상생활을 하면서 보호관찰관이 지도, 감독과 원호 등을 받도록 하는 보호처분이다. 보호관찰은 소년의 주거지를 관할하는 보호관찰소 소속 보호관찰관이 담당한다. 보호관찰의 기간에 따라 1년의 단기보호관찰인 4호 처분과 2년의 장기보호관찰인 5호 처분으로 구분된다.

6호 처분은 「아동복지법」상의 아동복지시설이나 그 밖의 소년보호시설에 소년의 감호를 위탁하는 것으로, 가정이 보호력이 부족하고 사회적응훈련이 필요한 소년들을 대상으로 한다. 본래의 주거지가 아닌 일정한 시설 내에서 생활을 명하는 보호처분인 점에서 1호부터 5호까지의 처분과는 차이가 있다. 6호 처분 시설은 소년원과 같은 공적 시설이 아니라는 점에서 8호부터 10호까지의 소년원 송치 처분과도 구별된다. 6호 처분을 받은 소년은 시설 내에서 지내면서 학교 출석일수가 인정된다. 통상적으로 보호관찰 처분과 병과되어 6개월이 경과하여 소년이 시설에서 퇴소한 이후에는 보호관찰이 종료되기 전까지 보호관찰관이 지도 및 감독을 받게 된다.

7호 처분은 소년을 병원, 요양소 또는 「보호소년 등의 처우에 관한 법률」상의 소년의료보호시설에 위탁하는 처분이다. 소년에게 정신질환이 있거나 약물남용과 같이 의학적인 치료와 요양이 필요한 경우 등에 내려지는 처분이다. 소년은 법원이 위탁계약을 체결한 정신과병원에 소년을 입원시키거나 의료소년원인 대전소년원에 위탁하여 6개월간 입원치료를 받는다. 7호 처분의 생활 기간은 학교 출석으로 인정된다.

8호, 9호, 10호 처분은 소년원 송치 처분으로 기간에 따른 차이점을 갖는다. 8호 처분은 1개월 이내의 기간 동안 소년원에 송치하는 처분이다. 단기간 동안 집중적 교육 프로그램을 통해 시설 내 수용기간을 최소화하면서 교육의 효과를 높이는 처분이다. 보호처분 결정에서 입교할 소년원과 입교날짜를 정하며 소년원 생활기간은 학교 출석으로 인정된다. 9호 처분은 단기 소년원 송치 처분으로 6개월 이내로 생활기간을 제한한다. 10호 처분은 장기 소년원 송치 처분으로 최대 2년을 명할 수 있다.

2) 보호처분 현황

2016년부터 2020년까지의 보호처분 유형별 현황은 표 14-8과 같다.

표 14-8. 보호처분 유형별 현황 (단위: 명(%))

보호처분	2016	2017	2018	2019	2020
합계	23,526(100)	24,383(100)	24,494(100)	24,131(100)	25,579(100)
1호	3,142(13.4)	3,135(12.9)	3,104(12.7)	3,103(12.9)	3,054(12.0)
1,2호	2,554(10.9)	2,504(10.3)	2,963(12.1)	3,143(13.0)	3,531(13.8)
1,2,3호	557(2.4)	727(3.0)	776(3.2)	574(2.4)	776(3.0)
1,2,4호	3,255(13.8)	3,025(12.4)	3,022(12.3)	2,844(11.8)	3,361(13.2)
1,2,5호	1,009(4.3)	969(4.0)	886(3.6)	1,048(4.3)	1,293(5.1)
1,2,3,4호	1,272(5.4)	1,393(5.7)	1,262(5.2)	838(3.5)	940(3.7)
1,2,3,5호	1,413(6.0)	1,519(6.2)	1,238(5.1)	1,269(5.3)	1,432(5.6)
1,3호	851(3.6)	851(3.5)	754(3.1)	759(3.1)	743(2.9)
1,3,4호	1,194(5.1)	1,086(4.4)	958(3.9)	915(3.8)	940(3.7)
1,3,5호	891(3.8)	802(3.3)	754(3.1)	847(3.5)	859(3.4)
1,4호	1,923(8.2)	1,508(6.2)	1,447(5.9)	1,517(6.3)	1,769(6.9)
1,5호	522(2.2)	505(2.1)	443(1.8)	627(2.6)	467(1.8)
2호	59(0.3)	159(0.7)	274(1.1)	187(0.8)	294(1.1)
3호	87(0.4)	67(0.3)	175(0.7)	200(0.8)	208(0.8)
4호	154(0.7)	270(1.1)	279(1.1)	231(1.0)	264(1.0)
4,6호	33(0.1)	41(0.2)	32(0.1)	52(0.2)	102(0.4)
5호	27(0.1)	80(0.3)	81(0.3)	109(0.4)	81(0.3)
5,6호	1,063(4.5)	986(4.0)	1,229(5.0)	1,440(6.0)	1,508(5.9)

보호처분	2016	2017	2018	2019	2020
5,8호	1,012(4.3)	1,099(4.5)	1,194(4.9)	1,036(4.3)	1,005(3.9)
6호	5(0.0)	7(0.0)	5(0.0)	5(0.0)	4(0.0)
7호	105(0.4)	198(0.8)	230(0.9)	269(1.1)	189(0.7)
8호	3(0.0)	–	9(0.0)	25(0.1)	6(0.0)
9호	770(3.3)	972(4.0)	842(3.4)	821(3.4)	750(2.9)
10호	770(3.3)	756(3.1)	779(3.2)	780(3.2)	823(3.2)
병과처분 기타	855(3.6)	1,724(7.1)	1,758(7.2)	1,492(6.2)	1,180(4.6)

보호처분은 하나의 단독 처분만을 내릴 수 있게 규정되어 있지 않고 소년의 범죄행동 및 환경적 필요에 따라 다양한 종류의 처분을 혼합하여 내릴 수 있는데, 표 14-8에서 보는 것과 같이 다양한 조합의 병과처분이 이루어져, 총 24가지의 유형이 있음을 알 수 있다.

보호처분의 유형별 현황 중 가장 많은 유형은 보호자에게 감호를 위탁하는 1호 처분이다. 이는 2~5호 처분과 함께 내려지는 경우가 많으며 24개의 유형 중 1호 처분을 포함하고 있는 유형은 12개로 절반을 차지하고 있다. 1호 처분을 단독으로 받는 경우도 매년 10% 이상으로 2016년도부터 2020년까지 내려진 여러 가지 보호처분 종류 중 최대 비율을 차지하고 있다.

두 번째로 많은 유형은 보호관찰이다. 24개의 보호처분 유형 중 보호관찰을 포함한 처분의 종류는 13개로 절반 이상이다. 상당수의 소년들에게 보호관찰 처분이 내려지고 있는 실정이라고 할 수 있다.

6호 처분은 아동복지시설이나 소년보호시설에 소년의 감호를 위탁하는 처분으로 비중은 매년 크지는 있지만 2016년부터 2020년까지의 해당 건수의 변화를 보면 꾸준히 증가하고 있음을 알 수 있다. 7호 처분은 소년을 소년의료보호시설에 위탁하는 처분으로 2016년에 비해 2020년에는 약 2배 정도 증가한 수치를 보였다. 7호 처분에 해당하는 사건이 2016년에는 105건이었으나 2020년에는 189건으로 증가하였다. 6호와 7호

처분의 증가 추세를 감안할 때 현재의 소년 보호 및 치료 시설이 과연 증가하는 해당 인원을 수용 가능한 인적·물적 자원을 갖추고 있는지에 대한 점검이 필요하다. 8호 처분은 1개월 이내의 소년원 송치 처분으로 매년 약 1,000건 정도의 일정한 수치를 보였다. 소년원 송치에 해당하는 9호와 10호 처분은 매년 보호처분 전체 비중에서 약 6~7%를 일정하게 차지하고 있는 것으로 나타났다. 이를 위해 소년원에 해당 인원을 수용할 수 있는 충분한 공간과 소년의 교정을 도와줄 수 있는 교육이 마련되어 있는지가 확인되어야 할 것이다.

3. 보호관찰

보안처분 중 가장 오랜 전통을 지닌 이 제도는 먼저 영미법계에서 보호관찰부 집행유예 또는 가석방제도로 발전되었고, 후에 대륙법계에 있어서도 집행유예를 기초로 해서 자유제한적 보안처분의 영역으로 확대되었다. 한국에서는 「소년법」·「사회보호법」·「보호관찰 등에 관한 법률」 등에서 이를 규정하고 있다. 구체적으로 보호관찰은 그 대상자에게 대통령령이 정하는 바에 따라 일정한 장소에 출입을 제한하거나 특정 물품의 사용을 금지하거나 기타 준수사항을 부과하는 처분이다. 즉, 보호관찰은 ① 피보호감호자가 가출소한 때, 또는 병과된 형의 집행 중 가석방된 후 그 가석방이 취소되거나 실효됨이 없이 잔형기를 경과한 때, ② 피치료감호자가 치료감호시설 외에서의 치료를 위하여 친족에게 위탁된 때에 개시된다(「사회보호법」 제10조 1항).

이러한 제도의 복적을 달성하기 위해 설치된 사회보호위원회는 피보호관찰자에 대하여 준수사항을 부과할 수 있으며, 피보호관찰자는 보호관찰담당자의 지도와 감독을 받게 된다. 보호관찰의 기간은 3년으로 하되 그 전이라도 사회보호위원회의 보호감호의 집행면제 또는 치료감호의 종료결정이 있거나 보호관찰이 개시된 자가 다시 치료감호의 집행을 받게 된 때에는 보호관찰은 종료된다(동법 제10조 3항).

다시 말해, 보호관찰은 범죄인을 구금하는 대신 일정한 의무를 조건으로 자유로운 사회생활을 허용하면서 국가공무원인 보호관찰관이 직접 또는 봉사자인 범죄예방위원의 협조를 받아 지도 · 감독 원호를 하거나 사회봉사명령[2], 수강명령[3], 성구매자 교육[4]을 통해 교정하여 건전한 사회복귀를 촉진하고 재범을 방지하고자 하는 제도이다. 보호관찰 현황을 구체적으로 살펴보면 그림 14-1과 같다.

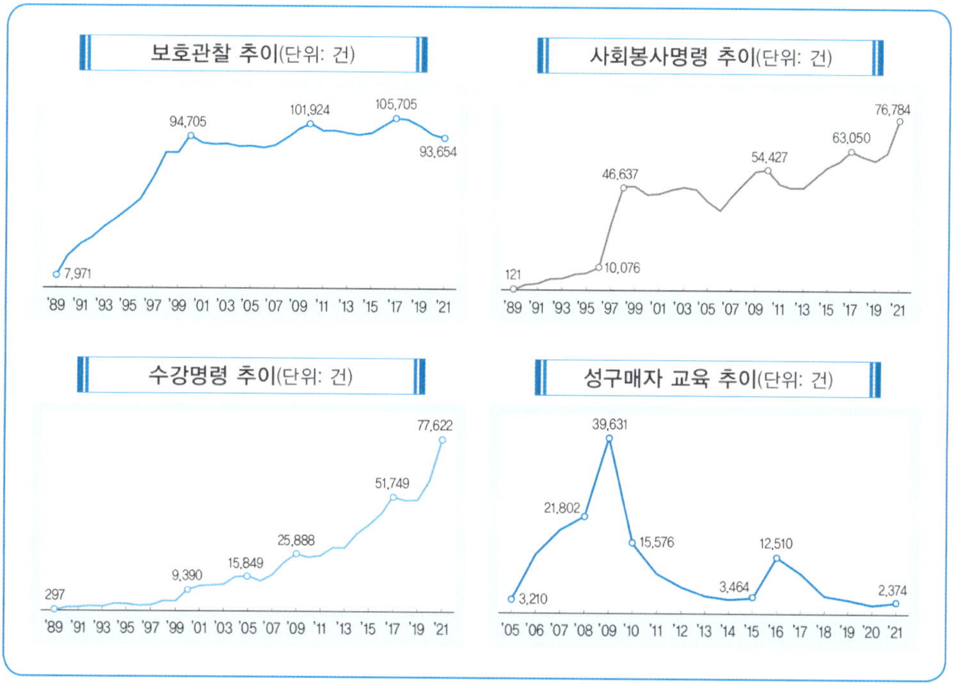

그림 14-1. 보호관찰 현황

2) 유죄가 인정된 범죄자게 대하여 교도소 등에 구금하는 대신 자유로운 생활을 허용하면서 일정시간 무보수로 사회에 유익한 근로를 하도록 명하는 제도

3) 유죄가 인정된 습관 중독성 범죄자를 교도소 등에 구금하는 대신 자유로운 생활을 허용하면서 일정시간 보호관찰 또는 보호관찰소가 지정한 전문기관에서 교육을 받도록 명하는 제도

4) 선진국에서 실시되고 있는 성구매자 대상 교육프로그램으로 성구매 초범 남성에 대해 기소유예 처분을 하는 대신 교육을 받도록 하는 제도로 일명 'John School'이라고 함

그림 14-1과 같이, 보호관찰 추이는 1997년 「형법」 개정에 따라 성인도 포함되었는데, 2000년 처음 9만 건을 넘기고, 2017년 105,705건으로 가장 높았으며, 2021년에는 93,654건으로 나타났다. 사회봉사명령은 통계가 시작된 1989년 121건을 시작으로 2021년 76,874건으로 나타났다. 이런 지속적인 증가의 원인으로 범죄의 증가도 있지만 1997년 벌금대체 사회봉사(벌금미납 사회봉사) 제도가 도입되면서 사회봉사명령 건도 늘어나게 되었다. 수강명령은 지수함수의 모양과 같이 1989년부터 2021년까지 폭증한 것으로 나타났는데, 이는 성폭력, 가정폭력, 마약, 음주운전 등 습관 중독성 범죄자의 증가가 그 원인으로 파악된다. 성구매자 교육은 2005년 처음으로 도입되었는데, 2009년까지 급증하여 39,631건을 기록하였다가 2021년에는 2,374건으로 나타났다. 이는 성구매자에 대한 단속과 성구매에 대한 인식 변화로 제도 도입 초반 대비 큰 폭으로 감소한 것으로 볼 수 있다.

4. 교정시설

교정시설은 수용자들의 권익보호와 교정교육, 직업훈련 등 사회적응 능력의 배양을 통하여 건전한 사회복귀를 도모하고자 설치 운영하는 시설을 말한다. 교정시설은 「형의 집행 및 수용자의 처우에 관한 법률」, 「법무부와 그 소속기관 직제」, 「건축법」, 「국토의 계획 및 이용에 관한 법률」 등 다양한 법률에서 법령제정 취지를 고려하여 교정시설의 범위를 달리 정하고 있는데, 일반적으로 표 14-9와 같이, 보호감호소, 교도소, 구치소, 소년원 및 소년분류심사원으로 구분할 수 있다.

표 14-9. 교정시설의 유형

구분	내용
보호감호소	죄를 지은 사람으로서 동종 또는 유사한 죄를 재범할 위험성이 있다고 인정되는 자를 수용하여 감화 · 교화, 사회복귀에 필요한 직업훈련과 근로 등을 행하는 시설을 말한다.
교도소	징역형 · 금고형 또는 구류형의 선고를 받아 그 형이 확정된 사람과 벌금 또는 과료를 완납하지 아니하여 노역장 유치명령을 받은 사람(수형자)을 격리하여 교정 · 교화하고 건전한 국민사상과 근로정신을 함양하며, 기술교육 · 직업훈련 등을 실시하여 건전한 사회복귀를 도모하고자 법무부 지방교정청장 소속하에 설치 운용되는 시설을 말한다.
구치소	형사피의자 또는 형사피고인으로서 체포되거나 구속영장의 집행을 받은 사람(미결수용자)을 수용하기 위하여 법무부 지방교정청장 소속하에 설치 운용되는 시설을 말한다.
소년원	보호처분에 의하여 송치된 소년을 수용 · 보호하고 이들의 교정교육을 위하여 법무부장관 소속하에 설치 운영하는 시설을 말하며, 기능별로는 다음과 같이 분류한다. • 초 · 중등교육 소년원: 초 · 중등교육이 필요한 소년을 수용 · 교육하는 소년원 • 직업능력개발훈련 소년원: 직업능력개발훈련이 필요한 소년을 수용 · 교육하는 소년원 • 의료 · 재활교육 소년원: 약물 오 · 남용, 정신 · 지적발달 장애, 신체질환 등으로 집중치료나 특수교육이 필요한 소년을 수용 · 교육하는 소년원 • 인성교육 소년원: 정서순화, 품행교정 등 인성교육이 집중적으로 필요한 소년을 수용 · 교육하는 소년원
소년분류심사원	법원소년부로부터 위탁한 소년을 수용 · 보호하고 이들의 분류심사, 인성교육, 상담조사 및 일반 중 · 고등학교 부적응 학생 등에 대한 특별교육, 청소년 적성검사실 운영을 위하여 법무부장관 소속하에 설치 운영하는 시설을 말한다.

5. 소년보호처분 및 소년강력범에 대한 대응방안

한 사람의 인생에서 청소년기는 매우 중요한 시기이다. 이 시기를 어떻게 누구와 함께 보냈는가에 따라 인생이 달라질 수 있다는 것에는 이견이 없을 것이다. 소년범죄와 재범예방은 국민 개인의 생애뿐만 아니라 사회의 안전과도 직결되는 중요한 문제이다. 우리나라의 「소년법」은 이와 같은 중요성을 전제로 범행을 저지른 소년들이 건전하게 성장하도록 돕는 것을 목적으로 제정되었다. 「소년법」의 목적에 따라 소년사법체계에는 소년의 환경조정과 품행 교정을 위해 다양한 보호처분과 형사처분 조치가 마련되어 있다. 하지만 최근 언론을 통해 주목하게 된 잔혹한 소년사건들을 관련 기관들이 적절하게 대응하지 못하면서 국민적 공분이 일어났고 「소년법」 개정의 요구가 커졌다. 이러한 사회적 변화는 현재 「소년법」의 내용이 최근 소년범죄의 현실을 반영하지 못하고 있으며 목적에 맞게 적절한 보호처분과 형사처분 조치가 취해지지 못하고 있음을 증명하고 있다. 소년보호처분 제도 및 소년강력범 대응방안에 대해 구체적으로 살펴보면 다음과 같다(김연주, 2022).

첫째, 소년사건을 처리하는 기관별 절차나 운영프로그램과 보호처분 운영 실태를 살펴보면 다수의 보완할 점이 발견된다. 구체적으로 소년범죄자 대부분이 경험하게 되는 보호처분의 경우 다양한 제도와 기관이 처분별로 마련되어 있지만, 불안정한 예산 및 전문성 결여로 인해 목적에 맞는 효과적인 운영에 어려움이 뒤따르고 있다. 재정 안정성 확보를 위해 보호처분 관련 기관 운영예산을 지방자치단체 예산에서 국가예산으로 전환할 필요가 있으며 관련 종사자 선발에 전문가 자격 기준을 명확하게 명시해야 한다. 특히 소년보호관찰을 위해서는 소년의 특성을 이해하고 소년의 환경까지 깊이 관여할 수 있는 소년 전문 보호관찰관의 선발과 순환보직에서의 제외가 요구된다. 소년 교정기관들의 경우 교정에 목적을 두고 있는 비행예방 프로그램이 기관별로 차별화되어야 한다.

둘째, 소년원 교육과정에도 비행예방 프로그램 이수에 더 많은 시수를 규정하여 일반 학교 교육과정과 차별화하는 것이 필요하다. 소년원 교육과정의 중점을 교정교육의 효과성에 두어 퇴소 이후에도 안정적으로 일상생활에 복귀할 수 있도록 하고 재범을 예방해야 한다. 이 외에도 가족 간의 관계를 회복하며 부모교육도 함께 이뤄질 수 있는 가정 회복 프로그램이 필요하다. 소년범죄의 원인은 복합적이고 소년은 결국 가정으로 돌아가기 때문에 소년 개인에게 모든 변화의 책임을 물을 수 없다. 가정의 보호자나 부모 또한 소년의 교정과정의 주체로 인정하는 것이 필요하다. 부모나 보호자도 소년의 재범을 예방하기 위해 올바른 양육태도와 양육환경의 제공에 대한 교육을 받아야 한다. 정신적 문제를 가진 소년들의 비중이 점차 늘어남에 따라 전문적 치료의 필요성을 현장에서 일하는 종사자들의 인터뷰에서뿐만 아니라 소년교정기관의 통계에서도 알 수 있다. 따라서 전문의료인력과 시설 지원을 위한 예산 확보가 필요하며 지역의 의료기관과의 협업이 지금보다 더 많이 요구된다.

셋째, 특정 강력범죄를 저지른 소년범죄자나 상습적인 소년범죄자의 경우 경미한 범죄와 다르게 처우하여 기관별로 훈방, 기소유예, 보호사건에서 제외시키는 법안 등이 필요하다. 특정 강력범죄에 대한 기관별 제한규정을 통해 현재와 같이 중한 범죄를 저질렀음에도 경미한 처분이 내려질 수 있는 절차를 보완해야 한다. 소년사법절차 보완에는 그동안 상대적으로 외면해 왔던 피해자의 권리를 인지하고 피해자의 정보권 및 의견진술권이 보장되어야 한다. 기관별로 추가적으로 필요한 법적 조치들을 살펴보면, 경찰의 경우 경미한 범죄를 저지른 소년범죄자들에게 다양한 다이버전 프로그램을 시행하기 위해서는 훈방에 관련된 법적 기준이 포함된 법안이 필요하다. 전문성 신장을 위해서는 소년사건 전담 경찰관 인력의 확충과 인사제도 내의 변화가 이루어져야 한다. 사건 조사의 전문성과 정확성을 높이기 위해 과학적인 평가 프로그램 도입과 관련 분야 전문가의 조사 참여 허용과 같은 개선점이 요구된다.

넷째, 검찰의 경우 기소유예와 조건부 기소유예를 판단할 수 있는 구체적인 법적 기준과 소년을 교정프로그램에 필수적으로 참여시키는 방안이 필요하다. 이를 통해 소년이 범죄행위를 하였음에도 불구하고 자신의 행위에 대해 어떠한 책임과 개선의 과정 없이 일상으로 복귀하는 현상을 방지해야 한다. 검찰에서도 소년사건에 대한 전문성 신장을 위해 인사제도 내 배려가 필요하며 범죄예방 프로그램의 개발과 감독이 필요하다. 법원의 경우 소년법원에서 소년보호사건과 소년형사사건을 일원화하여 처리할 수 있게 하여 형사처분과 보호처분 간의 불균형을 해소해야 한다. 소년법원에서 소년사건 재판 시 양형기준 및 보호처분 판단기준을 이전보다 명확하게 규정하고 재판 전 감독제도 도입을 통한 재범예방과 피해자 보호가 필요하다. 또한 지금처럼 기관별로 단절된 소년사건의 처리는 소년의 교정과 재범예방에 효과적이지 않기 때문에 법정부 단위의 소년범죄예방 협의체 신설을 통해 법적 공백 없이 소년의 보호와 감독이 이루어져야 한다.

마지막으로 소년범죄의 문제를 해결하기 위해서는 소년 개인의 노력뿐만 아니라 유관기관과 지역사회 전체의 유기적인 노력이 필요하다. 소년범죄는 형사미성년자 연령을 단순히 몇 세로 지정하는 것이 적정한지를 논의하는 것으로 해결될 수 있는 단편적인 문제가 아니다. 형사미성년자 연령 재설정 논의는 소년범죄 해결에 적합한 방안도 아닐 뿐더러 소년사법체계 곳곳에 다양하게 분포되어 있는 문제점들을 외면하는 선택이다. 소년들이 범죄를 반복하여 저지르고 성인범죄자로 악화되는 것을 막기 위해서는 소년사법체계 전반에 걸친 개선이 필요하다. 예산상의 문제와 기관 간 경직성으로 인해 협력이 어렵다는 이유로 임시방편적인 방안을 선택한다면 소년범죄는 해결될 수 없다. 범죄를 저지른 소년이 아무런 조치 없이 문제를 일으켰던 가정과 환경으로 돌아가는 일은 더 이상 반복되지 않아야 하며 피해자가 온전히 혼자 억울함을 떠안은 채 일상생활로의 회복을 감행하지 않도록 해야 한다. 소년범죄의 재발을 막기 위해서는 소년 개인과 함께 가정, 지역사회, 유관기관의 변화가 함께 이루어져야 한다. 소년범죄는 사회구성원 전체가 심각하게 고민하고 대책을 강구할 때 크게 개선될 수 있을 것이다.

Chapter

15

아동복지의 과제와 전망

배울 내용

1. 아동복지의 과제
2. 아동복지의 발전 방향

학습목표

1. 아동복지의 과제에 대해 해결방인을 탐색해 본다.
2. 아동복지의 발전 방향을 모색해 본다.

Chapter 15

아동복지의 과제와 전망

아동에 대한 문제는 인간의 역사와 더불어 시작되었다. 아동문제는 그 개인의 성장 과정, 그가 속한 사회의 정치 · 사회 · 경제적인 변화와 발전이 영향을 미치게 된다. 우리나라 아동복지는 1981년 「아동복지법」 전면 개정 이전에는 특별한 욕구나 보호가 필요한 아동(종전의 요보호아동)에 대해 도움을 주는 자선적이고 인도적인 차원에서 추진되어 왔다. 그러나 오늘날의 아동복지는 "특별한 욕구나 보호가 필요한 아동을 포함한 모든 아동이 가족 및 사회의 일원으로 육체적, 정신적으로 건강하게 성장 · 발달할 수 있도록 보호 · 지원하여 그들의 건전육성을 도모한다"는 보건복지부 지침에서 보는 바와 같이, 전체 아동의 권익을 보호하고 복지권을 보장하려는 시각으로 발전되고 있다. 즉, 「아동복지법」은 "18세 미만의 아동이 건강하게 출생하여 행복하고 안전하게 자라도록 그 복지를 보장함을 목적으로 하고 있으며, 아동은 자신 또는 부모의 성별과 연령, 종교, 사회적 신분, 재산, 장애유무, 출생지역 등에 따른 어떠한 종류의 차별도 받지 않고 자라나야 하며, 안정된 가정환경에서 행복하게 자라나야 한다. 또한 아동에 관한 모든 활동에서 아동의 이익이 최우선적으로 고려되어야 한다. 그리고 국가와 지방자치단체는 아동의 건강과 복지증진을 위하여 노력하여야 하고, 그 시책을 시행하여야 한다. 아동의 보호자는 아동을 성장시기에 맞추어 건강하고 안전하게 양육하여야 한다. 모든 국민은 아동의 권익과 안전을 존중하여야 하여야 한다고 규정하여 모든 아동의 권익을 보호하고 아동의 권익에 보호자뿐만 아니라 국가와 지방자치단체에서 책임을 질 것"을 강조하고 있다.

이처럼 아동복지의 대상이 특수한 아동중심에서 전체 아동으로 변화되어 가는 것은 세계적 추세이며, 우리나라도 「아동복지법」의 개정으로 일반아동의 인권과 복지를 위해 노력을 하고 있다. 그러나 아직도 특수한 욕구나 문제를 가진 아동들에 대한 복지 서비스는 여전히 부족하다고 할 수 있다. 따라서 현재 당면하고 있는 아동복지의 과제를 살펴보고, 발전 방향에 대해 구체적으로 살펴보면 다음과 같다(김애란 외, 2023; 김연주, 2022; 김이영 외, 2023; 김이영 외, 2019).

1. 아동복지의 과제

1) 특수아동의 어린이집 이용 증대와 일반어린이집의 질적 향상

1990년대 이후 정부의 보육사업 확충 계획에 따라 어린이집이 증가하여 2022년 12월 현재 어린이집 수는 30,923개소로 증가되었고, 어린이집을 이용하는 아동은 1,095,450명이며, 어린이집에 근무하는 교직원은 311,996명으로 양적인 증대가 이루어져 왔다. 그러나 다문화아동 어린이집과 장애아동을 위한 어린이집은 아직도 미흡한 실정이다. 예로, 2022년 12월 다문화아동 재원은 13,385명이 이용하고 있으며, 장애아 전문 어린이집은 177개소에서 6,178명, 장애아통합은 1,393개소, 장애아동 현원은 6,143명으로 나타났다(보건복지부, 2023). 따라서 추후 장애아동과 다문화아동을 위한 어린이집의 확대와 지원이 필요하다고 할 수 있다.

그리고 지금까지 보육시설의 양적인 확대에 초점을 맞추었기 때문에 지금부터는 어린이집의 질적 향상을 위한 노력이 필요하다. 이를 위해서는 보육교직원의 전문화, 우수 보육 프로그램의 개발과 보급, 보육 기준과 내용의 내실화 및 보육교육원의 인성교육 강화 등 질적 향상과 같은 과제들을 풀어 나가야 할 것이다. 최근 아동권리의 보호, 아동학대 예방, 안전관리 강화에 대한 사회적 요구 증가로 전체 어린이집 질 관리에 대한 필요성이 제기되었다. 이에 2018년 12월 「영유아보육법」 개정을 통해 '보육 · 양육에 대한 사회적 책임 강화' 실현과 영유아의 건강한 성장 및 발달을 위해 모든 어린이집을 대상으로 하는 의무평가제의 법적 근거가 마련되었으며, 2019년 6월 12일부터 어린이집 평가제를 시행하게 되었다. 어린이집 평가제는 전체 어린이집의 질 관리를 위하여 평가 자체에 목적을 두기보다는 정기적인 평가를 통해 어린이집이 지속적으로 보육의 질적 수준을 향상시키고 유지하게 함으로써 영유아의 안전과 건강, 조화로운 성장과 발달을 도모하여 부모가 믿고 맡길 수 있는 안심 보육환경 조성에 기여하고자 하는 목적을 가지고 있다(시옥진 외, 2023). 이런 어린이집 평가제의 엄격한 관리로 인해 부모와 아이들로부터 신뢰받을 수 있는 유아교육기관이 될 수 있도록 노력해야 한다.

2) 입양과 가정위탁제도의 활성화

모든 아동은 태어나면서 안정된 가정에서 부모의 보호를 받으며 건강하게 성장할 수 있는 권리를 가지고 있지만, 부모가 없거나 부모가 있더라도 안전하게 보호받을 수 없는 아동은 건강하게 성장하는 것이 어렵다. 이러한 요보호아동을 위한 지원정책이 입양과 가정위탁보호제도이다. 이는 원가정에서 돌볼 수 없을 경우 일시적으로 대리가정에서 보호하거나 혹은 영구적으로 법적인 친자관계를 형성하는 형태의 서비스를 말한다. 이처럼 입양은 1958년~2014년 주요 9개 국가에 총 154,745명이 해외로 입양되었으며, 2021년 기준 국내입양은 226명, 국외입양은 188명으로 국내입양이 다소 증가하고 있는 추세에 있지만 더 많은 아이들이 국내입양을 통해 보호를 받을 필요성이 있다.

입양과 가정위탁제도의 활성화를 위해서는, 첫째, 국민의식의 전환과 함께 위탁가정과 입양가정에 대한 국가의 지원을 현실적 수준으로 상향해야 하며, 이를 정책적으로 정착시켜 나가기 위한 노력이 반드시 선행되어야 할 것이다. 둘째, 입양아동의 정체감 형성을 위한 다양한 프로그램의 개발 및 제공(심각한 분리를 경험하는 입양아동과 연장아동에 대한 입양 후 지속적 상담과 심리치료 제공, 입양아동의 발달단계에 맞추어 입양사실 이해와 자아정체감 형성을 위한 상담서비스), 입양가족 생애주기에 따른 입양부모 역량강화 프로그램 개발 및 제공(입양 전 · 후의 입양가정의 적응을 돕는 상담서비스, 입양가족의 생애주기에 따른 입양자녀와 애착형성, 입양공개, 입양자녀의 뿌리찾기 등 다양한 문제에 대처할 수 있도록 입양부모 가이드북 개발), 친부모를 위한 상담 및 진로 개발 프로그램 개발 및 제공(친부모에게 필요한 사회복지서비스에 대한 정보제공과 입양 후 겪게 될 심리적 문제에 대한 상담과 치료서비스 및 입양을 선택한 미혼모의 장애와 진로문제에 대한 진로 개발 프로그램 제공)할 필요성이 있다.

3) 아동학대 예방을 위한 방안

아동이 가진 권리 중에서 생존권과 보호권은 가장 기본적인 권리이다. 그럼에도 불구하고 가정에서의 학대, 영유아교육기관에서의 학대 사례는 끊임없이 발생하고 있다. 특히 감염병 확산이나 자연적 · 사회적 재난으로 인해 등원이나 등교하지 못하고 가정에 갇혀 있는 경우 교사나 의사 등, 아동학대 신고의무자의 시선이 미치지 못해 안타까운 상황이 벌어지기도 한다. 또한 사회적 변화로 인해 영유아들이 기관에 더 일찍, 더 오랜시간 생활해야 하는 현실에서 영유아들은 교육기관에서조차 자신의 권리를 존중받지 못하는 상황이 벌어지곤 한다. 이 같은 상황은 아동의 기본적 권리인 생존권과 보호권을 위협하는 것이다.

아동의 기본권을 보장하고 학대를 예방하기 위해서는 아동보호체계가 원활히 작동할 수 있게 하는 대책이 마련되어야 한다. 아동권리보장원은 영유아건강검진, 예방접종여부, 가정폭력과 학대피해 이력 아동에 대한 데이터 확보를 바탕으로 고위험군의 아동을 촘촘하게 예측하고 조기 발견하는 것, 영유아교육기관과 학교의 취학과 출석을 확인하는 것 등이 그 대책의 세부내용이 될 수 있다고 하였다. 또한 아동학대 발생과 피해를 최소화하기 위해서는 법과 제도적 장치가 안정적으로 시행되어야 하며, 학대피해에 노출되었던 아동을 위한 안전한 응급보호와 심리적 안정을 위해 가정과 같은 유사한 환경을 갖춘 쉼터와 전문가정위탁제도가 활성화되어야 한다. 또한 아동학대 대응인력의 전문성 확보와 처우 개선도 요구된다.

무엇보다 아동학대를 예방하는 최선의 방법은 아동을 어른의 소유물이 아닌 한 인격체로서 존중하는 것이다. 여전히 많은 부모가 자녀를 키울 때 체벌을 훈육수단으로 여기고 있고, 훈육이라는 미명 아래 학대를 가한다. 따라서 이러한 부모들의 인식에 경각심을 일으키고, 더 좋은 다양한 방법이 있음을 알려 주는 맞춤형 부모교육이 지속적으로 시행될 필요가 있다.

4) 소규모 시설보호 및 그룹홈(공동생활가정)으로의 전환

시설생활에서 오는 부정적 영향을 고려할 때, 시설에서의 생활이 불가피할 경우 시설의 소규모화는 유일한 대안이다. 대규모 시설은 아동의 성장과정에 필요한 다양한 욕구충족 및 지원을 어렵게 함으로써 시설병 등 부정적 효과를 초래할 위험성이 크고 시설 거주인원이 적을수록 아동의 적응 및 발달에 긍정적 영향을 미친다. 우리나라도 유엔아동권리협약에 의해 아동생활시설의 소규모화에 대한 국제적 의무이행에 대한 책임을 가지고 있다. 현재 30인 이상 대규모 시설을 소숙사 규모로 개선하고 보육사를 부모와 같이 배치하여 독립적으로 생활하도록 해야 할 것이다. 따라서 향후 아동생활시설의 소규모화를 위한 법적 규정을 강화하고, 시설의 소규모화로의 전환을 위해 필요한 다양한 물적, 인적 자원에 대한 국가적 차원에서의 지원이 지속적으로 확대되어야 한다.

5) 가족 기능 서비스 강화

우리나라의 경우 요보호아동은 부모의 빈곤, 실직, 학대 등으로 인해 대부분 발생하고 있다. 이렇게 발생된 요보호아동은 대개 시설보호기관에서 생활하게 된다. 요보호아동의 발생을 예방하는 가장 좋은 방법 중의 하나는 원가족 보존을 우선에 두는 것이다. 부모교육과 상담 등 가족기능 강화 서비스를 통해서 아동이 원가족 내에서 성장할 수 있도록 하는 것이 무엇보다 중요하다. 이를 위해 지역사회 종합복지관, 건강가정지원센터 등 공공기관과 연계한 가족유지 및 강화기능 서비스를 제공하여 가족해체를 사전에 예방해야 한다.

6) 모자보건을 위한 정책적 지원

우리나라의 연간 혼인 건수는 지속적으로 감소하는 추세이나 초혼연령 및 초산연령은 증가하고 있다(보건복지부, 2020). 표 15-1과 표 15-2에서 보는 것과 같이, 우리나라의 영아사망률은 선진국 수준을 유지하고 있는 편이며, 모성사망비율은 전체적으로 감소하는 추세이나 OECD 평균에 비하면 높은 수치를 보이고 있다.

표 15-1. 영아사망률 (단위: 출생아 10만 명당)

구분	영아사망률(십만 명당)			사망자 수(명)			출생아 수(명)		
	전체	남자	여자	전체	남자	여자	전체	남자	여자
2010	345.5	394.4	293.3	1,508	888	620	470,171	242,901	227,270
2011	318.9	353.0	282.6	1,435	818	617	471,265	242,121	229,144
2012	306.8	331.1	281.1	1,405	779	626	484,550	248,958	235,592
2013	294.6	306.9	281.7	1,305	698	607	436,455	223,883	212,572
2014	310.2	331.4	287.9	1,305	715	590	435,435	223,356	212,079
2015	281.9	302.5	260.1	1,190	655	535	438,420	224,906	213,514
2016	282.1	306.2	256.7	1,154	642	512	406,243	208,064	198,179

구분	영아사망률(십만 명당)			사망자 수(명)			출생아 수(명)		
	전체	남자	여자	전체	남자	여자	전체	남자	여자
2017	270.5	299.7	239.6	1,000	569	431	357,771	184,308	173,463
2018	280.7	313.1	246.3	931	534	397	326,822	167,686	159,136
2019	268.3	295.8	239.3	822	465	357	302,676	155,416	147,260
2020	240.6	269.6	210.2	674	387	287	272,337	139,362	132,975
2021	241.2	261.1	220.4	626	347	279	260,562	133,516	127,046

자료: 통계청, 「사망원인통계」, 「인구동향조사」, 「영아사망 · 모성사망 · 출생전후기사망 통계」.
출처: 보건복지부(2022). 2022 보건복지통계연보.

표 15-2. 모성사망비 (단위: 출생아 10만 명당)

구분	모성 사망자 수 (명)	모 성 사 망 비					
		전체	24세 이하	25~29세	30~34세	35~39세	40세 이상
2010	74	15.7	14.6	8.2	13.0	29.6	96.9
2011	81	17.2	–	12.4	14.5	33.7	65.8
2012	48	9.9	7.3	7.9	7.1	20.3	26.0
2013	50	11.5	–	8.8	7.7	23.3	54.4
2014	48	11.0	4.2	9.4	9.0	19.5	16.9
2015	38	8.7	0.0	5.3	8.8	14.1	8.0
2016	34	8.4	9.5	5.9	7.3	11.7	15.7
2017	28	7.8	0.0	4.1	6.2	14.0	15.9
2018	37	11.3	13.7	4.6	11.2	16.5	7.8
2019	30	9.9	8.1	8.6	7.6	13.7	14.6
2020	32	11.8	9.5	7.9	8.4	16.6	28.9
2021	23	8.8	12.3	8.7	6.9	7.9	26.6

자료: 통계청, 「사망원인통계」.
주: 모성사망비: 출생아 10만 명당 모성사망자 수.
출처: 보건복지부(2022). 2022 보건복지통계연보.

그동안 국가에서는 모자보건을 위해 난임부부, 미숙아 및 선천성이상아 등 각종 의료비부담 경감을 위한 의료비를 지원해 왔고, 위기임신 전문상담센터, 임신육아종합포털 온라인상담, 난임 · 우울증 상담센터 등을 통해 모자보건을 위한 다각적 정보를 제공하고 심리지원을 할 수 있는 사업을 실행해 왔다. 또한 민간 산후조리 체계를 「모자보건법」에 마련하여 제도적 개선을 추진해 왔다. 국가정책의 방향은 난임부부 지원, 저소득층의 임신·출산 지원을 위한 기저귀, 조제분유 지원과 생애 초기 방문건강관리 사업을 추진하고자 하고, 산후조리원의 안전과 품질관리를 강화해 나갈 것으로 보인다(보건복지부, 2020). 한편 저소득층의 모·부자 가정에 대한 생활지원과 지원의 내실화를 통해 가족해체를 예방하여 아동의 가족 내 보호와 사회적응이 가능하도록 해야 할 것이다(김애란 외, 2023).

7) 영유아 권리교육의 강화

영유아는 끊임없이 변화하고 발달하는 존재이므로, 성인은 영유아의 욕구와 주변환경을 잘 살펴서 영유아의 성장단계에 적합한 권리를 누리도록 지원해 주어야 한다. 이경자 등(2016)이 설명한 영유아 권리교육의 방향을 요약하면 표 15-3과 같다.

표 15-3. 영유아 권리교육의 방향

- 영유아기, 아동기, 청소년기에는 공통적으로 건강·의료·생존·발달·생활의 보장에 대한 권리, 휴식·여가·놀이·문화적 생활에 대한 권리, 교육기회를 제공받을 권리, 유아의 의사존중과 표현의 권리, 비차별의 권리, 국적권·위험한 물건·물질·시설·각종 폭력·노동·학대로부터 보호받을 권리, 상황에 맞는 도움을 요청하고 받을 권리, 부모에 의해서 양육받고 가정에서 성장할 권리가 강조된다.
- 영유아기는 건강과 의료·위생적인 양육환경에 대한 권리, 놀이를 위한 장난감·시설 등을 제공받고 충분히 놀 수 있는 권리, 생활습관을 교육받을 권리, 부모에 의한 양육과 가정에서 성장할 권리가 강조된다.
- 유아기는 건강한 발달과 교육을 위한 생활조건을 제공받을 권리, 동등한 교육의 기회를 제공받고, 여러 가지 활동을 선택해서 참여할 권리, 휴식·여가·놀이·문화 생활에 참여할 권리, 교통안전에 대한 권리가 강조된다.
- 청소년기는 능력 및 자질의 계발을 위한 권리, 교육기회를 부여받고 교육에 대한 여러 사항을 선택하고 참여하며, 자신의 의견을 표현할 수 있는 자유의 권리와 자신의 의사를 반영할 수 있는 권리 등이 강조된다.

따라서 보호측면에서 영유아 권리존중을 기본으로 하되, 교육적인 양육환경으로서의 놀이를 위한 장난감 · 시설 등을 제공받고, 충분히 놀 수 있는 권리로서의 휴식 · 여가 · 놀이 · 문화적 생활에 대한 권리, 교육의 기회를 제공받고 교육받을 권리, 유아의 의사존중과 표현의 권리 등에 대한 바른 시각을 정립해 나가야 한다. 특히 유아의 일상적인 경험을 통해 권리에 대한 이해가 가능하도록 도와야 한다. 유해미 등(2011)은 영유아 권리교육에서 육아지원기관의 역할을 강조하면서 영유아의 권리교육 강화를 위해 표 15-4와 같은 정책이 이루어져야 한다고 주장하였다.

표 15-4. 영유아의 권리교육 강화를 위한 정책

- 교직원 양성과정과 직무교육을 통한 영유아 권리교육 내실화이다. 즉, 교육내용과 시간, 방법을 구체적으로 명시하는 것이다. 영유아를 위한 권리교육이 정기적으로 이루어지도록 지침을 강화하고, 부모의 이해와 협조를 위해 부모들의 수요와 상황에 맞는 부모대상 교육을 실천해야 한다. 또한 영유아 권리교육을 위한 전문 강사진 확충을 통해 교육내용을 일정 수준으로 유지하고, 이들을 활용하여 아동권리 모니터링 체계를 구축해야 한다.
- 아동정책 전반에서 영유아 권리에 대한 인식을 제고할 필요가 있다. 아동권리 모니터 및 아동권리 옴부즈맨 제도를 효율적으로 운영할 수 있도록 해야 한다.
- 영유아들이 교육기관을 이용하고 있는 것이 보편화된 현실을 고려할 때, 각 기관에서 영유아권리를 충분히 보장하고 있는지에 대한 평가체계를 마련하여 지역 여건에 맞는 구체적인 성과지표를 제시할 수 있어야 한다.
- 영유아 권리교육 프로그램과 교재 · 교구, 매뉴얼이 필요하다. 이를 통해 영유아 권리에 대한 개념 정의가 명확해질 수 있고, 영유아 발달단계에 적합한 권리 내용을 선정하여 교육에 반영되도록 해야 한다.

8) 소년강력범 대응체계의 개선

소년강력범 대응체계의 문제점을 기관별로 살펴보면 다음과 같다(김연주, 2022). 먼저 경찰의 경우, 소년이 최초로 접하게 되는 기관이지만 소년사건에 대한 전문성이 결여되어 있으며 관행적으로 조치하고 있는 훈방은 법적 근거가 마련되어 있지 않다. 자체 내부 준칙을 근거로 훈방제도를 운영하기 때문에 소년을 적합한 다이버전 제도에 참여시킬 수 있는 권한이 없다. 그리고 검찰의 경우, 선도조건부 기소 유예에 대한 법적 근거가 없고 자체 내부 규정마저도 매우 모호한 기준을 제시하고 있다. 소년사건을 전담으로 하는 검사가 없을 뿐더러 소년들을 위한 범죄예방 프로그램을 개발하는 부서도 없다. 또한 법원의 경우 형사사건 절차와 보호 사건 절차가 이원화되어 있어 형사처분과 보호처분 사이에 불균형이 발생한다. 벌금형은 부모가 대납하거나 소년이 직접 노동을 통하여 납부하는 경우 모두 「소년법」의 취지와 어긋난다. 소년사건의 전문성을 보유한 판사가 필요하지만 현행제도에서는 소년전담판사를 지원할 이점이 거의 없어 기피업무로 인식되고 있다.

따라서 소년강력범 대응체계를 개선하기 위해서는 소년강력범에 한하여 제한규정을 두어야 한다. 중대한 범죄에 한하여 소년 보호사건에서 제외하고 형사처벌을 받도록 해야 한다. 하지만 「소년법」의 취지에 맞도록 소년강력범에게도 교정교육을 제공하는 것이 동반되어야 한다. 또한 사건 피해자의 보호를 강화하기 위해 진술권과 정보권을 보장해야 한다. 기관별 개선방안으로는, 경찰의 경우 경찰 훈방의 법적 근거를 마련하고 전문성 신장을 위해 인사제도를 변화시켜야 한다. 검찰의 경우 선도조건부 기소유예에 대한 법적 근거를 마련하고 자체적으로 범죄예방 프로그램을 개발해야 한다. 법원의 경우 소년법관제도 구축을 위해 인사제도의 변화가 필요하다. 또한 양형기준을 명확히 하여 재판의 공정성을 높여야 한다. 이 외에도 재판 전 감독제도와 범정부 단위 소년범죄예방협의체를 구축하여 소년사법체계 전반에 걸친 보완이 필요하다. 기관별 개선과 소년사법체계 전체에 영향을 미칠 수 있는 개선안들이 함께 실행될 때 소년강력범 대응체계가 발전할 수 있을 것이다.

2. 아동복지의 발전 방향

1) 아동문제에 대한 의식변화

우리나라는 급작스러운 경제성장과 더불어 산업화가 매우 빠른 속도로 이루어졌고, 현재 우리가 살아가고 있는 시대를 정보화시대라고 할 만큼 매우 빠르게 진행되고 있다. 이런 사회변동은 전통적인 가족제도에 많은 영향을 미치게 되었고, 다양한 가족형태[1)]들이 나타나게 되었다. 이런 다양한 가족형태들은 가족문제뿐 아니라 아동복지에 대한 새로운 사회적 요구를 하게 되었다. 하지만 우리의 의식수준과 법률적인 문제는 시대적 변화를 따라가지 못하고 있다. 그러므로 다양한 가족형태에 맞게 아동문제를 바라보는 의식의 전환이 있어야 할 것이다.

2) 아동복지정책과 서비스의 다양화

현재 우리나라의 아동복지는 모든 아동의 건전 육성을 도모한다는 기본 이념이 주로 강조되고 있을 뿐, 이를 구체화할 복지정책이나 서비스의 종류와 내용이 한정되어 있다. 또한 아동의 권리보장 규정도 철저하지 못하고, 법적 구속력이 결여되는 등 전체적인 내용이 종래의 아동보호사업을 다소 보강한 정도에 그치고 있다. 아울러 아동복지행정을 효율적으로 수행할 만큼 재정적인 뒷받침도 불충분한 상태이다. 따라서 현실성 있는 아동복지정책을 바탕으로 다양한 서비스를 제공해야 할 것이다.

1) 가족형태의 변화로는 최근 들어 이혼가족, 한부모가족, 소년 · 소녀가장가족, 독신가족, 재혼가족, 미혼모가족, 맞벌이 가족이 증가하였다는 것을 의미한다.

3) 아동의 권리보장

우리나라의 아동복지는 아동의 생존권, 발달권, 의료권과 같은 권리를 철저하게 보장하는 방향으로 전개되어야 한다. 생존권은 태아와 아동의 생존의 권리를 의미하며, 이를 보호하기 위해서는 먼저 어머니의 안전과 생활의 안정이 이루어져야 한다. 발달권이란 아동이 건전하게 발육하고 성장하는 권리를 의미한다. 발달권 보호를 위해서는 아동이 성장함에 따라 주거, 놀이환경, 지역환경이 확보되어야 하며, 보육시설과 학교환경 및 사회환경이 정비되어야 한다. 의료권이란 아동의 생존권과 발달권을 보장하기 위한 2차적인 권리로, 아동의료무료화, 임산부의 무료 건강진단이나 출산비 보조 같은 대책이 마련되어야 할 것이다.

이를 위해서는 무엇보다 먼저 아동복지에 대한 새로운 인식을 가져야 한다. 즉, 종래의 막연한 자선적 또는 인도적 사고와는 달리 국가 발전에 기여하는 사업이라는 인식을 가져야 할 것이다. 아울러 아동의 건전한 성장, 발달을 위해 다양하고 적합한 프로그램과 서비스를 지속적으로 개발해야 할 것이다.

최근 사회에서 발생한 통학버스 사고, 가정과 기관에서의 아동학대 사건 등은 아동의 기본적인 권리인 생존과 보호조차도 미흡한 수준임을 보여 준다. 우리나라의 현행 아동 관련 법률들은 다수의 개별 법률로 산재되어 아동을 보호해야 하는 전달체계가 분산 배치되어 협력이 어렵고, 책임소재가 불분명한 측면이 있으며 아동정책에서 사각지대가 발생할 여지가 있다고 볼 수 있다(김아름 외, 2017). 유엔아동권리협약의 아동권리 일반원칙을 기반으로 하여 아동의 권리를 법적으로 보장하기 위한 주요 영역과 세부내용은 표 15-5와 같다.

표 15-5. 아동권리 보장을 위한 주요 영역 및 세부내용

주요 영역	세부 내용
기본권/ 일반원칙	• 차별금지 • 아동 최우선의 원칙 • 아동견해 존중, 의사존중 및 참여권 보장 • 자유권 보장 • 시민권, 등록(출생 신고), 국적 및 신분 보장 • 사회보장(보건 및 복지)에 대한 권리
보건 및 복지	• 장애아동 등 대상별 맞춤형 복지 • 위기 청소년 보호 및 지원 • 정신건강 관리 • 사회보장을 통한 생존 발달 보장 • 발달주기별 건강 및 영양관리 체계 구축
안전 및 특별보호	• 가정, 돌봄서비스기관, 학교 등의 위해요인 해소 • 도로 등 이동공간 안전 확보, 안전교육 포함 • 발달주기별 안전 취약분야 투자 • 지역사회 안전환경 조성 • 경제적 착취 및 유해 노동으로부터의 보호 • 성적 학대 및 착취로부터의 보호 • 인신매매로부터의 보호 • 사법기관으로부터의 아동 보호 • 소수아동의 보호, 난민 아동 포함 • 학교폭력 예방 및 사후관리 • 학대 및 체벌 금지 • 유해환경 개선 및 피해 예방, 온라인 모니터링 등 • 식품안전, 불량식품 및 급식관리

출처: 김애란 외(2023). 아동권리와 복지. 양성원.

차별금지 등 아동권리협약의 일반 원칙은 아동 관련 모든 법률에서 일관되게 견지되어야 한다. 또한 아동의 생존 및 발달을 위한 사회보장 혜택과 학대예방은 아동의 보호를 위한 일차적인 권리가 되어야 한다. 세부적으로는 보건 및 사회복지 전반, 안전 및 보호, 교육 및 자립역량, 가정보호 및 양육, 놀 권리와 문화 활동에의 참여로 구분할 수 있다. 한편 이들 영역 전반에 걸쳐 아동권리에 부합하는 법적 기반을 갖추기 위해서는 아동정책 전반을 총괄하는 부서 및 기구의 내실화, 아동권리 이행 모니터링의 독립성 및 법적지위 강화, 아동정책 총괄 개발 및 협의 강화, 아동권리교육의 체계화 및 내실화가 요구된다.

4) 지역사회 중심의 아동복지

지역사회보호(Community Care)는 영 · 미 등 선진국에서 1960년대 이후부터 발전되어 왔는데, 이는 지역사회를 기반으로 하여 공공기관, 민간기관 및 가족이 함께 참여하는 다원주의적 복지서비스를 강화하는 것이다. 즉, 가족중심의 접근과 민간복지서비스의 강화를 일컫는다. 아동복지에서 가족중심의 접근은 지역사회의 가장 최소 단위인 가정을 기반으로(family-based) 하여 개별적 아동과 가족의 욕구 충족을 도모하는 프로그램과 서비스가 개발되어야 한다는 것이다. 이와 같은 지지적 서비스(supportive service)의 강화를 통해 아동과 가족의 문제를 사전에 예방하는 효과를 가질 수 있다.

지금까지 우리나라는 수용시설 중심의 서비스에 중점을 두어 왔지만 아동의 문제와 욕구가 다양화됨에 따라 재가아동서비스의 확충이 요구되고 있다. 아동의 양육과 보호를 지원하는 프로그램을 개발하고 전문인력이나 자원봉사자를 참여시켜 아동이 원가정 또는 대리가정에서 생활하면서 치료와 서비스를 받을 수 있는 형태가 활성화되어야 한다. 이와 함께 재가아동과 장애아동에 대한 상담, 치료, 교육 훈련, 지역사회와의 교류 및 여가활동 등을 지역사회 내에서 총체적으로 지원할 수 있는 방안이 강구되어야 할 것이다.

참고문헌

강세현, 서혜전, 오정영, 임원선, 전영록(2020). **인간행동과 사회환경**. 경기: 양성원.

강순희, 김연진, 김이영, 김재현, 김중기, 김현실, 배경란, 시옥진, 이용환, 장지현(2022). **영유아발달**. 경기: 수양재.

경찰청(2023). 내부행정자료.

공계순, 박현선, 오승환, 이상균, 이현주(2008). **아동복지론**. 서울: 학지사.

곽은복(2008). **교사를 위한 아동 안전교육**. 서울: 창지사.

관계부처합동(2020). 제2차(2020~2024) 아동정책 기본계획.

교육과학기술부, 보건복지부(2013). 3~5세 연령별 누리과정 해설서.

구현아, 백혜진, 안효금(2010). 요보호아동 가정위탁 서비스 개선방안에 관한 연구. 경기도가족여성연구원 정책보고서 2010-02.

국가인권위원회(2006). 학교 인권교육 길라잡이: 유엔의 초·중등학교 인권학습활동 안내서.

국가인권위원회(2018). 사이버인권교육 보조교재: 세계인권선언.

국가인권위원회(2018). 유엔아동권리협약의 이해. 사이버인권교육 보조교재.

권정윤, 안혜준, 송승민, 권희경(2016). **유아생활지도**. 서울: 학지사.

김규수, 정운석(2001). 민간 사회복지서비스 전달체계에 관한 연구. **사회복지개발연구원, 27**, 439-459.

김명, 김옥수, 조미숙, 홍양자(2008). **통합적 접근을 통한 건강과학의 이해**. 서울: 이화여자대학교 출판부.

김미영(2017). **아동복지론**. 경기: 양성원.

김상찬, 신준연(2019). 우리나라 입양제도의 개선방안에 관한 연구. **국제법무, 11**(2), 87-113.

김성철, 김성숙, 모아라, 박란이, 박정하, 박종란, 송희경, 염영옥, 이만복(2020). **가족복지론**. 경기: 양성원.

김수진(2008). 우리나라의 법체계에서 본 아동정책. 2008 한국아동학회 추계학술대회 자료집, 17-34.

김아름, 유해미, 박은영, 장민선(2017). 아동권리보장을 위한 법적기반 확보 방안. 연구보고

2017-16. 육아정책연구소.
김애란, 유경숙, 김정미, 유혜자, 권덕수, 최성은, 안지영(2023). **아동권리와 복지**. 경기: 양성원.
김애림(2019). Q방법론을 활용한 아동복지의 인식유형에 관한 연구. 숙명여자대학교 대학원 박사학위논문.
김연주(2022). 소년보호처분 제도 및 소년강력범 대응체계에 관한 연구. 서강대학교 공공정책대학원 석사학위논문.
김용화(2011). 아동권 보장을 위한 입법적 정책적 대안. **아동과 권리, 15**(3), 287-311.
김유경, 변미희, 임성은(2010). **국내입양실태와 정책방안 연구**. 서울: 한국보건사회연구원.
김이영, 공영미, 김순란, 김저은, 백민수, 서민호, 아담희, 이은희, 정서연, 정현주(2023). **아동권리와 복지**. 경기: 양서원.
김이영, 곽은복, 김태인, 김현정, 윤정임, 이경희, 장기덕, 장정애(2018). **아동관찰 및 행동연구**. 경기: 양성원.
김이영, 김운삼, 김소윤, 이은희, 최윤희, 현영렬(2019). **아동권리와 복지**. 경기: 양성원.
김이영, 박남수, 이진숙, 최윤지, 송나리(2019). **아동생활지도**. 경기: 양성원.
김인숙, 현온강, 황소영, 정병수(2011). **유아교사를 위한 인권교육프로그램 개발 연구**. 서울: 국가인권위원회.
김정래(2002). **아동권리향연**. 서울: 교육과학사.
김정은(2002). 손자녀를 양육하는 빈곤지역 조부모의 심리 · 정서적 안녕과 영향 미치는 요인. 충남대학교 대학원 석사학위논문.
김진숙(2017). 아동참여권에 대한 국내연구 동향 분석. **한국융합학회논문지, 8**(11), 447-460.
김효진(2009). 유엔아동권리협약 제21조 입양의 유보에 관한 연구. 숙명여자대학교 대학원 박사학위논문.
나종일(2012). **자유와 평등의 인권선언 문서집**. 경기: 한울.
대검찰청(2022). 범죄분석(대검찰청, 각 연도).
도미향, 남연희, 이무영, 변미희(2015). **아동복지론**. 경기: 공동체.
류수정(2012). 아동권리에 대한 유아교사의 인식 및 아동권리 보장 실태. 경성대학교 교육대학원 석사학위논문.
문선화, 구차순, 박미정, 김현옥(2006). **한국사회와 아동복지**. 경기: 양서원.
문선화, 구차순, 박미정, 김현옥(2009). **한국사회와 아동복지**. 경기: 양서원.
민진홍(2011). 아동인권 관련 국제조약이 국내 아동복지제도에 미친 영향 연구. 서울기독대학교 대학원 박사학위논문.
박미정(2014). 국내입양 현황과 개선방안. **월간복지동향**, 192, 22-27.

박옥임(2009). 농촌지역의 노인학대 위험요인과 사회지원체계. 2009년 한국지역사회생활과학회 춘계학술대회 자료집.

박정란, 서홍란(2000). **아동복지론**. 서울: 양서원.

박정문(2000). **아동복지와 보육사업의 이해**. 서울: 보육사.

박한비(2014). 아동권리협약과 관련한 아동의 인권상황 및 문제점. 경북대학교 대학원 석사학위논문.

배태순(1998). **현대사회에서의 입양의 이해와 입양의 성공**. 경남: 경남대학교출판부.

백혜리(2005). 아동관 연구를 위한 개념적 구조. **교수논총, 14**, 351-380.

보건복지부(2013). 어린이집 표준보육과정의 이해.

보건복지부(2016). 어린이가 행복한 세상을 위한 우리의 약속(보도자료 2016년 4월 29일).

보건복지부(2017). 아동분야 사업안내.

보건복지부(2019). 2018년 아동종합실태조사.

보건복지부(2020). 2020년 모자보건 사업안내.

보건복지부(2020). 2020년 보육사업 안내.

보건복지부(2020). 2020년 아동복지 사업안내.

보건복지부(2020). 2020년 아동분야 사업안내 2.

보건복지부(2020). 2020년 장애아동가족지원 사업안내.

보건복지부(2022). 2021년 아동학대 연차보고서.

보건복지부(2022). 2022 보건복지통계연보.

보건복지부(2022). 국내입양현황.

보건복지부(2023). 2022년 보육통계(2022년 12월 31일 기준).

보건복지부, 드림스타트사업지원단(2017). 2017년 드림스타트사업보고대회.

보건복지부, 드림스타트사업지원단(2017). 2017년 드림스타트사업안내.

서영숙(1992). **놀이를 통한 아동심리치료**. 서울: 학문사.

소라미(2018). 한국에서의 입양제도 현황과 과제. **가족법연구, 32**(3), 1-18.

손미혜(2014). 드림스타트 이용아동의 만족에 영향을 미치는 요인에 관한 연구. 서남대학교 대학원 석사학위논문.

시옥진, 강성순, 김녹현, 김재현, 김진희, 이용환, 전대성, 한현지(2023). **보육학개론**. 경기: 양성원.

아동권리보장원(2020). 2019 가정위탁보호 현황보고서.

어린이집 안전공제회(2015). 어린이집 안전관리 백과.

여성가족부(2022). 제9차 여성 고용실태 분석 및 정책과제 발굴 전문가 간담회.

여유진(2017). 아동빈곤의 추이와 함의. **보건복지 ISSUE & FOCUS**, 336, 1-8.

옥경희(2005). 조부모-손자녀가족 조부모의 손자녀 양육. **한국가정관리학회지, 23**(3), 103-114.

우병창(2011). 아동권리협약의 이행과 우리 법의 정비. **안암법학, 34**, 477-522.

우수경, 정원주, 박숙희, 신혜경, 이정미, 김호, 서윤희, 김기예(2013). **영아발달**. 경기: 공동체.

유니세프아동친화도시 추진 지방정부협의회(2021). 유니세프아동친화도시 추진 사례집.

유은영(2011). 멀티미디어를 활용한 유아건강교육 프로그램 개발 및 효과. 중앙대학교 교육대학원 박사학위논문.

유해미, 김은설, 황옥경, 김재원(2011). 육아지원기관에서의 아동권리 실태와 증진방안연구. 연구보고 2011-10. 육아정책연구소.

윤은영(2013). 국내입양제도의 실태 및 개선방안. **사회과학연구, 30**(2), 191-222.

이경자, 김경희, 박인기, 서성강, 송화진, 신경은, 이미진, 이은희, 장화순, 조병상, 조영례(2016). **유아권리 길라잡이**. 서울: 씽크파워.

이광혁(2019). 노인의 지역사회만족도 예측요인에 관한 연구: 생태체계이론을 중심으로. 경희대학교 동서의학대학원 석사학위논문.

이기숙, 장영희, 정미라, 배소연, 박희숙(2002). **영유아를 위한 안전교육과 응급처치**. 서울: 양서원.

이기원, 정혜선, 남미애, 전영신, 임채윤, 오함초롬(2023). **인간행동과 사회환경**. 경기: 양성원.

이노홍(2013). **UN아동권리협약 및 선택의정서에 따른 아동권리보호의 국제적 동향: 아동의 청원권에 관한 제3선택의정서를 중심으로**(글로벌 법제전략 연구 13-22-5-3). 세종: 한국법제연구원.

이봉주, 신원영(2017). 아동권리지수 적용을 통한 아동권리 비교연구. **한국아동복지학회, 58**, 171-203.

이선영(2004). 생태체계관점에서 본 정신장애인 삶의 질 영향요인 연구. 서울여자대학교 대학원 박사학위논문.

이소희(2019). **아동복지**. 경기: 정민사.

이양희(2009). 아동권리협약 20주년: 성과와 과제. UN 아동권리협약 20주년 국제학술대회, 19-34.

이예진(2019). 유아기부터 성인중기까지 생애주기별 뮤지컬 교육방안 연구. 홍익대학교 공연예술대학원 석사학위논문.

이재연, 황옥경, 김효진(2009). 아동과 권리. **아동학회지, 30**(6), 153-165.

이태영, 양은주(2014). 듀이의 철학적 어린이 이해와 아동중심의 교육적 의미. **교육사상연구, 29**(1), 107-135.

인권법교재발간위원회(2006). **인권법**. 서울: 아카넷.

장병주(2013). 개정 입양제도의 문제점과 개선방향: 개정민법과 입양특례법을 중심으로. **법학논고**, 41, 501-532.

장인협, 오정수(1993). **아동 · 청소년복지론**. 서울: 서울대학교출판부.

장인협, 오정수(2000). **아동 · 청소년복지론**. 서울: 서울대학교출판부.

장인협, 오정수(2001). **아동 · 청소년복지론**. 서울: 서울대학교출판부.

장인협, 오정수(2003). **아동 · 청소년복지론**. 서울: 서울대학교출판부.

정미라, 배소연, 이영미(2012). **영유아를 위한 건강 및 영양교육**. 경기: 양서원.

정옥분(2002). **아동발달의 이해**. 서울: 학지사.

정익중(2004). 미국의 복지개혁이 아동발달에 미친 영향에 대한 연구. **한국아동복지학**, 18, 181-215.

정진경(2010). UN아동권리협약의 국내법적 및 실천적 수용성: 아동복지법과 아동복지시설을 중심으로. **아동과 권리**, 14(2), 219-244.

정춘표(2011). 미혼모 지원 정책. 서남대학교 대학원 석사학위논문.

조용남(2015). 아동복지정책의 효과성에 관한 연구: 드림스타트 사업을 중심으로. 이화여자대학교 대학원 박사학위논문.

조휘래(2022). 아동의 다차원적 빈곤과 주관적 행복의 관계. 숭실대학교 대학원 석사학위논문.

주수길, 홍연숙, 황윤경, 주명국(2020). **아동복지론**. 경기: 양성원.

중앙아동보호전문기관(2018). 2018년 아동학대 주요통계자료.

중앙일보(2004). 위 스타트 운동 출범(2014. 05. 03.).

중앙일보(2014). 우리 모두의 아이들. 어린생명 살려, 아이 더 버린다(2014. 04. 11.).

초록우산 어린이재단(2014). 복지사각지대 빈곤아동가구 현황분석 및 복지서비스 욕구에 관한 연구. 아동복지연구소 2014-01.

최병철(1996). **음악치료학**. 서울: 음악춘추사.

최순옥, 윤난호, 장수영, 이주연, 김은숙(2011). **아동복지의 이해**. 서울: 태영출판사.

최순종, 윤옥경(2008). 보호시설 퇴소 청소년 자립지원 실태에 대한 연구: 부처별 시설 및 프로그램을 중심으로. 국가청소년위원회.

최윤영(2013). 아동복지법제의 개선에 관한 연구. 이화여자대학교 대학원 박사학위논문.

최윤희, 김이영, 박지원, 이명숙, 이인원, 최윤지(2019). **아동건강교육**. 경기: 수양재.

최진경(2017). 드림스타트대상아동의 또래관계와 아동통합사례관리사의 사회정서적 지지 상관연구. 명지대학교 산업대학원 석사학위논문.

최현임(2021). 초등 방과후돌봄을 위한 시민사회의 역할 모색 실행연구(Action Research): 서울시 성북구 사회적 자본을 통한 마을돌봄 모델개발을 중심으로. 성균관대학교 일반대학원 박사학위논문.

통계청 인구동향과(2022). 사망원인통계(국가승인통계 제10154호).

통계청(2020). 가계금융복지조사.

통계청(2021). 사회보장정보시스템(행복e음) 연도 말 기준.

통계청(2022). 2021년 다문화 인구동태 통계.

통계청(2022). 인구주택총조사.

통계청(2023). 2022년 인구동향조사: 출생 · 사망통계.

통일부(2022). 북한이탈주민 정착지원실무편람.

하승수(2012). **젊은 지성을 위한 세계인권사**. 서울: 두리미디어.

행정안전부(2020). 외국인주민현황조사.

허선, 이수진(2012). **아동빈곤가구의 복지사각지대 규모추정 및 현황분석을 통한 대안모색**. 서울: 초록우산 어린이재단 아동복지연구소.

황소영(2017). 유아기 자녀를 둔 어머니의 아동기 경험, 아동관과 아동 권리 존중 양육 간의 구조 관계적 분석. 성균관대학교 대학원 박사학위논문.

황옥경(2016). 유엔아동권리위원회의 권고와 아동권리협약 이행분석. **아동과 권리, 20**(4), 609-631.

황옥경, 구은미, 이은주, 김형욱(2017). **아동 · 청소년과 인권**. 경기: 나남.

Beck, A. T. & Freeman, A. (1990). *Cognitive Therapy of Personality Disorders*. New York: Guilford.

Berk, L. E. (1999). *Infants and Children Prenatal Through Middle Childhood*(3rd ed.). Boston, MA: Allyn & Bacon.

Berk, L. E. (2000). *Child development*(5th ed.). Boston, MA: Allyn & Bacon.

Bronfenbrenner, U. (1979). *The ecology of human development: Experiments by nature and design*. Cambridge, Mass: Harvard University Press.

Bronfenbrenner, U. (1994). Ecological models of human development. *International encyclopedia of education, 3*(2), 37-43.

Kadushin, A. (1974). *Child Welfare Service*. New York: Macmillan Publishing Co. Inc.

Malamuth, N., Linz, D., & Heavey, C. (1995). Using the confluence model of sexual aggression to predict men's conflicts with women: A 10-year follow up study. *Journal of Personality and Social, 69*, 353-369.

Piaget, J. (1954). *The construction of reality in the child.* New York: Basic Books.

Walker, N. E., Brooks, C. M., & Wrightsman, L. S. (1999). *Children's rights in the United States: In search of a national policy.* Thousand Oaks, CA: Sage Publications.

Woodhead. M. (2009). Child Development and the Development of Childhood. In J., Qvortrup W. A. Corsaro & M. Honig(Eds.). *The Palgrave Handbook of Childhood Studies*(pp.46-61). London: Palgrave Macmillan.

건강인 영유아 건강검진(http://hi.nhis.or.kr/aa/ggpaa001/ggpaa004_m01.do).

법제처 생활법령정보포털(www.easylaw.go.kr).

찾아보기

저자 소개

■ 정명희

평택대학교 대학원 사회복지학박사
현, 중원대학교 사회복지학과 교수
〈저서〉 건강가정론, 가족복지론, 가족상담 및 가족치료 외

■ 김상옥

국민대학교 일반대학원 교육학박사
현, 숭실대학교 경영대학원 아동상담전공 교수
〈저서〉 가족복지론, 장애인복지론, 보육학개론 외

■ 김현경

연세대학교 대학원 철학박사
현, 경민대학교 자율전공학부 사회복지전공 교수
〈저서〉 사회복지학개론, 사회복지와 인권, 사회문제론 외

■ 나선후

조선대학교 미술대학원 석사
현, 나주대학교 사회복지학부 교수
미술평론가, 퍼해밍아트(개척, 명명)공연기획자

■ 문혜린

숭실대학교 사회복지학박사
현, 숭실대학교 사회복지대학원 겸임교수
〈저서〉 가족치료 사례집

■ 백종욱

일본 국제의료복지대학교 의료복지학박사
현, 가톨릭상지대학교 사회복지과 교수
〈저서〉 인간행동과 사회환경, 사회복지실천론 외

■ 이영희

청주대학교 대학원 사회복지학박사
현, 대전과학기술대학교 보건복지상담과 교수
〈저서〉 가족복지론, 노인복지론, 지역사회복지론 외

■ 이장희

청주대학교 대학원 행정학박사
현, 강동대학교 사회복지과 교수
〈저서〉 정신건강론, 사회복지와 인권 외

아동복지론

1판 1쇄 인쇄 ─ 2024년 2월 22일
1판 1쇄 발행 ─ 2024년 2월 25일

저 자 - 정명희 김상옥 김현경 나선후
문혜린 백종욱 이영희 이장희
발 행 인 - 강철원
발 행 처 - 양성원
주 소 - 경기도 파주시 검산로 173번길 29-12
전 화 - 031-946-3861(代)
팩 스 - 031-946-3864
이 메 일 - tnwpub@naver.com
홈페이지 - tnwpub.co.kr
출판등록 - 2015년 8월 31일 제 2015-000211 호

ISBN 979-11-6126-563-6

정가 23,000원